DIE NEUE SCHULE DER
NAHRUNGS ZUBEREITUNG

von Anke Polenz

Oberstudiendirektorin — Hamburg

8., durchgesehene Auflage

Handwerk und Technik/Zabert Sandmann

Bildquellenverzeichnis
Walter Cimbal, Hamburg
Christiane Pries, Bielefeld, Brigitte Wegner, Bielefeld
Arnold Zabert, Hamburg

CMA, Centrale Marketinggesellschaft der
Deutschen Agrarwirtschaft mbH, Bonn (S. 18, 19)

Wolter, Harro, Hamburg (S. 26, 27)

ISBN 978-3-582-04391-7

Verlag Handwerk und Technik GmbH, Lademannbogen 135, 22339 Hamburg
E-Mail: info@handwerk-technik.de – Internet: www.handwerk-technik.de
Verlag Zabert Sandmann GmbH, Türkenstraße 9, 80333 München – 2008

Mit der Herausgabe des vorliegenden Koch- und Backbuches wird versucht, den Bedürfnissen von Schülerinnen/Schülern und Lehrerinnen/Lehrern nach einem gestalterisch ansprechenden und zugleich methodisch-didaktisch sorgfältig aufbereiteten Buch für die Herstellung von Speisen und Gebäck zu entsprechen.

In dem ersten Teil werden theoretische Informationen anschaulich dargestellt, die verdeutlichen, dass neben den gesundheitlichen und geschmacklichen auch organisatorische und wirtschaftliche Gesichtspunkte bei der Nahrungszubereitung zu berücksichtigen sind.

Der große Rezeptteil gliedert sich in einzelne Gebiete, die im Allgemeinen mit Grundrezepten beginnen. Es folgen Rezepte, die Zutaten aus den regionalen Bereichen und der Vollwertküche ebenso berücksichtigen wie solche aus dem Ausland.

Die Rezepte sind — wenn nicht anders angegeben — für 4 Personen berechnet. Der errechnete Energie- und Nährstoffgehalt bezieht sich — falls nicht anders angegeben — **auf eine Portion.**

Die aufgeführten Garzeiten können in der Praxis abweichen, da diese von der Kochstellenart, dem Kochgeschirrmaterial und der Lebensmittelbeschaffenheit abhängig sind.

Bei der Auswahl der Rezepte wurden auch Gesichtspunkte der Restaurantküche berücksichtigt, da der Unterricht im Bereich Küche sich nicht allein auf den Haushalt beziehen, sondern betriebliche Gegebenheiten in der Gastronomie oder im Großhaushalt von Heimen und sozialen Einrichtungen berücksichtigen sollte. Wenn Sie die Rezepte für größere Mengen herstellen oder zum Verkauf anbieten, sollten Sie statt **frischem Ei und frischem Eigelb immer pasteurisiertes Ei und Eigelb verwenden.**

Da Fette in der Gastronomie häufig als Geschmacksträger eingesetzt werden, mag manchem der Fettgehalt einiger Rezepte sehr hoch erscheinen. Durch die Wahl geeigneter Beilagen oder die Kombination mit fettarmen Frühstücks- und Abendbrotgerichten sollte hier ein Ausgleich vorgenommen werden.

In einigen Rezepten wurde auf die Verwendung von Alkohol nicht verzichtet. In der „feinen“ Küche ist dieser aufgrund der speziellen Geschmacksgebung z. T. nicht wegzudenken. Wer Alkohol in Speisen nicht vertreten kann oder mag, sollte die Flüssigkeitsmenge je nach Rezept durch Wasser, Säfte, Milch oder Brühe ersetzen bzw. auf andere im Buch aufgeführte Rezepte ausweichen.

Die Rezepte sollen jeden anregen, selbst auch kreative Veränderungen vorzunehmen. Anstöße dazu findet man bei den Rezepten auch unter den Stichworten **Variation** oder **Tipp.**

Die fotografisch wiedergegebene Arbeitsabfolge erleichtert das Erlernen von Grundtechniken und die Anwendung der darauf aufbauenden Rezepte. Deswegen ist das Buch für viele Personengruppen gleichermaßen optimal einsetzbar: für Schülerinnen und Schüler der beruflichen und allgemein bildenden Schulen, Schülergruppen mit geringen deutschen Sprachkenntnissen, Ausbilder und werdende Ausbilder aus dem verbrauchs- und hauswirtschaftlichen Bereich sowie zum Selbststudium und zur Weiterbildung von Erwachsenen.

Mein Dank gilt allen, die durch ihre konstruktive Kritik zur Weiterentwicklung der Texte und Rezepte beigetragen haben.

Es wird allen, die mit diesem Buch arbeiten, Freude und Erfolg gewünscht.

Anke Polenz

anke@polenz-hh.de

Inhalt

Einführung

Kleine Ernährungslehre	6
Einkauf von Lebensmitteln	10
Ökologische Aspekte, Obst und Gemüse	11
Getreide	12
Reis, Teigwaren, Brot, Kartoffeln	13
Mehle	14
Hühnereier, Lockerungsmittel	15
Fette	16
Fisch, Fleisch	17
Milch und Milchprodukte	20
Gewürze	22
Kräuter	23
Arbeitsgestaltung	24
Hygiene	24
Unfallverhütung	24
Mengen und Maße bei der Speisenzubereitung	25
Küchengeräte	26
Besondere Geräte und ihre Verwendung	28
Tiefgefrieren	29
Vorbereitungstechniken	30
Zubereitungstechniken	36
Kochstellen	40
Backöfen	41
Gartechniken	42

Inhalt

Rezepte

Suppen	48
– Suppeneinlagen	58
Soßen	60
– Abgeschlagene Soßen	64
– Kalte Soßen	66
– Salatsoßen	68
Gemüse	72
Salate	98
Kartoffeln	116
Klöße	126
Teigwaren	132
Reis	141
Getreide	158
Fleisch	162
– Geflügel	182
Fisch	192
Eier	202
Aufläufe	210
Eintöpfe	218
Desserts	224
Frühstücksspeisen	234
Brotaufstriche	236
Getränke	240
Gebäck	242
– Rührmasse	242
– Biskuitmasse	248
– Brandmasse	254
– Mürbeteig	256
– Quarkölteig	258
– Blätterteig	260
– Hefeteig	262
– Sauerteig	268
– Weihnachtsgebäck	270
Füllungen und Überzüge	275
Garnierungen	278
Zusammenstellung von Speisen	280
Zusammenstellung für Kalte Büfetts	281
Stichwortverzeichnis und Rezeptverzeichnis	282

Kleine Ernährungslehre

WAS SOLLEN WIR ESSEN?

Menschen in den Industrieländern essen zu fett, zu süß und zu viel. Massenproduktionen von Fleisch führen zu großen Umweltproblemen wie die Verseuchung von Landschaften mit Gülle oder der BSE-Skandal.
Was soll man dann aber noch essen?
Die folgenden Angaben, Hinweise und Tipps sollen Ihnen helfen, richtige Entscheidungen für die tägliche Auswahl von Lebensmitteln zu treffen.

NAHRUNGS- UND GENUSSMITTEL

Eine ausgewogene Ernährung bietet dem Körper täglich mit **Nahrungsmitteln** alle Nährstoffe in ausreichender, aber nicht überschüssiger Menge an. Sie macht satt. Sie enthält nur im geringen Maß **Genussmittel.**

GENUSSMITTEL

Genussmittel dienen dem Genuss! Sie haben, wenn überhaupt, nur einen geringen Nährstoffgehalt, sind dafür aber häufig pharmakologisch wirksam.
Sie gehören nicht in das tägliche Angebot für Kinder und Jugendliche!

NAHRUNGSMITTEL

Nahrungsmittel sind diejenigen Lebensmittel, die uns mit den **Nährstoffen**, d. h. mit Kohlenhydraten, Fetten, Eiweißen, Vitaminen, Mineralstoffen und Wasser versorgen. Sie enthalten nicht nur einen einzigen Nährstoff, sondern immer eine Palette von Nährstoffen, die

— dem Körper Energie zuführen,
— als Baustoffe im Wachstum und zur Erhaltung von Körpersubstanzen dienen und
— wichtige Abläufe im Energie- und Baustoffwechsel regeln sowie unsere Gesundheit schützen.

ENERGIE

Die internationale Maßeinheit für Energie, Wärme und Arbeit heißt Kilojoule (kJ).
1 kJ entspricht der alten Maßeinheit 4,184 Kilokalorien.

1 g Fett	≙ 37 kJ
1 g Alkohol	≙ 30 kJ
1 g Kohlenhydrate	≙ 17 kJ
1 g Eiweiß	≙ 17 kJ

Für die Aufteilung der energiereichen Nährstoffe am Tag gilt folgende Verteilung:

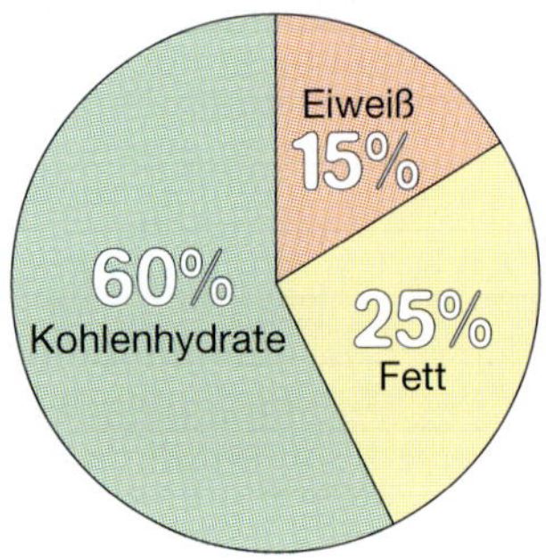

KOHLENHYDRATE

Kohlenhydratreiche Lebensmittel wie (Vollkorn-)Brot, Kartoffeln, Reis und Nudeln sind heute neben Obst und Gemüse besonders wichtig. Wie die Verteilung der energiereichen Nährstoffe angibt, sollten Kohlenhydrate 60% des Energiebedarfes abdecken.
Neben der Quantität muss auch die Qualität stimmen. Vollkornprodukte, Kartoffeln, Gemüse und Früchte sollten wegen ihres Ballaststoffgehaltes und ihrer hohen Dichte an Vitaminen und Mineralstoffen im Vordergrund stehen. Der Verzehr von Zucker, Süßigkeiten und zuckerreichen Getränken sollte dagegen wegen des geringen Gehaltes an Vitaminen und Mineralstoffen eingeschränkt werden. Nahrungskohlenhydrate können im Körper in Form des Leber- und Muskelglykogens (= tierische Stärke) gespeichert werden. Zu viel gespeicherte Kohlenhydrate werden in Depotfett umgewandelt.
Hinter dem Fachwort „Kohlenhydrate" verbirgt sich eine Anzahl Stoffe wie: Traubenzucker (Glucose), Fruchtzucker (Fructose), Haushaltszucker (Saccharose), Malzzucker (Maltose), Milchzucker (Lactose), Invertzucker im Honig und die Stärke – das mengenmäßig wichtigste Kohlenhydrat in unserer Ernährung – sowie die vom Menschen energetisch nicht verwertbare Cellulose, ein Ballaststoff.
Je nachdem wie viel Bausteine ein Kohlenhydratmolekül enthält, sprechen wir von:

— Einfachzucker (z. B. Traubenzucker),
— Zweifachzucker (z. B. Haushaltszucker),
— Vielfachzucker (z. B. Stärke aus Kartoffeln und Brot).

Bei der Verdauung werden alle Zucker zu Einfachzuckern abgebaut, mit Ausnahme der Cellulose.
Diese für die menschlichen Verdauungsenzyme unverdaulichen Nahrungsbestandteile sind keineswegs überflüssiger Ballast. Ihre gesundheitsfördernde Wirkung ist heute allgemein anerkannt. Ballaststoffreiche Nahrung fördert die Kautätigkeit, hat gute Sättigungseigenschaften und erhält die gesunde Darmfunktion. Als empfehlenswerte Menge für die Aufnahme von Ballaststoffen gelten mindestens 30 g/Tag. Ballaststoffreich sind Vollkornprodukte, Gemüse und Obst.

Kleine Ernährungslehre

Zuckeraustauschstoffe

Zuckeraustauschstoffe (Fructose, Sorbit und Xylit) dienen Diabetikern nur begrenzt als Ersatz für Zucker. Zuckeraustauschstoffe müssen auf die vom Arzt verordnete Kohlenhydratmenge angerechnet werden. Sie weisen einen dem Haushaltszucker vergleichbaren Energiegehalt auf. Praktisch energiefrei sind nur die Süßstoffe Saccharin, Cyclamat, Aspartam und Acesulfam. Ein abschließender Tipp zum Thema „Süßes" lautet, Geschmackstraining zu betreiben, d. h. das persönliche Süßbedürfnis auf ein vernünftiges Maß zu reduzieren. Das gilt für den Einsatz von Zucker, Honig, Zuckeraustausch- und Süßstoffen gleichermaßen.

FETT

Fette sind neben Kohlenhydraten die zweitwichtigste Nahrungsenergiequelle. Außerdem sind sie Träger der fettlöslichen Vitamine A, K und E sowie der lebensnotwendigen mehrfach ungesättigten Fettsäuren.
Fette sind in pflanzlichen und tierischen Lebensmitteln sichtbar (Keimöl, Butter) oder verborgen (Nüsse, Wurst) enthalten.
Im Körper dient Fett als Schutzpolster für empfindliche Organe, beispielsweise der Nieren. Das Unterhautfettgewebe bzw. Depotfett dient als Energiespeicher.
Zu viel Fett in der Nahrung belastet die Gesundheit und das Wohlbefinden.
Die Kontrolle der täglichen Gesamtfettaufnahme ist daher ein ganz wichtiges Ernährungsziel — anstatt gegenwärtig 35-40 Prozent sind 25 – 30 Prozent anzustreben (entspricht ca. 0,8 g Fett/kg Körpergewicht).

Verminderung der Fettzufuhr

bedeutet zunächst Beachtung der in Lebensmitteln verarbeiteten Fette. So genanntes verstecktes Fett findet sich in Wurst und Käse, aber auch in Gebäck, Süßwaren und Knabbereien wie Schokolade, Nüssen und Chips. Daneben ist der Verbrauch von sichtbaren Zubereitungs- und Streichfetten wie Butter, Margarine, Schmalz, speziellen Bratfetten, Öl, Sahne und Mayonnaise einzuschränken.

Durch Zubereitungsverfahren wie Garen und Braten in der Folie sowie in Spezialtöpfen und -pfannen, aber auch durch Dünsten, Dämpfen und Grillen lässt sich effektiv Fett einsparen.

Neben der Mengenfrage ist die Zusammensetzung der täglichen Fettzufuhr zu beachten, d. h. die Verteilung der so genannten Fettsäuren und das Vorhandensein von Cholesterin, einem Fettbegleitstoff, der aber auch im Körper selbst gebildet wird. Wir unterscheiden bei den Fettsäuren: gesättigte (z. B. Palmitin- und Stearinsäure in Schmalz und Kokosfett), einfach ungesättigte (z. B. Ölsäure in Olivenöl und Butter), mehrfach ungesättigte (z. B. Linolsäure aus Keimöl und Eicosapentaensäure aus Lachsöl).
Mehrfach ungesättigte Fettsäuren, die lebensnotwendig sind und die der Körper selbst nicht bilden kann, werden als essenziell bezeichnet. Die wichtigste essenzielle Fettsäure in der Ernährung ist die Linolsäure, die in Sonnenblumenkern-, Maiskeim-, Weizenkeim-, Soja- und Distelöl enthalten ist. 10 g dieser Arten decken den Tagesbedarf an Linolsäure.

EIWEISS

Eiweiße oder Proteine, so die wissenschaftliche Bezeichnung, sind die wichtigsten Baustoffe des menschlichen Körpers. Man bezeichnet Eiweiß deshalb auch als Lebensbaustein. Ein besonderer Bedarf besteht im Wachstum — also bei Kindern und Jugendlichen – und im Krafttraining bei Sportlern. Alle Zellen enthalten Eiweiß, alle Enzyme und einige Hormone bestehen aus Eiweiß. Kollagen — eine eiweißhaltige Gerüstsubstanz — ist in Haut, Knorpeln und Bindegewebe enthalten.

Proteine sind große Moleküle, die wiederum aus kleineren Bausteinen, den so genannten Aminosäuren, zusammengesetzt sind. Acht dieser Aminosäuren sind essenziell, d. h., da der Körper sie nicht selbst aufbauen kann, müssen sie mit der Nahrung aufgenommen werden.
Für Kinder und Jugendliche richten sich die Empfehlungen nach den jeweiligen Wachstumsraten. Von 2,0 g/kg Körpergewicht für das erste Lebensjahr verringern sie sich auf 0,8 g Eiweiß/kg Körpergewicht für das 18. Lebensjahr.
Die Empfehlung von 0,8 g/kg Körpergewicht bleibt für Erwachsene in etwa konstant. So werden ca. 10-15 Prozent des Gesamtenergiebedarfs in Form von Eiweiß gedeckt.
Die Deckung des täglichen Eiweißbedarfs fällt beim heutigen Lebensmittelangebot nicht schwer. Man muss eher darauf achten, beim bevorzugten Verzehr tierischer Eiweißträger (Milch, Käse, Ei, Fleisch und Fisch) nicht gleichzeitig zu viel Fett und Cholesterin aufzunehmen.

Kleine Ernährungslehre

Dies gelingt durch gezielte Auswahl fettarmer Produkte und vermehrten Verzehr pflanzlicher eiweißhaltiger Lebensmittel (Kartoffeln, Brot, Reis und Nudeln, Hülsenfrüchte und Getreideflocken). Pflanzliche und tierische Proteinlieferanten können sich in ihrer Aminosäurezusammensetzung so ergänzen, dass für den Aufbau- bzw. Erhaltungsbedarf des menschlichen Organismus die richtigen Bauelemente zusammenkommen. Ein Drittel tierisches und zwei Drittel pflanzliches Eiweiß sind ein guter Anhaltspunkt.

WASSER

Wasser ist unser wichtigster Nährstoff. Ohne Wasser läuft nichts in unserem inneren Stoffwechselbetrieb. Wasser ist Hauptbestandteil des menschlichen Körpers. Der Wassergehalt beträgt je nach Lebensalter zwischen 70 Prozent und 50 Prozent des jeweiligen Körpergewichts (mit zunehmendem Lebensalter und Fettanteil abnehmend).
Je höher die Stoffwechselleistung einer Zelle, desto höher ist ihr Wasserbedarf. Wasser ist Lösungs- und Transportmittel für Nährstoffe, Sauerstoff und Stoffwechselendprodukte und dient der Temperaturregulation, wenn wir schwitzen.
Der tägliche Wasserbedarf eines Erwachsenen beträgt ca. 2,5 Liter und könnte wie folgt gedeckt werden:
ca 1,5 Liter Trinkflüssigkeiten (beispielsweise Mineralwasser, Säfte, Tee und Kaffee) und ca. 1,0 Liter Wasseranteil aus der so genannten festen Nahrung (Obst, Gemüse, Brot etc.).
Richtig trinken (über den Tag verteilt) fördert das Wohlbefinden und ist wichtig für die gesunde Herz-Kreislauf-, Nieren- und Darmfunktion. Kinder haben in Abhängigkeit von Wachstum und körperlicher Aktivität einen hohen Bedarf an Trinkflüssigkeiten.

MINERALSTOFFE

Mineralstoff- und Wasserhaushalt sind untrennbar miteinander verbunden. Die Mineralstoffe Natrium und Kalium sind an der Regulation des Wasserhaushalts beteiligt. Wasser ist wiederum für die Verwertung (Lösung, Aufnahme, Transport) und Ausscheidung der zugeführten Mineralsalze notwendig. Wenn wir schwitzen, verliert der Körper nicht „reines" Wasser, sondern ebenfalls die darin gelösten Mineralstoffe. Wir teilen die Mineralstoffe in Mengen- und Spurenelemente.
Die Mengenelemente — Calcium, Phosphat, Magnesium, Kalium, Natrium und Chlorid — sowie die Spurenelemente Eisen, Jod, Fluor und Zink sind lebensnotwendige Nährstoffe und in einer abwechslungsreichen Mischkost enthalten. Calcium aus Milch und Milchprodukten ist Baustein von Knochen und Zähnen. Magnesium aus Vollkornerzeugnissen, Kartoffeln und Gemüse ist wichtig für den Energiestoffwechsel und die Muskelfunktion.
Eisen spielt eine zentrale Rolle beim Sauerstofftransport. Gute Eisenquellen sind Fleisch, Gemüse, Hülsenfrüchte und Leber. Jod — aus Seefisch und „jodiertem" Speisesalz — ist für eine gesunde Schilddrüsenfunktion unverzichtbar. Jodmangel führt zur Kropfbildung.

VITAMINE

Vitamine sind Schutzstoffe für unsere Gesundheit. Wir kennen heute 13 Vitamine. Am bekanntesten ist immer noch das Vitamin C. Fehlen darf aber keines dieser lebensnotwendigen Nahrungsbestandteile, denn Vitamine steuern als Bestandteile von Enzymen wichtige Abläufe im Stoffwechselgeschehen und schützen vor Mangelkrankheiten. Vitamine sind in pflanzlichen und tierischen Lebensmitteln erhalten.

Tägliche Vitaminzufuhrempfehlungen nach dem Ernährungsbericht der DGE von 2000 für Frauen/Männer:

FETTLÖSLICHE VITAMINE

Vitamin A (ß-Carotin)	2–4 mg
Vitamin D	0,05 mg
Vitamin E	15 mg

WASSERLÖSLICHE VITAMINE

Vitamin B_1	1,1 – 1,5 mg
Vitamin B_2	1,5 – 1,7 mg
Folsäure	300 – 400 µg
Vitamin C	100 mg

GESUNDE ERNÄHRUNG

Wie unsere tägliche Nahrung aussehen kann, so dass der Bedarf optimal gedeckt wird, verdeutlichen vier Leitideen, die sich gegenseitig nicht ausschließen:

- **die Ernährungspyramide**
- **das Fünf am Tag-Prinzip**
- **die 10 Regeln der DGE**
- **die Vollwerternährung**

DIE ERNÄHRUNGS-PYRAMIDE

Die Ernährungspyramide erklärt, aus welchen Lebensmittelgruppen sich die tägliche Nahrung zusammensetzen soll:

Getränke in jeder Form bilden die Basis, gefolgt von **Obst und Gemüse**, das mindestens fünfmal am Tag gegessen werden soll (vgl. Fünf am Tag-Prinzip).
Obst und Gemüse enthalten viele wichtige Nährstoffe, vor allem aber die für die Gesundheit des Darmes wichtigen Ballaststoffe.

Mindestens zu jeder Hauptmahlzeit sollte ein Produkt der Nahrungsmittelgruppe **Getreide, Brot und Kartoffeln** gegessen werden.

Fisch, Fleisch und Eier
Seefisch sollte regelmäßig, mind. 1x pro Woche, Fleisch sollte nicht täglich und ein Ei kann täglich gegessen werden.

Speisefette und **Süßigkeiten** sind die Gruppen an der Spitze der Pyramide. Sie sollen nur einen geringen Anteil in der täglichen Nahrung haben, wobei Ölen mit einem hohen Anteil an ungesättigten Fettsäuren der Vorzug gegeben wird.

DAS FÜNF AM TAG-PRINZIP

Fünfmal am Tag soll es eine Mahlzeit mit Obst und Gemüse geben, um u. a. das Risiko für Krebserkrankungen und Herz-Kreislauf-Erkrankungen zu reduzieren. Dabei kann es sowohl frisches als auch konserviertes wie z. B. tiefgefrorenes Gemüse und Obst sein. Das Tagesziel sind 600 g. Mit der Aufnahme von Obst und Gemüse werden auch **sekundäre Pflanzenstoffe** aufgenommen, die eine Reihe von positiven Wirkungen auf die Gesundheit haben:
- Stärkung des Immunsystems
- Senkung des Blutzucker- und Cholesterinspiegels
- Senkung von Bluthochdruck und vor allem
- Vorbeugung gegen Krebserkrankungen

Zu diesen Stoffen zählen Carotinoide (z. B. in Möhren) und das Lycopin (Farbstoff der Tomaten)

DIE 10 REGELN DER DGE

(DGE = Deutsche Gesellschaft für Ernährung)
- Vielseitig essen
- Getreideprodukte mehrmals am Tag essen, Kartoffeln reichlich essen
- Gemüse und Obst 5 x am Tag
- Täglich Milch und Milchprodukte, einmal in der Woche Fisch, Fleisch, Wurstwaren sowie Eier in Maßen
- Wenig Fett und fettreiche Lebensmittel
- Zucker und Salz in Maßen
- Reichlich Flüssigkeit
- Schmackhaft und schonend zubereiten
- Zeit zum Essen nehmen
- Auf das Wunschgewicht achten und in Bewegung bleiben

DIE VOLLWERT-ERNÄHRUNG

Vollwerternährung hat zum Ziel, den Ernährungswert eines Lebensmittels nicht durch Verarbeitung oder Verfeinerung zu mindern. Dies ist eine Idealvorstellung. Die Bestrebungen bei der täglichen Nahrungszubereitung sollten aber in diese Richtung gehen: Nährstoffverluste entstehen u. a. durch:
- Lagerung
- Entfernen von Lebensmittelteilen (z. B. Schale, Keim)
- Erhitzen

Zucker wird in der Vollwerternährung nur eingeschränkt verwendet. Statt dessen können natürliche Süßungsmittel verwendet werden.
Hierzu zählen:
- Zuckerrübensirup
- Honig, kaltgeschleudert
- Apfel- und/oder Birnendicksaft

Die eingedickten Obstsäfte enthalten neben 60-70 % Fruchtzucker viele Mineralstoffe, wie z. B. Kalium.

Bei der Vollwerternährung wird vor allem auch auf die **Sozialverträglichkeit** bei der Herstellung von Lebensmitteln geachtet.
Hierzu gehört, dass Böden nach einer Fruchtfolge bearbeitet, Tiere artgerecht gehalten werden und auf die Massenproduktion von Lebensmitteln verzichtet wird. Dazu gehört auch, dass wertvolle pflanzliche Nahrung nicht aus Entwicklungsländern zur Aufzucht von Tieren bei uns verwendet wird anstatt am Ort der Herstellung den Hunger zu stillen.

Einkauf von Lebensmitteln

GESETZLICHE REGELUNGEN

Der Verbraucher kann sich beim Einkauf von Lebensmitteln auf gesetzliche Regelungen verlassen. Die neuesten und speziellen Informationen erhält man in den Verbraucherzentralen oder findet man im Internet. Das **LFGB – Lebensmittel- und Futtermittelgesetzbuch –** ist das Gesetz, das alle Einzelheiten gesetzlich regelt. Dazu gehören: Die **Lebensmittelkennzeichnungsverordnung.** Sie ist zuletzt 2007 geändert worden. In ihr wird geregelt,

- dass die Kennzeichnung alle Lebensmittel in Fertigpackungen umfasst.
- welche Angaben auf der Verpackung stehen müssen. Hierzu zählen u.a. die **Verkehrsbezeichung** (der Name), das **Verzeichnis der Zutaten** in der Reihenfolge ihres Gewichtsanteils, das **Mindesthaltbarkeitsdatum** bzw. das **Verbrauchsdatum** bei sehr leicht verderblichen Lebensmitteln, der **vorhandene Alkoholgehalt** bei Getränken mit einem Alkoholgehalt von mehr als 1,2 Volumenprozent. Die Angaben müssen direkt auf der Verpackung oder auf einem gesonderten Etikett stehen.

ZUSATZSTOFFVERORDNUNG

In diesem Gesetz wird z. B. genau geregelt, welche Zusatzstoffe den Lebensmitteln zugesetzt werden dürfen. Es müssen auch die Stoffe angegeben werden, die z. B. als Lösungsmittel oder Trägerstoff der Aromen dienen. Die Zusatzstoffe werden mit E-Nummern bezeichnet. Die Bedeutung der E-Nummern kann vor allem für Allergiker lebenswichtig sein, sie kann in der Verbraucherzentrale erfragt werden.

Auch **Farbstoffe** zählen zu den Zusatzstoffen. Diese werden meist aus optischen Gründen zugesetzt. **Antioxidationsmittel** verhüten den Verderb durch Sauerstoff und zählen auch zu den Zusatzstoffen, deren Angabe Pflicht ist.
Weitere Zusatzstoffe sind:

- Geschmacksverstärker
- Emulgatoren
- Verdickungsmittel
- Geliermittel
- Stabilisatoren
- Säuerungsmittel und Säureregulatoren

Auf dem Speiseplan von Verpflegungseinrichtungen müssen folgende Angaben verzeichnet sein: mit Farbstoff(en), Konserierungsstoff(en), Antioxidationsmittel, Geschmacksverstärker(n), Schwefeldioxid, Schwärzungsmittel, Phosphat, Milcheiweiß, koffeinhaltig, chininhaltig, mit Süßungsmittel, enthält eine Phenylalaminquelle (Süßungsmittel Aspartam), gewachst (z. B. entsprechend behandelte Früchte), Taurin, mit Nitritpökelsalz, Formfleischvorderschinken.

VERBRAUCHER-INFORMATIONSGESETZ

Seit dem 1.5.08 ist das Gesetz in Kraft. Jeder hat das Recht, sich bei Behörden u.a. über Lebensmittel zu informieren. Anfragen, die ggf. gebührenpflichtig sind, sollen innerhalb von vier Wochen beantwortet werden.

TIPP

- Hinweise wie „Sofort verbrauchen“ oder „nach dem Auftauen verbrauchen“ befolgen.
- Behälter mit gewölbtem Deckel bei Joghurt oder Quark oder gerundete Milchtüten nicht mehr kaufen.

DOSEN UND GLÄSER

Obst, Gemüse, Fleischgerichte, Suppen, Soßen, Konfitüren und Kompotte werden in Dosen und Gläsern angeboten. Durch Hitzebehandlung wird zwar eine lange Haltbarkeitsdauer erreicht, aber die hitzeempfindlichen Vitamine werden zum größten Teil zerstört. Die Lebensmittelindustrie versucht inzwischen, durch schonende Verfahren diese Verluste so gering wie möglich zu halten.

TIPP

- Einwandfreie Dosen, die nicht aufgetrieben oder verbeult sind, kaufen.
- Trocken, kühl und nicht im Sonnenlicht aufbewahren.
- Nahrungsgut aus geöffneten Dosen umfüllen.

TIEFKÜHLKOST

Das Angebot ist mittlerweile so groß, dass man ganze Mahlzeiten daraus zubereiten kann. Gemüse, Fleisch, Fertiggerichte, Obst, Kräuter – alles ist in unterschiedlichsten Packungsgrößen erhältlich. Beim Gefriervorgang bleiben im Gegensatz zu anderen Konservierungsmethoden Nähr- und Geschmacksstoffe weitgehend erhalten.

TIPP

- Großpackungen sind häufig preiswerter als kleine.
- Nur einwandfrei verpackte Produkte kaufen.
- Nach dem Kauf sofort verarbeiten oder im Tiefkühlfach lagern.
- Während des Transports Gefriergut in Zeitungspapier oder Isoliertasche einpacken, damit es nicht zu stark antaut.
- Packungen mit Eiskristallen waren schon einmal aufgetaut. Nicht kaufen!

Einkauf von Lebensmitteln

LEBENSMITTEL AUS ÖKOLOGISCHEM ANBAU

Nicht zuletzt durch die vielen Lebensmittelskandale achten immer mehr Menschen auf die Herkunft ihrer Lebensmittel und bevorzugen ökologisch angebaute Produkte. Darunter werden Lebensmittel verstanden, die unter weitgehendem Verzicht auf Düngemittel, Pflanzenschutzmittel und auf Tierarzneien und Futterzusatzstoffe hergestellt werden.
Bio-Produkte werden häufig ab Hof verkauft. Viele Hofläden bieten den Verbrauchern Abokisten mit Gemüse und Obst der Saison an, die sogar ins Haus geliefert werden. Damit wird der Bequemlichkeit vieler Verbraucher Rechnung getragen.
Diese Lebensmittel sind durch verschiedene Prüfsiegel für ökologisch einwandfreie Produkte zu erkennen. Die wichtigsten und häufig vorkommenden sind:

Bioland
ÖKOLOGISCHER LANDBAU

demeter

Bio
nach
EG-Öko-Verordnung

ZIELE DES ÖKOLOGISCHEN LANDBAUS:

- die Bodenfruchtbarkeit erhalten
- die Nährstoffkreisläufe schließen
- Tiere nach ihren artgemäßen Bedürfnissen halten und füttern
- gesunde Lebensmittel erzeugen
- die natürliche Lebensgrundlagen Boden, Wasser und Luft schützen
- die Umwelt möglichst wenig belasten
- aktiven Natur- und Artenschutz betreiben
- Energie- und Rohstoffvorräte schonen
- Arbeitsplätze in der Landwirtschaft sichern

OBST UND GEMÜSE

Beim Einkauf bieten EU-Normen Hilfe. Die bislang nur in Deutschland geltenden Handelsklassen sind zum 1.1.2007 weggefallen, sodass der Verbraucher beim Einkauf besonders gut hinsehen muss. Die Frische kann optisch beurteilt werden. Frisches Obst und Gemüse, das nach Güteklassen angeboten wird, muss ganz gesund, frisch, sauber, frei von fremdem Geruch oder Geschmack und zu viel Feuchtigkeit sein.
Die EG hat gemeinsame Qualitätsnormen festgelegt:

Güteklasse	Qualität
Extra	auserlesene Ware
I	hochwertige Ware
II	gute Ware

Diese Einstufung ist nur für bestimmte Obst- und Gemüsearten vorgeschrieben, andere Arten haben Güteklassen, die nur in der Bundesrepublik gelten.

Die Einteilung nach Güteklassen gibt lediglich Auskunft über das „äußere Erscheinungsbild" der Frucht oder des Gemüses. Hierbei werden weder die Nährstoffzusammensetzung noch die Schadstoffbelastung berücksichtigt.
Nach dem Aufbau unterteilt man Gemüse in Blattgemüse, Kohlgemüse, Fruchtgemüse, Wurzelgemüse, Zwiebelgemüse und Stängelgemüse.

Nach dem Aufbau der Frucht oder dem Samen unterscheidet man Kernobst, Steinobst, Beerenobst, Südfrüchte und Schalenobst.

- Je wasserreicher ein Gemüse ist, desto geringer ist seine Lagerfähigkeit.
- Obst und Gemüse sollten überwiegend in den **Erntezeiten** gekauft werden, weil
  - der Geschmack intensiver ist,
  - der Preis i. Allg. niedriger ist,
  - der Gehalt vor allem an bestimmten Vitaminen (z.B. Ascorbinsäure) höher ist.

Dies trifft vor allem auf einheimische Obst- und Gemüsesorten zu. **Importiertes Obst und Gemüse** haben sehr lange – ökologisch nicht immer vertretbare – Transportwege und können **nie** zum Erntezeitpunkt vermarktet werden, weil reife Früchte und Gemüsesorten einen langen Transport nicht überstehen würden.

In den Verbraucherzentralen gibt es Saisonkalender für das Obst- und Gemüseangebot.

Einkauf von Lebensmitteln

GETREIDE

Alle Getreidearten lassen sich auch ungemahlen, gekocht und ausgequollen als Beilage verwenden (Rezepte, vgl. S. 158 ff.).
Vor allem Weizen, Gerste, Hirse und Roggen eignen sich auch in Form von Sprossen als Salatzugabe, wenn sie entsprechend getrieben haben (vgl. Rezept S. 102).

Weizen wird in verschiedenen Formen angeboten, vgl. S. 14.

Roggen. Wird in verschiedenen Typen angeboten. Wenig Kleber, aber Schleimstoffe, deshalb mit einem gewissen Anteil Weizenmehl mischen.

Hafer. Als kernige, zarte und Instant-Flocken sowie als Mehl erhältlich. Wenig Kleberanteil, deshalb mit Weizenmehl mischen.

Gerste. Nur wenig Kleberanteil. Gibt Weizen- oder Mischbroten erdigen Geschmack.

Hirse. Schon in vorgeschichtlicher Zeit bekannt. Wenig Kleber, deshalb immer mischen.

Buchweizen. Wird wegen seines aromatischen Geschmacks mit Weizenmehl gemischt verwendet.

REIS

Reis wird in verschiedenen Sorten angeboten:
Unterschieden werden die Sorten einmal durch die Form des Reiskornes: Rund- oder Langkornreis; vgl. S. 141.
Zum anderen durch die technische Art der Bearbeitung:
– Vollreis, auch Naturreis oder Braunreis genannt
– Geschälter Reis, bei dem die Silberhaut durch Schleifen entfernt wurde
– Parboiled Reis, der vor dem Abschleifen der Silberhaut mit einem speziellen Dampfverfahren behandelt wurde, so dass Vitamine und Mineralstoffe aus den Randschichten in das Reiskorninnere gepresst worden sind.

TEIGWAREN

Teigwaren werden aus Getreidemahlerzeugnissen, insbesondere Weizen, Wasser und z. T. Eiern hergestellt.
Teigwaren werden einmal in eifreie und Eierteigwaren unterschieden und zum anderen in Grießwaren und Mehlteigwaren.
Außerdem gibt es noch Teigwaren mit Zusätzen, z. B. mit Kräutern oder Soja-Eiweiß, und Teigwaren aus Vollkornmehl oder Roggenmehl.
Teigwaren werden verschiedenartig gefärbt. Der Begriff Nudeln wird häufig für Teigwaren eingesetzt. Im engeren Sinne ist es eine Formbezeichnung für faden- oder bandförmige Teigwaren, vgl. S. 140.

Glasnudeln werden aus der Stärke von Sojabohnen und Mungobohnen hergestellt.

KARTOFFELN

Kartoffeln werden nach den Kocheigenschaften unterschieden:
– festkochend für Salat, Salz- und Pellkartoffeln
– vorwiegend festkochend für Salz- und Pellkartoffeln
– mehlig kochend für Püree, Kartoffelpuffer, Klöße, Suppen

Auf jeder Kartoffelpackung müssen folgende Angaben stehen:
– Name der Sorte
– Handelsklasse
– Gewicht
– Kochtyp
– Erntezeit (Speisekartoffeln oder Speisefrühkartoffeln)
– Abfüller oder Verkäufer

BROT

Brote unterscheiden sich durch
– die Art des verwendeten Getreides
– den Ausmahlungsgrad des Getreides
– die Form
– die Teigbereitung.
Brot eignet sich gut als kohlenhydrat- und ballaststoffreiche Beilage zu verschiedenen Mahlzeiten.
Beim Einkauf sollte auf Brot geachtet werden, das frei von Konservierungsstoffen ist. Vollkornbrote sollten nach dem Einkauf, sofern sie sehr frisch sind, 1 Tag vor dem Verzehr liegen. Sehr frisches Brot in Kunststoffverpackung muss wegen der Gefahr der Schimmelbildung etwas offen lagern. Die beste Aufbewahrungsmöglichkeit für Brote ist ein von innen unglasierter Steintopf; es eignen sich auch luftdurchlässige Stoffbeutel oder Brotkästen.
Im Kühlschrank trocknet Brot sehr schnell aus.
Verschimmelte Brotstellen **sind nicht zum Verzehr geeignet,** auch nicht zur Verfütterung an Tiere, da Schimmelpilze Stoffwechselprodukte mit sehr stark gesundheitsschädigender Wirkung erzeugen können.

KARTOFFELN

z. B. Irmgard – mehlig kochend

z. B. Grata – vorwiegend festkochend

z. B. Hansa – festkochend

Einkauf von Lebensmitteln

MEHLE

Mehle unterscheiden sich zum einen durch die Getreideart, zum anderen durch den Ausmahlungsgrad.
Mehllieferanten sind neben Weizen als Hauptlieferant: Roggen, aber auch Hafer, Gerste, Mais, Hirse und Buchweizen.
Wenn nicht anders angegeben, ist in den nachfolgenden Rezepten mit Mehl immer Weizenmehl gemeint.
Der Ausmahlungsgrad von Mehlen wird mit einer Typenzahl gekennzeichnet.
Je mehr unverbrennbare Bestandteile wie Ballaststoffe, Mineralstoffe dem Mehl belassen wurden, desto höher ist die Typenzahl. Je weniger davon enthalten sind, desto niedriger die Typenzahl, und desto weißer und heller ist das Mehl.
Getreide, das als ganzes, unbearbeitetes Korn ausgemahlen wurde, wird als Vollkornmehl bezeichnet. In vielen der nachfolgenden Rezepte ist der Einsatz von den für die Ernährung ganz besonders wichtigen Mehlen mit hohem Ausmahlungsgrad angegeben. Auch Vollkornmehl kann anstelle von anderen Mehltypen in vielen Rezepten verwendet werden, es muß dabei berücksichtigt werden, dass die Flüssigkeitsmenge erhöht werden und eine erheblich größere Zeit der mechanischen Einwirkung bei dem Mischen der Zutaten eingehalten werden muss, d. h. eine Rührmasse muss anstelle der sonst üblichen 5 Min. mindestens 10 Min. gerührt werden.

Weizenflocken. Aus dem vollen Korn durch ein bestimmtes Verfahren hergestellt.

Weizenschrot. Die erste grobe Zerkleinerungsstufe.

Type 1700. Weizenbackschrot

Type 1050. Für kräftige Brote und Kuchen.

Type 550. Ideal für Brötchen und helle Brote.

Type 405. Universalhaushaltsmehl. Die hellste unter den Mehlsorten.

Type 1800. Roggenbackschrot.

Type 1150. Roggenmehl, z. B. für ballaststoffreiches Brot.

Type 997. Roggenmehl, Standard.

HÜHNEREIER

Für den Verkauf von Hühnereiern gibt es seit 1.1.2004 eine neue Regelung: Auf jedem Ei muss ein Code aufgedruckt sein, z.B.: **1-DE-3345679**
Die erste Zahl gibt die Haltungsform an:
0 ökologische Erzeugung,
1 Freilandhaltung,
2 Bodenhaltung,
3 Käfighaltung.
Danach folgt das Kürzel für den Erzeugerstaat, z.B.:
BE Belgien,
DE Deutschland,
NL Niederlande,
DK Dänemark.
Die folgende Nummer ist die individuelle Betriebsnummer, die jeder Betrieb erhält. In Deutschland bezeichnen die ersten beiden Stellen der Zahl das Bundesland, die folgenden Ziffern den Betrieb und die letzte den jeweiligen Stall.
Neben diesem Code werden die Eier in vier Gewichtsklassen unterteilt:

S	- klein	unter 53 g
M	- mittel	bis 63 g
L	- groß	bis 73 g
XL	- sehr groß	über 73 g

In diesem Buch und in fast allen anderen Rezeptveröffentlichungen wird von der Gewichtsklasse M ausgegangen. Auf jeder Eierverpackung, die 36 und weniger Eier enthält muss Folgendes angegeben werden:
- Erzeugerkennzeichnung
- Name und Anschrift des Betriebes, der die Eier verpackt hat
- Zahl der verpackten Eier
- Kennnummer der Packstelle
- Güteklasse und Gewichtsklasse
- Mindesthaltbarkeitsdatum (MHD)
- Die Angabe „bei Kühlschranktemperaturen aufzubewahren – nach Ablauf des MHD durcherhitzen"
- Art der Legehennenhaltung

LOCKERUNGSMITTEL

Man unterscheidet drei verschiedene Lockerungsprinzipien: die biologische, die chemische und die physikalische Lockerung.

BIOLOGISCHE LOCKERUNG

SAUERTEIG

macht Roggenteige erst backfähig. Er besteht aus Mehl, Wasser und säurebildenden Milchsäurebakterien und Sauerteighefen. Je nach Teigtemperatur bilden die Milchsäurebakterien unterschiedlich viel Milch- und Essigsäure. Frischen Sauerteig bekommt man beim Bäcker oder setzt ihn selbst an (vgl. S. 268). Er wird auch als Pulver angeboten.

HEFE

wird als Trockenhefe oder frisch angeboten. Hefe und Milchsäurebakterien sind Lebewesen und benötigen für ihre Aktivitäten Nährstoffe, Feuchtigkeit und Wärme. Optimaler Nährstoff ist der Traubenzucker, der im Mehl vorhanden ist. Die Teigtemperatur soll zwischen 26° C und 37° C liegen.

INSTANTPRODUKTE

Sauerteig und Hefe in Pulverform sind weniger aktiv als Frischkulturen, deshalb muss bei Verwendung der Pulver immer etwas mehr als im Rezept beschrieben verwendet werden.

CHEMISCHE LOCKERUNG

BACKPULVER

besteht aus Natron und einer Säure, z. B. aus Weinstein. Es entwickelt im Teig Kohlensäure die den Teig aufgehen lässt. Backpulver darf nie direkt mit Flüssigkeit oder Säure in Berührung gebracht werden; beides löst augenblicklich die Treibwirkung aus, und das Aufgehen desTeiges im Ofen bleibt aus.

HIRSCHHORNSALZ

nimmt man für flache würzige Gebäcke, weil beim Gären ein Ammoniakgeschmack entsteht, der sonst noch zu schmecken wäre. Wurde früher tatsächlich aus Hornabfällen hergestellt – daher der Name –, heute ausschließlich auf chemischem Weg.

POTTASCHE

wird fast nur für bestimmte Weihnachtsbäckereien (Lebkuchen, Honigkuchen) verwendet. Treibt den Teig weniger in die Höhe als in die Breite. Deshalb muss man Portionslebkuchen stets mit Abstand voneinander auf das Blech setzen.

PHYSIKALISCHE LOCKERUNG

Lockerung durch eingeschlagene Luft oder Wasserdampf wird als physikalische Lockerung bezeichnet.

LUFT

Beim Aufschlagen von Eiklar, Eigelb oder Schlagsahne wird Luft unter das Lebensmittel gearbeitet. Die dabei entstehenden stark pastösen Schäume halten die Luft und sorgen für eine Lockerung des Gebäckes.

WASSERDAMPF

Feines Teigwasser verdampft beim Backen, kann aber als Dampf nicht aus dem Gebäck entweichen und treibt es auf. Ein Grund für das Dampfhaltevermögen des Teiges kann eingezogenes Fett (Blätter-, Plunderteige) oder bereits verkleisterte Stärke (Brandmassen-Gebäcke) sein.

FETTE

Für die Speisenzubereitung können verschiedene Fette verwendet werden. Fette unterscheiden sich in ihrer Zusammensetzung und daraus folgend in ihrem Verhalten bei Erhitzung.
Rohstoffe für pflanzliche Fette sind vor allem:
Kokosnüsse, Sonnenblumenkerne, Palmfrüchte, Sojabohnen, Erdnüsse, Baumwollsamen, Raps und Oliven.

MARGARINE

Grundsubstanz sind pflanzliche Öle, eine Ausnahme ist die Verwendung von tierischen Fetten, die jedoch nicht als Pflanzenmargarine verkauft werden darf. Margarine enthält daneben 20 % Wasser und gesäuerte Magermilch, Lecithin, Vitamin A und D und Stärke. Die gelbe Farbe wird durch Zugabe von Carotin — einer Vorstufe von Vitamin A — erreicht. Die Pflanzenöle werden z. T. gehärtet, um die Margarine streichfähig zu machen. Margarine hat einen niedrigen Schmelz- und Rauchpunkt, sie darf deswegen nicht für Garverfahren verwendet werden, die eine große Hitze erfordern, wie z. B. Braten von Fleisch, Schmoren, Fritieren.

Anwendung:
Gut geeignet ist sie für das Dünsten von Gemüse, das Braten von Eiern und zum Backen.

HALBFETTMARGARINE

Durch Zusatz von Wasser wird der Fettgehalt um ca. 50% gesenkt. Diese Margarinen sind zum Braten und Backen nicht geeignet.

PFLANZENÖLE

Öle werden durch Kalt- oder Heißpressung oder durch Extraktion gewonnen. Die schonendste Behandlung ist die Kaltpressung, hier bleiben die Vitamine und vor allem die essenziellen Fettsäuren erhalten. Öle haben je nach Zusammensetzung einen unterschiedlichen Rauchpunkt.

Anwendung:
Kaltgepresste Öle sollten nur für Marinaden und Dressings verwendet werden. Durch Erhitzung werden die essenziellen Fettsäuren zerstört. Heißgepresste oder durch Extraktion gewonnene Öle können zum Braten und Schmoren verwendet werden.

FRITIERFETTE

Sie werden durch Fetthärtung aus Palmkern-, Erdnuss- oder Kokosölen gewonnen.

Anwendung:
Aufgrund ihres hohen Rauchpunktes sind sie gut zum Braten und Fritieren geeignet, ihr ernährungsphysiologischer Wert ist sehr gering.

SCHWEINESCHMALZ

Es wird aus dem Bauchfett des Schweines gewonnen und hat eine weiche Konsistenz. Es ist relativ schwer verdaulich und hat einen geringen Gehalt an Vitaminen und ungesättigten Fettsäuren.

Anwendung:
Es eignet sich zum Braten und Schmoren deftiger Gerichte, zum Backen und als Brotaufstrich.

BUTTER

Durch Zentrifugieren und Schlagen von Milch wird Butter gewonnen. Sie enthält außer dem tierischen Fett noch höchstens 16 % Wasser, außerdem Milcheiweiß und eine große Menge Vitamine A und D.

Anwendung:
Butter ist wie Margarine zu verwenden.
Für alle Teige und Massen können Butter oder Margarine benutzt werden. Möchte man den typischen Buttergeschmack, z. B. bei Mürbeteigkleingebäck, muss auch Butter — am besten Süßrahmbutter — verwendet werden, bei anderen Gebäcken ist der Geschmacksunterschied nicht besonders groß.

BUTTERSCHMALZ

Es wird durch Schmelzen von Butter gewonnen, dabei werden Wasser und Milcheiweiß entfernt. Dadurch ist es besonders haltbar und hat einen höheren Rauchpunkt als Butter.

Anwendung:
Es kann zum Braten, Dünsten und Backen bei Abänderung der Flüssigkeitszugabe verwendet werden.

MISCHFETTE

Sie werden aus pflanzlichen und tierischen Rohstoffen hergestellt, z. B. Milchfett und pflanzliche Öle. Der Fettgehalt der Mischfette kann zwischen 40 und 99% liegen; er muss auf der Packung angegeben sein.

FISCH

Beim Einkauf von Frischfisch muss auf folgende Anzeichen geachtet werden:

– Das Auge des Fisches muss klar und glänzend sein, es sollte etwas hervorstehen.
– Die Kiemen müssen hellrot oder dunkelrosa sein – auf keinen Fall braun oder graurot.
– Die Schuppen müssen fest anliegen und glatt sein.
– Der Geruch ist frisch, auf keinen Fall sollte der Fisch nach Ammoniak riechen.

Nach dem Einkauf sollte der Fisch sofort ausgepackt und in einer Schüssel abgedeckt in den Kühlschrank gestellt werden. Frischer Fisch kann einen Tag im Kühlschrank lagern.

TIPP

- Süßwasserfische sind in der Hauptfangzeit besonders preisgünstig und geschmacksintensiv.
- Für Salzwasserfische brauchen Hauptfangzeiten nicht berücksichtigt zu werden, weil das Angebot bis auf Heringe fast das ganze Jahr über gleichbleibend ist.
- Saisonzeiten gibt es außerdem für Schalen- und Krustentiere.

FLEISCH

Es wird vorwiegend von Schweinen, Rindern, Kälbern und Lämmern angeboten. Je nach Verwendungszweck, Geschmack und finanziellen Möglichkeiten können unterschiedliche Fleischteile gekauft werden.
Insbesondere beim Fleisch sollte möglichst die Herkunft bekannt sein, damit Fleisch aus der Massentierhaltung vermieden werden kann.

SCHWEINEFLEISCH

Für Schweinefleisch gibt es im Gegensatz zu Rind- oder Schaffleisch keine Einstufung nach Alter und Geschlecht der Tiere. Im Angebot ist überwiegend Fleisch von jungen Mastschweinen zwischen sechs und sieben Monaten.

Qualitätsmerkmale:
Farbe: kräftig rosarot
Faser: fein, zart
Maserung: leicht fettdurchwachsen

Dem Verbraucherwunsch, beim Schweinefleischkauf mehr Fleisch und weniger Fett zu bekommen, wurde durch Züchtung von Fleischrassen entsprochen.
Vorteil: Die Tiere haben einen geringeren Fett- und einen höheren Muskelfleischanteil.
Nachteil: Die Tiere sind sehr stressanfällig, es treten Stoffwechselstörungen im Energiehaushalt auf.
Die Folge ist ein blasses, weiches und wässriges Fleisch, PSE-Fleisch (P für engl. pale = blass, S für soft = weich, E für exudative = wässrig). Bei der Zubereitung verliert dieses Fleisch viel Wasser, es wird fest, zäh, trocken und schmeckt fad.

Andere Qualitätsmängel zeigt das dunkle, feste und trockene DFD-Fleisch (D für engl. dark = dunkel, F für firm = fest und D für dry = trocken). DFD-Fleisch verdirbt schneller. Außerdem fehlt ihm der typische Geschmack. Für Laien ist qualitativ geringwertiges PSE- und DFD-Fleisch ohne Vergleich mit qualitativ einwandfreiem Fleisch im gekühlten und gelagerten Zustand oft schwer zu erkennen. Man merkt die Veränderung erst beim Zuschneiden und beim Essen.

TIPP

- Es sollten Stücke gewählt werden, die von Natur aus mit leichten Fettadern durchzogen sind. Zum Braten sollte wenig oder gar kein Fett verwendet werden. Schweinefleisch soll so frisch wie möglich zubereitet werden, am besten 2 bis 3 Tage nach dem Schlachten.

SEE- UND SÜSSWASSERFISCHE

z. B. Forelle, Zander

Makrele, Meerbrasse, Hering

z. B. Lachs, Karpfen, Aal

TIPP

- Die Fleischteile beim Schwein und Lamm unterscheiden sich von denen des Rindes nur durch ihren andersartigen Zuschnitt und teilweise andere Bezeichnungen.
- Man sollte die Fleischstücke je nach dem Verwendungszweck auswählen und nicht die teuersten Bratenstücke zum Kochen nehmen.

ZEICHENERKLÄRUNG

① Kochen
② Schmoren
③ Braten im Ofen
④ Kurzbraten (Pfanne)
Preisrelationen
100%

EINIGE FLEISCHTEILE VOM SCHWEIN

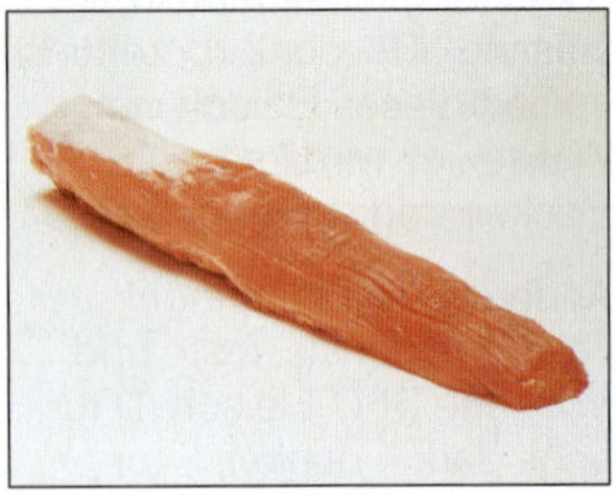

④ Filet

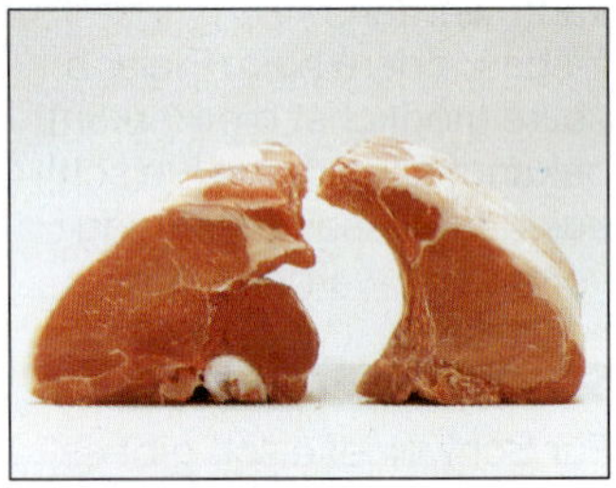

④ Kotelett

③ ④ Oberschale

② ③ ④ Unterschale

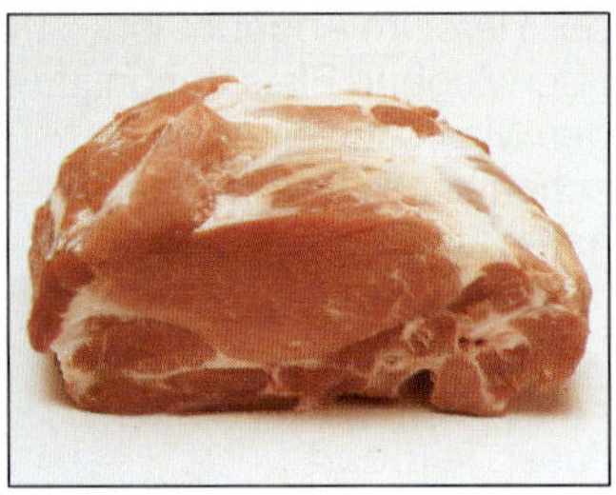

② ③ Nacken/Kamm

① ② ④ Schulterblatt

① ② ③ ④ Bauch

① ② Eisbein

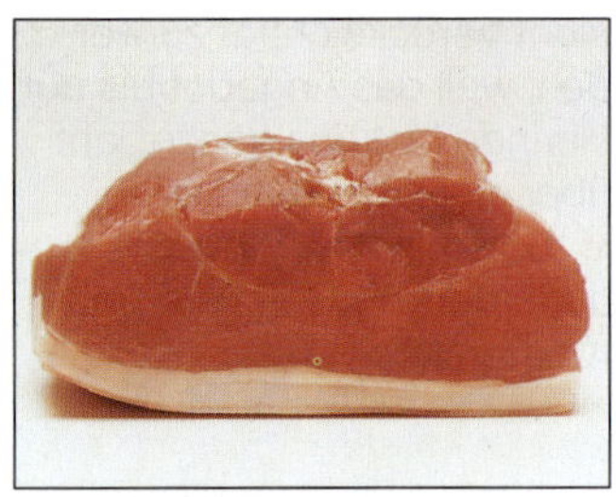

② ③ Schinkenspeck

EINIGE FLEISCHTEILE VOM LAMM

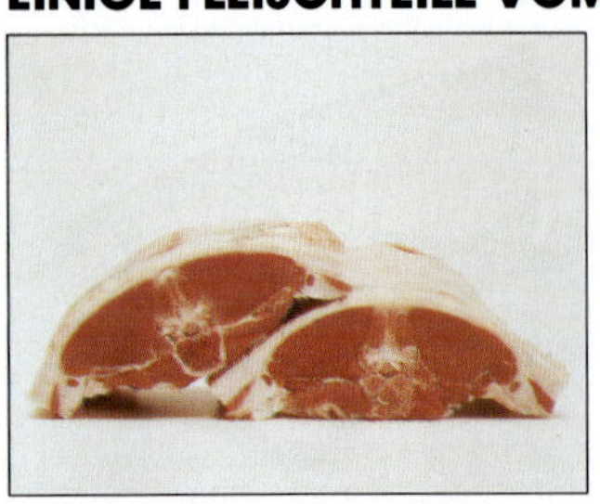

③ ④ Rücken mit Filet

② ③ ④ Keule

① Dicke Rippe

LAMMFLEISCH

Lammfleisch wird von Milchlämmern (nicht älter als 6 Monate) und von Mastlämmern (nicht älter als 12 Monate) angeboten.
Ein besonderer Vorzug von Lammfleisch ist die kurze Bratzeit.

TIPP

- Lammfleisch muss heiß gegessen werden, da das Fett schon bei Temperaturen erstarrt, die wenig über der menschlichen Körpertemperatur liegen. Soßen sind zu entfetten, bevor man sie bindet.

RINDFLEISCH

Unter dem Sammelbegriff „Rindfleisch" wird Fleisch angeboten, das von Jungbullen, von Kühen sowie von Bullen stammen kann. Daher ist hier eine Kennzeichnung besonders wichtig und aufschlussreich. In letzter Zeit wurde es aufgrund der Krankheit BSE (Bovine Spongiforme Enzephalopathie), die im Verdacht steht, beim Menschen die Creutzfeldt-Jakob-Krankheit auszulösen, besonders wichtig, auch das Herkunftsland des Rindfleisches anzugeben. Bei dieser Angabe ist man wie bei Angaben zur Fleischqualität auf die Vertrauenswürdigkeit des Fleischers angewiesen.
Die Qualitätsmerkmale: Fleischfarbe, Fleischfaser und Maserung sind beim Rindfleisch je nach Alter und Geschlecht des Tieres recht unterschiedlich. Rindfleisch muss abgehangen sein, schlachtfrisch ist es zäh. Zum Kochen ist es nach 3 bis 5 Tagen, zum Braten nach 5 bis 8 Tagen am besten geeignet. Am längsten abhängen müssen die Stücke, die als Steaks gebraten oder gegrillt werden sollen.

EINIGE FLEISCHTEILE VOM RIND

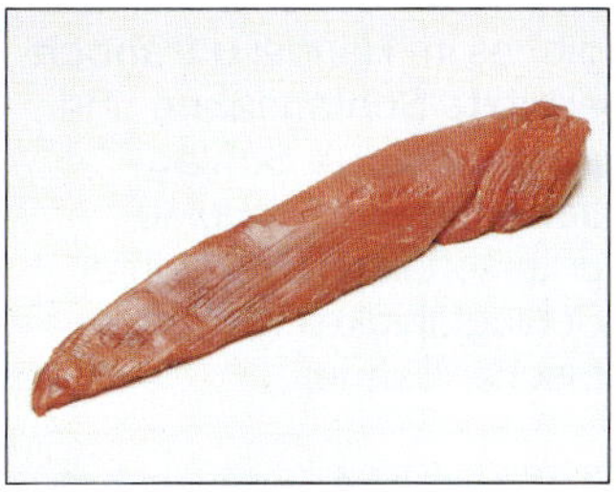

④ Filet

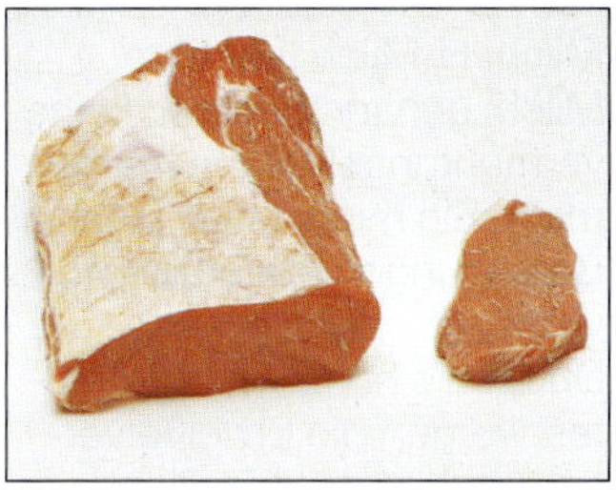

③ ④ Roastbeef

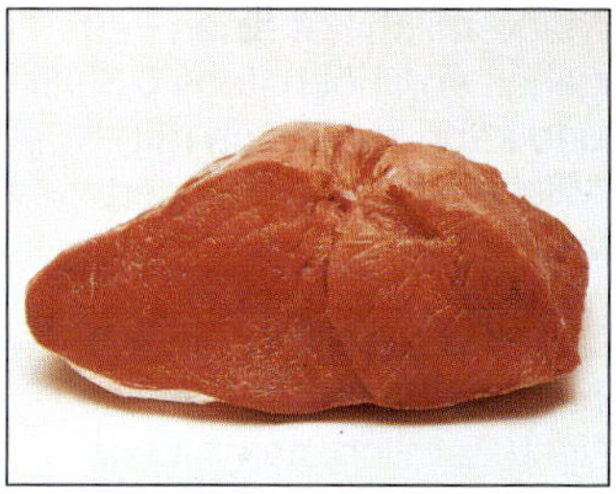

② ③ ④ Oberschale

② ③ Blume

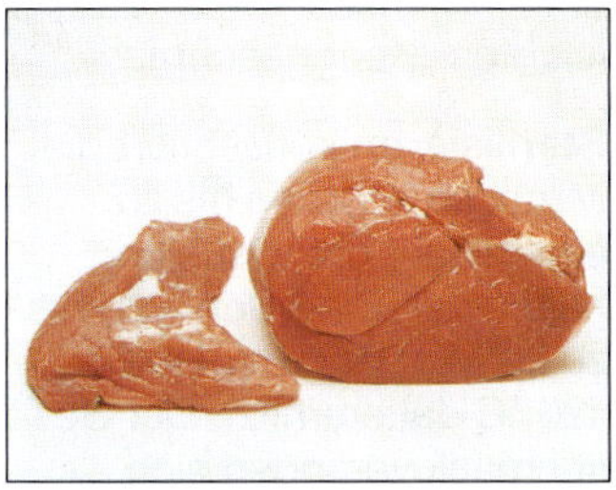

② Kugel

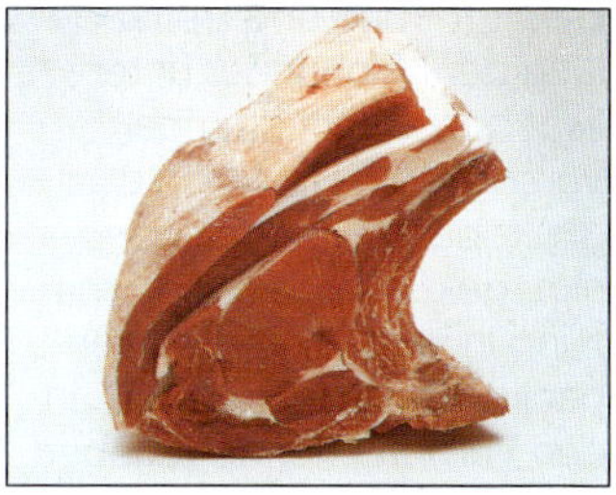

① ② ④ Hohe Rippe

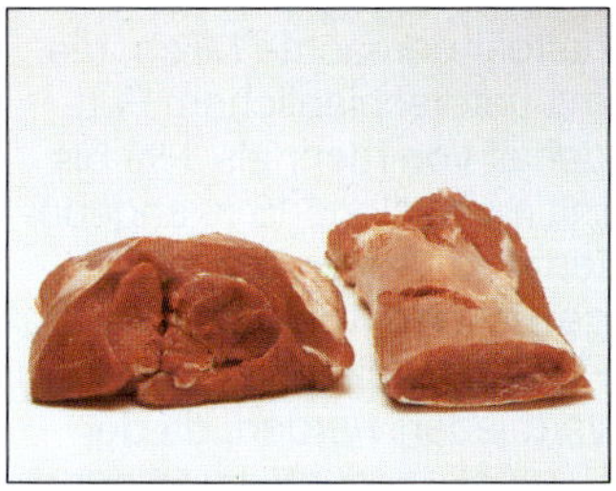

① ② Mittelbugstück

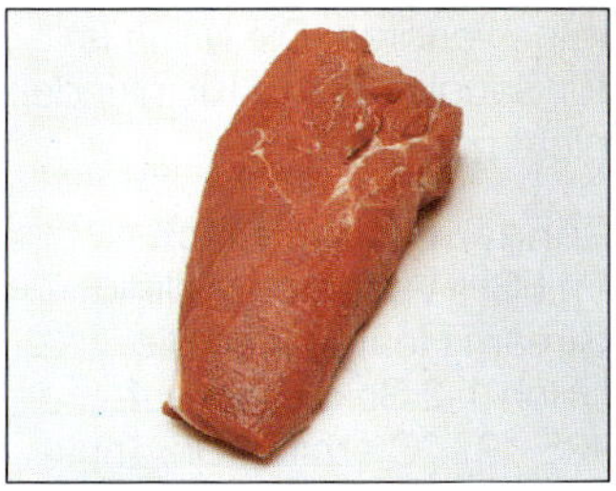

② ③ Falsches Filet

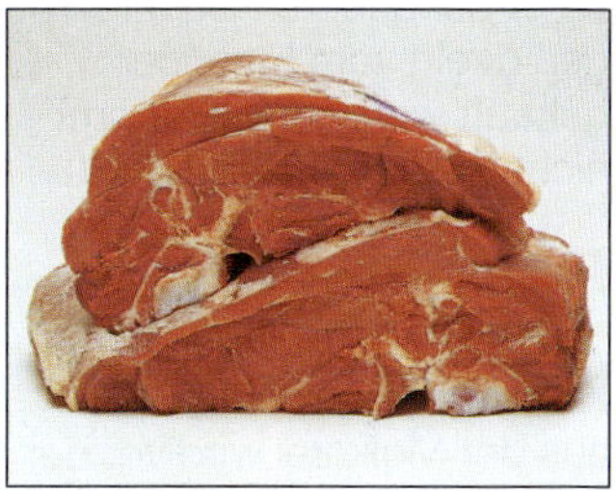

① ② Nacken

Milch und Milchprodukte

MILCHSORTEN

Vollmilch ist die wichtigste Standardsorte mit einem Fettgehalt von 3,5%. Bei Vollmilch mit natürlichem Fettgehalt wird die Rohmilch, so wie sie angeliefert wurde, weiterverarbeitet.

Fettarme Milch oder teilentrahmte Milch hat einen eingestellten Fettgehalt von 1,5 % bis 1,8 % und kann zusätzlich mit Milcheiweiß angereichert werden. Dies muss auf der Packung vermerkt sein.

Entrahmte Milch oder Magermilch hat einen Fettgehalt von höchstens 0,3 % und kann zusätzlich mit Milcheiweiß angereichert werden.

Vorzugsmilch hat einen natürlichen Fettgehalt. Die Vorzugsmilch stammt aus Rinderbeständen, die monatlich auf ihren Gesundheitszustand untersucht werden. Die Fütterung und Behandlung der Milchrinder unterliegt besonders strengen Vorschriften. Die Milch wird direkt beim Erzeuger gereinigt, gekühlt und ohne Erhitzung in verkaufsfertige Verpackungen abgefüllt und an den Verbraucher abgegeben.

Rohmilch ist frische, unbehandelte Milch und kann nur unter besonderen Bedingungen direkt vom Erzeuger gekauft werden. Sie kommt nicht in den Handel.

TRINKMILCH-AUFBEREITUNG

Homogenisieren. Die Milch aus der Molkerei wird vor der Wärmebehandlung unter Druck durch feinste Düsen gepresst. Die Fettkügelchen in der Milch sind sehr fein zerkleinert, so dass die Milch nicht so schnell aufrahmt.

Pasteurisieren ist ein kurzzeitiges Erhitzen (15 bis 30 Sek.) der Milch auf 72 bis 75 °C.
Die Tätigkeit der Mikroorganismen wird unterbrochen und dadurch die Haltbarkeit verlängert. Diese Milch wird als frische Milch bezeichnet.

Ultrahocherhitzen ist ein Erhitzen der Milch für einige Sekunden auf 135 bis 150 °C. Die ultrahocherhitzte Milch, H-Milch (haltbare Milch) genannt, enthält keine vermehrungsfähigen Keime mehr. Sie muss unter sterilen Bedingungen abgefüllt und verpackt werden.
Durch die hohen Temperaturen werden die Eiweiße verändert, hitzeempfindliche Vitamine, z. B. der B-Gruppe, gehen zum größten Teil verloren. Die Milch hat einen leichten „Kochgeschmack“.

Sterilisieren konserviert die Milch, so dass sie bis zu einem Jahr ohne Kühlung haltbar ist. Die Milch wird bis zu 20 Min. lang bei 110 bis 120 °C dauererhitzt. Der Geschmack verändert sich stark. Neben den Keimen und Mikroorganismen gehen alle hitzeempfindlichen Vitamine verloren. Die Milch ist für Säuglinge und Kleinkinder nicht geeignet.

Länger frische Milch
Im FSH-Verfahren (Falling Stream Heater) wird die Milch 1-2 Sekunden auf 125-127 °C erhitzt. Die Trinkmilch wird dadurch länger haltbar und hat im Gegensatz zur H-Milch keinen Kochgeschmack.

SAHNE

Sahne wird meistens als **Schlagsahne** oder Schlagrahm angeboten. Sie muss einen Fettgehalt von mindestens 30 % haben und wird beim Schlagen eher steif als einfache „Sahne“. Die Bezeichnung „süße Sahne“ ist volkstümlich und soll den Unterschied zur gesäuerten Sahne (siehe unter „Sauermilch“) markieren.

Wie auch bei der Trinkmilch gibt es im Handel **ultrahocherhitzte Schlagsahne** und **pasteurisierte Schlagsahne.** Beide Produkte unterscheiden sich in ihrer Schlagfähigkeit nicht von frischer Sahne.

Kaffeesahne, auch als Kaffeerahm oder Trinksahne angeboten, hat einen Fettgehalt von mindestens 10 %. Handelsüblich wird Kaffeesahne mit 10 %, 12 % und 15 % Fett angeboten. Sie lässt sich nicht steif schlagen, verfeinert aber Kaffee, Tee und Soßen. Kaffeesahne mit niedrigem Fettgehalt ist meist durch Ultrahocherhitzen oder Sterilisieren haltbar gemacht.

Kondensmilch ist eine unter Wasserentzug hergestellte, haltbar gemachte Milch, die mit unterschiedlichem Fettgehalt von mehr als 1 % bis mit mindestens 15 % angeboten wird. Außerdem gibt es gezuckerte Kondensmilch. Portionspackungen sollten vermieden werden, da der Verpackungsanteil und der Preis sehr hoch sind.

SAUERMILCH-ERZEUGNISSE

Zur Sauermilch zählen Produkte aus Buttermilch, die bei der Herstellung von Butter aus Rahm übrig bleibt: Dickmilch, eine dickgelegte Sauermilch, die im Becher sauer wird. Außerdem Joghurt, der nach dem Fettgehalt unterschieden wird und mit zahlreichen Zusätzen wie Fruchtmischungen und Müsli in den Handel kommt. Biojoghurt ist dem Joghurt ähnlich, wird aber mit rechtsdrehenden (L)$^+$ Milchsäurebakterien hergestellt, die eine besonders günstige Wirkung auf die Darmflora haben.

Saure Sahne oder Sauerrahm ist frische Sahne, die mit Milchsäurebakterien versetzt wurde. Saure Sahne gibt es in verschiedenen Fettstufen zwischen 10 und 30 %. Soll der Sauerrahm heiße Speisen (z. B. Soßen) verfeinern, wählt man besser eine höhere Fettstufe oder rührt den Rahm mit etwas Mehl oder Stärke an. Das Milcheiweiß flockt dann nicht so schnell aus.

Schmand ist eine alte bäuerliche Bezeichnung für Sahne, die wieder im Handel gebräuchlich ist. In manchen Gegenden Deutschlands versteht man darunter süße Kaffeesahne, üblicherweise aber wird Schmand als löffelfester Sauerrahm mit mindestens 20 % Fett angeboten.

Crème fraîche wurde zunächst aus Frankreich importiert als Zutat zur feinen Küche, wird inzwischen auch in Deutschland hergestellt. Der Fettgehalt liegt bei 30 %.

KÄSE

Je nach dem Wassergehalt bzw. der Konsistenz unterscheidet man verschiedene Käsesorten:
Frischkäse, z. B. Doppelrahmkäse, körniger Frischkäse, Schichtkäse und Quark.
Weichkäse, z. B. Camembert, Brie, Limburger.
Halbfester Schnittkäse, z. B. Butterkäse, Edelpilzkäse, Gouda, Edamer, Tilsiter, Wilstermarschkäse.
Hartkäse, z. B. Emmentaler, Chester, Parmesan.

Die deutsche Käse-Verordnung unterscheidet nach 8 Fettgehaltsstufen:

1. Doppelrahmstufe, mindestens 60 %, höchstens 80 % i. Tr.
2. Rahmstufe, mind. 50 % Fett i. Tr.
3. Vollfettstufe, mind. 45 % Fett i. Tr.
4. Fettstufe, mind. 40 % Fett i. Tr.
5. Dreiviertelfettstufe, mind. 30 % Fett i. Tr.
6. Halbfettstufe, mind. 20 % Fett i. Tr.
7. Viertelfettstufe, mind. 10 % Fett i. Tr.
8. Magerstufe, weniger als 10 % Fett i. Tr.

Die kleine Abkürzung „i.Tr" bedeutet „in der Trockenmasse". Die angegebenen Fett-Prozentsätze beziehen sich nicht auf den gesamten Käse, sondern nur auf das Fett in der trockenen (wasserlosen) Masse.

100 g mittelalter Gouda, der als Angabe 45 % Fett i.T. hat, hat tatsächlich einen Fettgehalt von 25,5 g.

LAGERUNG VON MILCH UND MILCH-ERZEUGNISSEN

Milchprodukte sind nach Behandlung und Sorte (bei geschlossener Verpackung) unterschiedlich lange haltbar:
Vorzugsmilch: 2 Tage im Kühlschrank
Pasteurisierte Milch: 3-6 Tage im Kühlschrank
Längerfrische Milch: bis zu 3 Wochen
H-Milch (ultrahocherhitzt): mindestens 6 Wochen ohne Kühlung
Steril-Milch: bis zu 1 Jahr, ohne Kühlung
Milchpulver: 6-12 Monate, trocken und kühl gelagert
Sahne: frisch 4-6 Tage im Kühlschrank, ultrahocherhitzt 6 Wochen, ohne Kühlung, sterilisiert bis zu 1 Jahr, ohne Kühlung
Saure Sahne: je nach Fettgehalt 6-10 Tage im Kühlschrank
Crème fraîche: bis zu 2 Wochen, im Kühlschrank
Sauermilch: 3-4 Wochen im Kühlschrank
Buttermilch: 8-14 Tage im Kühlschrank
Joghurt: 3-4 Wochen im Kühlschrank
Kefir: 3-4 Wochen im Kühlschrank

KENNZEICHNUNG

Das Lebensmittelgesetz gibt genaue Vorschriften zur Kennzeichnung der verpackten Trinkmilch an:

- Mindesthaltbarkeitsdatum (bei Rohmilch Verbrauchsdatum)
- Füllmenge
- Verkehrsbezeichnung
- Molkerei
- Wärmebehandlung
- Fettgehalt % Fett
- homogenisiert

TIPP

- Gewürze sollen beim Abschmecken von Speisen sehr vorsichtig dosiert werden, damit der Eigengeschmack der Speisen nicht überlagert wird.
- Mehrere Gewürze zugleich sollten ebenfalls sehr vorsichtig verwendet werden, weil sich bestimmte Gewürze geschmacklich nicht vereinbaren lassen.

Paprika

Aus den Schoten der reifen Gewürzpaprika, getrocknet und gemahlen. Man unterscheidet fünf Schärfegrade: Delikatess-, Edelsüß-, Halbsüß-, Rosen- und Scharfpaprika.

Curry

Curry ist eine indische Gewürzmischung aus 12 Gewürzen u.a. aus Kurkuma, Kardamom, Pfeffer, Ingwer, Piment, Zimt, Nelken, Muskat und Koriander. Curry ist beliebt für exotische Gerichte und Soßen.

Muskat

Muskat hat einen runden starken Geschmack, der frisch gerieben am stärksten ist. Muskat nur in kleinen Mengen für Kartoffelspeisen, Cremesuppen, Fleischbrühen, Blumenkohl und Spinat verwenden.

Pfeffer

Schwarz: ungeschälte, unreife Beeren, würzig, scharf.
Weiß: Kern der reifen Beeren, scharfer, feiner Geschmack.
Grün: unreife, konservierte Beeren, milder, aromatischer Geschmack. Rosa: leicht süßlicher, harziger Geschmack.

Kümmel

Kümmel schmeckt aromatisch herb und sollte vorsichtig benutzt werden. Macht Weißkohl, Gulasch, Wirsing, Sauerkraut und Schweinebraten bekömmlicher. Er kann auch gemahlen verwendet werden.

Lorbeer

Lorbeerblätter haben einen leicht bitteren, dominierenden Geschmack und müssen vorsichtig verwendet werden. Für Fleischbrühe, Sauerkraut, Sauerbraten, Fischsud und Marinaden.

Nelken

Können ganz oder gemahlen verwendet werden. Sie schmecken sehr intensiv und sollten sparsam benutzt werden. Für Rotkohl, für die gespickte Zwiebel, Birnenkompott oder für Gebäck.

Ingwer

Eine süßlich scharfe Wurzel, die frisch, in Sirup, kandiert oder gemahlen in den Handel kommt. Frischer oder gemahlener Ingwer passt zu Hühnersuppe, Hackfleisch, Currysoße, Kompotten oder zu Gebäck.

Zimt

Gemahlen oder als Stangen im Handel. Zimt ist das Innere der getrockneten Rinde des Zimtbaumes. Zimt wird für Kompott, Milchreis, Geflügelbrühe oder für Gebäck verwendet.

TIPP

- Kräuter sollten nicht lange in den Speisen mitgegart werden, weil sie ihren Geschmack verlieren bzw. verändern und der Gehalt an wärmeempfindlichen Vitaminen (A, C) stark verringert wird.
- Zur Aufwertung des Vitamin-C-Gehaltes von Speisen sollten Petersilie und andere Kräuter nur roh über die Speisen gegeben werden.
- Tiefgefrorene Kräuter sind ein guter Ersatz für die Zeiten, in denen frische Kräuter nicht zu haben sind, sie haben einen ähnlich hohen Vitamingehalt wie frische Kräuter.

Majoran/Oregano

Schmeckt stark würzig und sehr intensiv. Mit Majoran würzt man Tomatensoße, Ente, Gans, Wild und Leber. Der wild wachsende Majoran ist ein Hauptgewürz Italiens: Oregano.

Rosmarin

Hat einen würzigen, harzigen Geschmack. Rosmarin passt, mäßig dosiert, zu allen deftigen Speisen wie Schweinebraten, Lammkeule oder Hackfleisch.

Thymian

Dieses im Geschmack intensive, aber nicht scharfe Kraut ist in der Küche unentbehrlich. Es wird für Eintöpfe, Soßen und Braten verwendet.

Kerbel

Ein feines, leicht nach Anis schmeckendes Kraut. Man verwendet die Blätter und Stiele gehackt oder als Garnitur. Zum Würzen von Rührei, Cremesuppen und Sahnesoßen.

Dill

Ein würziges Kraut, das keine anderen neben sich duldet. Passt zu Gurken, Fischgerichten und zu Kartoffeln.

Salbei

Ein pikantes, leicht bitteres Kraut. Es sollte sparsam verwendet werden. Für Kalbsschnitzel, Geflügelfüllungen, Nudeln, Leber und Hackfleischgerichte geeignet.

Basilikum

Sein leicht nelkenartiges, aber frischwürziges Aroma lässt sich aus der italienischen Küche nicht wegdenken. Für Tomatensoße, Pesto, Nudeln und Geflügel unentbehrlich.

Liebstöckel

Schmeckt bitter-süßlich und intensiv nach Sellerie. Immer sehr sparsam verwenden. Es eignet sich für Fleischbrühe, Eintöpfe und Rinderbraten.

Bohnenkraut

Das würzig-pfeffrige Aroma gibt Eintöpfen, Rotkohl, Rühreiern, Rinderbraten, dicken und grünen Bohnen einen kräftigen Geschmack. Es kann reichlich verwendet werden.

ARBEITSGESTALTUNG

Neben der Beherrschung von Verfahren zur Lebensmittelverarbeitung ist bei der Zubereitung von Lebensmitteln ein entsprechender Arbeitsplatz nötig.
Zur Einrichtung gehört zuerst die Wahl der Arbeitsfläche, so dass der Lichteinfall möglichst von links, vorne oder von oben kommt. Viele Arbeiten können im Sitzen verrichtet werden, z.B. das Schneiden von Lebensmitteln. Sowohl beim Stehen als auch beim Sitzen muss eine richtige Arbeitshöhe gewählt werden, bei der der Körper nicht gebeugt werden muss. Eine richtige Arbeitshaltung gewährleistet einen zügigen Arbeitsablauf, und die Muskeln und Gelenke werden nicht so stark belastet.
Zur Einrichtung des engeren Arbeitsplatzes gehört die Bereitstellung aller Lebensmittel und Arbeitsgeräte, die für das entsprechende Rezept gebraucht werden. Dabei sind die Geräte so anzuordnen, dass kreuzungsfrei gearbeitet werden kann. Der Arbeitsablauf am Arbeitsplatz wird erleichtert, wenn Abfälle und Verpackungen sofort vernichtet bzw. auf einem Teller gesammelt werden, damit immer Ordnung herrscht.
Jeder Arbeitsablauf sollte vor Beginn der Arbeit gut geplant werden. Durch eine gute Zeitplanung, insbesondere bei der Herstellung von mehreren Speisen, können ablaufbedingte Wartezeiten genutzt werden, z.B. während des Schmorens von Fleisch können eine Beilage gegart und ein Salat zubereitet werden.

PERSÖNLICHE HYGIENE

— Vor der Arbeit und nach jedem Toilettengang müssen die Hände gewaschen und mit einem Einweghandtuch abgetrocknet werden.
— Beim Arbeiten Schutzkleidung tragen, am besten einen kochfesten Kittel.
— Lange Haare müssen zusammengebunden werden und ebenso wie kurze durch ein Kopftuch oder eine Haube festgehalten werden.
— Kleinere Wunden müssen durch Heftpflaster oder besondere Fingerverbände geschützt werden.
— Nagellack entfernen.
— Hände, die gründlich gewaschen wurden, können zum Arbeiten mit Lebensmitteln ohne Bedenken eingesetzt werden.

LEBENSMITTELHYGIENE

— Erdbehaftete Lebensmittel wie Kartoffeln oder Möhren dürfen nicht mit anderen Lebensmitteln zusammen verarbeitet werden. Spülbecken zum Waschen dieser Lebensmittel sollten nach jeder Benutzung gründlich gereinigt werden.
— Beim Auftauen von Fleisch, insbesondere Geflügelfleisch, darf kein Auftauwasser auf andere Speisen oder Geräte gelangen, weil es häufig Salmonellen enthält.
— Beim Abschmecken von Speisen jeweils einen Probierlöffel benutzen, und die Speise mit einem größeren Löffel aus dem Topf nehmen.
— Nur saubere Geräte für die Lebensmittelverarbeitung verwenden.
— Speisen nie längere Zeit warm halten. Schnell abkühlen. Falls notwendig, erneut erwärmen.
— Speisereste kühl und abgedeckt aufbewahren.
— Nach Möglichkeit sollten in der Küche keine Holzbretter eingesetzt werden. Durch Messerschnitte bilden sich Risse im Holz, die schwer zu reinigen sind und eine ideale Brutstätte für Bakterien bilden.
Wenn Holzkochlöffel eingesetzt werden, sollten diese getrennt für süße und salzige Speisen eingesetzt werden, damit der Geschmack nicht übertragen wird. Ideal sind Bretter und Kochlöffel aus weißem Hartkunststoff.

UNFALLVERHÜTUNG

— Beim Arbeiten muss Schmuck wie Ketten, Ringe und Reifen abgelegt werden, damit er nicht in Maschinen o. ä. gelangt.
— Maschinen erst benutzen, wenn deren Handhabung bekannt ist. Schutzeinrichtungen an Maschinen benutzen, z.B. Restehalter an Schneidemaschinen.
— Standsichere, geschlossene Schuhe mit rutschfester Sohle tragen, damit die Gefahr des Ausrutschens herabgesetzt ist.
— Flüssigkeiten und Fett auf dem Fußboden müssen sofort aufgewischt werden, um ein Ausrutschen zu verhindern. Fettiger Boden sollte zusätzlich mit Salz abgestreut werden.
— Elektrische Geräte immer ohne Stromzufuhr zusammensetzen, in regelmäßigem Abstand die Stecker und Schnüre kontrollieren.
— Als Schutz vor Verbrennungen Topflappen und Spritzschutz verwenden.
— Geräte, in denen sich Dampf entwickelt, immer so öffnen, dass der Dampf nicht ins Gesicht strömen kann.
— Geräte stets so auf den Arbeitsplatz stellen, dass man im Vorbeigehen nicht daran hängen bleiben kann.

Mengen und Maße

GRUNDMENGEN FÜR 1 PERSON

Suppe	
Hauptgericht	0,4 l
Vorspeise	0,25 l
Soße	
als Beilage	100 ml
Fleisch	
mit Knochen	150 g
ohne Knochen	125 g
Hackfleisch	100 g
Gemüse/Kartoffeln	
als Hauptgericht	250 g
als Beilage	200 g
für Suppe	125 g
Fisch	
mit Kopf	250 g
Fischfilet	150 g
Nudeln	
als Hauptgericht	100 g
als Beilage	60 g
Reis	
als Hauptgericht	100 g
als Beilage	50 g
Obst	
für Kompott	50 g
Süßspeisen	
Creme	150 g

RICHTWERTE FÜR MASSANGABEN

Lebensmittel	1 EL	1 TL
Honig	20 g	6 g
Margarine, Butter	15 g	5 g
Instant-Kaffee	4 g	2 g
Instant-Kakao	5 g	3 g
Joghurt	15 g	8 g
Kaffee	8 g	5 g
Käse, gerieben	6 g	2 g
Mayonnaise	15 g	5 g
Mehl	10 g	3 g
Milch	15 g	5 g
Nüsse	8 g	3 g
Öl	12 g	4 g
Quark	20 g	10 g
Puderzucker	10 g	3 g
Sahne	15 g	5 g
Semmelmehl	10 g	3 g
Speisestärke	9 g	3 g
Tee	6 g	3 g
Wasser	15 g	5 g
Zucker	15 g	5 g

1 Apfel	100 g
Brötchen	40 g
Scheibe Brot	40 g
Tomate	70 g
Zwiebel	50 g

Die Maße sind jeweils für **gehäufte** EL oder TL bestimmt.

ABKÜRZUNGEN FÜR MASSANGABEN

1 ml (Milliliter) =	1 ccm*	= 1/1000 l
1 cl (Zentiliter) =	10 ccm	= 1/100 l
1 dl (Deziliter) =	100 ccm	= 1/10 l

*1 ccm = Kubikzentimeter

1 l =	1000 ml =	100 cl
3/4 l =	750 ml =	75 cl
1/2 l =	500 ml =	50 cl
3/8 l =	375 ml =	37,5 cl
1/3 l =	333 ml =	33,3 cl
1/4 l =	250 ml =	25 cl
1/8 l =	125 ml =	12,5 cl
1/10 l =	100 ml =	10 cl

1 Esslöffel =	ca. 10 ml	= 1 cl
1 Schnapsglas =	20 ml	= 2 cl
1 Glas =	100-125 ml	= 1/10-1/8 l
1 Tasse =	125-150 ml	= 1/8 -3/5 l

Prise = die Menge, die man zwischen zwei Fingern halten kann.

Msp = Messerspitze
EL = Esslöffel
TL = Teelöffel

UMRECHNUNGEN FÜR GRÖSSERE PERSONENZAHLEN MENGEN FÜR GEMEINSCHAFTSVERPFLEGUNG (GV)

Sollen die Mengenangaben in den Rezepten, die i. Allg. für 4 Personen bestimmt sind, für eine größere Personenzahl verändert werden, muss von der Grundmenge für eine Person ausgegangen werden.

Die Umrechnung erfolgt in drei Schritten:

1. Das Gewicht aller Zutaten des Rezeptes, das umgerechnet werden soll, muss addiert werden.

2. Diese Zahl wird durch die Grundmenge für 1 Person geteilt, und das Ergebnis ist die errechnete Personenzahl, für die das Gericht ausreicht — diese Zahl liegt i. Allg. höher als 4.

3. Die erforderliche Personenzahl wird nun durch die errechnete Personenzahl geteilt, und man erhält den Multiplikator für das Rezept.

Beispiel:
Ein Eintopfgericht soll für 80 Personen hergestellt werden.
1. Gesamtzutatenmenge: 2370 g (M), Grundmenge "Eintopf" für 1 Person: 400 g (GM)
2. M: GM = 5,9 (P). Das Rezept kann für 5,9 Personen ausreichen.
3. Erforderliche Personenzahl — 80 (EP) 80:5,9 = 13,55

Die Mengenangaben in dem Rezept müssen mit 13,55 multipliziert werden.
Zusammenfassung: M : GM = P, EP : P = Umrechnungsfaktor

Küchengeräte

FOTO OBEN LINKS

1. Handrührgerät mit Pürierstab, Knethaken, Rührhaken
2. Küchenmaschine mit Zubehör:
3. Getreidemühle
4. Rührhaken
5. Knethaken
6. Mixer
7. Schnitzelwerk
8. Rührschüsseln

FOTO OBEN RECHTS

1. Bratpfanne
2. Geflügelschere
3. Eisportionierer
4. Küchenschere
5. Sparschäler
6. Apfelentkerner
7. Knoblauchpresse
8. Schneebesen
9. Pieform
10. Sieb
11. Schüsseln
12. Schneidebrett
13. Tranchierbesteck
14. Auflaufform

FOTO UNTEN LINKS

1. Obstkuchenform
2. Messbecher
3. Springform
4. Teigkarte, Garnierkamm
5. Kuchengitter
6. Palette
7. Spritzbeutel mit verschiedenen Tüllen
8. Napfkuchenform
9. Kuchenrolle
10. Teigschaber
11. Backpinsel
12. Teigrädchen
13. Rühr- und Kochlöffel
14. Kastenform

FOTO UNTEN RECHTS

1. Dampfdrucktopf
2. Durchschlag
3. Reibe
4. Bratenwender
5. Spätzlepresse
6. verschiedene Messer
7. Schaumkelle
8. Schöpflöffel
9. verschiedene Töpfe
10. Eierschneider

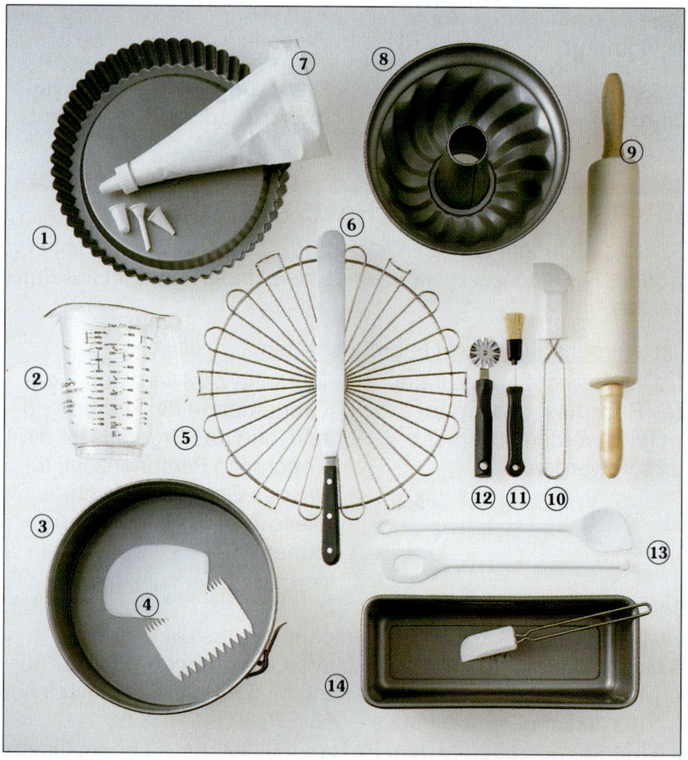

①
②
③
④
⑤
⑥
⑦
⑧
⑨
⑩
⑪
⑫
⑬
⑭

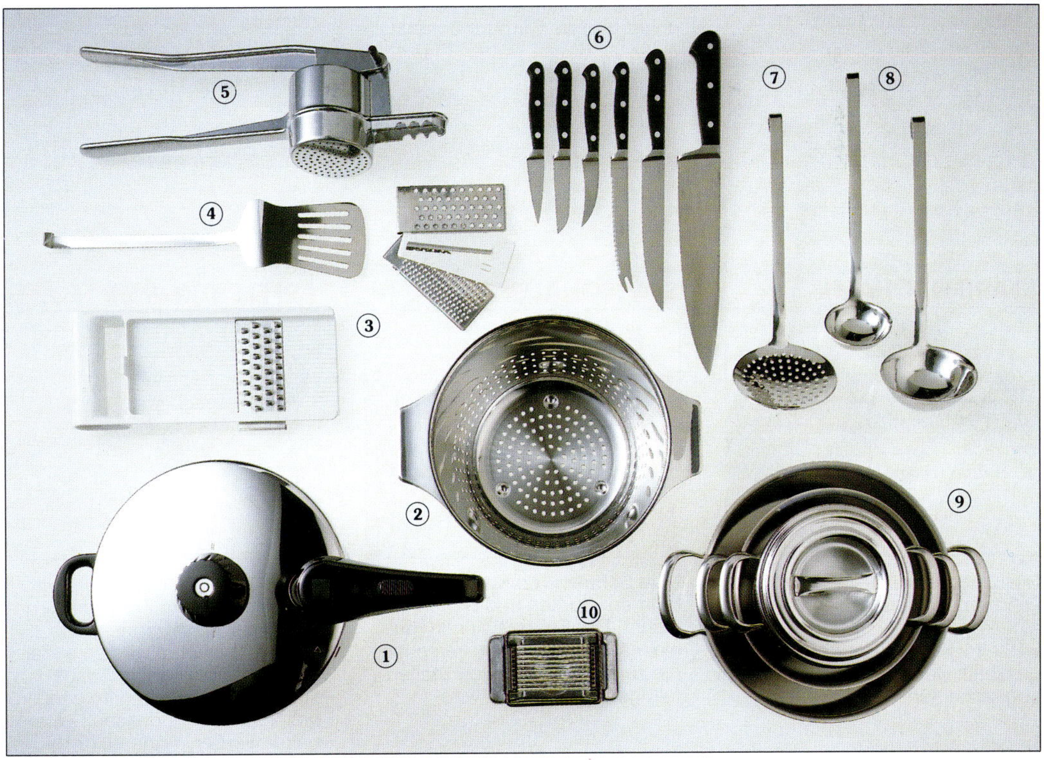

①
②
③
④
⑤
⑥
⑦
⑧
⑨
⑩

Besondere Geräte

KUGELAUSSTECHER

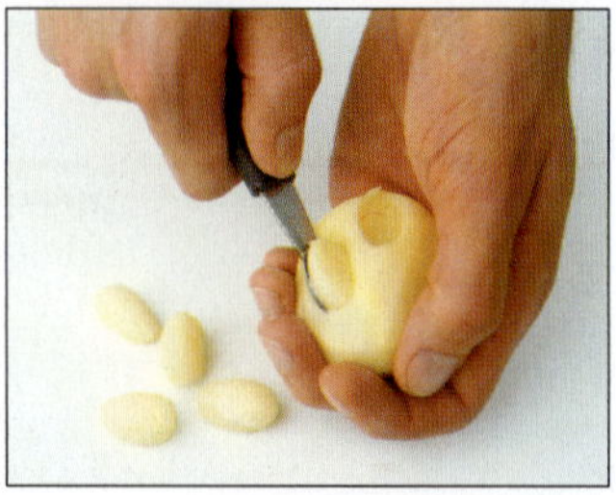

Kugelausstecher werden in verschiedenen Größen angeboten, vom kleinen Erbsenausstecher bis zum ovalen Olivenausstecher. Zum Ausstechen von Kartoffeln, Möhren, Melonen und anderem Gemüse und Obst geeignet.

GURKENSCHÄLER/ JULIENNEREISSER

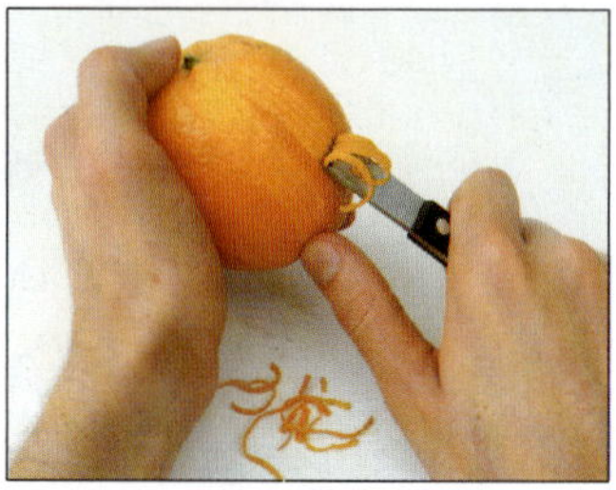

Gurkenschäler werden zum Abschälen und Verzieren von Gurken- und Orangenschale gebraucht.

Juliennereißer, geeignet zum Schneiden von Orangen- und Zitronenschale. Die „Julienne" (dünne Streifen) werden blanchiert und als Garnitur benutzt.

BUNTMESSER

Buntmesser mit einer dicken, zackig eingeschliffenen Klinge. Buntmesser werden zum Schneiden von rohem und gekochtem Gemüse benutzt. Waffelkartoffeln lassen sich damit sehr einfach schneiden. Die Kartoffeln nach jedem Schnitt um 90 Grad drehen.

SPARGELSCHÄLER

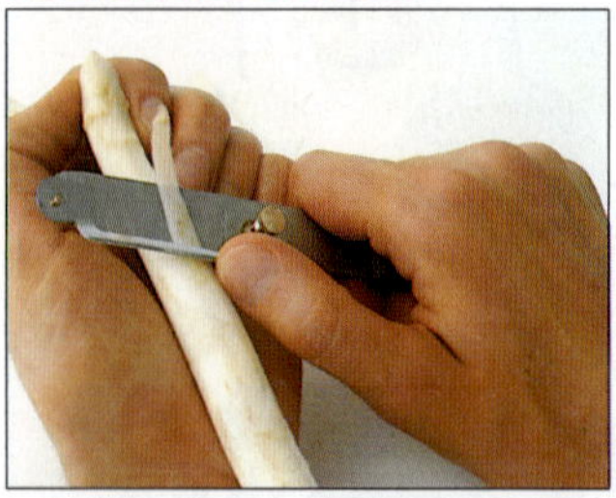

Die Klinge ist verstellbar und kann je nach Spargelschale eingestellt werden. Leicht angewinkelt wird vom Kopf bis Ende geschält. Das Stielende wird abgeschnitten.

SPARSCHÄLER

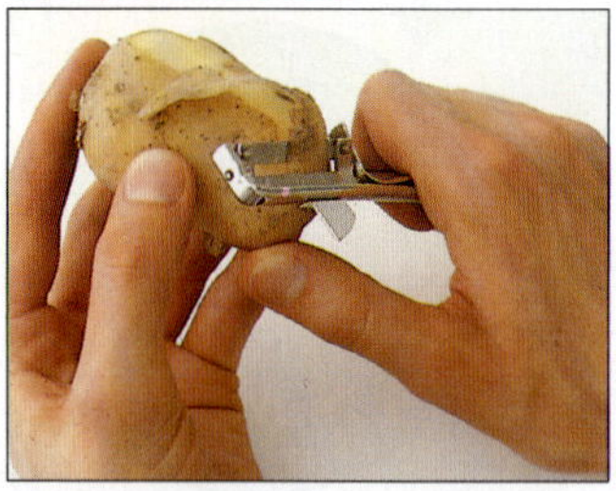

Zum Schälen von Kartoffeln, Möhren, Gurken und Birnen geeignet. Der Sparschäler ist mit einer stumpfen Klinge versehen, die zum Ausbohren von Stellen („Augen") verwendet wird.

APFELENTKERNER

Durch die Mitte des Apfels wird gestochen. Beim Zurückziehen dreht man das Kerngehäuse heraus. Das Obst wird so äußerlich nicht beschädigt. Ausgestochenes Obst kann im ganzen geschält oder ungeschält verarbeitet werden. Anderes Kernobst kann auch so ausgestochen werden.

VERPACKUNG

Als Verpackung können Materialien mit folgenden Eigenschaften genommen werden:
- geruchsneutral
- haltbar
- luft- und wasserdicht

Dafür kommen in Frage:
- gefriergeeignete Kunststoffgefäße
- Polyethylenbeutel
- extrastarke Aluminiumfolie

Beutel können mit einem Drahtverschluss, Gummiband oder Folienschweißgerät verschlossen werden.

TIPP

- Möglichst Verpackungen auswählen, die häufig verwendet werden können.
- Bei der Verwendung von Tiefgefrierbehältern muss unbedingt auf die Einfüllhöhe geachtet werden, weil sich Flüssigkeiten beim Tiefgefrieren ausdehnen.
- **Geflügel vor dem Auftauen aus der Verpackung nehmen. Auftauflüssigkeit nicht verwenden. Salmonellengefahr!**
- An- und Auftauzeit nicht unnötig verlängern. Das allmähliche Auftauen im Kühlschrank ist schonend für die Lebensmittel.
- Gefriergut sofort nach dem Auftauen verbrauchen. Nicht wieder einfrieren.
- Tiefgefrorene Lebensmittel mit Datum kennzeichnen. Lagerzeiten beachten.

Auftauzeiten für tiefgefrorene Lebensmittel vor der Zubereitung bzw. dem Verzehr.

Lebensmittel	Gewicht kg	Auftauzeit in Stunden (ca.)			in Minuten (ca.)
		im Backofen ca. 50°C	in der Küche ca. 20°C	im Kühlschrank ca. 5°C	im Mikrowellengerät (150 Watt)
Bratenstücke	0,8 – 1,0	3 – 5	6 – 10	20 – 30	30 – 40
Hähnchen	0,6 – 0,8	1,5 – 2	5 – 7	12 – 16	30 – 35
Huhn, Ente	1,5	2 – 3	12 – 15	22 – 25	40 – 45
Gans, Pute	4,0 – 6,0	3,5 – 4	16 – 20	35 – 38	60 – 70
Größere Fische	0,8 – 1,0	ca. 2	ca. 5	ca. 16	20 – 22
Krabben	0,25	–	2 – 3	6 – 9	6 – 9
Beeren-, Steinobst, gezuckert	0,4 – 0,5	–	4 – 7	10 – 12	10 – 12
Ganze Kuchen[1]	–	0,3 – 1	3 – 6	–	10 – 12

[1] Speziell bei Rührkuchen und Hefe-Kastenkuchen ist zu empfehlen, nach 1stündigem Vortauen bei 20°C die in hitzebeständige Folie verpackten Backwaren 10 Min. lang bei 200°C im Backofen zu erwärmen.

VERPACKEN IN BEUTELN MIT FOLIENSCHWEISSGERÄT

1. Lebensmittel sauber einfüllen.

2. Luft aus der Folie streichen bzw. mit dem Schweißgerät die Luft herausziehen.

3. Folie zuschweißen. Nahtstelle kontrollieren.

IN BEHÄLTERN

1. Tiefkühlbehälter gibt es in verschiedenen Formen und Größen.

2. Füllhöhe beachten, weil sich die Speisen beim Gefrieren ausdehnen.

3. Beutel und Dosen mit Inhalt, Datum und evtl. Menge beschriften.

Vorbereitungstechniken

PILZE PUTZEN

1. Champignons sofort aus der Verpackung nehmen.

2.1 Sandigen Fuß abschneiden, gründlich mit einem Pinsel säubern <u>oder</u>

2.2. Pilze in Salz – Mehl – Wasser waschen.

KNOBLAUCH SCHÄLEN UND ZERKLEINERN

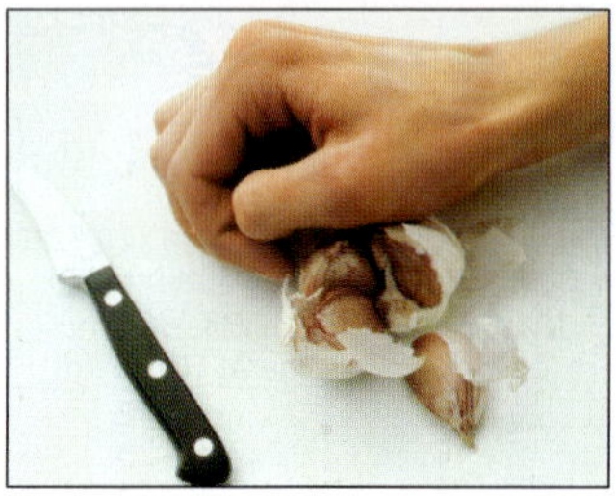

1. Knoblauchzwiebeln von oben kräftig drücken, damit sich die einzelnen Zehen voneinander lösen.

2. Schale von der Knoblauchzehe entfernen, dabei Spitze und Wurzelansatz abschneiden.

3. Knoblauchzehe in dünne Scheiben schneiden, mit Salz bestreuen und hacken oder durchpressen.

ZWIEBELN PELLEN UND ZERKLEINERN

Zwiebeln pellen. Wurzelansatz nicht abschneiden, damit die Zwiebel bei den Schnittformen nicht auseinander fällt.

<u>Scheibenschnitt:</u>
Zwiebel in Scheiben schneiden und zu Ringen lösen.

<u>Streifenschnitt:</u>
Zwiebel mit einem Längsschnitt halbieren und senkrecht bis zum Wurzelansatz in Streifen schneiden.

WÜRFELSCHNITT

1. Zwiebel halbieren, nur große Zwiebel mehrmals waagerecht bis zum Wurzelansatz einschneiden.

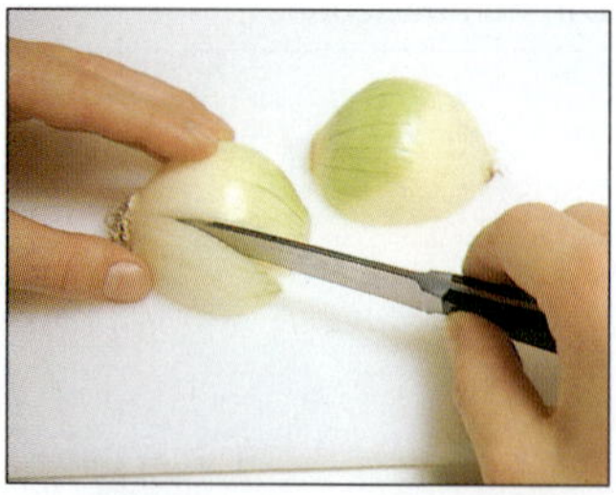

2. Zwiebel mehrmals senkrecht einschneiden. Je dichter die Einschnitte, desto feiner sind später die Zwiebelwürfel.

3. Finger beim Schneiden leicht anwinkeln, Daumen hinter die anderen Finger halten (Krallengriff) und schneiden.

BROKKOLI PUTZEN UND ZERKLEINERN

1. Blätter vom Brokkolistrunk entfernen. Geöffnete und gelbe Röschenknospen ebenfalls.

2. Brokkoliröschen mit dünneren Stielen vom dicken Strunk schneiden.

3. Dicken Strunk schälen, da er unter der Schale meist etwas holzig ist.

4. In mundgerechte Bissen schneiden.

5.1 Große Brokkoliröschen längs halbieren oder

5.2 Stiel einkreuzen, damit alles gleichmäßig gar wird.

SELLERIEKNOLLE SCHÄLEN UND ZERKLEINERN

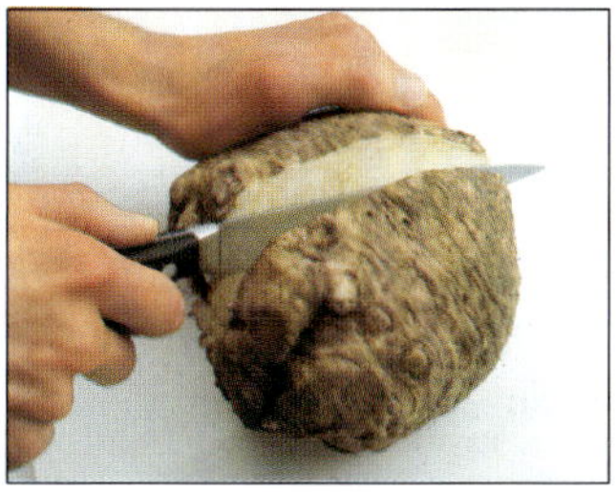

1. Eine Sellerieknolle zu schälen ist recht mühsam, aber es gibt einen Trick: gewaschene Knolle zunächst mit einem großen Messer halbieren.

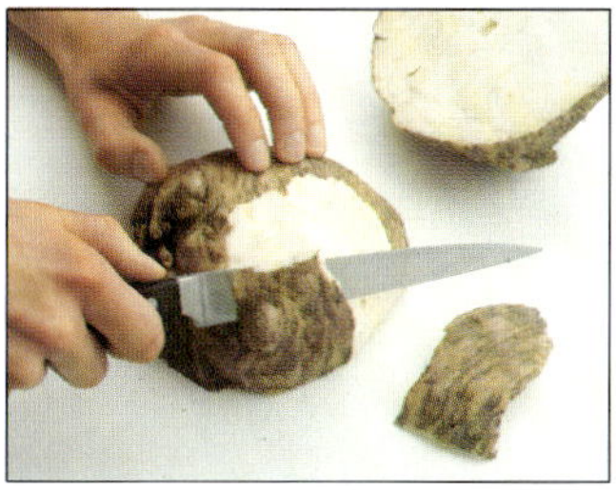

2. Knolle mit der Schnittfläche nach unten auf ein Schneidbrett legen und die Schale in Streifen von oben nach unten hinunterschneiden.

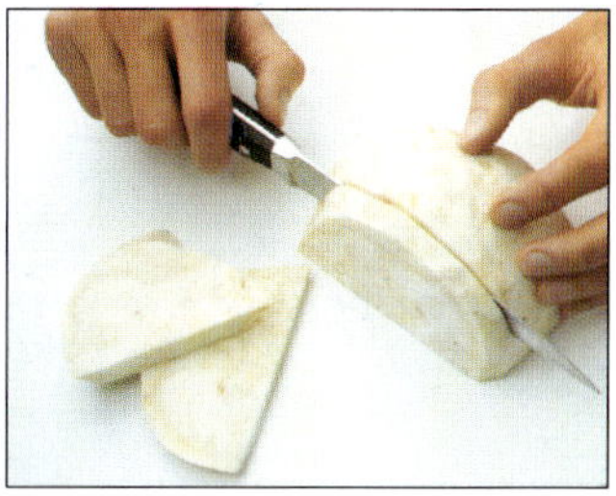

3. Geschälte Knolle in dicke oder dünne Scheiben schneiden. Je dünner die Scheiben, desto feiner die Streifen oder Würfel.

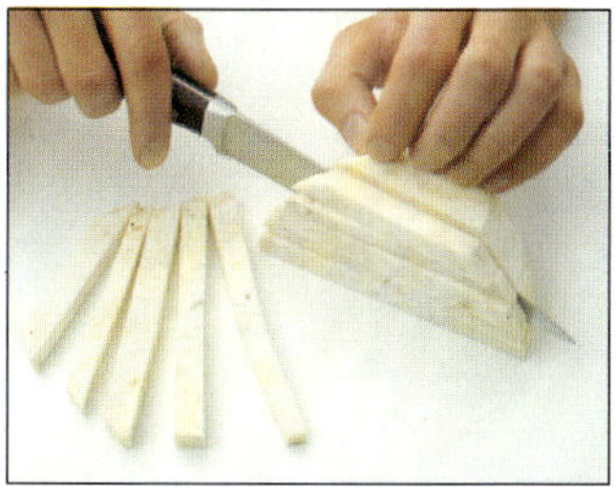

4. Geschnittene Scheiben aufeinander legen. Dickere Scheiben werden in Stäbchen geschnitten, dünnere in feine Streifen.

5. Aus den Stäbchen oder Streifen können nun grobe oder feine Würfel geschnitten werden.

6. Geschnittene Sellerieknolle sofort mit Zitronensaft beträufeln, da sie leicht bräunlich wird.

Vorbereitungstechniken

PETERSILIE WASCHEN UND HACKEN

1. Petersilie vor dem Hacken unter fließendem kalten Wasser waschen.

2. Gewaschenes Petersilienbund gut abtrocknen. Tip: dazu auf ein sauberes Geschirrhandtuch legen, darin einschlagen und ausschleudern.

3. Dabei wird das an den Petersilienblättern haftende Wasser vom Handtuch aufgenommen. Eventuell an einer trockenen Tuchstelle wiederholen.

4. Nur gut abgetrocknete Petersilie lässt sich gut hacken. Auf ein Schneidbrett legen, Stiele festhalten.

5.1 Aufgesetzte Messerspitze mit den Fingern festhalten, Griff so lange auf und ab bewegen, bis die Petersilie fein gehackt ist, oder

5.2 mit einem Wiegemesser hacken.

BLANCHIEREN IN WASSER

1. Grüne Bohnen waschen und putzen

2. Bohnen 2 Min. in das kochende Wasser hineingeben.

3. Bohnen aus dem kochenden Wasser nehmen und in kaltem Wasser abschrecken.

BLANCHIEREN IN FETT

1. Pommes frites sorgfältig trockentupfen und Öl erhitzen.

2. Pommes frites zugeben, 3 Min. bei 150 - 160° C blanchieren.

3. Herausnehmen, abtropfen und abkühlen lassen.

Vorbereitungstechniken

MARINIEREN (BEIZEN) VON FLEISCH

1. Essig, Öl, Knoblauch, Paprika und Pfeffer mischen.

2. Getrocknete Kräuter zerreiben, evtl. Sojasoße zugeben.

3. Fleisch gut einstreichen oder mehrere Stunden in die Marinade legen.

EINPACKEN VON FLEISCH IM BRATSCHLAUCH

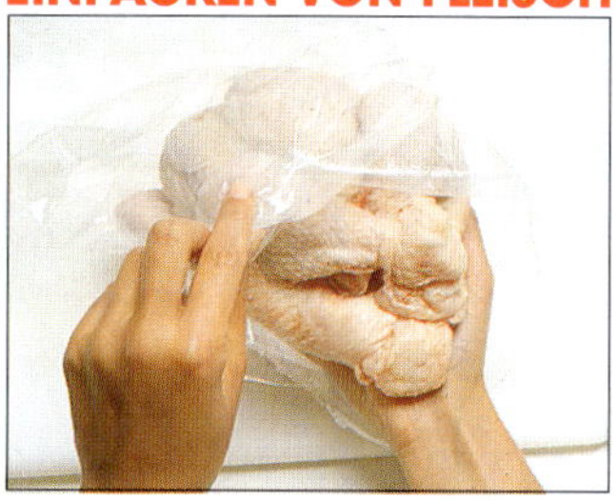

1. Bratgut in die Mitte der Folie schieben.

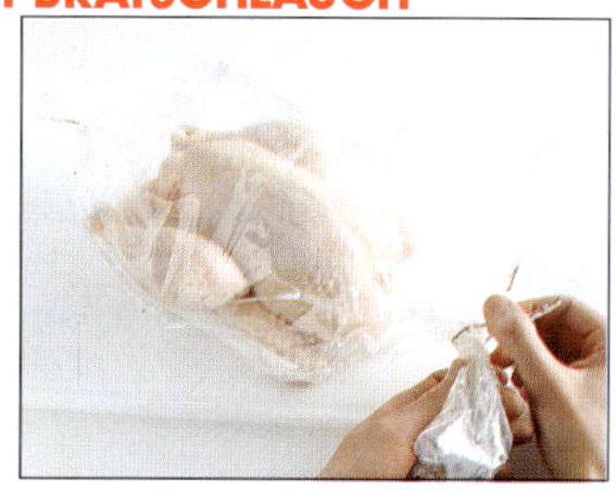

2. Die Enden der Folie zusammendrehen und fest verschließen.

3. Beutel mehrmals mit einer Gabel einstechen, damit Dampf beim Garen entweichen kann.

VORBEREITEN VON FLEISCH

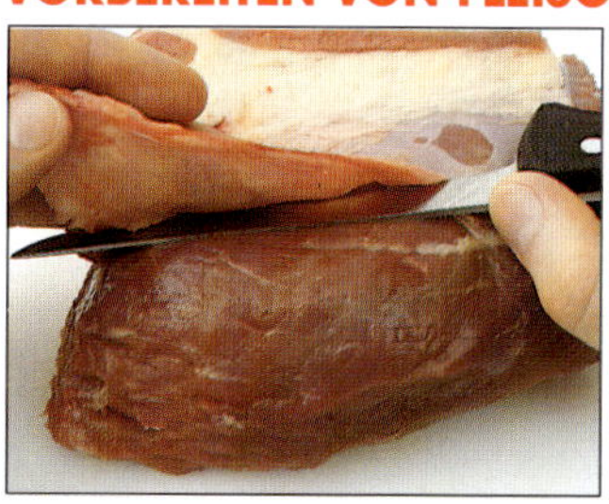

Parieren

Zurichten von Fleisch, wobei alle überflüssigen Teile abgeschnitten werden.

Plattieren

Dünn geschnittenes Fleisch in Folie schlagen. Mit einem schweren, flachen Messer klopfen.

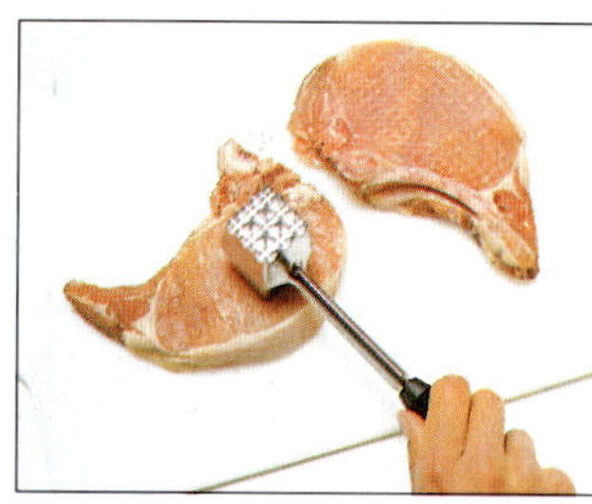

Klopfen

Dickere Fleischscheiben werden vor dem Braten leicht flach geklopft.

FLEISCH PANIEREN

1. Dünn geklopftes Fleisch in Mehl wenden. Überschüssiges Mehl abklopfen.

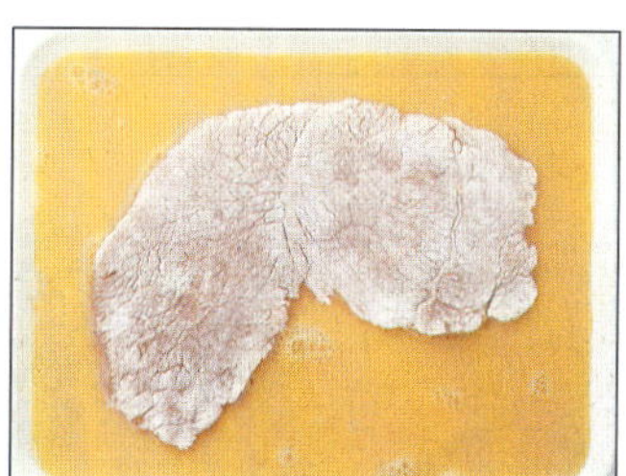

2. Das Fleisch durch verquirltes Ei ziehen.

3. Ins Paniermehl legen, mit den Fingern leicht einklopfen und sofort bei mittlerer Temperatur braten. Bleibt das panierte Schnitzel längere Zeit stehen, feuchtet die Panade durch.

Vorbereitungstechniken

VORBEREITUNG VON FISCH NACH DER "3-S-METHODE"

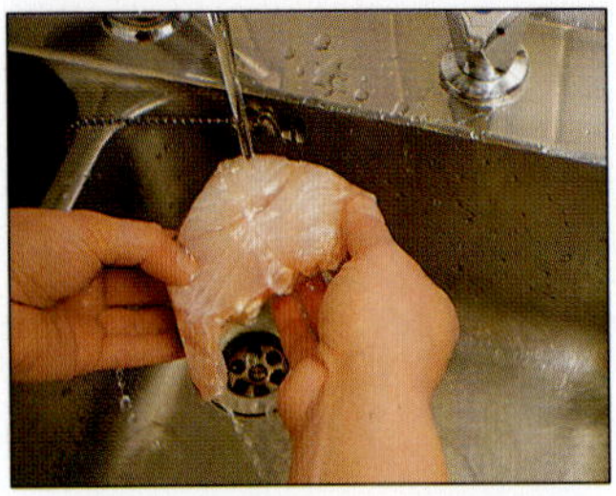

1. Fisch **s**äubern, mit Papiertuch abtupfen.

2. Fisch **s**äuern.

3. Fisch **nach** dem Garen **s**alzen/würzen.

FILIEREN VON FISCH

1. Heringe am Rücken, hinter dem Kopf beginnend, einschneiden.

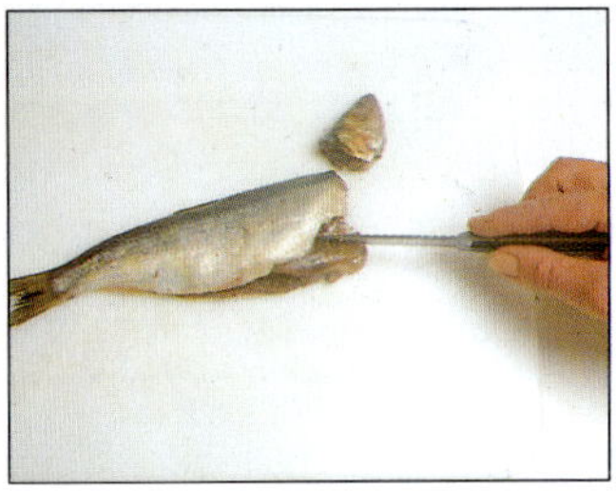

2. Bauch aufschneiden und Eingeweide herausnehmen.

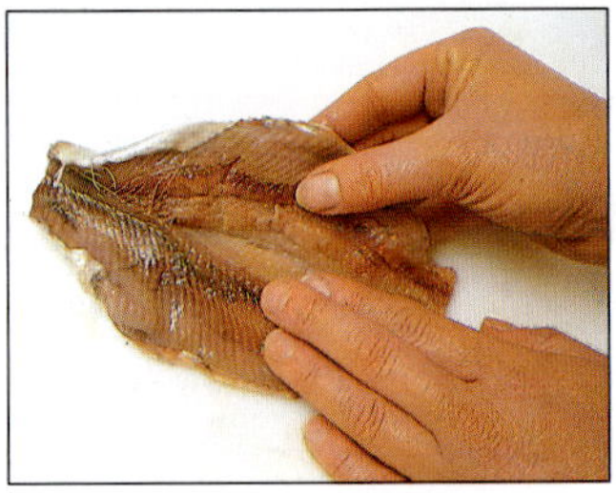

3. An der Mittelgräte vom Rücken her entlangstreichen, dabei den Hering etwas flach drücken.

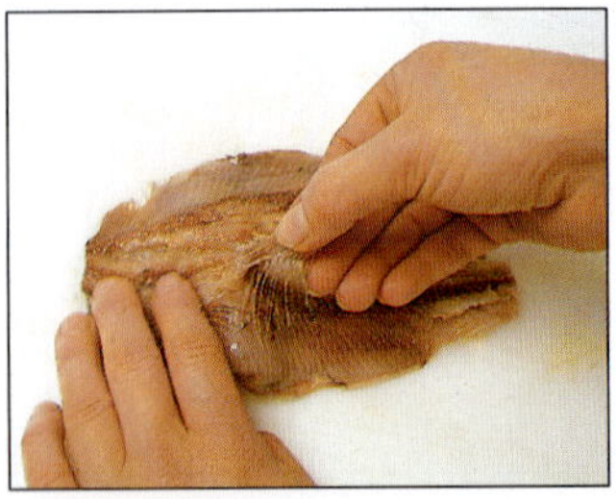

4. Mittelgräte am Kopf fassen und in Richtung Schwanz herausziehen, reinigen.

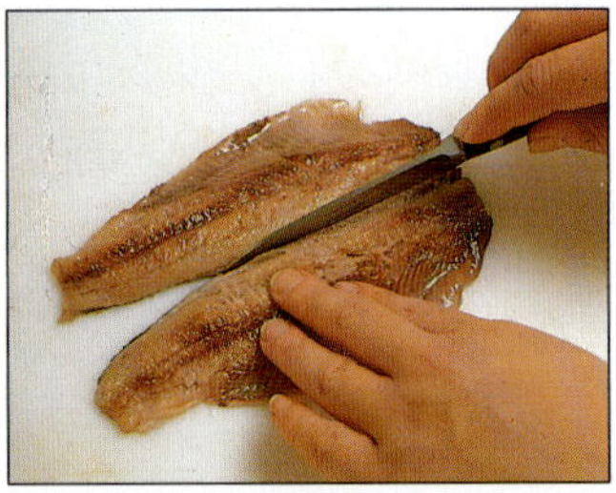

5. Hering halbieren.

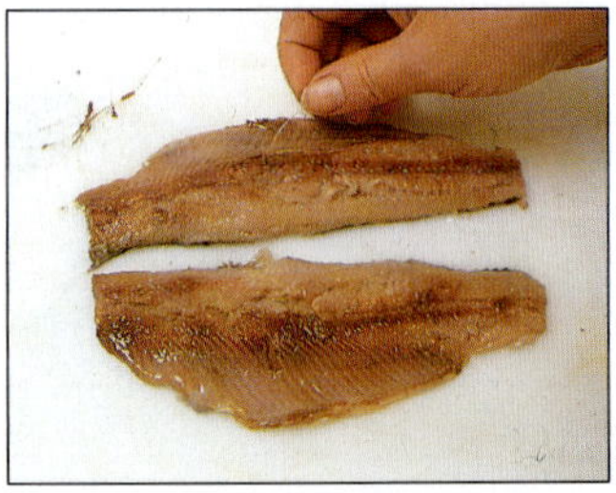

6. Noch fest sitzende Gräten mit der Hand herauslösen.

PULEN VON KRABBEN

1. Krabbe mit beiden Händen festhalten und leicht drehen.

2. Behutsam ziehen, den leeren Schalenteil fallen lassen.

3. Aus dem anderen Teil das Muskelfleisch herausziehen.

MANDELN ABZIEHEN

1. Mandeln in kochendes Wasser geben, einmal aufkochen lassen, dann abseihen.

2. Mit kaltem Wasser abschrecken und die Schale mit Daumen und Zeigefinger entfernen.

3. Die abgezogenen Mandeln auf einem Tuch trocknen lassen.

VANILLEMARK HERAUSKRATZEN

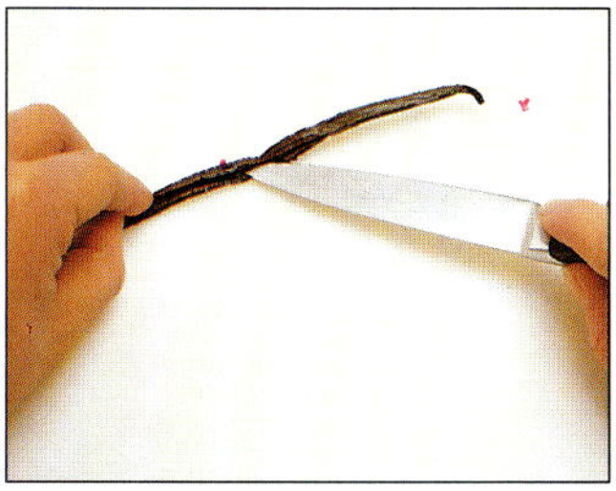

1. Vanillestange flachklopfen und längs aufschlitzen.

2. Mit der Messerspitze das Mark herauskratzen.

3. Schoten zur Herstellung von Vanillezucker in ein Glas mit Zucker geben.

EIKLAR UND EIGELB TRENNEN

1. Ein Ei mit der Mitte leicht an einen Schüsselrand schlagen, ohne dass die Schale ganz zerbricht.

2. Die Eierschale über einer Schüssel vorsichtig auseinander teilen und das Eiklar herauslaufen lassen.

3. Eigelb in eine Eierschalenhälfte gleiten lassen. Schalenhälften voneinander lösen. Eigelb in die andere Schalenhälfte gleiten lassen.

ZITRONE ABREIBEN

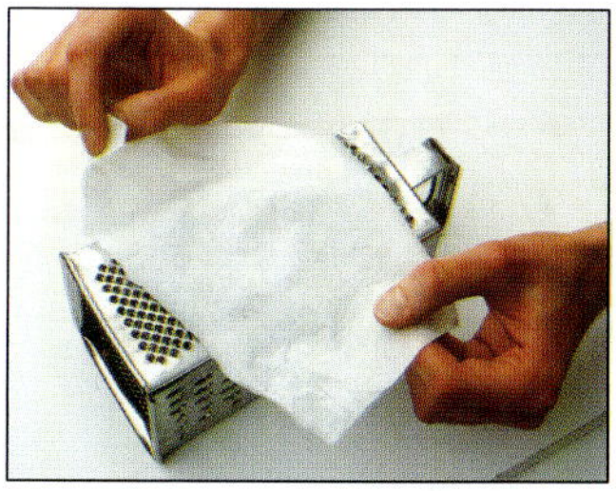

1. Ein Stück Pergamentpapier um eine Reibe wickeln, damit nicht zu viele Schalenreste auf der Reibefläche anhaften.

2. Etwas andrücken. Eine unbehandelte Zitrone so lange darauf reiben, bis die Schale rundherum abgerieben ist.

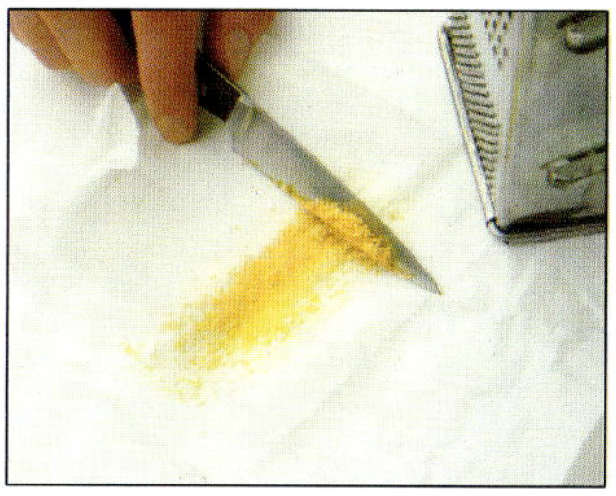

3. Pergamentpapier vorsichtig von der Reibefläche entfernen. Abgeriebene Schale mit einem Messer abstreifen.

Zubereitungstechniken

VERARBEITUNG VON GELATINE

Gelatine ist ein tierischer Gelierstoff. Erhältlich in Blatt- und Pulverform, weiß oder rot.
Die Menge der Gelatine bestimmt Gelierzeit und Festigkeit, vgl. Rezeptangaben.
Generell gilt:
Für 1/2 l Flüssigkeit 6 Blatt Gelatine oder 1 Tüte gemahlene Gelatine.

TIPP

- Sollen kleine Mengen von Gelatine aufgelöst werden, die eingeweichte Gelatine in eine Suppenkelle geben und dann im Wasserbad auflösen.
- Eingeweichte Gelatine kann auch in der Mikrowelle ca. 2 Min. bei 360 Watt aufgelöst werden.
- Gelatine nicht kochen lassen, weil sie dann ihre Gelierfähigkeit verliert.
- Für Veganer, die keinerlei tierische Produkte zu sich nehmen, kann als Gelatineersatz Konfigel oder das aus Algen gewonnene Agar-Agar verwendet werden.
Die Verarbeitung kann den Rezepten, vgl. S. 239, entnommen werden.
- Soll eine heiße Flüssigkeit gelieren, braucht die eingeweichte Gelatine nicht extra aufgelöst zu werden, sondern kann direkt in die heiße Flüssigkeit gegeben werden.
- Evtl. vorhandene Gelatineklümpchen können nur durch vorsichtiges Erwärmen der Flüssigkeit bzw. Masse aufgelöst werden.

BLATTGELATINE

1. Gelatineblätter einzeln anfeuchten und in kaltem Wasser für ca. 10 Min. einweichen.

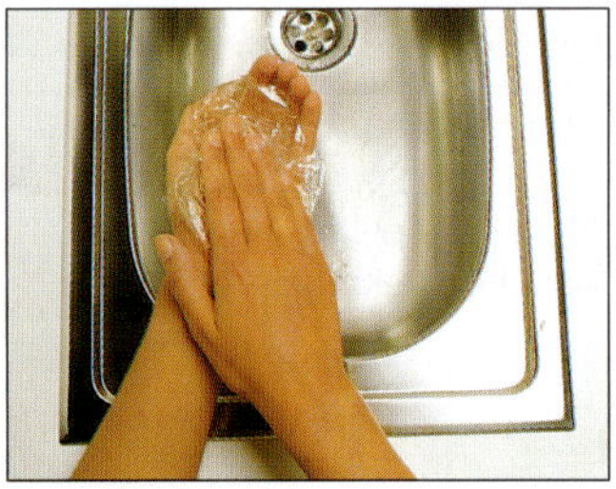
2. Gelatine gut ausdrücken.

3. Gelatine im Wasserbad auflösen.

4. Zu gelierende Flüssigkeit langsam zu der Gelatine geben.

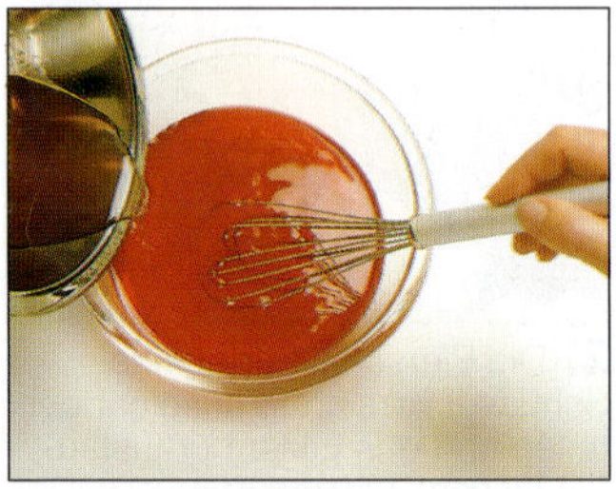
5. Nach Temperaturausgleich die Gelatineflüssigkeit in die zu gelierende Masse geben.

6. Speise oder Gelee kalt stellen.

PULVERGELATINE

1. Gelatinepulver mit Wasser verrühren (für 1 Tüte Gelatine 6 EL Wasser).

2. 10 Min. quellen lassen.

3. Weitere Verarbeitung vgl. Phase 3-6 bei Blattgelatine.

Art der Bindemittel	Menge der Bindemittel pro l				Garzeit
	Suppen/ Soßen	Speisen/ Grützen	Flammeri	Flammeri z. Stürzen	
Feine Bindemittel:					
Speisestärke	20 g	60 g	90 g	110 g	einmal aufkochen
Mehl	30 g				5 Min. kochen
Mittelfeine Bindemittel:					
Grieß	30 g	60 g	120 g	160 g	10 Min. kochen
Haferflocken	40 g	100 g	—	—	15 Min. kochen
Grobe Bindemittel:					
Reis, Rund- und Langkorn	40 g	120 g	160 g	200 g	20-30 Min. kochen
Naturreis	45 g	130 g	—	—	ankochen, 40 Min. quellen lassen
Sago	—	100 g	—	—	15-20 Min. kochen

FEINE BINDEMITTEL

1. Feine Bindemittel mit kaltem Wasser anrühren.

2. In die kochende Flüssigkeit rühren.

3. Unter Rühren einmal aufkochen lassen.

MITTELFEINE BINDEMITTEL

1. Flüssigkeit zum Kochen bringen.

2. Grieß einrieseln lassen, dabei umrühren. Energiequelle abstellen.

3. 5 Min. quellen lassen.

LEGIEREN VON FLÜSSIGKEITEN

1. Soßen oder Suppen von der Kochstelle nehmen.

2. Frisches Eigelb und/oder Sahne verschlagen und mit etwas warmer Suppe oder Soße verrühren — Temperaturausgleich.

3. Gemisch in die Suppe oder Soße rühren. Nicht mehr kochen lassen, da sonst das Eiweiß gerinnt. Suppe sofort servieren.

Zubereitungstechniken

FETTEN DER BACKFORMEN

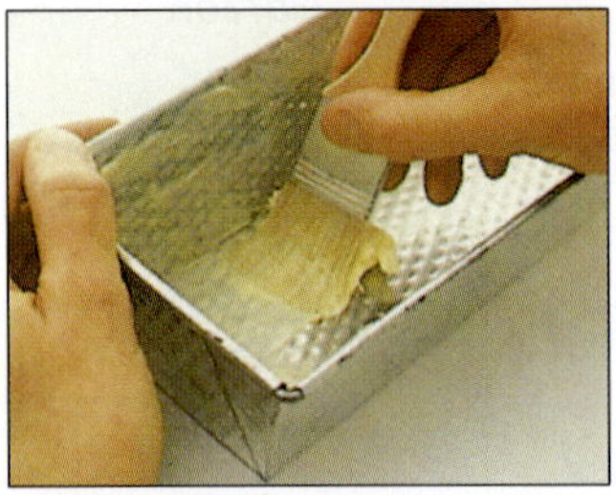

1. Einfetten der Form.

2. Gefettete Form mit Grieß ausstreuen.

3. Gefettetes Blech bemehlen.

BELEGEN EINES BLECHES MIT TEIG

1. Teig zu einer Kugel formen und schräg nach außen über 4 Ecken ausrollen.

2. Teigplatte über das bemehlte Nudelholz wickeln. Evtl. mehrere Stücke verwenden.

3. Teig auf dem Blech wieder abrollen und überstehende Ränder abschneiden. Bei mehreren Stücken Übergänge mit den Händen glätten.

AUSKLEIDEN VON SPRINGFORM UND TÖRTCHENFORMEN

1. Auf die ausgerollte Teigplatte einen Springformboden legen, entlang des Formrandes schneiden.

2. Ausgeschnittene Teigplatte in die Form legen.

3. Aus den Teigresten eine Rolle formen und entlang des Springformrandes festdrücken.

2. Gefettete, bemehlte Förmchen nebeneinander stellen. Teigplatte lose darüberlegen.

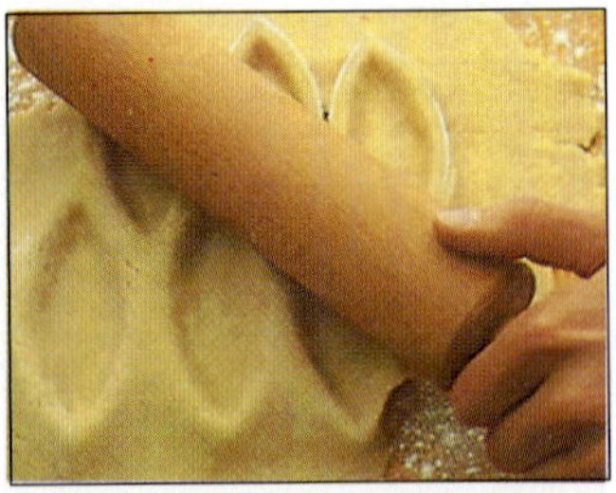

2. Teig behutsam in die Förmchen drücken, mit der Kuchenrolle über die die Förmchen rollen.

3. Törtchen so aus der Teigplatte herausschneiden.

Zubereitungstechniken

BLINDBACKEN VON MÜRBETEIG

1. In die mit Teig ausgeschlagene Form Pergamentpapier legen.

2. Mit Hülsenfrüchten, die immer wieder verwendet werden können, ausfüllen.

3. Ca. 15 Min. bei 170° C backen.

GARPROBE BEI GEBÄCK

1. Holzstäbchen in die Mitte des Kuchens stechen. Der Formboden darf nicht berührt werden.

2. Holzstäbchen herausziehen; wenn noch Teig klebt, ist der Kuchen noch nicht gar.

3. Wenn das Stäbchen sauber bleibt, ist der Kuchen gar.

OBSTTORTEN MIT GUSS ÜBERZIEHEN

1. Um den Tortenboden einen Ring stellen, mit Creme bestreichen, Obst auflegen.

2. Obst mit Tortenguss, der nach Herstellerhinweis zubereitet werden muss, überziehen.

3. Wenn Creme und Guss fest sind, den Ring mit einem Messer lösen und abheben.

HANDHABUNG DES SPRITZBEUTELS

1. Den Beutel halb nach außen schlagen. In die Mitte die Spritztülle setzen und festdrücken.

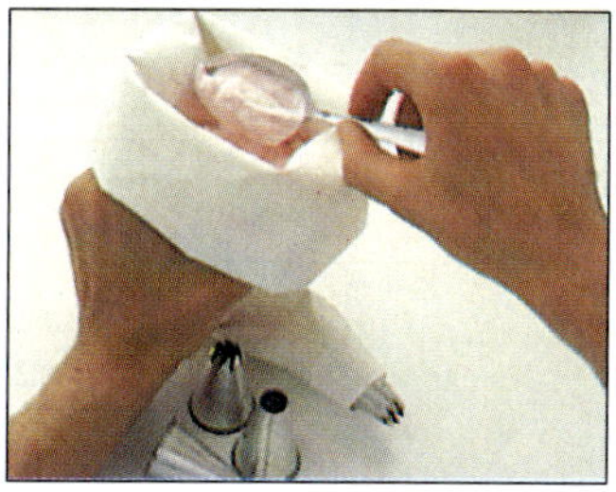

2. Den Beutel unterhalb der Krempe fassen und die Masse einfüllen.

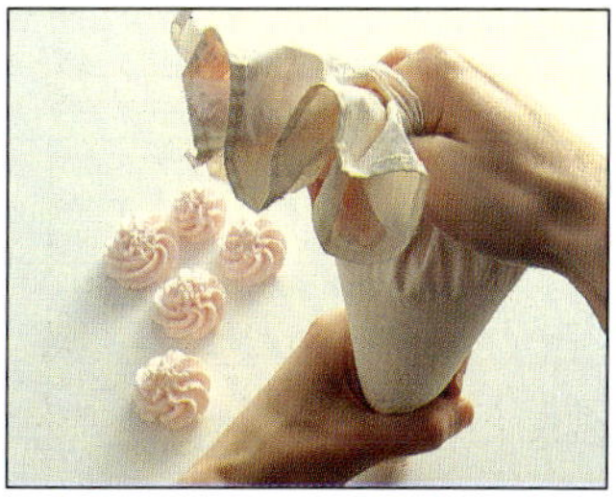

3. Beutel glattziehen, oben zuhalten und Masse nach unten drücken.

KOCHSTELLEN

Kochstellen werden in den meisten Fällen mit Strom beheizt. Gaskochen hat zwar den Vorteil der schnellen Verfügbarkeit der Wärme, der Anschluss für gasbeheizte Kochstellen ist jedoch aufwendiger.
Außer den üblichen Herden mit Kochstellen aus Gusseisen gibt es Kochstellen mit Glaskeramikfeldern und Strahlheizkörpern sowie Strahlheizkörper mit Halogenlicht und neuerdings Induktionskochstellen.
Daneben gibt es die Wärmeentwicklung durch Mikrowelle, vgl. S. 46 f.
Die Hitzezufuhr bei Gaskochstellen wird mit Sichtkontrolle durch die Gasflammengröße geregelt.
Bei strombeheizten Kochstellen werden Blitzkochstellen und Automatikkochstellen von normalen Kochstellen bzw. Feldern unterschieden.
Die Normal-Kochstelle und die Blitzkochstelle haben eine Einstellung von 1-3 bzw. 1-9. Beim Ankochen wird die höchste Einstellung gewählt und zum Fortkochen bzw. Garen entsprechend zurückgeschaltet.
Die Blitzkochstellen unterscheiden sich von den Normal-Kochstellen durch eine um 500 W höhere elektrische Leistung in der höchsten Einstellung. Dadurch heizen sie besonders schnell auf, wie der Name bereits verrät.

Die Automatik-Kochstelle hat eine Einstellung von 1-12 bzw. 1-9. Als Automatik-Kochstelle bezeichnet man die Kochstellen, die die Heizleistung selbstständig so regulieren, dass ein Umschalten entfällt.
Kochstellen rechtzeitig zurück- und/oder ausstellen, um Energie zu sparen.

TÖPFE

Die Auswahl von Töpfen ist abhängig von der Topfgröße, dem Topfboden, dem Topfdeckel, dem Topfmaterial und den Griffen und Deckelknöpfen.
Die Topfgröße darf nicht kleiner als die Kochstelle sein.
Ein energiesparender Topfboden soll eben sein und Wärme gut leiten. Mehrere gut leitende Metallschichten in einem Topfboden (Sandwichboden/u.a. Edelstahl) verbessern die Wärmeleitfähigkeit. Auch ein fest abschließender Topfdeckel kann ein schnelleres und energiesparendes Garen ermöglichen. Das Topfmaterial sollte hinsichtlich des Verwendungszwecks möglichst breit einsetzbar sein. Auf die Wärmestrahlung, die mechanische Festigkeit und die Reinigungseigenschaft ist zu achten. Griffe und Deckelknöpfe sollen wärmebeständig, spülmaschinenfest, backofenfest und nicht wärmeleitend sein.

NORMAL- UND BLITZKOCHSTELLE

Einstellung 0-3	Einstellung 0-9	Einsatz für:
½	2	Schmelzen, Erwärmen, Garziehen
1-2	3-4	Fortkochen, Dünsten, Schmoren, Dämpfen
2	6-8	Braten
3	9	Erhitzen, Ankochen

AUTOMATIKKOCHSTELLE

Einstellung 0-9	Einstellung 0-12	Einsatz für:
1-2	1-3	Schmelzen, Erwärmen, Garziehen
3-5	4-7	Dünsten, Dämpfen, Kochen, Schmoren
6-8	8-11	Braten
9	12	Fritieren, Erhitzen großer Mengen

BACKÖFEN

Unabhängig von der Energiequelle Gas oder Strom, unterscheidet man folgende Arten:

- Backofen mit Ober- und Unterhitze
- Umluftbackofen/Heißluftbackofen
- Backofen mit kombinierter Ausstattung
- Backofen mit integriertem Mikrowellenteil
- Backofen mit integriertem Grill

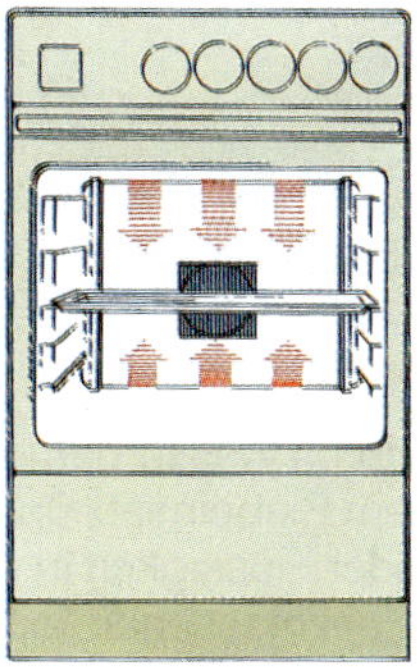

Backofen mit Ober- und Unterhitze

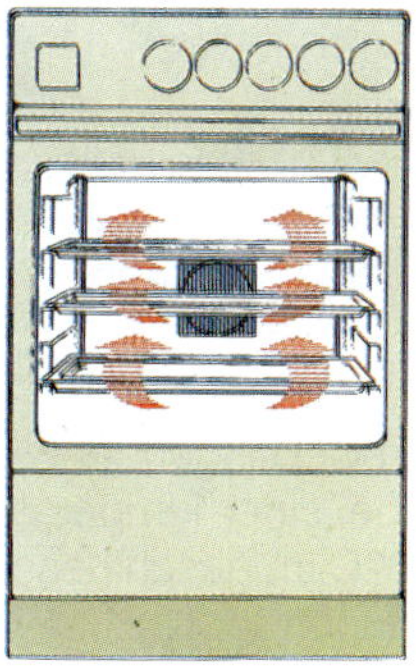

Backofen mit Umluft

Die Öfen unterscheiden sich in folgender Hinsicht:
Im konventionellen Herd wirkt Strahlungshitze von oben und unten, das bedeutet, die Hitze kommt direkt und wirkt auf das Backgut schneller ein. Der Nachteil ist, dass die Temperatur nicht an jeder Stelle des Ofens gleich ist. Dadurch kann es z.B. vorkommen, dass der Kuchen oder das Kleingebäck auf dem Blech an der Rückseite bereits gar ist, aber vorne noch blass, d.h. das Blech muss umgedreht werden.
Zeiten und Temperaturen in diesem Buch beziehen sich auf diesen Herdtyp.
Im Umluftherd sorgt der Ventilator für gleichmäßige Temperaturen im Backofen, so dass der Kuchen und sogar mehrere Speisen übereinander gleichmäßig gegart werden.
Nachteil ist, dass die umherwirbelnde Luft das Gebäck leicht austrocknet. Um das Austrocknen zu vermeiden, sollte man ein kleines hitzestabiles Gefäß mit Wasser in den Herd stellen.
Die Backtemperatur verringert sich im Umluftherd bis 20°C.
Vorheizen ist beim konventionellen Herd für Hefe-, Biskuit-, Brot- und Blätterteige notwendig, beim Umluftherd dagegen überflüssig.
Im Backofen mit kombinierter Ausstattung kann sowohl die Ober- und Unterhitze als auch Umluft eingestellt werden.

BACKFORMEN

Formen aus Schwarzblech oder dunkel gefärbtem Stahlblech sind am gebräuchlichsten. Sie absorbieren die Hitze und geben sie unverzüglich an den Teig weiter.
Weißblechformen reflektieren die Ofenhitze, werfen sie also in den Ofenraum zurück, statt sie dem Teig mitzuteilen. Effekt: Der Kuchen bräunt zwar außen, bleibt innen jedoch noch lange roh. In Weißblechformen verlängert sich die Backzeit, oft sogar um mehr als 10 bis 20 Prozent.

Backformen aus feuerfestem Glas sind schlechte Wärmeleiter, deshalb verzögern sie die Backzeit erheblich. Immerhin haben sie den Vorteil, daß man den Bräunungsgrad gut beobachten kann.
Backformen aus Keramik sind, wie gläserne, schlechte Wärmeleiter. Bis zu einem Drittel kann sich in ihnen die Backzeit verlängern. Dafür sind sie dekorativ.
Silikonbeschichtete Formen bringen in allen Herdtypen ein gutes Ergebnis.

Aus innen beschichteten Formen löst sich der Kuchen gut, selbst wenn nicht sehr sorgfältig eingefettet wurde. Sie sind vor allem besonders leicht zu reinigen. Für Konsistenz und Bräunung bringen sie das beste Ergebnis.
Gusseiserne Formen sind dekorativ, aber sehr gewichtig. Sie nehmen die Ofenhitze gut auf, halten sie lange und geben sie besonders gleichmäßig an den Kuchen weiter. Mit ihnen kann man die Nachhitze des Ofens nutzen. Deshalb rechtzeitig abschalten.

Gartechniken

KOCHEN

Garen in viel siedender Flüssigkeit bei einer Temperatur von 100°C im geschlossenen oder offenen Topf.
Außer in Wasser kann man Lebensmittel je nach Art in Milch, Brühe, Wein oder Sud kochen.
Gekocht werden Suppen, Soßen, Fleisch, Eier, wasserarme Lebensmittel und solche, die viel Stärke enthalten.

1. Mit kaltem Wasser ansetzen: Hülsenfrüchte, Trockenobst, Graupen, Knochen.
Das Wasser wird aufgenommen, die Stärke quillt, und wasserlösliche Inhaltsstoffe werden herausgelöst.

2. Mit kochendem Wasser ansetzen: Teigwaren, Grieß, Fleisch.
Die Stärke verkleistert, dadurch kleben Teigwaren nicht aneinander. Fleischporen schließen sich sofort, wasserlösliche Vitamine und Mineralstoffe bleiben so besser erhalten.

POCHIEREN

Langsames Garziehen bei einer Temperatur von 75–98°C. Flüssigkeit darf nicht mehr kochen. Anwendung bei Fisch und Eiern.

DÄMPFEN

Garen durch Wasserdampf mit einem Siebeinsatz über kochender Flüssigkeit in einem geschlossenen Topf.
Temperatur 98–100°C.
Dämpfen ist eine schonende Zubereitungsart, da der Wasserdampf Vitamine und Mineralstoffe wenig herauslöst, Form und Geschmack des Gargutes bleiben besser erhalten.
Anwendung bei Gemüsen, Kartoffeln, Fisch, zarten Fleischstücken.

1. Gargut auf den Siebeinsatz legen.
2. Flüssigkeit aufkochen und das Gargut einsetzen.
3. Siedetemperatur beibehalten.
4. Gemüse nach dem Dämpfen würzen.
5. Dämpfwasser für Soßen verwenden.

Die Gartechnik Dämpfen ist nährstoffschonend und kann besonders gut für Diäten eingesetzt werden.
Blumenkohl sollte nicht gedämpft werden, weil er seine Farbe verliert und grau wird.

GARZIEHEN

Kurzes Garen („Köcheln") in viel Flüssigkeit bei einer Temperatur von 70–95°C.
Die Stärke quillt und verkleistert, die Eiweißstoffe gerinnen, die wasserlöslichen Inhaltsstoffe bleiben weitgehend erhalten.
Anwendung bei Klößen, Reis, Eierspeisen, Obst.

1. Flüssigkeit einmal aufkochen lassen.
2. Gargut in die siedende Flüssigkeit geben.
3. Temperatur je nach Gargut zurückschalten – die Flüssigkeit darf nicht mehr kochen.

BLANCHIEREN

Kurzzeitiges Garen in kochender Flüssigkeit. Durch das kurze Kochen (2–5 Min.) werden Enzyme inaktiviert, die sonst Vitamine zerstören und Keime abtöten würden. Nach dem Garen sofort in eiskaltem Wasser abschrecken, da der Garprozess sonst weitergeht. So behält das Gemüse seine schöne Farbe und eignet sich auch vorzüglich zum Einfrieren.

GAREN IM DAMPFDRUCKTOPF

Garen in einem fest verschlossenen Topf bei einer Temperatur von über 100-120°C.
Die höhere Temperatur, die durch erhöhten Druck (1,5-1,8 bar) erreicht wird, verkürzt die Garzeit bei Gerichten mit kurzer Garzeit um 30-35 % (Gemüse) und bei solchen mit langer Garzeit um 70-75 % (z.B. Fleisch, Hülsenfrüchte, Huhn).
Im Dampfdrucktopf kann man mit entsprechenden Einsätzen in mehreren Lagen garen.
Beim Einsatz des Dampfdrucktopfes auf die Hinweise des Herstellers achten, speziell beim Öffnen. Der Topf darf in jedem Fall erst geöffnet werden, wenn er druckfrei ist.
Wenn im Dampfdrucktopf mehrere Speisen gleichzeitig gegart werden sollen, müssen die Garzeiten der einzelnen Lebensmittel berücksichtigt werden, weil sonst die einen zu weich werden, während die anderen noch zu hart sind. Außerdem wird der Verlust an hitzeempfindlichen Vitaminen bei den übergarten Speisen besonders hoch. Im Dampfdrucktopf sollten keine schäumenden Speisen gegart werden. Für jeden Garvorgang gilt, dass der Topf nur etwa bis zur Hälfte gefüllt sein sollte.

DÜNSTEN

Garen im eigenen Saft unter Zugabe von wenig Fett und/oder Flüssigkeit bei einer Siedetemperatur von 100°C im geschlossenen Topf.
Geeignet für zartes Gemüse und Obst, Fisch und empfindliche Fleischsorten (Kalb, Huhn).
Dünsten ist die einfachste und schonendste Garmethode, da wenig Mineralstoffe und Vitamine verloren gehen.
Wasserarme Lebensmittel durch Zugabe von wenig Flüssigkeit dünsten, wasserreiche ohne Zugabe.
Fett verbessert den Geschmack und erschließt die fettlöslichen Vitamine aus den Provitaminen. Nährstoffe bleiben in der Dunstflüssigkeit, die einen guten Soßenfond ergibt.

GAREN IM RÖMERTOPF

Garen im geschlossenen Topf unter möglicher Zugabe von Fett bei einer Temperatur von 225°C.

1. Römertopf vor Gebrauch in kaltes Wasser stellen.
2. Gargut würzen.
3. Gargut mit oder ohne Gemüse im Topf bei 220-225°C im Backofen garen. Wird eine Bräunung des Gargutes erwünscht, ca. 20 Min. vor Ende der Garzeit den Deckel abnehmen.

WASSERBAD

Allmähliches Erwärmen im offenen Topf, der in heißem, nicht mehr kochendem Wasser steht oder schwimmt. Geeignet für Soßen und Cremes, die als Zutat Butter, Eier oder Sahne enthalten und die bei Zubereitung auf der Kochstelle gerinnen oder leicht anbrennen könnten. Im Handel gibt es „Simmertöpfe". Hier wird das Wasser in einen Zwischenraum eingefüllt.

GAREN IM WASSERBAD

Trotz des gleichen Begriffes (s. oben) unterscheiden sich die beiden Techniken des Garens im Wasserbad erheblich voneinander. Während auf der Kochstelle das Gargut (z.B. Sauce hollandaise, Sabayon) in einem offenen Gefäß ständig gerührt werden muss, ruht es beim Wasserbad-Garen im Herd oder im geschlossenen Topf in ausgefetteten, abgedeckten Gefäßen (meist Steingut). Lediglich die Wassertemperatur sollte die gleiche sein: 75-85°C. Dazu muss man den Backofen (je nach Modell) auf 120-150°C stellen.

BRATEN IN DER PFANNE

Schnelles Garen und Bräunen im heißen Fett

1. Die Pfanne muss gut erhitzt sein, sonst klebt das Bratgut am Boden und bräunt nicht.
2. Das Fett in der Pfanne muss eine Temperatur von 180°C (höchste Stufe) haben.
3. Während des Bratvorganges kein kaltes Fett zugeben, da der Bratvorgang sonst unterbrochen wird und das Bratgut Saft verliert.
4. Nur eiweiß- und wasserfreie Fette verwenden, also Fette mit einem hohen Siedepunkt, z. B. Kokosfett und Pflanzenöl.
5. Alle Fleischstücke, die nicht paniert sind, erst nach dem Braten salzen, da das Salz dem Bratgut Flüssigkeit entzieht – es wird trocken.
6. Während des Bratvorgangs niemals in das Fleisch einstechen, da der Saft austritt. Immer Bratenwender benutzen.

FLAMBIEREN

Speisen werden mit kleinen Mengen hochwertigen Alkohols (Cognac, Rum, Calvados etc.) übergossen und angezündet. Das Abbrennen dient zur Geschmacksverbesserung der Speise. Hochprozentiger Alkohol (mindestens 40 Vol.-%) verwenden und vorher leicht erwärmen, damit das Flambieren gelingt.

FRITTIEREN

Ausbacken in reichlich heißem Fett bei einer Temperatur von 180-200°C.
Geeignet für kleine Fleisch- und Fischstücke, Kartoffeln, Pommes frites, paniertes Gemüse.

1. Das Gargut muss schwimmend im Fett ausgebacken werden.
2. Nur hitzebeständiges Fett verwenden: Öl, Kokosfett, Schmalz.
3. Fett nicht öfter als 2-3 mal verwenden.
4. Das Fett muss immer heiß sein.
5. Einen Holzspieß in das Fett tauchen: Bilden sich sofort Bläschen, ist das Fett heiß.
6. Das Frittiergut vor dem Einlegen sorgfältig abtrocknen.
7. Das Gargut in kleinen Mengen nacheinander dazugeben, sonst nimmt die Temperatur zu stark ab und das Gargut bräunt nicht.
8. Nach dem Frittieren das abgekühlte, aber nicht kalte Fett zum Reinigen durch ein Tuch oder sehr feines Sieb in einen Metallbehälter gießen.
9. Verbrauchtes Fett in Schraubgläsern im Müll entsorgen – **nicht** in den Abfluss gießen!

Frittieren kann man im Topf, in einer tiefen Pfanne oder in der Friteuse.

SCHMOREN IM TOPF

Anbraten in Fett und Fertiggaren unter Zugabe von wenig Flüssigkeit im geschlossenen Topf bei einer Temperatur von 100°C.
Ein Garprozess, der die Vorzüge von Fett, Flüssigkeit und Dampf kombiniert. Für preiswerte Fleischstücke wie Nacken, Schulter oder Bug, Rouladen, Gulasch, Kohlrouladen, Wirsingrollen.

1. Schmorgerichte in heißem Fett bei einer Temperatur von 180°C im offenen Topf kräftig anbraten.
2. Heiße Flüssigkeit hinzufügen, so dass das Gargut etwa bis zu Hälfte mit Wasser bedeckt ist, und bei geschlossenem Topf weitergaren.

Durch die Einwirkung des Fettes bildet sich eine braune, schmackhafte Kruste. Die Röststoffe ermöglichen die Herstellung einer schmackhaften Soße.

SCHMOREN IM BACKOFEN

Im Prinzip die gleiche Technik wie oben beschrieben.
Profis ziehen diese Methode jedoch vor, weil durch die Rundum-Hitze im Backofen ein besonders gutes Schmorergebnis zu erzielen ist.
Das Anbraten sollte nach Möglichkeit auf der Kochstelle vorgenommen werden; sie eignet sich besser für das rasche Bräunen und Schließen der Fleischporen.

GRILLEN

Garen durch Bräunen in geöffnetem Grillraum durch Strahlungshitze bei einer Temperatur von 350°C.
Eine scharfe Krustenbildung wird vermieden. Das Eiweiß gerinnt sofort, dadurch entsteht kein Saftverlust. Nährstoffe und Eigengeschmack bleiben weitgehend erhalten. Gegrilltes eignet sich gut für leichte Vollkost und Diät, da ohne Fettzugabe gegart werden kann.
Gegrilltes ist sehr schnell zubereitet.
Bei Fleisch, Fisch, Brathähnchen.

1. Grill mindestens 3 Min. vorheizen.
2. Grillgut auf den Rost legen oder am Drehspieß befestigen.
3. Grillgut leicht mit Öl bestreichen, man kann aber auch ohne Fettzugabe grillen.

GRATINIEREN

Gratinieren (überbacken) ist ein Bräunen der Oberfläche unter gleichzeitiger Verkrustung durch Einwirkung starker Oberhitze (z. B. Käse).

BRATEN IM BACKOFEN

Garen und Bräunen in wenig Fett bei einer Temperatur von 200-250°C.
Anwendung bei großen Bratenstücken.

1. Fleisch würzen und auf die Fettpfanne legen.
2. Wenig Fett dazugeben.
3. Gemüse (Möhren, Zwiebeln, Sellerie) rund um den Braten legen.
4. Bei 250°C ca. 15 Min. braten.
5. Nur wenig Flüssigkeit zum Ablöschen dazugeben.
6. Die Hitzezufuhr regulieren und bei 200°C weiterbraten.
7. Den Braten während des Bratvorgangs mit Flüssigkeit begießen.
8. Bratenfond für eine Soße verwenden.

Alle Braten, die im Backofen gegart werden, können auch in der Folie gegart werden, die Garzeit verlängert sich um ca. 10 %.

BRATEN IM BRATSCHLAUCH

Schonendes Garen im eigenen Saft mit dem Vorteil, dass kein Fett verwendet werden muss.
Anweisungen des Herstellers beachten, damit der Schlauch nicht platzt!

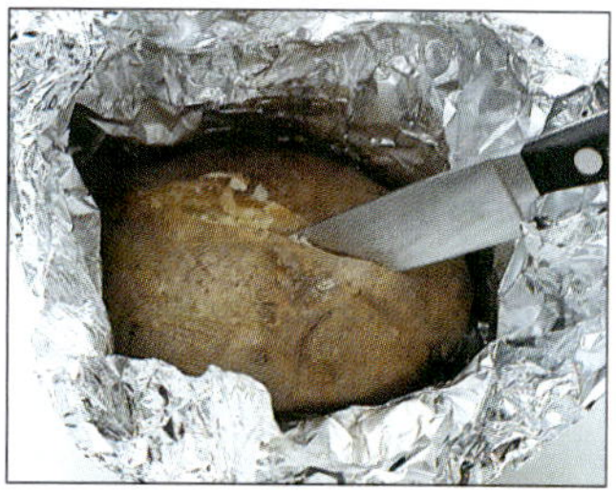

BRATEN IN ALUFOLIE

Schonendes Garen bei hohen Temperaturen im Backofen. Bratgut bleibt auch ohne Zugabe von Fett saftig, bildet aber keine braune Kruste. Möchte man eine braune Oberfläche, öffnet man ca. 20 Min. vor Ende der Garzeit die Folie.
Anwendung bei Fleisch, Fisch, Gemüse und Kartoffeln.

BACKEN

Garen und leichtes Bräunen an der Oberfläche (Kruste) durch heiße Luft im Backofen bei Temperaturen zwischen 150° und 200°C. Anwendung bei Kuchen, Torten, Pizzen, Wähen, Pies, Quiches und in Teig eingeschlagenem Gemüse, Fleisch sowie Fisch.

MIKROWELLEN

Mikrowellengeräte bieten die Möglichkeit für schnell gegarte oder schnell erwärmte Mahlzeiten.
Mikrowellen werden von organischen Stoffen, das sind rohe, gekochte oder gefrorene Lebensmittel, aufgenommen.
Die Wellen dringen in das Innere der Lebensmittel ein und erwärmen sie. Garraum und Geschirr bleiben während der Benutzung kalt. Metalle reflektieren die Mikrowellen. Porzellan, Glas, Steingut, Keramik, Pappe, Papier und Kunststoff werden von Mikrowellen durchdrungen.
Durch die kurzen Garzeiten bleiben die Nährstoffe sowie der Eigengeschmack weitgehend erhalten. Mikrowellen bräunen nicht. Es gibt spezielles Bräunungsgeschirr aus Glaskeramik, mit im Boden eingelagerter Zinkoxydschicht. Einige Geräte haben einen eingebauten Grill, der kurz zum Bräunen eingesetzt werden kann.
Vorteile: Schnelle Mahlzeiten werden problemlos erwärmt, vorbereitete (tiefgefrorene) Menüs sind in kurzer Zeit warm, viele Speisen können ohne Fett und Wasser gegart werden. Diese Zubereitungsform eignet sich besonders gut für Diäten.

WATTZAHLEINSTELLUNG

90 Watt:
– zum Auftauen von empfindlichen Lebensmitteln, z. B. Sahnetorte, Tatar
– zur Temperaturveränderung, z. B. Butter streichfähig machen, rohes Gemüse von Kühlschrank- auf Verzehrtemperatur bringen.
180 Watt:
– zum Auftauen bis Zimmertemperatur, z. B. Hähnchen
– zur Temperaturerhöhung, z. B. Butter, Gelatine oder Schokolade schmelzen lassen
– zum Fortkochen bzw. Ausquellen, z. B. Getreide, festes Gemüse.
360 Watt:
– zum Erwärmen größerer Mengen (Eintopf)
– zum Fortkochen größerer Mengen.
600 Watt:
– zum Erhitzen fertiger Speisen
– zum Auftauen und Erhitzen von tiefgefrorenen Fertiggerichten
– zum Garen von Gemüse, Kartoffeln und anderen Lebensmitteln.
>600 Watt
– Anwendung wie bei 600 W

TIPP

- Für die Zubereitung nur mikrowellengeeignetes Kochgeschirr verwenden.
- Gebrauchsanweisung des Geräteherstellers beachten. Die Einschaltdauer und die einzustellende Leistung sind von der Art des Lebensmittels und der Zubereitungsart abhängig.
- Wenn beim Gerät nur Leistungsstufen angegeben sind, muss in der Bedienungsanleitung die dazugehörige Wattzahl stehen.
- Lebensmittel in fester Schale oder Haut, z. B. Apfel oder Würstchen, vorher mit der Gabel einstechen, damit ein Platzen vermieden wird. Eier können in der Mikrowelle nicht gekocht werden.
- Möglichst Speisen mit gleicher Konsistenz und Dicke zubereiten.
- Alle Speisen sollten zugedeckt erwärmt werden. Durch die Abdeckung bildet sich beim Erwärmen Wasserdampf, der die Lebensmittel vor dem Austrocknen schützt.
- Zum Abdecken eignen sich Folien, Pergamentpapier, umgedrehte Teller oder spezielle Abdeckhauben.
- Um ein Austrocknen der Gemüse oder Kartoffeln zu verhindern, sollten sie vor dem Erwärmen angefeuchtet werden.
- Das Erwärmen von größeren Mengen geht schneller, wenn die Speisen zwischendurch einmal umgerührt oder gewendet werden.
- Das Erwärmen sollte zwischendurch kontrolliert werden, damit keine Überhitzung stattfindet. Bei längerer Erfahrung mit der Mikrowelle kann die Kontrolle unterbleiben.
- Beim Erwärmen von panierten Speisen oder Speisen mit Kruste darf nicht abgedeckt werden, weil die Panade oder Kruste dann zu weich wird.
- Schmelzen von Fett geht in der Mikrowelle besonders schnell.
- Gelatine (eingeweicht), Schokolade und Kuvertüre können in der Mikrowelle aufgelöst werden.

GEEIGNETES GESCHIRR FÜR DIE MIKROWELLE

— hitzebeständiges Glas
— Glas ist nur dann geeignet, wenn die gewählten Temperaturen nicht zu hoch sind, ansonsten springt es durch Hitzespannung. Bleihaltiges Kristall ist ungeeignet.
— Keramik mit Ausnahme der metallhaltigen Glasuren (häufig bei blauen Farbtönen)
— Arcoflamgeschirr mit Ausnahme von Melamin, soweit es nicht vollständig mit Speisen gefüllt ist

ZEITEN

Die Zeiten sind generell von der Ausgangstemperatur, der Beschaffenheit, der Menge, der Größe des Lebensmittels und von der Wahl des Geschirrs, in dem erhitzt wird, abhängig.
Nach Ausschalten des Gerätes verteilt sich die Wärme gleichmäßig in der Speise, es findet ein Wärmeausgleich statt. Diese Zeit wird als Ausgleichszeit bezeichnet. In der Tabelle ist sie gesondert angegeben. Nach dem Garen beträgt sie etwa 10 % der Gesamtgardauer.
Sie ist jedoch im Wesentlichen von der Beschaffenheit des Lebensmittels abhängig.
Als Grobformel für das Erwärmen von Speisen kann gelten:
pro 100 g Speise ca. 1 Min. bei 600 Watt.
Um Getränke und ähnliches aus dem Kühlschrank auf zimmerwarme Temperatur zu bringen, benötigt man im Allgemeinen bei 600 Watt für

1 Glas Milch (150 ml)	½ Min.
2 Glas Milch (300 ml)	1 Min.
1 l Milch	3 Min.
1 Becher Joghurt (150 g)	½ Min.
100 g Käse	25 Sek.
250 g Käse	50 Sek.

ERHITZEN

Speisen	Menge	Leistung 600 Watt Minuten	Ausgleichszeit b. Zimmertemp. Minuten
Getränke			
Milch	125 ml	½-1	–
Wasser	125 ml	1-1½	½
Baby-Flasche (Milch)	ca. 200 ml	1-1½	–
Verschiedene Speisen			
Kindernahrung	1 Glas ca. 200 g	1-2	1
Suppe	500 ml (½ l)	4-6	2
Fertiggerichte			
Gulasch mit Nudeln	500 g	5-7	2
Hühnerfrikassee	400 g	4-5	2
Nudeln mit Tomatensoße	300 g	3-4	2
Eier in Senfsoße und Kartoffeln	300 g	3-4	–
Erbseneintopf	500 g	5-6	2
Gemüse	250 g	2-4	1-2
Fischfilet, gebacken	200 g	1½-2	2
Braten	500 g	6-8	3
Kartoffelpuffer	250 g	3-4	1

GAREN

Speisen	Menge	Leistung 600 Watt Minuten	Ausgleichszeit b. Zimmertemp. Minuten
Fleisch			
Rinderbraten	500 g	4-5	6-10
Kotelett/Schnitzel	2 Stck. 300 g	ca. 4	–
Hackbällchen	3 Stck. 500 g	6-8	4-5
Leber	200 g	3-5	–
Kalbfleisch	500 g	2-3	2-3
Fisch			
Fischfilet in Soße	500 g	5	2-3
Forellen	2 Stck. 350 g	8-10	1
Geflügel			
Hühnergeschnetzeltes mit Currysoße	ca. 500 g	5	3-5
Gemüse/Nudeln/Reis/Kartoffeln			
Blumenkohl	500 g	5	–
Karotten	300 g	5	–
Nudeln	200 g	5	–
Reis	250 g	5	–
Kartoffeln	500 g	5	–
Nachspeisen			
Bratäpfel	2 Stck.	3-4	–
Äpfel in Weinsoße	4 Stck.	6-8	–
Birne Helene	4 Stck.	3-5	–
Milchreis	500 ml (½ l)	7	2-3
Aprikosencreme	500 ml (½ l)	3-4	–
Vanillepudding	500 ml (½ l)	6-8	–

Zeiten für das Auftauen, vgl. S. 29.

HÜHNERSUPPE MIT NUDELEINLAGE

Grundrezept

1,5 kg Suppenhuhn
1 l Wasser
250 g Lauch
100 g Möhren
75 g Petersilienwurzel
70 g Sellerie
Salz, Pfeffer nach Geschmack
100 g Nudeln, kleine
1 Bd. Petersilie

ENERGIE/NÄHRWERT

3460 kJ
23 g KH, 57 g F, 55 g E

Garzeit: 120 Min.
Im Dampfdrucktopf: 30 Min.

VORBEREITUNG

1. Huhn gut von innen und außen unter fließendem kalten Wasser waschen.
2. Lauch, Möhren, Petersilienwurzel waschen, Sellerie waschen und schälen.
3. Gemüse grob zerkleinern.
4. Petersilie waschen und hacken.

TIPP

- Vor dem Garen im Dampfdrucktopf müssen Gummiring und Ventil regelmäßig kontrolliert werden.
- Zum Klären der Brühe wird Eischnee vorsichtig unter die Brühe gezogen. Nach 10 Min. Ruhezeit wird der jetzt geronnene Eischnee entfernt.
- Um eine Trübung der Brühe zu vermeiden, können Nudeln oder Reis gegart dazugegeben werden.

ZUBEREITUNG HÜHNERSUPPE MIT NUDELEINLAGE

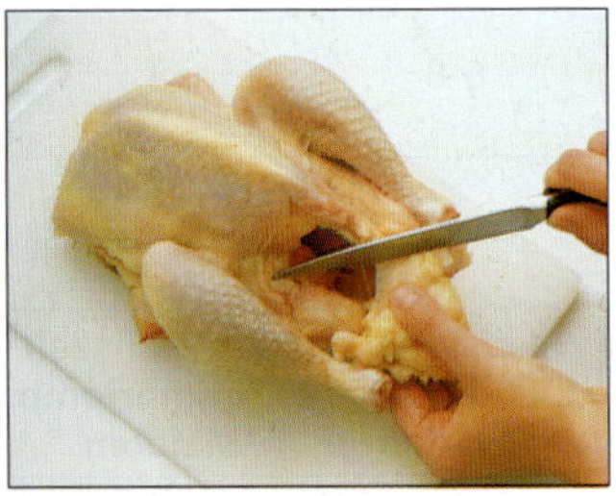

1. Sichtbare Fettpolster entfernen.

2. Gewaschenes Suppenhuhn in einen Dampfdrucktopf legen, kaltes Wasser aufgießen.

3. Gemüse zugeben, würzen.

4. Dampfdrucktopf schließen. Kochstelle einschalten.

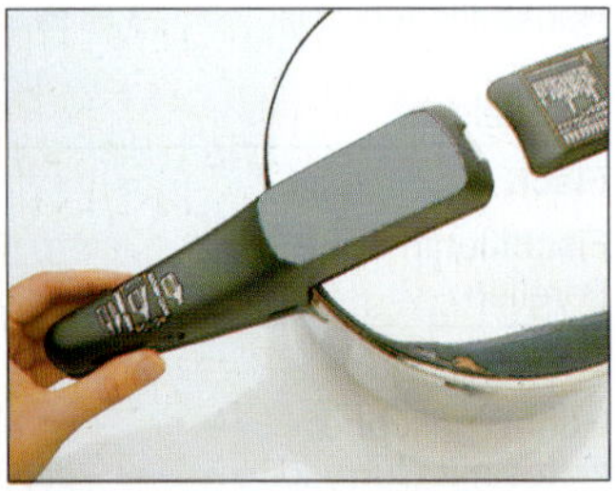

5. Dampfventil kontrollieren, evtl. Energiezufuhr regulieren.

6. Nach Garzeitende Druck nach Herstellerhinweis abbauen. Topf öffnen.

7. Huhn herausnehmen. Brühe in einen anderen Topf seihen.

8. Brühe zum Kochen bringen, Nudeln einstreuen und garen. Abschmecken. Geh. Petersilie hinzufügen.

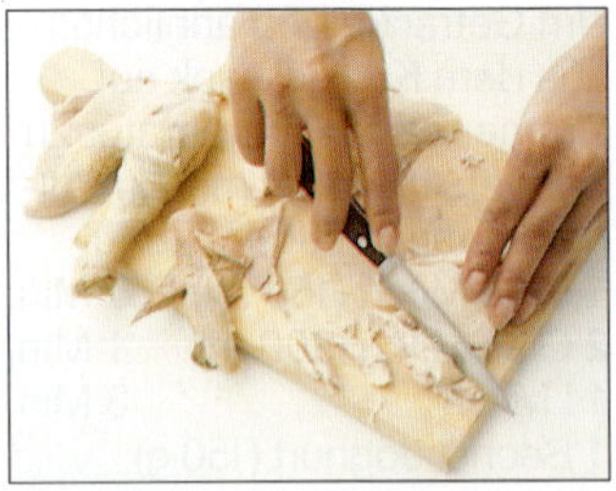

9. Huhnfleisch von den Knochen lösen, in mundgerechte Stücke schneiden und in die Suppe geben.

RINDFLEISCHBRÜHE

Grundrezept

1,25 kg Rindersuppenfleisch
1 Bd. Suppengrün
1 Zwiebel
2,5 l Wasser
1 Bd. glatte Petersilie
Salz, Pfeffer nach Geschmack

ENERGIE/NÄHRWERT

2056 kJ
4 g KH, 34 g F, 40 g E

Garzeit: 120 Min.
Im Dampfdrucktopf: 30 Min.

VORBEREITUNG

1. Suppengrün waschen und grob zerkleinern.
2. Zwiebel pellen, halbieren und in einer Pfanne die Schnittflächen dunkelbraun werden lassen, sie gibt so der Suppe eine gute Farbe.
3. Petersilie waschen und hacken.

ZUBEREITUNG

1. Alle Zutaten in einen Topf geben und das Wasser zugeben.
2. Alles aufkochen und ca. 2 Std. köcheln lassen.
3. Den auftretenden Schaum ab und zu mit einer Schaumkelle abschöpfen.
4. Fleisch herausnehmen und in kleine Würfel schneiden.
5. Brühe in einen anderen Topf seihen, mit Salz und Pfeffer abschmecken.
6. Fleischwürfel in vorgewärmte Suppentassen geben. Mit Brühe auffüllen und mit gehackter Petersilie servieren.

KLARE FISCH-GEMÜSESUPPE

500 g Kabeljaufilet
500 g Makrelenfilet
3 EL Zitronensaft
2 Zwiebeln
2 Knoblauchzehen
400 g Fenchelknolle
200 g Tomaten
40 g Margarine
1 l Wasser
1/4 l Weißwein, trocken
100 g Erbsen, TK
150 g Miesmuschelfleisch
100 g Krabben
Salz, Pfeffer nach Geschmack

ENERGIE/NÄHRWERT

1881 kJ
15 g KH, 18 g F, 46 g E

Garzeit: 40 Min.

VORBEREITUNG

1. Makrelenfilet und Kabeljaufilet säubern und säuern.
2. Fisch in große Stücke schneiden.
3. Zwiebeln und Knoblauch pellen, Zwiebeln halbieren und in dicke Scheiben schneiden, Knoblauch fein hacken.
4. Fenchel putzen, das Kraut hacken, die Knolle in Achtel schneiden.
5. Tomaten abziehen und vierteln, vgl. S. 53.

ZUBEREITUNG

1. Margarine in einem Topf zerlassen, Zwiebeln, Fenchel und Knoblauch andünsten.
2. Wasser und Weißwein zugeben, mit Salz und Pfeffer würzen.
3. Alles aufkochen und ca. 20 Min. köcheln lassen.
4. Fischstücke zugeben, nach 10 Min. Tomaten, Erbsen, Muscheln und Krabben zugeben und weitere 10 Min. gar ziehen lassen.
5. Abschmecken und mit Fenchelkraut bestreut servieren.

TIPP

- Brühe durch verschiedene Einlagen abwandeln, vgl. S. 58.
- Entfetten von Rinderbrühe: Brühe erkalten lassen und feste Fettschicht abheben.
- Entfetten von Hühnerbrühe: Fett mit einer Kelle abschöpfen.
- Hühnerfleisch kann zur Zubereitung von Hühnerfrikassee verwendet werden, vgl. S. 185.

BEI TISCH

Hühner- und Rindfleischbrühe können an kalten Tagen auch als wärmendes Getränk gereicht werden.

WENN ETWAS ÜBRIG BLEIBT

Brühe in Eisschalen einfrieren, so hat man immer Brühe zum Auffüllen von Suppen und Soßen und benötigt keine Brühwürfel.

BLUMENKOHLSUPPE GEBUNDEN

Grundrezept

400 g Blumenkohl
¾ l Gemüsebrühe
30 g Margarine oder Butter
4 EL Mehl (40 g)
1 Eigelb
1 Becher süße Sahne (200 g)
Salz, Pfeffer nach Geschmack
ger. Muskat
Kerbel zum Garnieren

ENERGIE/NÄHRWERT

1352 kJ
12 g KH, 28 g F, 5 g E
Garzeit: 10 Min.

VORBEREITUNG

1. Blumenkohl in Salz-Essig-Wasser legen, damit vorhandenes Ungeziefer herauskommt.
2. Strunk so weit wie möglich herausschneiden.
3. Sämtliche Blätter entfernen.

GEMÜSEPÜREESUPPE

Grundrezept

400-500 g Gemüse
¾ l Gemüsebrühe
Salz, Pfeffer

ENERGIE/NÄHRWERT

285 kJ
13 g KH, – g F, 3 g E
Garzeit: 5–10 Min.

ZUBEREITUNG

1. Das Gemüse klein schneiden.
2. Mit gut ⅛ l Gemüsebrühe zum Kochen bringen und je nach Gemüseart 5–10 Min. dünsten lassen.
3. Durch ein Sieb streichen oder mit dem Pürierstab pürieren.
4. Restliche Brühe hinzufügen und Suppe abschmecken.

TIPP

- Gemüse nach dem Angebot der Jahreszeit auswählen.
- Soll die Suppe sämig werden, eine in Stücke geschnittene mehlig kochende Kartoffel mitgaren.
- Kräuter zum Anrichten müssen so ausgewählt werden, dass der Geschmack des Gemüses nicht übertönt, sondern unterstützt wird. Es eignen sich z. B.:
  - Basilikum für Tomaten,
  - Kerbel für zartes Gemüse und Pilze,
  - Thymian oder Rosmarin für Tomaten oder Zucchini.
- Geeignete Gemüsesorten für Püreesuppen sind u.a.: Blumenkohl, Brokkoli, Champignons, Möhren, Zucchini.

ZUBEREITUNG BLUMENKOHLCREMESUPPE, GEBUNDEN

1. Einige kleine Röschen zum Garnieren vom geputzten Blumenkohl abtrennen.

2. Restlichen Blumenkohl zerkleinern.

3. Blumenkohl in der Brühe 5 Min. garen, Röschen herausnehmen und beiseite legen.

4. Fett erhitzen, Mehl zugeben, gut verrühren und durchschwitzen lassen, vgl. S. 60.

5. Mit Gemüsefond auffüllen und kräftig durchrühren. 5 Min. kochen lassen.

6. Legieren, vgl. S. 37, und Blumenkohlröschen hinzufügen. Abschmecken, mit Kerbel servieren.

GEMÜSECREMESUPPE

Grundrezept

400-500 g Gemüse
1 Zwiebel
20 g Butter oder Margarine
3/4 l Gemüsebrühe
1/8 l Sahne
1 Eigelb
Salz, Pfeffer
geh. Kräuter

Garzeit: je nach Gemüse.

VORBEREITUNG

1. Zwiebel pellen und fein würfeln.
2. Gemüse putzen und fein hacken.

ZUBEREITUNG

1. Zerkleinertes Gemüse in Butter oder Magarine glasig dünsten.
2. 2 EL Gemüse beiseite legen.
3. Mit Brühe auffüllen und ca. 3 Min. kochen lassen.
4. Suppe durch ein Sieb streichen oder pürieren.
5. Pürierte Suppe mit Sahne verfeinern oder legieren (vgl. S. 37).
6. Abschmecken und mit dem restlichen Gemüse und den geh. Kräutern anrichten.

VICHYSSOISE

300 g Kartoffeln
250 g Lauch
30 g Margarine oder Butter
3/4 l Gemüsebrühe
1 Becher süße Sahne (200 g)
Salz, Pfeffer nach Geschmack
Schnittlauch zum Bestreuen

ENERGIE/NÄHRWERT

1293 kJ
14 g KH, 26 g F, 4 g E

Garzeit: 30 Min.

VORBEREITUNG

1. Kartoffeln waschen und schälen, kleinwürfeln.
2. Lauch waschen und in dünne Ringe schneiden.

ZUBEREITUNG

1. Margarine in einem Topf zerlassen, Lauch und Kartoffeln darin dünsten, ca. 3 Min.
2. Brühe zugeben und so lange köcheln lassen, bis die Kartoffeln zerfallen, ca. 25 Min.
3. Suppe pürieren und durch ein Sieb streichen.
4. Sahne unterrühren und mit Salz und Pfeffer abschmecken.
5. Schnittlauch in feine Röllchen schneiden und über die Suppe streuen, kalt oder heiß servieren.

VARIATION

Bei einer **Spargelcremesuppe** wird der Spargel nicht direkt verwendet, weil er sich nicht zum Andünsten eignet. Statt Gemüsebrühe wird Spargelfond (z.B. Kochwasser von Spargel) verwendet und wie unter 5, 6 weiter verfahren. Zum Anrichten können kleine Spargelabschnitte zugefügt werden.

Bei einer **Tomatencremesuppe** kann anstelle der Zwiebel eine Frühlingszwiebel verwendet werden. Die Zubereitung erfolgt wie unter 1–6 beschrieben.

TIPP

- Gemüsecremesuppen können auch mit Sahne und Eigelb legiert werden, vgl. S. 37.
- Eine besondere Beschaffenheit der Suppen erreicht man durch das Aufschäumen der Suppe mit den Schneebesen eines Handrührgerätes. Das Aufschäumen lässt die Suppe weicher und feiner schmecken, so dass man einen Teil der Sahne einsparen könnte.
- Gemüsecremesuppen können auch aus Halbfertig- oder Fertigprodukten hergestellt werden und durch die Zugabe von: Kräutern, Sahne, Crème fraiche, Sherry oder Wein verändert werden.
- Cremesuppen heißen in der Gastronomie auch Samtsuppen.
- Anstatt der Sahne kann Frischrahmkäse (200 g) hinzugefügt werden. Gut geeignet für Lauch- und Champignoncremesuppe.

TOMATENSUPPE

20 g Margarine oder Butter
3 Zwiebeln
1 kg Fleischtomaten
1 Bd. Basilikum
1/2 l Wasser oder Brühe
1 Becher saure Sahne (150 g)
Salz, Pfeffer nach Geschmack

ENERGIE/NÄHRWERT

602 kJ
13 g KH, 8 g F, 4 g E

Garzeit: 35 Min.

VORBEREITUNG

1. Zwiebeln pellen, halbieren und in Ringe schneiden.
2. Tomaten waschen, Blüte entfernen und vierteln.
3. Basilikum waschen und Blätter von den Stielen zupfen.

TIPP

- Helgoländer Tomatensuppe wird ohne saure Sahne zubereitet. Dafür wird vor dem Servieren steif geschlagene Sahne mit gehackter Petersilie bestreut auf die Suppe gegeben.

ITALIENISCHE TOMATENSUPPE

Zutaten vgl. Tomatensuppe zusätzlich

50 g gekochter Schinken, gewürfelt
1 Zweig Thymian
1 Zwiebel, gewürfelt
30 g gehobelter Parmesan

ZUBEREITUNG

Vgl. Tomatensuppe, Schinken und Thymian mit den Zwiebeln in etwas Fett andünsten, zugeben. Parmesan überstreuen.

ZUBEREITUNG TOMATENSUPPE

1. Zwiebelringe in zerlassenem Fett glasig dünsten.

2. Geviertelte Tomaten zugeben.

3. Basilikumstiele zugeben.

4. Mit Wasser oder Brühe auffüllen.

5. Zugedeckt köcheln lassen, bis die Tomaten zerfallen, ca. 25 Min.

6. Suppe in einen anderen Topf durch ein Sieb gießen.

7. Tomatenfleisch soweit wie möglich durch das Sieb passieren.

8. Suppe erneut erhitzen, fein geschnittene Basilikumblätter unterrühren.

9. Saure Sahne unterrühren und abschmecken. Mit Basilikumblättern garnieren.

GAZPACHO aus Spanien

½ Salatgurke
500 g Tomaten
½ Paprikaschote (ca. 75 g)
1 Zwiebel
2 Knoblauchzehen
3 Scheiben Weißbrot (75 g)
3 EL Olivenöl oder anderes Öl
2 EL Essig
½ l Hühnerbrühe
Salz

BEILAGEN

3 Scheiben Weißbrot (75 g)
25 g Butter
½ Salatgurke
1 rote Zwiebel
125 g Tomaten
1 hart gekochtes Eiklar
½ Paprikaschote (75 g)

ENERGIE/NÄHRWERT

1158 kJ
41 g KH, 18 g F, 15 g E

VORBEREITUNG

1. Gurke waschen und schälen, grob würfeln.
2. Tomaten würfeln, vgl. Phasenfotos 1–6.
3. Paprika waschen, putzen und in kleine Würfel schneiden.
4. Zwiebeln und Knoblauchzehen pellen und fein zerkleinern.
5. Eine Hälfte des Weißbrots zerkrümeln, die andere Hälfte würfeln.

ZUBEREITUNG

1. Gemüse außer den Mengen für die Beilagen mit dem Mixer pürieren.
2. Zum zerkrümelten Weißbrot das Öl hinzufügen, dabei kräftig mit dem Handrührgerät mischen, mit Essig abschmecken.
3. Mischung zum Gemüsepüree geben, mit Brühe auffüllen und mit Salz abschmecken.
4. Für die Beilagen die Weißbrotwürfel in Butter anrösten.
5. Eiklar fein würfeln.
6. Die anderen Gemüsebeilagen in Schälchen füllen.

BEI TISCH

Beilagen getrennt zur Suppe reichen.

TIPP

- Gazpacho kann auch mit Sahne verfeinert werden.
- Gazpacho eignet sich als Partygericht und kann ohne Beilagen gut tiefgefroren werden.
- Warme Tomatensuppen können mit gegartem Reis oder Nudeln sättigender gemacht werden.
- Fleischtomaten und südländische Tomaten (kleine ovale) sind geschmackvoller als holländische oder kanarische Tomaten.

TOMATEN ABZIEHEN UND ENTKERNEN

1. Stielansatz mit einem spitzen Messer keilförmig einschneiden und herausheben.

2. Haut kreuzweise einritzen und Tomaten 5–10 Sek. in kochendes Wasser tauchen.

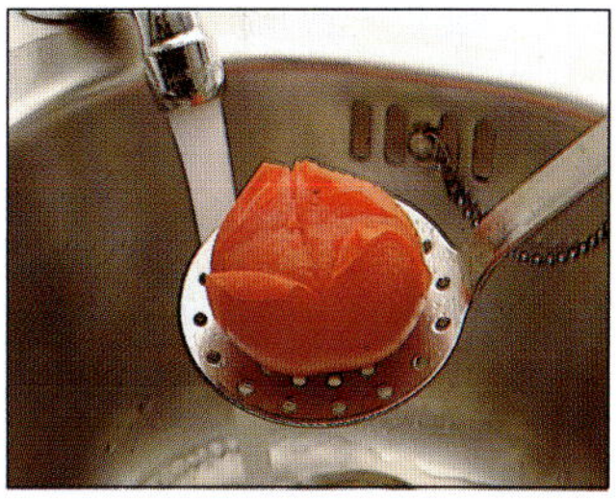

3. Herausheben und in kaltem Wasser abschrecken, damit sie nicht weich werden.

4. Tomatenschalen mit einem kleinen spitzen Messer vorsichtig abziehen, Tomaten halbieren.

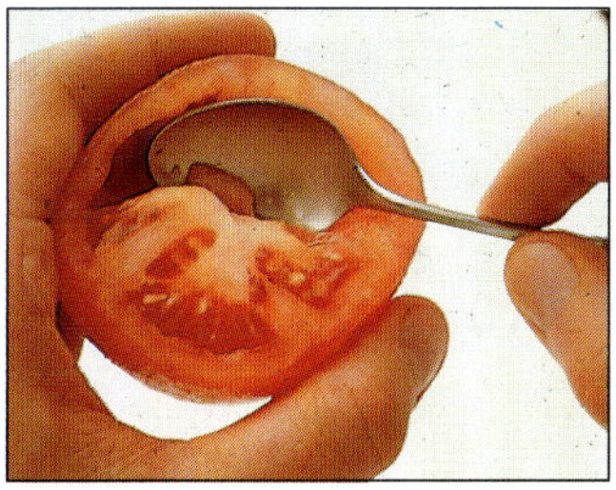

5. Kerne mit einem Teelöffel vorsichtig aus den Tomatenhälften herausschaben.

6. Tomatenhälften jeweils flach auf ein Schneidbrett drücken, in Streifen schneiden.

KARTOFFELSUPPE MIT FLEISCHKLÖSSCHEN

1 kg Kartoffeln
1 l Gemüse- oder Fleischbrühe
½ TL Estragon
150 g Emmentaler Käse
½ Bund Petersilie
2 EL Sahne
1 Prise Muskat
FÜR DIE KLÖSSCHEN:
200 g Hackfleisch
1 Ei
1 Schalotte oder 1 Zwiebel
Salz, Pfeffer aus der Mühle
100 g Crème fraîche

ENERGIE/NÄHRWERT

2084 kJ
15 g KH, 35 g F, 26 g E

Garzeit: 15 Min.

VORBEREITUNG

1. Kartoffeln waschen und schälen, grob raspeln.
2. Estragon waschen und hacken.
3. Schalotte oder Zwiebel pellen und sehr fein würfeln.
4. Petersilie waschen und hacken.
5. Käse reiben.

ZUBEREITUNG FLEISCHKLÖSSCHEN

1. Hackfleisch mit Ei, Schalottenwürfeln und Crème fraîche vermengen. Mit Salz und Pfeffer abschmecken.
2. Kleine Fleischbällchen formen und in Salzwasser gar ziehen lassen (vgl. S. 171 Pkt. 4).
3. Fleischklößchen in Suppentassen oder in eine Schüssel geben.

VARIATION

Geschälte Kartoffeln gerade bedeckt in wenig Brühe garen. Danach können sie zu verschiedenen Kartoffelsuppen verarbeitet werden. Nach dem Garen werden sie püriert oder gestampft, evtl. mit Sahne oder Eigelb legiert (vgl. S. 37). Als Einlage eignen sich: Suppengemüse in feinen Streifen und kurz gegart, verschiedene Kräuter wie Pimpernelle, Borretsch oder Thymian, Rosmarin, Oregano, Fleischwürfel, Speck- und/oder Zwiebelwürfel, Pilze, Würstchen, grüne tiefgekühlte oder frische Erbsen, Spargel, Mais und auch Muscheln oder Krabben.

TIPP

● Auf schnellem Weg können Kartoffelsuppen auch aus Kartoffelpüree – als Rest oder als Püreeflocken (Fertigprodukt) – hergestellt werden. Das Püree oder die Flocken müssen mit Brühe und/oder Sahne so weit verflüssigt werden, dass eine Suppe entsteht.

ZUBEREITUNG KARTOFFELSUPPE MIT FLEISCHKLÖSSCHEN

1. Grob geraspelte Kartoffeln mit Brühe bedeckt zum Kochen bringen. 15 Min. garen.

2a. Kartoffeln stampfen oder

2b. Kartoffeln mit dem Passierstab des Handgerätes pürieren oder

2c. Kartoffeln durch ein Sieb pürieren.

3. Estragon hinzufügen, Sahne und Käse unterrühren, abschmecken.

4. Ausfüllen und mit gehackter Petersilie garnieren.

KARTOFFELSUPPE MIT TOMATEN

500 g mehlig kochende Kartoffeln
1 Möhre
1/2 Sellerieknolle (ca. 300 g)
1 Petersilienwurzel
2 Stangen Lauch oder Frühlingszwiebeln
1 große Zwiebel (15 g)
7 große, reife Fleischtomaten
20 g Butter oder Margarine
1 l Gemüsebrühe
1 Knoblauchzehe
1 Bund Petersilie
Salz, Pfeffer

ENERGIE/NÄHRWERT

1515 kJ
33 g KH, 10 g F, 8 g E

Garzeit: 30 Min.

VORBEREITUNG

1. Kartoffeln, Möhre, Sellerie und Petersilienwurzel waschen, schälen und würfeln.
2. Lauch oder Frühlingszwiebeln längs aufschneiden, waschen und in Scheiben schneiden.
3. Zwiebel und Knoblauch pellen, Zwiebel in Scheiben schneiden.
4. Tomaten abziehen – vgl. S. 53 – vierteln; 1 Tomate fein würfeln und beiseite legen.
5. Petersilie waschen und hacken.

KARTOFFELSUPPE, EINFACH

1 Bund Suppengrün
750 g Kartoffeln
250 g Hack
1 l Gemüsebrühe
Salz, Pfeffer, Majoran
1 Zwiebel
40 g gewürfelter, durchwachsener Speck
1 Bund glatte Petersilie

ENERGIE/NÄHRWERT

1392 kJ
28 g KH, 16 g F, 21 g E

Garzeit: 30 Min.

VORBEREITUNG

1. Kartoffeln schälen und in kleine Stücke schneiden.
2. Suppengemüse putzen und in sehr feine Stücke schneiden.
3. Zwiebel pellen und fein würfeln.
4. Petersilie waschen und fein hacken.

ZUBEREITUNG

1. Speck auslassen, Hack und Zwiebel darin anbraten salzen, pfeffern.
2. Brühe zugießen, Kartoffeln und Suppengemüse zufügen; ca. 25 Min. garen, pürieren (vgl. S. 54 Phasenfotos 2).
3. Mit Majoran abschmecken und mit Petersilie bestreut servieren.

ZUBEREITUNG KARTOFFELSUPPE MIT TOMATEN

1. Butter oder Margarine zerlassen, Zwiebel darin andünsten.

2. Gemüse, Kartoffeln und Tomaten zugeben und kurz mitdünsten.

3. Heiße Brühe zugießen und 30 Min. garen lassen.

4. 3/4 der Suppe mit dem Passierstab pürieren und mit dem restlichen Viertel mischen.

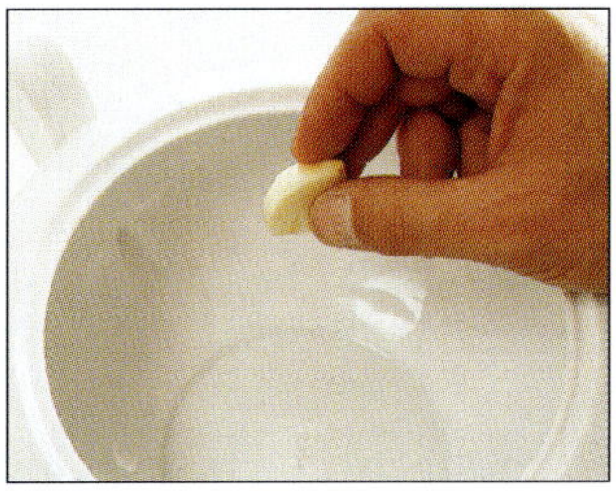

5. Eine Terrine mit der Knoblauchzehe ausreiben.

6. Suppe abschmecken, mit Tomatenwürfeln und der Petersilie anrichten.

ÜBERBACKENE ZWIEBELSUPPE

1 kg Zwiebeln
1 Brühwürfel
20 g Margarine
1/4 l Weißwein, trocken
3/4 l Wasser
1/2 TL Kümmel
4 Scheiben Weißbrot (75 g)
Salz, Pfeffer nach Geschmack
100 g Emmentaler

ENERGIE/NÄHRWERT

1679 kJ
46 g KH, 13 g F, 14 g E

Garzeit: 20 Min.

VORBEREITUNG

1. Zwiebeln pellen und in Ringe schneiden; große Zwiebeln erst halbieren.
2. Käse reiben.
3. Weißbrotscheiben leicht toasten.

TIPP

● Für Zwiebelrahmsuppe wird anstatt des Weißweins nach dem Kochen (4. Phase) 300 g süße Sahne hinzugefügt. Die Suppe wird mit dem Passierstab püriert und nicht überbacken.

● Wenn der Käse nicht braun werden muss, kann die Zwiebelsuppe in der Mikrowelle überbacken werden, 3 Min. bei 600 Watt.

ZUBEREITUNG ÜBERBACKENE ZWIEBELSUPPE

1. Margarine in einem Topf zerlassen.

2. Zwiebeln darin glasig dünsten.

3. Mit Wasser und Wein auffüllen.

4. Brühwürfel darin auflösen, ca. 15 Min. köcheln.

5. Brot auf den Tassendurchmesser zurechtschneiden. Suppentassen vorwärmen.

6. Suppe mit Kümmel, Salz und Pfeffer würzen.

7. Vorgewärmte Tassen zu 2/3 mit Suppe füllen.

8. Brotscheibe auf die Suppe legen und mit Käse bestreuen.

9. Auf der obersten Schiene überbacken, bis der Käse hellbraun ist, ca. 10 Min.

SCHNIPPELBOHNEN-SUPPE

500 g Stangenbohnen
2 Zwiebeln
100 g durchwachsener Speck
2 mehlig kochende Kartoffeln (150 g)
1 EL Mehl
Salz
Frisch gemahlener Pfeffer
1 l Gemüse- oder Fleischbrühe
1–2 Zweige Bohnenkraut
4 Stück geräucherte Mettwürste
½ Bund glatte Petersilie

ENERGIE/NÄHRWERT

2931 kJ
23 g KH, 57 g F, 19 g E

Garzeit: 30 Min.

VORBEREITUNG

1. Bohnen waschen, entfädeln und mit einem Messer schräg in dünne Scheiben schneiden.
2. Zwiebeln pellen und in kleine Würfel schneiden.
3. Räucherspeck in kleine Würfel schneiden.
4. Kartoffeln waschen und schälen, in Würfel schneiden.
5. Petersilie waschen und hacken.

ZUBEREITUNG

1. Topf erhitzen und die Speckwürfel darin andünsten.
2. Zwiebeln zugeben, Kartoffeln, Bohnenkraut und Bohnen hinzufügen. Kurz andünsten und mit dem Mehl bestäuben.
3. Mit Salz und Pfeffer würzen.
4. Brühe aufgießen und alles 15 Min. kochen lassen.
5. Mettwürste mit einer Gabel mehrmals einstechen und für 10 Min. in der Suppe ziehen lassen.
6. Abschmecken und mit der Petersilie bestreut servieren.

TIPP

● Statt des Mehles kann in die Bohnensuppe auch eine rohe Kartoffel hineingerieben werden.

BEI TISCH

Als Vorsuppe reicht die Bohnensuppe für 6-8 Personen. Als Ergänzung zum Hauptgericht passt ein frischer Salat und geröstetes Graubrot.

PILZSUPPE MIT KNÖDELN

2 Zwiebeln
500 g gemischte Pilze, wie: Champignons, Egerlinge, Austernpilze o. a.
1 Bund glatte Petersilie
30 g Butter oder Margarine
Salz
Frisch gemahlener Pfeffer
½ l Gemüsebrühe
¼ l Sahne
FÜR DIE KNÖDEL:
4 alte Brötchen oder altes Weißbrot
200 ml Milch
1 Stück Zwiebel (50 g)
1 Zweig Thymian
1 Ei
Salz, Pfeffer
ZUM LEGIEREN:
1 Eigelb
1 EL Crème fraîche

ENERGIE/NÄHRWERT

2552 kJ
38 g KH, 42 g F, 14 g E

Garzeit: 15 Min.

VORBEREITUNG

1. Zwiebeln pellen, in kleine Würfel schneiden.
2. Pilze putzen, vgl. S 30.
3. Petersilie waschen und hacken.
4. Brötchen/Weißbrot fein schneiden. Milch erhitzen und über das Brot gießen.
5. Thymian waschen und die Blättchen abzupfen.

ZUBEREITUNG

1. Butter erhitzen und Zwiebeln darin andünsten. 1 EL Zwiebelwürfel beiseite stellen.
2. Pilze und die Hälfte der Petersilie zufügen. Mit Salz und Pfeffer würzen.
3. Mit Gemüsebrühe und Sahne aufgießen und bei mäßiger Hitze etwa 15 Min. kochen lassen.
4. In einem zweiten Topf ca. 2 l Salzwasser zum Kochen bringen.
5. Eingeweichte Brötchen mit 1 EL gedünsteten Zwiebelwürfeln, dem Ei sowie Salz und Pfeffer und dem Thymian vermischen.
6. Acht kleine Knödel daraus formen und in siedendem Wasser 8 Min. gar ziehen lassen, vgl. S. 42, herausnehmen.
7. Suppe mit dem Eigelb und der Crème fraîche legieren, vgl. S. 37, Knödel hineinlegen und mit dem Rest der Petersilie bestreut servieren.

EIERSTICH

Grundrezept

2 Eier, groß
1/8 l Milch
Salz nach Geschmack
Fett zum Ausfetten der Form

ENERGIE/NÄHRWERT

259 kJ
2 g KH, 4 g F, 4 g E

Garzeit: 60 Min.

VORBEREITUNG

Glattwandige Form ausfetten.

VERFEINERTER EIERSTICH

1 Grundrezept Eierstich und
gehackter Spinat oder
gehackte Pistazienkerne oder
gehackte Kräuter oder
gehackte Mandeln oder
Paprika/Currypulver

ZUBEREITUNG

1. Eierstichmasse mit einer der Verfeinerungszutaten mischen.
2. Weitere Zubereitung wie Grundrezept Eierstich.

TIPP

- Die Eierstichform sollte unten mit einem Rand versehen werden, damit der Boden des Topfes nicht berührt wird. Aus einem Aluminiumstreifen kann auch ein Ring geformt werden, der auf den Topfboden gelegt wird.
- Die Eierstichform muss mindestens zur Hälfte in heißem Wasser stehen.

Wenn das Wasser kocht, wird der Eierstich zu grobporig.

GARNITUREN UND EINLAGEN FÜR KLARE BRÜHEN

Champignonscheiben und Schnittlauchröllchen kurz darin erhitzen.
Champignonscheiben, Apfel- und Tomatenstückchen und Nudeln in die Brühe geben.
Gruyèrekäse, frisch gerieben, vor dem Servieren auf die Brühe streuen.
Kopfsalat – Streifen vor dem Servieren einstreuen.
Paprikastreifen und Reis, gegart, in die Brühe geben.
Pfannkuchen, in feine Streifen geschnitten, zugeben.
Safranfäden in die Brühe streuen, 10 Min. ziehen lassen.
Sauerampfer und Schnittlauch 2 Min. in der Brühe ziehen lassen.
Schinkenstreifen vor dem Servieren einstreuen.
Tomatenwürfel mit Basilikumblättchen in der Brühe erhitzen.

ZUBEREITUNG EIERSTICH

1. Die Eier und die Milch miteinander verquirlen. Mit Salz würzen.

2. Eiermilch in eine glattwandige und eingefettete Form gießen.

3. Form gut mit Aluminiumfolie verschließen, Ränder festdrücken.

4. Die Form in einen Topf, der mit heißem Wasser gefüllt ist, stellen, vgl. S. 43.

5. Bei geringer Hitze ca. 1 Std. stocken lassen, herausnehmen und stürzen.

6. Eierstich erst in fingerdicke Scheiben, dann in Rauten schneiden.

EI-EINLAUF

1 Ei
2 EL Mehl
Salz und Muskat

Garzeit: 7 Min.

ZUBEREITUNG

1. Ei verquirlen.
2. Mehl mit einem Schneebesen unterrühren.
3. Masse mit Salz und Muskat würzen.
4. Alles durch ein Sieb streichen, um eventuelle Klümpchen zu entfernen.
5. Masse durch eine Schaumkelle mit feinen Löchern oder durch ein feines Sieb direkt in die heiße Suppe geben.
6. Ei-Einlauf ca. 4 Min. gar ziehen lassen.

KALBFLEISCH-KLÖSSCHEN

120 g Kalbfleisch, mager
3 EL süße Sahne
Salz, Pfeffer nach Geschmack
1 l Salzwasser

Garzeit: 15 Min.

VORBEREITUNG

Fleisch kühlen, es lässt sich dann besser verarbeiten.

ZUBEREITUNG

1. Fleisch in feine Streifen schneiden und mit etwas Sahne vermischen.
2. Mit einem Pürierstab pürieren und mit Salz und Pfeffer würzen.
3. Mit der restlichen Sahne zu einer lockeren Masse verrühren.
4. Mit einem Teelöffel kleine Mengen abstechen, diese mit dem Finger direkt in siedendes Salzwasser streifen.
5. Die Klößchen ca. 15 Min. im offenen Topf gar ziehen lassen.

GEMÜSESTREIFEN

70 g Sellerie
70 g Möhren
70 g Lauch
3/4 l Gemüsebrühe
Salz, Pfeffer nach Geschmack

Garzeit: 5 Min.

VORBEREITUNG

1. Sellerie und Möhren waschen und schälen, Lauch waschen und die dunklen Blätter entfernen.
2. Gemüse in feine Streifen schneiden.

ZUBEREITUNG

1. Brühe erhitzen.
2. Gemüsestreifen ca. 5 Min. in der Brühe garen.
3. Brühe abschmecken.

FLEISCHKLÖSSCHEN

250 g Hackfleisch
1 Zwiebel
1 Brötchen
1 Bd. Petersilie
Salz, Pfeffer nach Geschmack
1 l Salzwasser oder Brühe

Garzeit: 20 Min.

VORBEREITUNG

1. Brötchen in Wasser einweichen.
2. Zwiebeln pellen und fein würfeln, Petersilie fein hacken.

ZUBEREITUNG

1. Hackfleisch, Zwiebelwürfel, ausgedrücktes Brötchen, Ei, Petersilie gut mischen.
2. Die Masse mit Salz und Pfeffer abschmecken.
3. Mit Esslöffel kleine Klöße abstechen und in der Hand formen.
4. Klößchen in siedendem Salzwasser/Brühe ca. 20 Min. ziehen lassen.
5. Klößchen in der heißen Suppe servieren.

ÜBERBACKEN VON SUPPEN

4 EL geschlagene Sahne
1 Eigelb

Garzeit: 5 Min.

ZUBEREITUNG

1. Eigelb verquirlen und unter die Sahne heben.
2. Suppe in feuerfeste Tassen füllen, jeweils eine Sahne-Ei-Haube aufsetzen.
3. Die Suppe unter dem vorgeheizten Grill goldbraun überbacken.

SUPPE MIT BLÄTTERTEIG-HAUBE

1/2 Paket Blätterteig, TK
1 Eigelb

Garzeit: 15 Min.

ZUBEREITUNG

1. Eigelb verquirlen, den Suppentassenrand damit bestreichen.
2. Blätterteig ausrollen und 4 Kreise, die wesentlich größer als die Tassenoberfläche sind, ausstechen.
3. Auf jede Tasse einen Blätterteigkreis legen und festdrücken.
4. Das restliche Eigelb auf den Blätterteig streichen.
5. Die Tassen in den Backofen stellen und ca. 15 Min. goldbraun überbacken.

FISCHKLÖSSCHEN PETERSILIENKLÖSSCHEN

vgl. S. 131

GRÜNKERNKLÖSSCHEN

vgl. S. 128

Soßen

HELLE GRUNDSOSSE

Grundrezept

30 g Margarine, Butter
oder anderes Fett
30 g Mehl
1/2 l Flüssigkeit wie:
Milch, Brühe, Wasser, Sahne
Salz, Pfeffer
Geschmackszutaten

ENERGIE/NÄHRWERT

713 kJ
13 g KH, 11 g F, 5 g E

Garzeit: 10 Min.

Zum Legieren

statt 30 g Mehl nur 20 g Mehl verwenden, zusätzlich 2 Eigelb, vgl. S. 37.

DUNKLE GRUNDSOSSE

Grundrezept

vgl. Helle Grundsoße, statt 30 g, 50 g Mehl verwenden. Mehl im Fett braun anrösten lassen, weitere Zubereitung wie bei heller Grundsoße.

TIPP

- Sollte die Soße trotz richtiger Zugabe der Flüssigkeit Klumpen aufweisen, muss sie nach Fertigstellung durch ein Haarsieb gestrichen werden.
- Cremige Grundsoßen erhält man, indem ein Teil der Flüssigkeit durch Sahne ersetzt wird.
- Sollen wasserreiche Nahrungsmittel wie Fisch oder Pilze in der Soße gar ziehen, muss die Flüssigkeitszugabe bis zu 1/4 l verringert werden.
- Alle Geschmackszutaten — außer Curry und Zwiebeln — werden zum Schluss hinzugefügt.

ZUBEREITUNG HELLE GRUNDSOSSE-CURRYSOSSE

1. Fett erhitzen.

2. Geschmackszutaten wie Curry hinzufügen.

3. Mehl auf einmal einstreuen und mit dem Schneebesen verrühren.

4. Durchschwitzen lassen, bis sich das Mehl kräuselt.

5.1 Die warme Flüssigkeit auf einmal zugießen oder

5.2 kalte Flüssigkeit nach und nach zugießen, dabei kräftig rühren.

6. Kräftig umrühren und zum Kochen bringen.

7. Soße 5 Min. durchkochen lassen, damit der Mehlgeschmack verschwindet.

8. Soße mit Salz, Curry und Pfeffer abschmecken.

SENFSOSSE

30 g Butter
30 g Mehl
1/4 l Brühe
1/4 l Milch
1 Zwiebel
1 Zweig Thymian
ca. 4 TL Senf
Salz, Pfeffer

ENERGIE/NÄHRWERT

757 kJ
14 g KH, 11 g F, 6 g E

Garzeit: 10 Min.

VORBEREITUNG

1. Zwiebel pellen, halbieren.
2. Thymian waschen.

ZUBEREITUNG

1. Vgl. Grundrezept Phasenfotos 1–7, Helle Grundsoße.
8. Zwiebelhälften und Thymian zugeben, ca. 10 Min. mitkochen lassen, durch ein Sieb gießen.
9. Soße mit Pfeffer, Salz und Senf abschmecken.

TOMATENSOSSE

40 g durchwachsener Speck
1 Zwiebel
30 g Mehl
1/2 l Brühe
4 EL Tomatenmark (80 g)
1 Pr. Oregano
1 Pr. Zitronenschale
1 Pr. Zucker
Salz, Pfeffer

ENERGIE/NÄHRWERT

472 kJ
10 g KH, 6 g F, 3 g E

Garzeit: 10 Min.

VORBEREITUNG

1. Speck sehr fein würfeln.
2. Zwiebel pellen und fein würfeln.

ZUBEREITUNG

1. Speck im Topf zerlassen und so lange braten, bis das Fett austritt.
2. Zwiebelwürfel hinzugeben und so lange dünsten, bis sie glasig sind.
3. Mehl einstreuen und verrühren, anschwitzen lassen, vgl. Phasenfoto 4, S. 60).
4. Flüssigkeit zugießen, vgl. Phasenfotos 5–7, S. 60.
5. Tomatenmark unterrühren.
6. Mit den Gewürzen abschmecken.

KÄSESAHNESOSSE

1 Zwiebel
2 Knoblauchzehen
1 Stiel Basilikum
2 EL Butter oder
Margarine
2 EL Mehl
2 EL ger. Parmesankäse
1/2 l süße Sahne
Salz, Pfeffer, Muskat

ENERGIE/NÄHRWERT

2085 kJ
8 g KH, 48 g F, 8 g E

Garzeit: 10 Min.

VORBEREITUNG

1. Zwiebel pellen und würfeln.
2. Knoblauchzehen pellen und fein zerhacken.
3. Basilikum waschen und fein zerhacken.

ZUBEREITUNG

1. Vgl. Grundrezept Helle Grundsoße.

TIPP

- Um Fett zu sparen, kann Sahne mit einem Fettgehalt von 10 oder 12 % genommen werden.
- Will man eine Béchamelsoße herstellen, wird als Fettbestandteil 60 g feingewürfelter Frühstücksspeck genommen. Als Zugussflüssigkeit wird entweder Milch oder ein Milch-Sahne-Gemisch verwendet.
- Kräutersahnesoße wird genauso wie Käsesahnesoße hergestellt. Anstatt des Parmesankäses zusätzlich 4 EL gehackte Kräuter wie Basilikum, Thymian, Oregano, Petersilie.
- Champignonsahnesoße wird genauso wie Käsesahnesoße hergestellt. Anstatt des Parmesankäses und des Basilikums zusätzlich 100 g geputzte blättrige Champignons. Die Champignons werden in der Phase 8, vgl. S. 60, hinzugefügt.

BEI TISCH

Tomatensoße ist eine typische Beilage für Nudel- und Hackfleischgerichte und für Aufläufe.
Senfsoße ist eine gute Ergänzung für gekochten Fisch oder Fischfilets, die in der Soße gar ziehen können.
Käsesahnesoße und Kräutersahnesoße passen zu Gemüse wie Blumenkohl, Porree, Brokkoli oder zu Teigwaren. Sie können auch zum Überbacken verwendet werden.
Champignonsahnesoße passt zu kurzgebratenem Geflügel- oder Schweinefilet.

SOSSE BOLOGNESE

40 g durchwachsener Speck
2 Zwiebeln
1 Möhre (ca. 100 g)
1/4 Sellerieknolle (ca. 200 g)
3 Tomaten (ca. 250 g)
300 g gemischtes Hack
2 EL Tomatenmark (40 g)
3/8 l Wasser
1/8 l Sahne, 10%
1 Lorbeerblatt
1 Msp. Muskat
Salz, Pfeffer, Zitronensaft,
1 Pr. Zucker

ENERGIE/NÄHRWERT

1428 kJ
11 g KH, 25 g F, 19 g E

Garzeit: 20 Min.

VORBEREITUNG

1. Speck würfeln.
2. Zwiebeln pellen und würfeln.
3. Möhren und Sellerie waschen, schälen und fein würfeln.
4. Tomaten abziehen, vgl. S. 53, halbieren und entkernen.

BEI TISCH

Zur Soße Bolognese werden Spaghetti und geriebener Parmesankäse gereicht.

WENN ETWAS ÜBRIG BLEIBT

Die Soße hält sich 1 bis 2 Tage im Kühlschrank und kann für 2 bis 3 Monate tiefgefroren werden. Aus Soßenresten lässt sich auch ein Bologneser Toast zubereiten.

DEMIGLACE

Grundrezept

2 kg Knochen, klein gehackt
200 g Speck, gewürfelt
500 g Suppengemüse, zerkleinert
40 g Tomatenmark
1/4 l Weißwein
1/2 l Brühe
60 g Margarine
60 g Mehl

ENERGIE/NÄHRWERT

2345 kJ
16 g KH, 41 g F, 44 g E

Garzeit: 180 Min.

ZUBEREITUNG

1. Knochen und Speck braun anbraten.
2. Suppengemüse zugeben.
3. Tomatenmark dazugeben.
4. Weißwein, Brühe zugießen.
5. Aus Fett und Mehl eine Schwitze herstellen, vgl. S. 60.
6. Mit dem Fond von 1-4 auffüllen.
7. Zwei Stunden einkochen lassen, passieren, abschmecken.

ZUBEREITUNG SOSSE BOLOGNESE

1. Speckwürfel auslassen.

2. Zwiebel-, Möhren- und Selleriewürfel ca. 2 Min. mitbraten.

3. Hackfleisch und Tomatenmark unterrühren.

4. Tomaten und die Gewürze zugeben, Wasser aufgießen und einkochen lassen.

5. Die Sahne unterrühren. Salzen, pfeffern.

6. Das Lorbeerblatt herausnehmen.

BRATENSOSSE

Grundrezept

Bratensatz vom angebratenen Fleisch
¼ l Wasser
¼ l süße Sahne, 10% oder
1 Becher Joghurt
30 g Butter

ENERGIE/NÄHRWERT

560 kJ
3 g KH, 13 g F, 2 g E

Garzeit: 10 Min.

VARIATIONEN APFELSINENSOSSE ZU GEFLÜGEL

¼ l Orangensaft zu dem Bratensatz anstelle des Wassers geben und auf die Hälfte einkochen lassen. Mit 1 TL Orangenmarmelade abschmecken.

PREISELBEERSOSSE ZU WILD

Bratensatz anstelle von Wasser mit ⅛ l Portwein ablöschen. 1 EL Preiselbeeren unterrühren.

ITALIENISCHE SOSSE

3 Schalotten, gehackt
100 g Champignons, geputzt und zerkleinert,
50 g gewürfelter Schinken
1 Knoblauchzehe, durchgepresst
⅛ l Weißwein
2 EL Olivenöl
¼ l Demiglace, vgl. S. 62

ENERGIE/NÄHRWERT

581 kJ
4 g KH, 9 g F, 4 g E

Garzeit: 15 Min.

ZUBEREITUNG

1. Alle Zutaten in Öl anbraten.
2. Mit Weißwein auffüllen.
3. Passieren und mit der Demiglace auffüllen, abschmecken.

TIPP

- Vor dem Ablöschen des Bratensatzes das stark erhitzte Fett aus der Pfanne oder dem Bräter weggießen. Es ist schwer verdaulich und macht die Soße bitter. Nicht in einen Abfluss gießen, weil es die Rohre verstopft und das Abwasser belastet, sondern in einen Behälter gießen und dann erstarrt in den Müll geben.
- Bratensoße erst nach dem Einkochen würzen, da die Geschmacksstoffe durch die Flüssigkeitsverringerung intensiver werden.
- Bei Zusatz von hochprozentigem Alkohol diesen vor Zugabe der Sahne verkochen lassen, weil die Sahne sonst gerinnt.

ZUBEREITUNG BRATENSOSSE

1. Bratensatz mit dem Wasser ablöschen. Vorsicht!

2. Einkochen lassen.

3. Sahne oder Joghurt hinzugießen.

4. Mit dem Schneebesen verrühren und nochmals kurz einkochen lassen.

5.1 Energiezufuhr verringern, Butter unter Rühren hineingeben. Nicht mehr aufkochen oder

5.2 die Soße mit etwas angerührtem Mehl binden. 5 Min. unter Rühren kochen lassen.

SAUCE HOLLANDAISE

Grundrezept

250 g Butter
2 Eigelb, frisch
4 EL Weißwein
Zitronensaft

ENERGIE/NÄHRWERT

2150 kJ
1 g KH, 55 g F, 2 g E

JOGHURT „HOLLANDAISE"

2 Eier, frisch
150 g Joghurt
Salz, Pfeffer
Zitronensaft

ENERGIE/NÄHRWERT

320 kJ
3 g KH, 5 g F, 5 g E

ZUBEREITUNG

1. Eier mit Joghurt, Salz und Pfeffer verrühren und im Wasserbad abschlagen.
2. Mit Zitronensaft, Salz und Pfeffer abschmecken.

SAUCE BERNAISE

250 g Butter
2 Eigelb, frisch
¼ l Weißwein
5 Pfefferkörner
1 Zweig Estragon

VORBEREITUNG

1. Weißwein, Pfefferkörner und Estragon so lange kochen, bis es auf die Hälfte verdampft ist, Gewürze herausnehmen und abkühlen lassen.

ZUBEREITUNG

vgl. Phasenfotos 1 – 6

BEI TISCH

Sauce hollandaise ist eine feine, cremige Soße, die zu Spargel oder Brokkoli gereicht werden kann.

TIPP

- Auf Weißwein kann auch verzichtet werden bei unechter hollandaise.
- Sauce hollandaise kann durch Zugabe von 3 EL Tomatenpüree zur Sauce choron abgewandelt werden.
- Sauce mousseline entsteht, indem die Grundsoße mit ⅛ l steif geschlagener Schlagsahne vermischt wird. Sie passt zu gekochtem Fisch und feinen Gemüsen.
- Sauce hollandaise kann bei der Zubereitung leicht gerinnen. Damit die Zutaten nicht vernichtet werden müssen, kann erneut 1 frisches Eigelb mit 2 EL kaltem Wasser aufgeschlagen werden, und die geronnenen Zutaten werden dann esslöffelweise untergeschlagen.
- Soße erst kurz vor dem Servieren abschlagen, nicht stehen lassen.
- Rezept nicht vervielfachen, sondern jede Grundmenge getrennt aufschlagen.

ZUBEREITUNG SAUCE HOLLANDAISE

1. Butter bei mittlerer Hitze zerlassen.

2. Aufkochen und mit einer Kelle den Schaum abschöpfen.

3. Eigelbe und Weißwein in eine Metallschüssel geben, verrühren.

4. Im Wasserbad schaumig schlagen, bis die Masse sich auf 70°C erwärmt hat.

5. Die Butter tropfenweise unter ständigem Rühren dazugeben.

6. Mit Zitronensaft, Salz und Pfeffer abschmecken.

WEINSCHAUMSOSSE

Grundrezept

2 Eigelb, frisch
2 EL Zucker
1 Spritzer Zitronensaft
⅛ Weißwein

ENERGIE/NÄHRWERT

338 kJ
8 g KH, 3 g F, 1 g E

Garzeit: 5 Min.

BEI TISCH

Weinschaumsoße passt zu süßen Aufläufen und Puddingen, aber auch zu Obstsalat. Zabaione kann zu Eiscreme oder Obstsalat gereicht werden.

ZABAIONE, ITALIENISCHE WEINSCHAUMSOSSE

2 Eigelb, frisch
2 EL Zucker
⅛ l Marsala (italienischer Weißwein)

ZUBEREITUNG

1. Eigelb, Zucker und Marsala in eine Schüssel geben.
2. Mit dem Handrührgerät schlagen, bis ein fester, luftiger Schaum entsteht.
3. Masse in ein Wasserbad mit heißem Wasser stellen und weiterschlagen, bis der Schaum warm und luftig ist.
4. Zabaione sofort warm servieren, weil sie sonst zerfällt.

TIPP

- Statt Weißwein kann Apfel- oder Traubensaft genommen werden. Der Name der Soße muss dann entsprechend geändert werden.
- Die französische Form der Weinschaumsoße ist ein Sabayon.
- Anstelle von Weißwein kann für einen Orangensabayon z. B. ⅛ l Orangensaft, für Kirschsabayon ⅛ l Sauerkirschsaft genommen werden.

WENN ETWAS ÜBRIG BLEIBT

Beide Soßen eignen sich nicht zum Lagern oder längerem Stehenlassen, sie müssen frisch zubereitet und sofort verbraucht werden.

ZUBEREITUNG WEINSCHAUMSOSSE

1. Eigelb und Zucker in einer Schüssel schaumig rühren.

2. Schüssel in ein Wasserbad stellen.

3. Zitronensaft und Weißwein langsam hineinrühren.

4. Soße weiter mit dem Schneebesen zu einer schaumigen Creme schlagen.

5. Bei einer Soßentemperatur von 70° C Soße aus dem Wasserbad nehmen.

6. Abkühlen lassen, dabei ab und zu umrühren.

TEUFELSSOSSE

1 Zwiebel
1 Paprikaschote, rot oder gelb
1 Gewürzgurke
¼ l Tomatenketchup
2 EL Essig
1 TL Zucker
1 Priese Cayennepfeffer
Salz, Tabasco

ENERGIE/NÄHRWERT

674 kJ
43 g KH, – g F, 2 g E

VORBEREITUNG

1. Zwiebel pellen, fein würfeln.
2. Paprika waschen und fein würfeln.
3. Gewürzgurke fein würfeln.

ZUBEREITUNG

1. Tomatenketchup mit Essig verrühren.
2. Gewürfeltes Gemüse zugeben.
3. Zucker und Cayennepfeffer unterrühren.
4. Leicht salzen und abschmecken.

CUMBERLANDSOSSE ZU WILD

100 g Johannisbeergelee
1 Orange, natur
1 TL Senf

KRÄUTER-EI-BUTTER

200 g Butter
1 Ei
1 Bd. Petersilie

VORBEREITUNG

1. Ei 10 Min. hart kochen.
2. Ei fein würfeln.
3. Petersilie waschen und hacken.

BEI TISCH

Passt zu Blumenkohl, Brokkoli, Spargel.

WIENER APFELKREN

2 Äpfel (ca. 150 g)
2 EL Weinessig
1 EL Zucker
2 EL frisch geriebener Meerrettich (20 g)
Salz

ZUBEREITUNG

1. Äpfel waschen, schälen, halbieren und entkernen.
2. Äpfel fein reiben.
3. Äpfel sofort mit dem Weinessig mischen und den Zucker unterrühren.
4. Zum Schluss den geriebenen Meerrettich unterrühren.
5. Mit Salz abschmecken.

BEI TISCH

Passt zu gekochtem Rindfleisch, Forelle oder Karpfen.

ZUBEREITUNG CUMBERLANDSOSSE

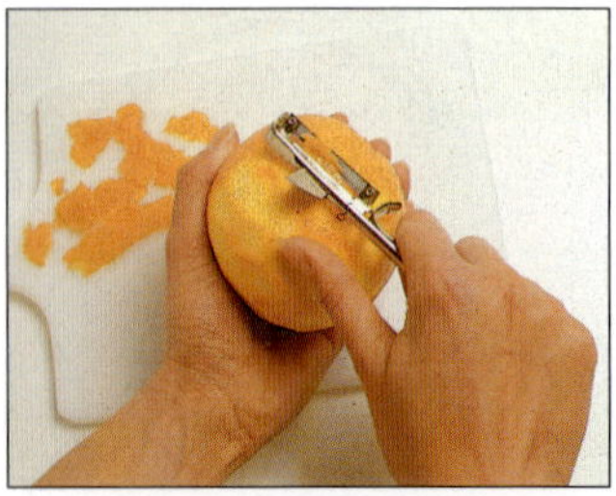

1. Orangenschale abschälen.

2. In feine Streifen schneiden.

3. Alle Zutaten miteinander vermischen, abschmecken.

ZUBEREITUNG KRÄUTER-EI-BUTTER

1. Butter bei geringer Hitze schmelzen, Schaum abschöpfen.

2. Topf vom Herd nehmen. Gehackte Petersilie und das Ei zugeben.

3. Umrühren und sofort servieren.

FRANKFURTER GRÜNE SOSSE

6 Eier
3 EL Öl
1 EL Essig
1 Pr. Salz
1 Zwiebel
1 gr. Bund gemischte Kräuter bestehend aus: Schnittlauch, Dill, Petersilie, Borretsch, Kerbel, Estragon, Sauerampfer, Pimpinelle, Zitronenmelisse
½ Becher saure Sahne (75 g)
500 g Dickmilch
Pfeffer

ENERGIE/NÄHRWERT

1111 kJ
9 g KH, 19 g F, 12 g E

BEI TISCH

Passt zu gekochtem Rindfleisch, vgl. S. 177.

VORBEREITUNG

1. Eier hart kochen, vgl. S. 202, pellen, halbieren.
2. Zwiebel pellen, fein würfeln.
3. Kräuter waschen, fein hacken.

TIPP

- Wenn ein Bund gemischte Kräuter nicht zu erhalten ist, können auch tiefgefrorene Kräuter verwendet werden.
- Einzelne Kräuter können auch bundweise gekauft werden. Die nicht benötigte Menge kann im Ganzen oder zerkleinert tiefgefroren werden.

KRÄUTERSOSSE

150 g saure Sahne
150 g Joghurt
1 EL Zitronensaft
4 Eier
1 großes Bund gemischte Kräuter (Borretsch, Dill, Kresse, Petersilie, Pimpinelle, Schnittlauch, Zitronenmelisse)
Senf, Salz, Zucker

ENERGIE/NÄHRWERT

490 kJ
4 g KH, 8 g F, 8 g E

VORBEREITUNG

1. Kräuter waschen und fein hacken.
2. Eier hart kochen und würfeln.

ZUBEREITUNG

1. Saure Sahne, Joghurt, Zitronensaft mischen.
2. Hart gekochte Eier untermischen.
3. Kräuter untermischen.
4. Mit Senf, Salz und Zucker abschmecken.

ZUBEREITUNG FRANKFURTER GRÜNE SOSSE

1. Eigelb mit einem Löffel herausholen und durch ein Sieb streichen.

2. Abgemessenes Öl langsam unterrühren.

3. Essig zufügen und mit Salz würzen. Zwiebelwürfel zufügen.

4. Eiklar würfeln und zufügen.

5. Kräuter zufügen.

6. Dickmilch zugeben, mit saurer Sahne verfeinern und mit Pfeffer abschmecken.

VINAIGRETTE aus Frankreich

Grundrezept

3 EL Essig
Salz
Pfeffer aus der Mühle
5 EL Öl
evtl. 3 EL Wasser
1 Pr. Zucker

ENERGIE/NÄHRWERT
708 kJ
– g KH, 19 g F, – g E

REZEPTVARIATIONEN

VINAIGRETTE MIT BALSAMESSIG UND CORNICHONS

Zutaten vgl. Grundrezept
als Essig Balsamessig verwenden
zusätzlich: 2 sehr klein geschnittene Cornichons

ZUBEREITUNG
Vgl. Grundrezept.

VINAIGRETTE MIT KRÄUTERN

Zutaten vgl. Grundrezept
zusätzlich:
1 Bd. oder 1 Paket tiefgefrorene gemischte Kräuter
1 klein gehackte Zwiebel

BEI TISCH
Passt zu grünen Blattsalaten, Gurken- und Tomatensalat.

VINAIGRETTE MIT SENF UND THYMIAN

Zutaten vgl. Grundrezept
als Essig Himbeeressig verwenden
zusätzlich:
2 TL Senf
2 Zweige Thymian

VORBEREITUNG
Thymian waschen und fein hacken.

ZUBEREITUNG
Vgl. Grundrezept.

BEI TISCH
Passt zu Radicchio, Endivie, Frisée und Wurstsalaten.

VINAIGRETTE MIT ZWIEBELN

Zutaten vgl. Grundrezept
als Essig Weißweinessig verwenden
zusätzlich:
1 Schalotte (20 g)
1 kl. rote Zwiebel (40 g)

VORBEREITUNG
Schalotte und rote Zwiebel pellen, die Hälfte der Zwiebel jeweils reiben, die andere Hälfte klein würfeln.

ZUBEREITUNG
Vgl. Grundrezept.

BEI TISCH
Passt zu Fisch-, Käse- und Bohnensalaten.

ASIATISCHE VINAIGRETTE

2 EL Sherryessig
6 EL Sonnenblumenöl
1 TL Sojasoße
1 EL frisch geraspelte Ingwerknolle
1 Msp. Koriander
2 EL sehr klein gewürfelte rote und gelbe Paprika

ZUBEREITUNG
Vgl. Grundrezept.

TIPP
- Für Salate gibt es eine große Anzahl fertiger Dressings im Handel: Instantprodukte zum Anrühren oder tischfertige Dressings in Flaschen. Sie werden meistens auf Mayonnaisen-, Joghurt- oder Sahnebasis angeboten.
- Daneben sind auch Essig-Öl-Gewürzmarinaden im Handel.
- Die Zubereitung der Soßen ist auch im Schüttelbecher möglich.

ZUBEREITUNG GRUNDREZEPT VINAIGRETTE

1. Essig mit Salz und Pfeffer so lange verrühren, bis sich das Salz aufgelöst hat.

2. Weitere Zutaten, vgl. Rezeptvariationen, zugeben.

3. Das Öl nach und nach mit dem Schneebesen unterrühren.

THOUSAND ISLANDS DRESSING

Grundrezept

2 Eigelb
2 EL Essig oder
Zitronensaft
1/8 l Öl
3 EL Tomatenketchup (60 g)
1/8 l süße Sahne
1 EL Kräuter
1/2 Paprikaschote
Salz, Pfeffer
1 EL Weinbrand

ENERGIE/NÄHRWERT

1808 kJ
4 g KH, 44 g F, 2 g E

VORBEREITUNG

1. Kräuter fein hacken.
2. Sahne steif schlagen.
3. Paprika waschen, würfeln.

ZUBEREITUNG

1. Aus Eigelb, Essig und Öl, Salz und Pfeffer eine Mayonnaise herstellen, vgl. S. 70.
2. Mayonnaise mit Weinbrand verrühren.
3. Tomatenketchup und Sahne unterrühren.
4. Fein gehackte Kräuter und Paprika zugeben.

BEI TISCH

Passt zu gemischten frischen Salaten.

SAHNEDRESSING

Grundrezept

Saft von 1/2 Zitrone
Salz, Pfeffer
1 Becher süße Sahne (250 g)

ENERGIE/NÄHRWERT

993 kJ
12 g KH, 20 g F, 2 g E

ZUBEREITUNG

1. Gewürze mit dem Zitronensaft mischen.
2. Sahne dazugeben.

SAURE SAHNE MIT SENF

5 EL saure Sahne
Salz
Pfeffer aus der Mühle
1 TL Senf
1 EL Zitronensaft

ENERGIE/NÄHRWERT

105 kJ
1 g KH, 2 g F, 1 g E

ZUBEREITUNG

1. Saure Sahne mit Salz und frisch gemahlenem Pfeffer verrühren.
2. Senf und Zitronensaft unter die saure Sahne rühren, abschmecken.

BEI TISCH

Passt zu Feldsalat, Fleischsalat und zu allen Salaten mit gekochtem Gemüse.

SAURE SAHNE MIT KRÄUTERN

1 Bd. gemischte Kräuter
(Basilikum, Kerbel, Dill,
glatte Petersilie)
8 EL saure Sahne (120 g)
2 EL Milch
2 EL Zitronensaft
Salz, Pfeffer aus der Mühle

ENERGIE/NÄHRWERT

175 kJ
2 g KH, 3 g F, 1 g E

VORBEREITUNG

Kräuter verlesen, waschen und fein hacken.

ZUBEREITUNG

1. Saure Sahne, Milch und Zitronensaft verrühren.
2. Kräuter unter die Sahne ziehen.
3. Soße mit Salz, Zucker und Pfeffer abschmecken.

BEI TISCH

Passt zu Fisch- oder Fleischsalaten.

CRÈME FRAÎCHE MIT KRESSE UND TOMATEN

1 Tomate (125 g)
3 EL Crème fraîche (45 g)
Salz
Pfeffer aus der Mühle
1 EL Zitronensaft
1 Tablett Kresse

ENERGIE/NÄHRWERT

178 kJ
2 g KH, 4 g F, 1 g E

VORBEREITUNG

1. Tomate überbrühen und abziehen, entkernen, Stielansatz entfernen und das Fleisch fein würfeln, vgl. S. 53.
2. Kresse mit einer Schere vom Beet schneiden, waschen.

ZUBEREITUNG

1. Crème fraîche mit Salz, Zitronensaft und Pfeffer würzen.
2. Tomatenwürfel und Kresse unterziehen, abschmecken.

BEI TISCH

Passt zu Salaten aus Schinken oder Kartoffeln oder als Dip zu Avocados.

TIPP

- Die Essigsorten sind bei den Vinaigrettes austauschbar. Nur ein Feinschmecker wird die unterschiedlichen Geschmacksrichtungen wahrnehmen.
- Vinaigrettes ohne Kräuter können in größeren Mengen hergestellt werden und in einem Schraubglas einige Tage aufbewahrt werden.
- Sahnedressing kann man beliebig verfeinern mit Senf, Tomatenmark, Meerrettich und Walnüssen, Mandarinen- oder Orangenspalten, Kräutern oder Zwiebelwürfeln.

MAYONNAISE

Grundrezept

1 Ei oder 1 Eigelb
½ TL Salz
1 TL Senf
1 TL Zucker
1 EL Essig oder
1 EL Zitronensaft
⅛ l Öl

ENERGIE/NÄHRWERT

1273 kJ
2 g KH, 33 g F, 1 g E

VARIATIONEN

– Verrühren mit gehackten Kräutern
– Vermischen mit 2 EL Tomatenmark
– Vermischen mit 2 EL Tomatenketchup
– Vermischen mit 2 EL geriebenem Meerrettich
– Mayonnaise kann nach Belieben mit saurer Sahne, Joghurt oder Quark gestreckt werden, das verringert den Fettgehalt und damit den Energiegehalt.

TIPP

● Aufgrund der Salmonellengefahr müssen die Eier frisch und gekühlt sein. Die Mayonnaise darf nicht auf Vorrat hergestellt werden. Die Speisen müssen bis zum Verzehr im Kühlschrank aufbewahrt werden.
● Sollte die Mayonnaise entmischen, müssen erneut 1 Eigelb und 1 TL Senf verschlagen werden, dann kann die entmischte Mayonnaise esslöffelweise zugegeben werden.
● Das Entmischen von Mayonnaise kann durch unterschiedliche Temperaturen der Zutaten bedingt sein, deshalb alle Zutaten vor dem Verarbeiten auf gleiche Temperatur bringen.

ZUBEREITUNG VON MAYONNAISE MIT DEM HANDRÜHRGERÄT

1. Ei, Salz, Senf und Zucker verschlagen.

2. Öl tröpfchenweise unter Rühren zugeben.

3. Essig und weitere Geschmackszutaten unterrühren, abschmecken.

ZUBEREITUNG VON MAYONNAISE MIT DEM MIXER

1. Ei (Eigelb), Salz, Senf und Zucker kurz verschlagen.

2. Öl nach und nach auf das laufende Mixermesser geben. Höchste Stufe einstellen.

3. Essig und weitere Geschmackszutaten zugeben.

KNOBLAUCH-MAYONNAISE MIT WALNÜSSEN

Zutaten vgl. Grundrezept
ZUSÄTZLICH:
15 g Walnusskerne
1 kl. Knoblauchzehe
2 EL süße Sahne
1 TL Zitronensaft

ENERGIE/NÄHRWERT
1507 kJ
3 g KH, 38 g F, 2 g E

VORBEREITUNG
1. Walnusskerne im elektrischen Zerkleinerer sehr fein hacken.
2. Knoblauchzehe pellen, durchpressen.

ZUBEREITUNG
Vgl. Grundrezept.

BEI TISCH
Passt zu Fischsalaten und Salaten mit Schalentieren.

MAYONNAISE MIT GRÜNEM PFEFFER

Zutaten vgl. Grundrezept
ZUSÄTZLICH:
1 TL grüner Pfeffer
1 EL Zitronensaft
2 EL süße Sahne
1 Pr. Zucker

ENERGIE/NÄHRWERT
1392 kJ
2 g KH, 35 g F, 2 g E

VORBEREITUNG
Grünen Pfeffer zerdrücken.

ZUBEREITUNG
Vgl. Grundrezept.

BEI TISCH
Passt zu Käse- oder Eiersalaten.

MAYONNAISE MIT PORREE UND SCHNITTLAUCH

Zutaten vgl. Grundrezept
ZUSÄTZLICH:
30 g Porree,
nur hellgrüne Teile
1 EL Weißweinessig
2 EL Schlagsahne
½ Bd. Schnittlauch

ENERGIE/NÄHRWERT
1401 kJ
2 g KH, 35 g F, 2 g E

VORBEREITUNG
1. Porree waschen und in feine Ringe schneiden.
2. Schnittlauch waschen, in feine Röllchen schneiden.

ZUBEREITUNG
Vgl. Grundrezept.

BEI TISCH
Passt zu Fisch-, Fleisch- und Kartoffelsalaten.

CURRYMAYONNAISE MIT SENFFRÜCHTEN

Zutaten vgl. Grundrezept
ZUSÄTZLICH:
2 EL Currypulver
50 g Senffrüchte
1 EL Weißwein
Salz, Pfeffer

ENERGIE/NÄHRWERT
1308 kJ
2 g KH, 33 g F, 2 g E

VORBEREITUNG
Senffrüchte fein hacken.

ZUBEREITUNG
Vgl. Grundrezept.

BEI TISCH
Passt zu Salaten aus gekochtem Gemüse, Geflügel oder Chinakohl.

REMOULADE

Zutaten vgl. Grundrezept
ZUSÄTZLICH:
1 kl. Gewürzgurke
1 EL Kapern
3 Sardellenfilets
½ Bd. gemischte Kräuter

ENERGIE/NÄHRWERT
1287 kJ
2 g KH, 33 g F, 2 g E

VORBEREITUNG
1. Gewürzgurke in sehr kleine Würfel schneiden.
2. Sardellenfilets hacken.
3. Kapern zerdrücken oder hacken.
4. Kräuter waschen und fein hacken.

ZUBEREITUNG
Vgl. Grundrezept.

BEI TISCH
Remoulade passt zu kaltem Roastbeef oder als Salatsoße zu Kartoffelsalat. Sie sollte bei größeren Mengen mit Joghurt oder saurer Sahne verlängert werden.

Gemüse

EINIGE GEMÜSESORTEN UND BLATTSALATE

Gemüse sollte aufgrund seiner Nährstoffzusammensetzung und seines Ballaststoffgehaltes einen hohen Stellenwert in unserer Ernährung haben. Da Gemüse häufig mit Schadstoffen belastet ist, muss es jeweils gründlich gewaschen bzw. geschält werden. Die äußeren Blätter und die dicken Rippen bei Salaten und Kohl sollten aufgrund der hohen Schadstoffbelastung entfernt werden.

1. Fenchel
als Rohkost, Gemüsebeilage und zum Überbacken geeignet.

2. Rossosalat
– gibt es auch in hellgrün – als Rohkost geeignet.

3. Friséesalat
als Rohkost und zum Garnieren geeignet.

4. Mangold als Gemüsebeilage, zum Überbacken und zum Ummanteln für Füllungen geeignet.

5. Radicchiosalat
zum Kochen und als Rohkost geeignet.

6. Feldsalat
als Rohkost geeignet.

7. Romanesco
wie Blumenkohl zu verwenden.

8. Eichblattsalat
als Rohkost geeignet.

9. Chicorée
als Gemüsebeilage, Rohkost und zum Überbacken geeignet.

10. Artischocken
Blätter zum Dippen, Herz als Beilage.

11. Sauerampfer
für Salate und Suppen.

12. Schwarzwurzeln,
gekocht als Beilage geeignet.

KOCHEN

Garen in viel siedender Flüssigkeit bei 100° C im fest verschlossenen Topf.

1 Blumenkohl (beispielsweise)
2 l Wasser
½ TL Salz

DÄMPFEN

Garen im Wasserdampf im Siebeinsatz bei geschlossenem Topf

500 g Brokkoli (beispielsweise)
ca. ⅛ l Wasser

DÜNSTEN

Garen im eigenen Saft unter evtl. Zugabe von wenig Flüssigkeit im geschlossenen Topf.

500 g Möhren (beispielsweise)
10 g Butter, evtl. ⅛ l Wasser

KOCHEN

1. Blumenkohl mit Wasser in einen Topf geben, verschließen.

2. Nach 15 Min. eine Garprobe machen.

3. Den Blumenkohl herausnehmen.

DÄMPFEN

1. Brokkoli in einen Dämpfeinsatz legen.

2. Topf mit so viel Wasser füllen, dass der Topfboden 2 cm bedeckt ist.

3. Siebeinsatz in den Topf stellen. Topf fest verschließen. Nach 8 Min. eine Garprobe machen.

DÜNSTEN

1. Fett in einem Topf auf Stufe 3 zerlassen.

2. Gemüse hineingeben und umrühren.

3. Mit wenig Wasser auffüllen.

4. Den Topf fest verschließen. Zurückschalten.

5. Nach 4 Min. eine Garprobe machen und evtl. einige Min. weitergaren.

6. Mit gehackter Petersilie servieren.

ERBSEN-MÖHREN-GEMÜSE

500 g Möhren
400 g Erbsen, TK
20 g Margarine oder Butter
125 ml Wasser
2 TL Zucker
Salz nach Geschmack

ENERGIE/NÄHRWERT

502 kJ
16 g KH, 4 g F, 4 g E

Garzeit: 15 Min.

VORBEREITUNG

1. Möhren waschen und schälen, Wurzelenden abschneiden.
2. Möhren in gleichmäßige dünne Scheiben schneiden.

SPARGEL

2,5 kg Spargel
20 g Butter
½ TL Zucker
1 l Wasser
Salz nach Geschmack

ENERGIE/NÄHRWERT

673 kJ
18 g KH, 5 g F, 10 g E

Garzeit: 20 Min.

VORBEREITUNG

1. Spargel waschen, von oben beginnend schälen, zum Ende hin dicker schälen, vgl. S. 28.
2. Holzige Enden abschneiden. Spargel in 4 gleich große Portionen teilen.
3. Spargelportionen bei Bedarf mit Zwirn oder Küchengarn zusammenbinden.

MAIS

4 Maiskolben
2 l Salzwasser
Knoblauchgranulat oder
2 Zehen, gehackt
40 g Butter

ENERGIE/NÄHRWERT

1007 kJ
31 g KH, 10 g F, 5 g E

Garzeit: 30 Min.

VORBEREITUNG

1. Maiskolben aus den Schalen nehmen.
2. Butter verflüssigen, Knoblauch zugeben.

ZUBEREITUNG

1. Salzwasser zum Kochen bringen.
2. Maiskolben ca. 30 Min. kochen.
3. Mit einer Schaumkelle herausnehmen.
4. Mit Knoblauchbutter bestreichen, servieren.

ZUBEREITUNG ERBSEN-MÖHREN-GEMÜSE

1. Möhrenscheiben andünsten.

2. Nach ca. 5 Min. die Erbsen zugeben, mit Wasser auffüllen, salzen und zuckern.

3. Im geschlossenen Topf ca. 10 Min. dünsten lassen.

ZUBEREITUNG SPARGEL

1. In einem Topf Wasser, Butter, Salz und Zucker aufkochen.

2. Die gebundenen Portionen in das Wasser geben, ca. 15 Min. köcheln lassen.

3. Spargelbündel aus dem Wasser heben und abtropfen lassen und das Garn entfernen.

LAUCHGEMÜSE (Porree)

1 kg Lauch
Wasser
Salz, Pfeffer nach Geschmack
1 Becher saure Sahne (200 g)
2 Eigelb

ENERGIE/NÄHRWERT

904 kJ
10 g KH, 15 g F, 8 g E
Garzeit: 15 Min.

TIPP

- Spargel- und Lauchwasser nicht weggießen, es kann für eine Suppe oder helle Soße verwendet werden.
- Wenn das Erbsen-Möhren-Gemüse mit Spargel und Pfifferlingen ergänzt wird, entsteht die typische Gemüsemischung Leipziger Allerlei.

WENN ETWAS ÜBRIG BLEIBT

Die Gemüse können ohne großen Qualitätsverlust 1 - 2 Tage im Kühlschrank gelagert werden; sie sind auch alle tiefgefriergeeignet, schmecken jedoch frisch am besten.

BEI TISCH

Die vier Gemüsearten können mit fast allen Fleischgerichten ergänzt werden. Zu Spargel sollte man allerdings feine Fleischsorten wie Kalbfleisch oder Schweinefilet reichen. Typisch als Ergänzung zu Spargel ist roher Schinken.
Als Ergänzung zu Spargel, Lauch und Artischocken passen Sauce hollandaise, vgl. Rezept S. 64.
Als kohlenhydratreiche Beilage eignen sich für alle vier Gemüse Kartoffeln in ihren vielfältigen Zubereitungsarten, vgl. Rezepte S. 116 ff.

ARTISCHOCKEN

8 Artischocken
3 l Salzwasser

VORBEREITUNG

1. Stiel abschneiden.
2. Harte und welke Blätter entfernen.

ZUBEREITUNG

1. Artischocken im Salzwasser 20 Min. kochen.
2. Mit einer Schaumkelle herausnehmen.
3. Mit Dips, vgl. S. 68 ff, servieren.

ENERGIE/NÄHRWERT

468 kJ
23 g KH, – g F, 4 g E
Garzeit: 20 Min.

TIPP

- Die Artischockenblätter werden einzeln abgezupft, "eingedipt" und gegessen.

VOR- UND ZUBEREITUNG LAUCHGEMÜSE

1. Wurzelansatz abschneiden. Die äußere beschädigte Blattschicht abziehen.

2. Lauch der Länge nach durchschneiden und unter kaltem Wasser waschen.

3. Lauchhälften nun in feine halbe Ringe schneiden.

4. Etwas Salzwasser zum Kochen bringen.

5. Lauch zugeben und im geschlossenen Topf bei geringer Hitze ca. 15 Min. garen.

6. Eventuell vorhandenes Restwasser abgießen, Lauch abschmecken, legieren, vgl. S. 37.

GRÜNE BOHNEN

900 g Bohnen
40 g Butter oder Margarine
125 ml Wasser
¼ TL Salz
1 Bd. Petersilie
Bohnenkraut nach Geschmack

ENERGIE/NÄHRWERT

620 kJ
12 g KH, 9 g F, 5 g E

Garzeit: 15 Min.

VORBEREITUNG

1. Bohnen waschen und putzen.
2. Petersilie waschen und fein hacken.

DICKE BOHNEN

600 g dicke Bohnen ohne Schale
40 g Margarine
⅛ l Wasser
¼ TL Salz
Pfeffer nach Geschmack

ENERGIE/NÄHRWERT

1949 kJ
73 g KH, 9 g F, 11 g E

Garzeit: 30 Min.

ZUBEREITUNG

1. Margarine in einem Topf zerlassen, Bohnen darin schwenken.
2. Das Wasser und das Salz zugeben, bei geringer Hitze ca. 30 Min. garen.
3. Mit Salz und Pfeffer abschmecken.

ZUBEREITUNG GRÜNE BOHNEN

1. Bohnen gut im kalten Wasser waschen, abtropfen lassen.

2. Bohnenende einschneiden und den Faden gleich mit abziehen.

3. Bohnenspitze abschneiden; dickere Bohnen brechen, zarte Bohnen ganz lassen.

4. Wasser und Salz zum Kochen bringen.

5. Gewaschene, geputzte Bohnen zugeben. 15 Min. garen lassen.

6. Bohnen abgießen.

7. Butter im Topf schmelzen lassen.

8. Abgetropfte Bohnen dazugeben, erhitzen, salzen und pfeffern.

9. Mit gehackter Petersilie bestreut servieren.

SCHNEIDEBOHNEN

600 g Bohnen, sehr fein geschnitten
125 ml Wasser
¼ TL Salz
Bohnenkraut nach Geschmack
⅛ l saure Sahne
1 EL Mehl
Salz, Pfeffer nach Geschmack
1 Bd. Petersilie

ENERGIE/NÄHRWERT

281 kJ
7 g KH, 3 g F, 2 g E

Garzeit: 10 Min.

VORBEREITUNG

1. Petersilie waschen und hacken.

ZUBEREITUNG

1. Salzwasser und Bohnenkraut zum Kochen bringen. Bohnen zugeben, bei geringer Hitze ca. 7 Min. garen.
2. Bohnen abgießen, das Bohnenwasser aufheben.
3. Mehl und saure Sahne glattrühren; Bohnen wieder in einen Topf geben. Mehl-Sahne-Gemisch unterheben und aufkochen lassen.
4. Bei geringer Hitze ca. 5 Min. köcheln lassen. Falls das Gemüse zu dick ist, mit dem Bohnenwasser verlängern.
5. Mit Salz und Pfeffer abschmecken und die Petersilie darüberstreuen.

BEI TISCH

Grüne Bohnen passen gut zu Braten, Schneidebohnen gut zu gekochtem Rindfleisch, Frikadellen und Bratwurst. Das Bohnenkeimgemüse sollte man zu kurzgebratenem Fleisch mit Reis servieren.

BOHNENKEIMGEMÜSE

600 g Bohnenkeime, frisch oder aus der Dose
1 gr. Zwiebel (80 g)
1 EL Öl
1 EL Sojasoße (15 g)
Salz, Pfeffer nach Geschmack

ENERGIE/NÄHRWERT

377 kJ
1 g KH, 4 g F, 6 g E

Garzeit: 10 Min.

VORBEREITUNG

1. Bohnenkeime gut abtropfen lassen.
2. Zwiebel pellen und fein würfeln.

ZUBEREITUNG

1. Öl in einer großen Pfanne erhitzen, Zwiebel darin goldbraun werden lassen.
2. Sojasoße und Keimlinge zufügen und unter Rühren alles ca. 3 Min. schmoren lassen.
3. Mit Salz und Pfeffer abschmecken.

TIPP

- Bohnen mindestens 15 Min. garen lassen, um den giftigen Eiweißstoff Phasin unwirksam zu machen.
- Schneidebohnen schmekken kräftiger, wenn man ausgelassene Speckwürfel und angedünstete Zwiebeln untermischt.
- Dicke Bohnen werden milder, wenn sie wie Schneidebohnen mit Sahne und Mehl gebunden werden.

BOHNEN IM SPECKMANTEL

800 g feine Bohnen (Prinzessbohnen)
40 g Margarine
⅛ l Wasser
¼ TL Salz
1 Bd. Petersilie
8 Sch. sehr dünn geschnittener durchwachsener Speck (100 g)
Bohnenkraut nach Geschmack

ENERGIE/NÄHRWERT

874 kJ
5 g KH, 19 g F, 4 g E

Garzeit: 15 Min.

VORBEREITUNG

1. Bohnen garen, vgl. Phasenfotos 1-6, S. 76.
2. Petersilie waschen und hacken.

ZUBEREITUNG

1. Bohnen in acht gleich große Portionen teilen.
2. Jede Portion fest mit einer Scheibe Speck umwickeln.
3. Margarine in einer Pfanne zerlassen, die einzelnen Portionen vorsichtig hineinlegen, unter gelegentlichem Drehen den Speckmantel goldbraun werden lassen.
4. Vor dem Servieren mit der gehackten Petersilie bestreuen.

WENN ETWAS ÜBRIG BLEIBT

Bohnen lassen sich besser einfrieren, wenn sie nur blanchiert sind und später verarbeitet werden.

BOHNEN-KICHER-ERBSEN-GEMÜSE

300 g weiße Bohnen
200 g Kichererbsen
20 g Butter oder Margarine
1/8 l Gemüsebrühe
1 TL Oregano, Curry
4 EL Ketchup

ENERGIE/NÄHRWERT

1797 kJ
66 g KH, 7 g F, 26 g E

Garzeit: 30 Min.

VORBEREITUNG

1. Bohnen und Kichererbsen ca. 5 Std. oder am Vortag einweichen.

ZUBEREITUNG

1. Bohnen und Kichererbsen in der Brühe ca. 30 Min. kochen.
2. Fett zugeben, Ketchup unterrühren.
3. Mit Gewürzen abschmecken, servieren.

RAHMPILZE

900 g Champignons oder andere Pilze
200 ml süße Sahne
200 ml Milch
1 Knoblauchzehe
1 Bd. Schnittlauch
Salz, Pfeffer nach Geschmack
Salz-Mehl-Wasser

ENERGIE/NÄHRWERT

813 kJ
5 g KH, 18 g F, 8 g E

Garzeit: 10 Min.

VORBEREITUNG

1. Knoblauchzehe pellen und fein zerkleinern.
2. Schnittlauch waschen und in feine Röllchen schneiden.

TIPP

- Champignons sollten in Salz-Mehl-Wasser gewaschen werden. Das Salz entfernt durch Reibung den Sand, das Mehl legt sich wie ein Schutzfilm über den Pilz und erhält so die Farbe.
- Pilze sollten ganz vorsichtig behandelt werden, da sie zu ca. 80 % aus Wasser bestehen und sehr empfindliches Eiweiß enthalten.
- Champignons kann man in Scheiben geschnitten für Salat verwenden und mit Blattsalaten, Frühlingszwiebeln, Radieschen, Brunnen- oder Gartenkresse kombinieren.
- Pilze immer erst nach dem Braten salzen. Verfeinern kann man Pilze noch mit 80 g ausgelassenen Speck- oder Schinkenwürfeln und mit 2 EL Sahne oder Crème fraîche. Pilze nicht aufwärmen!
- Pilze nicht in Plastiktüten lagern, weil sich unter Luftabschluss giftige Stoffe bilden.

ZUBEREITUNG RAHMPILZE

1. Schadhafte Stellen herausschneiden, den harten Teil des Pilzstiels abschneiden.

2. Pilze in Salz-Mehl-Wasser waschen, im Durchschlag abtropfen lassen.

3. Große Pilze halbieren oder vierteln.

4. Sahne und Milch in einen Topf geben, aufkochen lassen.

5. Pilze, Schnittlauchröllchen und Knoblauch zugeben und 5 Min. köcheln lassen.

6. Alles mit Salz und Pfeffer abschmecken.

SPINAT, GEDÜNSTET

1 kg Spinat
20 g Butter oder Margarine
oder 50 g gewürfelter Speck
1 Knoblauchzehe
Salz nach Geschmack

ENERGIE/NÄHRWERT

432 kJ
8 g KH, 5 g F, 7 g E

Garzeit: 10 Min.

VORBEREITUNG

1. Spinat verlesen und die groben Stiele entfernen.
2. Spinat so lange waschen, bis kein Sand mehr vorhanden ist, auf einem Durchschlag abtropfen lassen.
3. Knoblauchzehe pellen und fein zerkleinern.

TIPP

- Spinat darf aufgrund seines Nitratgehaltes nicht aufgewärmt werden.
- Spinat enthält Oxalsäure, die das Calcium bindet. Wird mit dem Spinat kein calciumhaltiges Nahrungsmittel (z. B. Milch, Sahne) zugeführt, verbraucht die Oxalsäure das Calcium der Knochen.
- Mengen für 1 Person können gut bei 600 Watt und ca. 5 Min. in der Mikrowelle zubereitet werden.

RAHMSPINAT

1 kg Spinat
30 g Butter oder Margarine
1 gr. Zwiebel (100 g)
1 EL Mehl
1/8 l saure Sahne
Salz, Pfeffer, Muskatnuss
nach Geschmack

ENERGIE/NÄHRWERT

730 kJ
13 g KH, 10 g F, 8 g E

Garzeit: 10 Min.

VORBEREITUNG

1. Spinat verlesen und gut waschen, vgl. Spinat gedünstet.
2. Zwiebel pellen und fein zerkleinern.

ZUBEREITUNG

1. Spinat in Salzwasser blanchieren und kalt abschrecken.
2. Spinat mit dem Pürierstab pürieren oder mit einem Messer fein hacken.
3. Fett in einem Topf zerlassen und die Zwiebel darin glasig dünsten.
4. Mehl unterrühren und sofort das Spinatpüree und die saure Sahne zugeben.
5. Kurz köcheln lassen und mit Salz, Pfeffer und Muskat abschmecken.

SPINAT, ÜBERBACKEN

1 kg Spinat
75 g Semmelbrösel
50 g Margarine oder Butter
Salz, Pfeffer nach Geschmack
Fett zum Ausfetten der Form

ENERGIE/NÄHRWERT

925 kJ
21 g KH, 11 g F, 9 g E

Garzeit: 10 Min.

VORBEREITUNG

1. Spinat verlesen und die groben Stiele entfernen.
2. Spinat so lange unter fließendem kalten Wasser waschen, bis kein Sand mehr vorhanden ist.
3. Spinat gut abtropfen lassen und grob hacken.

ZUBEREITUNG

1. Feuerfeste Form ausfetten und den Spinat darin verteilen.
2. Backofen auf 200° C vorheizen. Den Spinat mit den Semmelbröseln bestreuen.
3. Margarine oder Butter in einem Topf zerlassen und über die Semmelbrösel gießen.
4. Auf der obersten Schiene des vorgeheizten Backofens knusprig braun überbacken, ca. 30 Min.

ZUBEREITUNG SPINAT, GEDÜNSTET

1. Spinat in kochendem Salzwasser ca. 1 Min. blanchieren und sofort kalt abschrecken.

2. Butter in einer Pfanne zerlassen, mit der Knoblauchzehe würzen.

3. Ausgedrückten Spinat locker dazugeben und unterrühren, in der Butter garen.

BLUMENKOHL

1 kg Blumenkohl
½ TL Salz
¼ l Wasser
Salz-Wasser

ENERGIE/NÄHRWERT

175 kJ
6 g KH, 0,3 g F, 3 g E

Garzeit: 30 Min.

TIPP

- Reste von gegartem Blumenkohl mit Tomatenscheiben, geblätterten Mandeln und Mozzarella überbacken, bei 200° C, 10 Min.
- Für Blumenkkohl, polnisch, Bröselbutter mit einem gekochten, gehackten Ei vermischen.
- Blumenkohl und Brokkoli können auch sehr gut mit Sauce hollandaise serviert werden, vgl. S. 64.
- Brokkoli sollte gedämpft werden, vgl. S. 42.

BRÖSELBUTTER

100 g Semmelbrösel
150 g Butter
1 Bd. Petersilie, gehackt

ENERGIE/NÄHRWERT

1562 kJ
19 g KH, 31 g F, 4 g E

Garzeit: 15 Min.

ZUBEREITUNG

1. Butter bei mittlerer Hitze in einem Topf zerlassen.
2. Semmelbrösel hineinstreuen und unter ständigem Rühren leicht anrösten.
3. Gehackte Petersilie unterrühren, mit Salz abschmecken und über den Blumenkohl geben oder in einer Sauciere extra servieren.

BROKKOLI

1 kg Brokkoli
30 g Margarine
¼ l Wasser
Salz nach Geschmack

ENERGIE/NÄHRWERT

440 kJ
7 g KH, 6 g F, 5 g E

Garzeit: 15 Min.

VORBEREITUNG

1. Brokkoli waschen und von gelben Blättchen befreien.
2. Stiele schälen und je nach Dicke 1- oder 2mal der Länge nach einschneiden.

ZUBEREITUNG

1. Margarine in einem Topf zerlassen, den abgetropften Brokkoli darin kurz dünsten.
2. Flüssigkeit zugeben und mit Salz würzen. Bei geringer Hitze ca. 15 Min. garen.

VOR- UND ZUBEREITUNG BLUMENKOHL

1. Blätter und Strunk so weit wie möglich entfernen und die kleinen Blätter abzupfen.

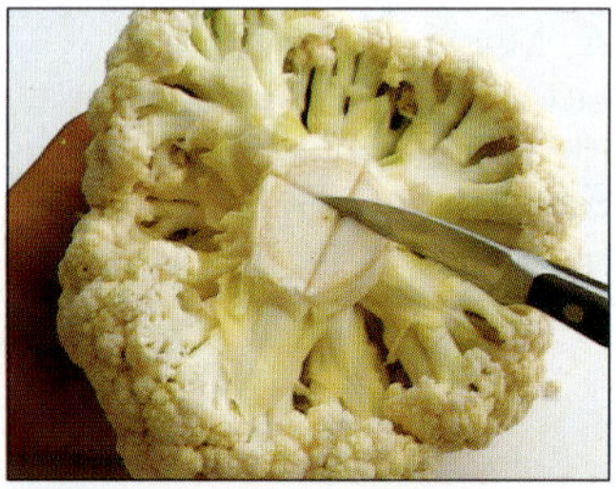

2. Blumenkohlstrunk kreuzweise einschneiden, damit er beim Garen nicht hart bleibt.

3. Kohl 20 Min. in Salzwasser legen, damit Ungeziefer herauskommt, danach abspülen.

4. Kohl in kochendes Salzwasser legen, zugedeckt ca. 30 Min. garen.

5. Der Kohl ist gar, wenn man ein Holzstäbchen leicht hineinstechen kann.

6. Den Kohl vorsichtig herausheben, abtropfen lassen und mit Bröselbutter servieren.

ROSENKOHL

1 kg Rosenkohl
40 g Margarine oder Butter
Salz, Pfeffer, Muskatnuss nach Geschmack
Wasser

ENERGIE/NÄHRWERT

700 kJ
10 g KH, 9 g F, 12 g E

Garzeit: 20 Min.

VORBEREITUNG

1. Rosenkohl putzen und waschen.
2. Strunk kreuzweise einschneiden.

ZUBEREITUNG

1. Wasser und etwas Salz in einem Topf zum Kochen bringen.
2. Rosenkohl in das kochende Wasser geben und ca. 10 Min. garen lassen.
3. Gegarten Kohl auf einen Durchschlag geben und abtropfen lassen.
4. Margarine in einer Pfanne zerlassen und den Rosenkohl darin schwenken, vor dem Servieren mit Salz, Pfeffer und Muskat abschmecken.

KOHLRABI

1 kg Kohlrabi
1 Bd. Dill
40 g Margarine oder Butter
50 ml Wasser
Salz, Muskatnuss nach Geschmack

ENERGIE/NÄHRWERT

510 kJ
8 g KH, 8 g F, 4 g E

Garzeit: 20 Min.

VORBEREITUNG

1. Kohlrabi waschen und schälen.
2. Den geschälten Kohlrabi in Scheiben, Stifte oder Würfel schneiden.
3. Dill waschen und hacken.

ZUBEREITUNG

1. Margarine in einem Topf zerlassen.
2. Kohlrabi zugeben, kurz danach Wasser und Salz zugeben.
3. Bei mittlerer Hitze ca. 10 Min. weich dünsten. Mit Muskat abschmecken.
4. Mit Dill bestreut servieren.

CHINAKOHL

1 kg Chinakohl
250 g Zwiebeln
1 Knoblauchzehe
Salz, Pfeffer nach Geschmack
1 Bd. Petersilie
20 g Margarine oder Butter
½ l Wasser
2 EL Mehl

ENERGIE/NÄHRWERT

429 kJ
13 g KH, 4 g F, 4 g E

Garzeit: 15 Min.

VORBEREITUNG

1. Die äußeren Kohlblätter entfernen, Kohl waschen, vierteln und in feine Streifen schneiden.
2. Zwiebeln pellen und fein würfeln.
3. Knoblauchzehe pellen und pressen.
4. Petersilie waschen und hacken.

ZUBEREITUNG

1. Margarine in einem Topf zerlassen, Zwiebeln darin andünsten.
2. Kohl und Wasser zugeben, salzen, pfeffern und Knoblauch zugeben.
3. Nach ca. 10 Min. mit Mehl bestäuben, weitere 5 Min. garen.
4. Kohl abschmecken und vor dem Servieren Petersilie darüberstreuen.

Blumenkohl mit Tomaten, überbacken mit Mozzarella.

BEI TISCH

Zu den verschiedenen Gemüsen passen gut Salzkartoffeln oder Kartoffelpüree. Als Fleischbeilage eignen sich Frikadellen, Hackbraten oder kurzgebratenes Fleisch.

TIPP

- Alle Gemüse eignen sich auch zum Überbacken mit geriebenem Käse, zum Tiefgefrieren und Garen in der Mikrowelle.

GRÜNKOHL

2 kg Grünkohl, frisch, oder
800 g Grünkohl, TK
3 Zwiebeln
1/4 l Wasser
20 g Haferflocken
150 g durchwachsener geräucherter Speck
Salz, Pfeffer, Senf nach Geschmack

ENERGIE/NÄHRWERT

1640 kJ
22 g KH, 25 g F, 20 g E

Garzeit: 80 Min.
Im Dampfdrucktopf: 30 Min.

VORBEREITUNG

1. Frischen Grünkohl waschen und verlesen.
2. Zwiebeln pellen und fein würfeln.

GRÜNKOHL MIT PINKEL

2 kg Grünkohl, frisch
2 gr. Zwiebeln (200 g)
50 g Schweineschmalz
100 g Haferflocken
300 g frischer Bauchspeck
500 g Kasseler Rippchen
4 Pinkelwürste oder Kochwürste
Salz, Pfeffer nach Geschmack
1 Pr. Kardamom

ENERGIE/NÄHRWERT

5947 kJ
36 g KH, 120 g F, 42 g E

Garzeit: 120 Min.

VORBEREITUNG

1. Vgl. Grünkohl.
2. Zwiebeln pellen und fein würfeln.

ZUBEREITUNG

1. Schweineschmalz in einem Topf zerlassen, Zwiebeln darin glasig dünsten.
2. Gut abgetropften Grünkohl zugeben, einige Male umrühren, die Haferflocken unterrühren und etwas Wasser zugeben.
3. Bei geringer Hitze ca. 1 Std. köcheln lassen.
4. Bauchspeck und Kasseler auf den Kohl legen, wenn erforderlich, etwas Wasser zugeben.
5. Das Ganze 1/2 Std. durchziehen lassen, danach die Würstchen auflegen und gut eine weitere 1/2 Std. ziehen lassen.
6. Würstchen und Fleisch abnehmen, den Kohl mit Salz, Pfeffer und Kardamom abschmecken, das Fleisch in Scheiben schneiden.
7. Den Kohl so auf einem Teller anrichten, dass das Würstchen darauf passt und das Fleisch halb auf dem Kohl und halb auf dem Teller liegt.

ZUBEREITUNG GRÜNKOHL

1. Gewaschenen Grünkohl von den dicken Rippen zupfen.

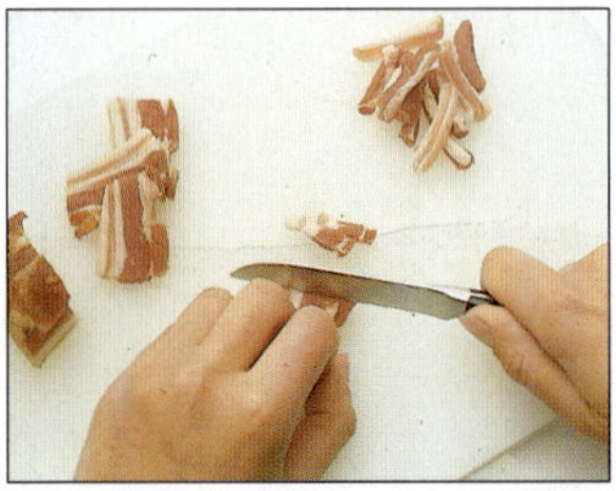

2. Speckscheiben in Streifen schneiden.

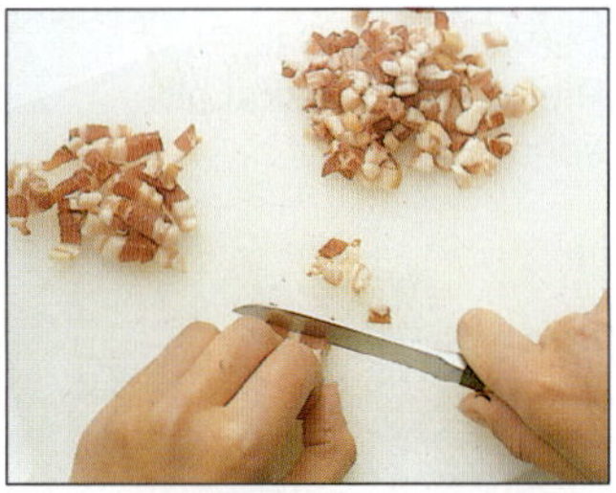

3. Speckstreifen würfeln.

4. Speckwürfel auslassen. Zwiebelwürfel zugeben, andünsten.

5. Grünkohl nach und nach zugeben. 15 Min. dünsten. Wasser zugeben, ca. 60 Min. kochen.

6. Kurz vor Ende der Garzeit Haferflocken dazugeben und würzen.

ROTKOHL

1,2 kg Rotkohl
40 g Schweineschmalz
2 Zwiebeln
3 Gewürznelken
1 Lorbeerblatt
2 EL Essig
300 g Äpfel
1/4 l Wasser
2 EL Zucker oder
100-150 g Johannesbeergelee
Salz, Pfeffer nach Geschmack

ENERGIE/NÄHRWERT

958 kJ
27 g KH, 11 g F, 5 g E

Garzeit: 60 Min.
Im Dampfdrucktopf: 20 Min.

VORBEREITUNG

1. Rotkohl putzen, waschen, vierteln, Strunk herausschneiden und in Streifen schneiden.
2. Zwiebeln pellen, eine Zwiebel mit Lorbeerblatt und Nelken spicken, die andere Zwiebel in Stücke schneiden.
3. Äpfel waschen, entkernen und in Spalten schneiden.

TIPP

- Grünkohl schmeckt intensiver, wenn das Fleisch im Grünkohl mitgegart wird. Wird das Fleisch gesondert gegart, damit es nicht so auslaugt, können auch Speckschwarte oder gepökelte Rippen im Kohl mitgegart werden.
- Der Geschmack von Rotkohl wird durch Zugabe von 2 EL Johannisbeergelee besonders gut.

BEI TISCH

Zu Grünkohl passen besonders gut Bratkartoffeln, vgl. Rezept S. 117, in manchen Gegenden Deutschlands werden diese süß dazu gereicht. Als Fleischbeilage passt Kasseler in allen Variationen besonders gut. Rotkohl kann mit Kartoffelknödeln, vgl. Rezept S. 126, 127 und Schweinebraten oder Sauerkraut, vgl. Rezepte S. 164/84, ergänzt werden.

WENN ETWAS ÜBRIG BLEIBT

Beide Kohlsorten lassen sich einfrieren und gut wieder aufwärmen. Außerdem können zubereitete Gerichte 2-3 Tage im Kühlschrank gelagert werden.

TIPP

- Um Fett zu sparen, kann der zerkleinerte Rotkohl zusammen mit 2 EL Essig oder 1 EL Johannisbeergelee und 150 ccm Wasser in Dampfdrucktopf gegart werden. Die Garzeit verringert sich dadurch.

ZUBEREITUNG ROTKOHL

1. Gewaschenen Rotkohl vierteln. Strunk keilförmig herausschneiden.

2. Rotkohlviertel in schmale Streifen schneiden.

3. Fett zerlassen. Zwiebeln darin andünsten.

4. Geschnittenen Rotkohl und Essig zugeben.

5. Gespickte Zwiebel und Wasser dazugeben. 20 Min. garen lassen.

6. In Spalten geschnittene Äpfel zufügen. Ca. 40 Min. garen lassen. Ab und zu umrühren.

SAUERKRAUTGULASCH

100 g getrocknete Aprikosen
⅛ l Apfelsaft oder Wasser
2 Zwiebeln
1-2 Knoblauchzehen
2 Debrecziner
40 g Schweineschmalz
750 g Schweinegulasch
Salz, Pfeffer, Paprika
1 Pr. Zucker
300 g Sauerkraut
¼ l Brühe oder Wasser
⅛ l saure Sahne

ENERGIE/NÄHRWERT

1783 kJ
24 g KH, 20 g F, 35 g E

Garzeit: 60 Min.
Im Dampfdrucktopf: 25 Min.

VORBEREITUNG

1. Aprikosen in Apfelsaft oder Wasser einweichen.
2. Zwiebeln pellen und fein würfeln.
3. Knoblauchzehen pellen und durchpressen.
4. Debrecziner in Scheiben schneiden.

SAUERKRAUT

750 g Sauerkraut
40 g Schweineschmalz
2 Zwiebeln
1 Lorbeerblatt
300 g Äpfel
2 EL Zucker
⅛ l Wasser
100 g Kartoffeln
Salz, Pfeffer nach Geschmack

ENERGIE/NÄHRWERT

926 kJ
27 g KH, 11 g F, 4 g E

Garzeit: 30 Min.

VORBEREITUNG

1. Zwiebeln pellen und würfeln.
2. Äpfel schälen und würfeln.
3. Kartoffeln waschen und schälen.

ZUBEREITUNG

1. Schmalz in einem Topf zerlassen. Sauerkraut, Zwiebeln, Äpfel und Lorbeerblatt zugeben.
2. Sauerkraut mit Salz, Pfeffer und Zucker würzen.
3. Wasser hinzufügen.
4. Nach ca. 25 Min. die Kartoffeln zum Binden in das Sauerkraut reiben und umrühren, nochmals abschmecken.

TIPP

● Sauerkraut kann mit folgenden Zutaten abgewandelt werden:
– Ananas in Stücken
– Weintrauben, blau oder gelb
– Sekt bzw. Champagner (Champagnerkraut),
z. B. als Beilage zu Fasan oder Wild.

ZUBEREITUNG SAUERKRAUTGULASCH

1. Schmalz erhitzen.

2. Schweinegulasch zugeben und kräftig anbraten. Zwiebelwürfel hinzufügen.

3. Würzen, Knoblauch zugeben.

4. Sauerkraut und Brühe zugeben. Zugedeckt 40 Min. garen lassen.

5. Debrecziner und Aprikosen mit dem Einweichwasser zugeben.

6. Weitere 20 Min. schmoren lassen, abschmecken und mit saurer Sahne servieren.

SAUERKRAUTAUFLAUF

250 g Mett
100 g Quark (20 %)
gemahlener Kümmel
Salz
frisch gemahlener Pfeffer
1 Dose Sauerkraut (550 g)
1 Dose Linsen (400 g)
2 Eier
1 Becher saure Sahne (175 g)
1 EL Edelsüßpaprika
50 g Frühstücksspeck

ENERGIE/NÄHRWERT

2840 kJ
15 g KH, 27 g F, 44 g E

Garzeit: 55 Min.

ZUBEREITUNG

1. Mett und Quark verkneten, mit Kümmel, Salz und Pfeffer abschmecken.
2. Sauerkraut abtropfen lassen und mit den abgetropften Linsen, den Eiern und einem halben Becher saurer Sahne vermischen, abschmecken.
3. Mett in eine Auflaufform geben, Sauerkraut-Linsen-Gemisch darübergeben. In den Backofen schieben und bei 200° C 35 Min. backen.
4. Speckscheiben auflegen und weitere 20 Min. backen.
5. Zum Essen die restliche saure Sahne darübergeben.

WEISSKOHL/ WIRSINGKOHL

1,2 kg Weiß- oder Wirsingkohl
5 Zwiebeln (250 g)
80 g durchwachsener geräucherter Speck
1 Bd. Petersilie
2 EL Mehl
1 l Wasser
Salz, Pfeffer nach Geschmack

ENERGIE/NÄHRWERT

779 kJ
19 g KH, 7 g F, 9 g E

Garzeit: 35 Min.

VORBEREITUNG

1. Kohl waschen, putzen, vierteln, Strunk herausschneiden und Kohl in Streifen schneiden.
2. Zwiebeln pellen und fein würfeln.
3. Speck fein würfeln.
4. Petersilie waschen und hacken.

ZUBEREITUNG

1. Speck in einem Topf auslassen, die Zwiebeln darin andünsten.
2. Kohl und Wasser zugeben, salzen und pfeffern.
3. Nach ca. 30 Min. mit Mehl bestäuben, weitere 5 Min. garen.
4. Kohl abschmecken und vor dem Servieren die Petersilie darüberstreuen.

GEFÜLLTER WIRSING

50 g Grünkern, geschrotet
¼ l Wasser
1 Gemüsebrühwürfel
1 gr. Zwiebel (ca. 80 g)
1 gr. Kopf Wirsing, ca. 1,5 kg
6 Tomaten (ca. 300 g)
6 EL Öl
2 Eier
1 Knoblauchzehe

ENERGIE/NÄHRWERT

1337 kJ
24 g KH, 19 g F, 12 g E

Garzeit: 70 Min.

VORBEREITUNG

1. Gemüsebrühwürfel zum Kochen bringen, Grünkern zufügen, 5 Min. kochen, weitere 20 Min. quellen lassen, vgl. S. 87.
2. Zwiebel pellen und würfeln.
3. Kohlkopf waschen und die Mitte herausnehmen.
4. Kohlmitte kleinschneiden.
5. Tomaten waschen, Blüte entfernen, halbieren.

ZUBEREITUNG

1. Öl erhitzen, Zwiebelwürfel darin andünsten. Kohlstückchen zugeben.
2. Grünkern mit der Zwiebel-Kohl-Mischung, den Eiern, der durchgepressten Knoblauchzehe vermengen.
3. Die äußeren Kohlblätter mit Öl bepinseln.
4. Füllung in das Innere geben.
5. Kohlkopf in eine feuerfeste Form legen, Tomatenhälften herumlegen, Deckel schließen.
6. Kohl bei 200° C 45 Min. garen.

BEI TISCH

Zu Weißkohl oder Wirsingkohl passen Salzkartoffeln und Frikadellen oder Bratwurst. Sauerkraut kann mit Kartoffelpüree, vgl. Rezept S. 119, und Kasseler ergänzt werden. In Norddeutschland wird zu Sauerkraut auch Erbsenpüree gereicht, vgl. S. 119.

TIPP

- Wirsingkohl hat zerkleinert ein großes Volumen. Ist die passende Topfgröße dafür nicht vorhanden, muss der Kohl nach und nach im Speck angedünstet werden.
- Wirsing schmeckt bissfest besonders gut und herzhaft, er sollte dafür nur 15 Min. garen.

WENN ETWAS ÜBRIG BLEIBT

Kohl lässt sich gut wieder aufwärmen und ist tiefgefriergeeignet.

KOHLROULADEN

8 große Weißkohlblätter
(ca. 500 g)
400 g Hackfleisch
5 Zwiebeln (250 g)
1 Bd. Petersilie
1 Ei
150 g geräucherter
durchwachsener Speck
¼ l Wasser
2 EL Mehl
Salz, Pfeffer

ENERGIE/NÄHRWERT

2344 kJ
13 g KH, 44 g F, 27 g E

Garzeit: 25 Min.

VORBEREITUNG

1. Kohlkopf blanchieren und acht möglichst große Blätter ablösen, dicke Blattrippen flach schneiden.
2. Speck würfeln.
3. Zwiebeln pellen und würfeln.
4. Petersilie waschen und hacken.

CHINAKOHLROULADEN

1 kg Chinakohl
3 EL Öl
100 g Krabben
150 g Ananasstücke
200 g gekochter Langkornreis
2 Eier
1 TL Salz
30 g Margarine
¼ l Hühnerbrühe
Sojasoße
1 EL Ananassaft

ENERGIE/NÄHRWERT

956 kJ
8 g KH, 17 g F, 10 g E

Garzeit: 15 Min.

VORBEREITUNG

1. Chinakohl waschen und 6 große Blätter abtrennen.

ZUBEREITUNG

1. Öl erhitzen, Krabben und Ananas zufügen.
2. Reis zugeben, Eier und Salz unterrühren.
3. Chinakohlblätter mit der Mischung füllen und zusammenrollen, vgl. Phasenfoto 3 (Kohlroulade).
4. Margarine erhitzen und die Rouladen darin anbraten.
5. Mit Hühnerbrühe auffüllen und ca. 10 Min. garen.
6. Mit Sojasoße und Ananassaft abschmecken.

TIPP

● Da für Kohlrouladen fast nie der ganze Kohl Verwendung findet, kann man den restlichen Kohl klein schneiden, blanchieren und tiefgefrieren oder einen Krautsalat, vgl. S. 104, daraus herstellen.
● Das Ablösen der großen Kohlblätter geht leichter, wenn man den ganzen Kohlkopf ca. 10 Min. kocht.

ZUBEREITUNG KOHLROULADEN

1. Je zwei große Kohlblätter ineinander legen und auf der Arbeitsfläche ausbreiten.

2. Hackteig herstellen, in vier Portionen teilen und auf die Kohlblätter geben.

3. Kohlblätter seitlich über das Hack falten, zusammenrollen.

4. Speck in einem Topf auslassen, Rouladen von allen Seiten darin anbraten.

5. Wasser zugeben und 25 Min. schmoren lassen. Rouladen herausnehmen.

6. Soße mit Mehl binden, abschmecken, Rouladen erneut darin erwärmen.

KRAUTWICKEL MIT GRÜNKERN

1 Weißkohl, ca. 2 kg
FÜR DIE FÜLLUNG:
1 Zwiebel (80 g)
100 g Champignons
200 g Tomaten
100 g Grünkern
½ l Gemüsebrühe
1 Bd. Petersilie
4 EL Öl
20 g Butter
FÜR DIE FORM:
20 g Fett

ENERGIE/NÄHRWERT

1763 kJ
37 g KH, 24 g F, 11 g E

Garzeit: 65 Min.

VORBEREITUNG

1. Grünkern zubereiten, vgl. Phasenfotos 1-3.
2. Kohlkopf waschen und 10 Min. kochen lassen. Große Blätter ablösen.
3. Zwiebel pellen und fein würfeln.
4. Champignons waschen, putzen und blättern.
5. Tomaten waschen, halbieren.
6. Petersilie waschen und hacken.
7. Auflaufform fetten.

ZUBEREITUNG

1. Öl in einem Topf erhitzen.
2. Zwiebel und Champignons darin andünsten.
3. Pilze und Grünkernbrei mischen.
4. Kohlblätter, wie auf dem Phasenfoto 3 (Kohlroulade) beschrieben, zusammenrollen und in eine feuerfeste Form legen.
5. Butter in Flöckchen obenauf setzen und die Form in den Backofen schieben. Bei 250° C ca. 40 Min. garen.
6. Tomatenhälften in Öl anbraten und auf die gegarten Krautwickel legen. Mit Petersilie bestreut servieren.

KOHLROULADEN MIT REISFÜLLUNG

125 g Naturreis
½ l Wasser, Salz
1 kleiner Kopf Wirsing
50 g Sesamsaat
125 g Goudakäse
1 Bd. Petersilie
Cayennepfeffer
30 g Margarine
¼ l Gemüsebrühe
1 Becher süße Sahne (200 g)

ENERGIE/NÄHRWERT

2142 kJ
27 g KH, 37 g F, 14 g E

Garzeit: 40 Min.

VORBEREITUNG

1. Reis waschen und in ½ l Salzwasser garen.
2. Kohl waschen und 6 große Blätter abnehmen.
3. Von dem restlichen Kohl 100 g in Streifen schneiden, ca. 5 Min. kochen lassen.
4. Käse reiben.
5. Sesam in einer Pfanne ohne Fett hellgelb rösten.
6. Petersilie waschen und hacken.

ZUBEREITUNG

1. Reis mit Käse, Kohlstreifen, Sesam und gehackter Petersilie mischen.
2. Mit Salz und Cayennepfeffer kräftig abschmecken.
3. Reis auf die Kohlblätter verteilen und den Kohl, wie in Phasenfoto 3 beschrieben, zusammenrollen.
4. Margarine erhitzen und die Kohlrouladen von allen Seiten darin bräunen.
5. Mit Brühe auffüllen und im geschlossenen Topf ca. 20 Min. garen lassen.
6. Sahne zugießen und cremig einkochen lassen. Mit den Rouladen servieren.

ZUBEREITUNG GRÜNKERN

1. Grünkern schroten.

2. Gemüsebrühe zum Kochen bringen und den Grünkern einstreuen.

3. Topf schließen, Grünkern 5 Min. kochen und 20 Min. quellen lassen.

GEFÜLLTE PAPRIKASCHOTEN

2 Zwiebeln
400 g Hackfleisch
1 Bd. Schnittlauch
1 Ei
30 g Langkornreis
4 Paprikaschoten (800 g)
Salz, Pfeffer
FÜR DIE SOSSE:
2 Zwiebeln
1 Knoblauchzehe
400 g Fleischtomaten
Salz, Pfeffer

VORBEREITUNG

1. Reis in Salzwasser ausquellen lassen, vgl. S. 142.
2. Für die Soße Zwiebeln und Knoblauchzehe pellen und fein würfeln.
3. Tomaten waschen und vierteln.
4. Für die Hackmasse Zwiebeln pellen und fein würfeln.
5. Schnittlauch waschen und in Röllchen schneiden.

ENERGIE/NÄHRWERT

1447 kJ
25 g KH, 16 g F, 29 g E

Garzeit: 70 Min.

BEI TISCH

Die gefüllten Paprikaschoten sind ein herzhaftes Hauptgericht. Beilagenvorschlag: körnig gegarter, mit Thymian gewürzter Reis.

ZUBEREITUNG PAPRIKASCHOTEN

1. Knoblauch, Hälfte der Zwiebeln sowie Tomaten in einen Topf geben.

2. Aufkochen. Bei geringer Hitze ca. 25 Min. köcheln lassen. Würzen.

3. Hack, übrige Zwiebeln, Knoblauch, Schnittlauch und Ei verkneten.

4. Gekochten, kalten Reis dazuschütten. Alles gut miteinander vermengen.

5. Die Hackfleisch-Reis-Masse salzen und pfeffern.

6. Von den gewaschenen Paprikaschoten einen Deckel abschneiden.

7. Kerne entfernen. Am besten mit kaltem Wasser herausspülen.

8. Hackfleischmasse mit einem Löffel in die Paprikaschoten füllen, Deckel aufdrücken.

9. Paprikaschoten in die köchelnde Soße setzen. Im geschlossenen Topf 45 Min. garen.

GEFÜLLTER BLUMENKOHL

1 kg Blumenkohl
½ TL Salz
1 l Wasser
Salz-Wasser
200 g Hackfleisch
1 Brötchen
1 Ei
Salz, Pfeffer nach Geschmack
30 g Margarine oder Butter
4 EL Mehl
⅜ l Blumenkohlwasser
Salz
25 g Hartkäse
Zitronensaft
1 Eigelb
1 Eischnee
50 g Hartkäse
50 g Margarine

ENERGIE/NÄHRWERT

2061 kJ
21 g KH, 34 g F, 23 g E

Garzeit: 40 Min.

VORBEREITUNG

1. Blumenkohl, vgl. S. 80, Phase 1-3, vorbereiten.
2. Brötchen in Wasser einweichen. Wenn es weich ist, gut ausdrücken.
3. Käse reiben.

ZUBEREITUNG

1. Blumenkohl, vgl. S. 80, Phase 4-6, zubereiten; den Strunk so tief herausschneiden, dass eine Kuhle entsteht, die Röschen aber noch zusammenhalten.
2. Aus dem Hackfleisch, Ei und dem Brötchen eine Hackmasse zubereiten und mit Salz und Pfeffer abschmecken.
3. Hackmasse in die Kuhle des Kohles geben und andrücken.
4. Margarine in einem Topf zerlassen, Mehl einrühren und sofort mit dem Blumenkohlwasser ablöschen. Mit Zitronensaft, dem Käse und Salz abschmecken.
5. Die Soße mit Eigelb legieren und den Eischnee unterheben.
6. Blumenkohl in eine feuerfeste Form geben, die Soße darübergießen.
7. Mit geriebenem Käse bestreuen und die Margarine als Flöckchen aufsetzen.
8. Im Backofen bei 200° C ca. 30-35 Min. überbacken.

TIPP

- Zum Füllen eignen sich ebenso Zucchini, Schmorgurken, Auberginen und Gemüsezwiebeln. Die Zubereitung ist mit den Paprikaschoten phasengleich.
- Tomatensoße vor dem Servieren durch ein Sieb gießen, wenn Haut und Kerne zurückbleiben sollen. Mit frisch gehackten Kräutern wie Petersilie, Schnittlauch oder Thymian würzen.
- Party-Idee: mehrere gefüllte Gemüse auf einem tiefen Backblech (Fettfangschale) garen.
- Zum gefüllten Blumenkohl passt auch Tomatensoße oder eine Käsesoße, vgl. Rezept S. 61.

GEFÜLLTE KOHLRABI

4 Kohlrabi
Salzwasser
1 Zwiebel
1 Knoblauchzehe
200 g Champignons
1 EL Öl
Kräutersalz, Pfeffer
1 TL Zitronenmelisse
3 Eier
1 Becher Sahne (150 g)
FÜR DIE FORM:
20 g Fett

ENERGIE/NÄHRWERT

910 kJ
9 g KH, 20 g F, 8 g E

Garzeit: 50 Min.

VORBEREITUNG

1. Kohlrabi schälen und in Salzwasser 15 Min. kochen.
2. Zwiebel und Knoblauch pellen und fein würfeln.
3. Champignons waschen, putzen und blättrig schneiden.
4. Auflaufform fetten.

ZUBEREITUNG

1. Zwiebel im Öl andünsten.
2. Champignons hinzufügen und 10 Min. weiterdünsten.
3. Knoblauch, Kräutersalz und Pfeffer zugeben.
4. Von dem Kohlrabi Deckel abschneiden und aushöhlen.
5. Kohlrabifleisch klein hacken und mit der Champignonmasse vermischen.
6. Masse in die Kohlrabi füllen und in eine gefettete Auflaufform geben.
7. Eier, Sahne, Kräutersalz und Pfeffer verquirlen und über die Kohlrabi gießen.
8. Bei 200° C ca. 25 Min. überbacken.

WENN ETWAS ÜBRIG BLEIBT

Die gefüllten Gemüse können 1 bis 2 Tage im Kühlschrank gelagert werden.
Im Gefriergerät beträgt die Lagerzeit 2 bis 3 Monate.

MARINIERTE AUBERGINEN

800 g Auberginen
2 Knoblauchzehen
1 Bd. Petersilie
6 EL Essig
300 ml Öl
½ TL Zucker
¼ TL Salz
1 Msp. Sambal Oelek
6 EL Mehl

ENERGIE/NÄHRWERT

1476 kJ
26 g KH, 25 g F, 4 g E

Garzeit: 8 Min.

VORBEREITUNG

1. Auberginen waschen, Stiel und Blüte entfernen.
2. Knoblauchzehen pellen und fein würfeln.
3. Petersilie waschen und fein hacken.

MARINIERTE PAPRIKASCHOTEN

5 Paprikaschoten (ca. 800 g)
6 EL Essig
300 ml Öl
½ TL Zucker
2 Knoblauchzehen
1 Bd. Petersilie
1 Msp. Sambal Oelek

ENERGIE/NÄHRWERT

3016 kJ
8 g KH, 75 g F, 2 g E

Garzeit: 30 Min.

VORBEREITUNG

1. Paprikaschoten waschen, halbieren und entkernen.
2. Marinade vor- und zubereiten, vgl. Auberginen.
3. Backofen auf 225° C vorheizen und Backblech einfetten.

ZUBEREITUNG

1. Paprikahälften mit der Schnittfläche auf das gefettete Blech legen.
2. Im vorgeheizten Backofen die Paprikahälften ca. 30 Min. backen.
3. Nach dem Backen vorsichtig die Haut abziehen.
4. Paprikahälften in ein Gefäß geben, mit der Marinade übergießen und ziehen lassen; oder die Paprikaschoten in Streifen schneiden und marinieren.

BEI TISCH

Zu marinierten Gemüsezubereitungen passt frisches Baguette oder mit Kräuterbutter überbackenes Baguette.

ZUBEREITUNG MARINIERTE AUBERGINEN

1. Essig, 150 ml Öl, Zucker, Salz, Knoblauch, Petersilie und Sambal Oelek verrühren.

2. Auberginen längs in Scheiben schneiden.

3. Die Auberginenscheiben in Mehl wenden, abklopfen.

4. Einen Teil des restlichen Öls in einer Pfanne erhitzen.

5. Auberginenscheiben von beiden Seiten goldbraun braten und in ein Gefäß schichten.

6. Mit der Marinade übergießen, 2 Std. in der Marinade ziehen lassen.

RATATOUILLE aus Frankreich

600 g Paprikaschoten,
rote und grüne
400 g Auberginen
300 g Zucchini
4 Zwiebeln
2 Knoblauchzehen
250 g Tomaten
1 Stiel Basilikum
1 Stiel Thymian
1 Bd. Petersilie
6 EL Öl (Olivenöl)
Salz, Pfeffer nach Geschmack

ENERGIE/NÄHRWERT

1006 kJ
19 g KH, 16 g F, 5 g E

Garzeit: 15 Min.

VORBEREITUNG

1. Paprika waschen, längs halbieren, Kerne entfernen, ausspülen und in Streifen schneiden.
2. Auberginen und Zucchini waschen und in Scheiben schneiden.
3. Zwiebeln und Knoblauch pellen und fein zerkleinern.
4. Kräuter waschen, von den Stielen zupfen und fein hacken.
5. Tomaten häuten, vierteln und entkernen.

BEI TISCH

Die Grundmenge ist so berechnet, dass es als Gemüsebeilage gereicht wird, ursprünglich ist Ratatouille ein Gemüseeintopf. Es eignet sich gut als Vorspeise, leichtes Hauptgericht mit Baguette oder als Gemüsebeilage zu kurzgebratenem Fleisch sowie zu Rinderbraten.

TIPP

- Ratatouille kann durch die Zugabe von 300 g Kartoffeln in der Phase 4 der Zubereitung variiert werden.

ZUBEREITUNG RATATOUILLE

1. Öl in einem Topf erhitzen.

2. Zucchini und Auberginenscheiben darin andünsten.

3. Knoblauch und Zwiebeln kurz mitdünsten.

4. Paprikastreifen und Tomatenviertel zugeben.

5. Im geschlossenen Topf ca. 15 Min. garen. Würzen.

6. Die Kräuter unterrühren und abschmecken.

GEMÜSEGRATIN

500 g Brokkoli
500 g Möhren
250 g Zucchini
1/8 l süße Sahne
50 g Parmesankäse, frisch
Salz, Pfeffer nach Geschmack
FÜR DIE FORM:
20 g Fett

ENERGIE/NÄHRWERT

1066 kJ
13 g KH, 18 g F, 12 g E

Garzeit: 20 Min.

VORBEREITUNG

1. Brokkoli putzen und waschen, die Stiele kreuzweise einschneiden, vgl. S. 31.
2. Möhren waschen, schälen und in dünne Scheiben schneiden.
3. Zucchini waschen, die Enden abschneiden und in dickere Scheiben schneiden.
4. Käse reiben.
5. Feuerfeste Form ausfetten.

SELLERIEGRATIN

800 g Staudensellerie
200 g geräucherte Putenbrust
1 Bd. Petersilie
250 g Sahnegorgonzola
FÜR DIE FORM:
20 g Fett

ENERGIE/NÄHRWERT

1614 kJ
9 g KH, 24 g F, 21 g E

Garzeit: 25 Min.

TIPP

● Die gefettete Form mit einer Knoblauchzehe ausreiben, damit die Gratins einen leichten Knoblauchgeschmack erhalten.

VORBEREITUNG

1. Staudensellerie waschen und in einzelne Stangen zerlegen, Fäden abziehen.
2. Petersilie und Selleriegrün waschen und hacken.
3. Form fetten.

ZUBEREITUNG

1. Sellerie mit 1/8 l Wasser 15 Min. garen.
2. Abgießen und abtropfen lassen.
3. Putenbrust in Scheiben schneiden und den Sellerie darin einwickeln.
4. Sellerie in die Auflaufform geben, Selleriegrün und Petersilie dazwischen streuen.
5. Gorgonzola in Flöckchen darauf verteilen.
6. Auflauf bei 200° C ca. 25 Min. backen.

ZUBEREITUNG GEMÜSEGRATIN

1. Salzwasser aufkochen, Möhren und Brokkoli ca. 5 Min., Zucchini ca. 1 Min. blanchieren.

2. Gemüse auf einen Durchschlag geben, kalt abspülen und abtropfen lassen.

3. Abgetropftes Gemüse in eine feuerfeste Form schichten, salzen und pfeffern.

4. Sahne und Käse miteinander verrühren.

5. Käsesahne über das Gemüse gießen.

6. Auf der obersten Schiene im Backofen bei 220° C überbacken, ca. 15 Min.

FENCHELGEMÜSE MIT SCHNITTLAUCH-SENFSOSSE

750 g Fenchel
1 Bd. Schnittlauch
30 g Margarine oder Butter
4 EL körniger Senf
1/8 l Weißwein oder Wasser
1 Becher süße Sahne (200 g)
1 EL Zucker
Zitronenschale einer unbehandelten Zitrone
Salz, Pfeffer nach Geschmack

ENERGIE/NÄHRWERT

966 kJ
5 g KH, 22 g F, 2 g E

Garzeit: 30 Min.

VORBEREITUNG

1. Fenchel waschen, braune Stellen abschneiden und die Stengel dicht oberhalb der Knolle abschneiden, waschen.
2. Knolle vierteln.
3. Schnittlauch in feine Röllchen schneiden.

ZUBEREITUNG

1. Margarine in einem Topf zerlassen, Fenchel zugeben und bei geschlossenem Topf ca. 10 Min. dünsten.
2. Senf, Weißwein und Sahne zugeben und weitere 15-20 Min. dünsten.
3. Alles mit Zucker, Salz, Pfeffer und der Zitronenschale würzen.
4. Die Soße etwas einköcheln lassen und abschmecken. Vor dem Servieren mit den Schnittlauchröllchen bestreuen.

BLEICHSELLERIE IN SAHNESOSSE

1 Knolle Bleichsellerie
30 g Margarine oder Butter
3 EL Mehl
1/4 l Milch
1 Becher süße Sahne (200 g)
2 EL Zitronensaft
1 Eigelb
Cayennepfeffer, Salz, Pfeffer, Zucker nach Geschmack

ENERGIE/NÄHRWERT

1416 kJ
12 g KH, 30 g F, 5 g E

Garzeit: 15 Min.

VORBEREITUNG

1. Bleichsellerie waschen, braune Stellen abschneiden und in Stücke schneiden, vgl. S. 106.

ZUBEREITUNG

1. Salzwasser zum Kochen bringen, den Sellerie darin ca. 5 Min. garen.
2. Sellerie auf einen Durchschlag geben.
3. Margarine in einem Topf zerlassen, Mehl darin anschwitzen.
4. Unter Rühren Milch und Sahne hinzufügen, ca. 5 Min. köcheln lassen.
5. Soße mit den Gewürzen und Salz abschmecken, mit Eigelb legieren, vgl. S. 37.
6. Abgetropften Sellerie in der nicht mehr kochenden Soße erwärmen.

SCHWARZWURZELN IN KRÄUTERBUTTER

1 kg Schwarzwurzeln
3 EL Essig
1 l Wasser
1 Bd. Schnittlauch
40 g Kräuterbutter
Salz, Pfeffer nach Geschmack

ENERGIE/NÄHRWERT

470 kJ
23 g KH, 9 g F, 4 g E

Garzeit: 15 Min.

VORBEREITUNG

1. Wasser und Essig mischen, Schwarzwurzeln unter fließendem Wasser schälen und sofort in das Essigwasser legen, da sie sonst anlaufen.
2. Wurzeln nach und nach in längliche Stücke schneiden und wieder in das Essigwasser legen.
3. Schnittlauch in feine Röllchen schneiden.

ZUBEREITUNG

1. Wurzeln in dem Essigwasser ca. 20 Min. garen.
2. Wurzeln auf einen Durchschlag geben.
3. Butter in einer Pfanne zerlassen, die abgetropften Schwarzwurzeln darin schwenken.
4. Salzen und pfeffern, vor dem Servieren mit den Schnittlauchröllchen bestreuen.

TIPP

● Die Gemüse in Soße können in eine Auflaufform gegeben und mit 150 g geriebenem Käse bestreut überbacken werden (200° C, 7 Min.). Eignet sich auch für Reste.

BEI TISCH

Zu den hier beschriebenen Gemüsen passen alle Fleischgerichte ohne Soße. Als Beilage schmecken Kartoffeln oder gekochtes Getreide.

WENN ETWAS ÜBRIG BLEIBT

Gemüse lässt sich im Kühlschrank einige Tage aufheben, und nicht mit Mehl gebundenes Gemüse kann eingefroren werden. Das Gemüse sollte nur kurz aufgewärmt werden, da es sonst zu weich wird.

Gemüse in Teig

FRITIERTER BLUMENKOHL

1 Stück Blumenkohl (ca. 500 g)
Saft von 1 Zitrone
FÜR DEN AUSBACKTEIG:
100 g Mehl, Type 405 oder 505
Salz
30 g geriebener Hartkäse
1/2 TL Currypulver
1 Eigelb
1 EL flüssige Butter
oder Margarine
1/8 l Mineralwasser
2 Eiklar
ZUM FRITIEREN:
Ausbackfett

ENERGIE/NÄHRWERT

840 kJ
23 g KH,7 g F, 11 g E

Garzeit: 10 Min.

VORBEREITUNG

1. Blumenkohl putzen, waschen und in kleine Röschen teilen.
2. Ca. 1 1/2 l Salzwasser zum Kochen bringen und den Blumenkohl ca. 3 Min. blanchieren (vgl. S. 42).
3. Blumenkohl mit Zitronensaft beträufeln und 10 Min. stehen lassen.
4. Eiklar zu Schnee schlagen.

TIPP

● Zum Fritieren eignen sich verschiedene Gemüsesorten und Ausbackteige.
● Statt des Mineralwassers kann auch Bier oder Weißwein zum Teig gegeben werden.

BEI TISCH

Zum fritierten Blumenkohl passt ein frischer Salat (vgl. S. 98 ff) und eine kalte Soße (vgl. S. 68ff).
Statt des Fleisches zum Fondue können sehr gut vorbereitete Gemüsesorten mit dem Ausbackteig angeboten werden.

ZUBEREITUNG VON FRITIERTEM BLUMENKOHL

1. Für den Ausbackteig alle Zutaten gut verrühren, zum Schluß Eischnee unterheben.

2. Fett im Topf oder einer Friteuse auf 180 °C erhitzen, Blumenkohlröschen durch den Teig ziehen.

3. Röschen fritieren bis sie hellbraun sind. Auf Küchenpapier gut abtropfen lassen.

Ausgebackene Champignons

Ausgebackene Zucchinis

Ausgebackene Selleriestäbchen

GEMÜSEKUCHEN MIT VERSCHIEDENEN VARIATIONEN

HEFETEIG:
250 g Mehl, Type 550
1 TL Salz
10 g Hefe
1/8 l lauwarme Milch
20 g Butter oder Margarine
1 Ei

ZUBEREITUNG

vgl. S. 262

QUARKÖLTEIG:
100 g Speisequark, 20%
1 Ei
2 EL Öl
150 g Mehl, Type 405
1 TL Backpulver
1/2 TL Salz

ZUBEREITUNG

vgl. S. 258

ROSENKOHLKUCHEN

1 Rezept Hefeteig
300 g blanchierter Rosenkohl
100 g Speckwürfel, angebraten
FÜR DIE SOSSE:
200 ml Sahne
3 Eier
80 g geriebener Roquefort
Salz, Pfeffer, Muskat

ZUBEREITUNG

1. Hefeteig auf Springformgröße ausrollen und gefettete Springform damit auslegen.
2. Mit Rosenkohl und Speck belegen.
3. Alle Zutaten der Soße vermischen, abschmecken und über das Gemüse gießen.
4. Bei 160 °C ca. 25 Min. backen.

MÖHRENKUCHEN

1 Rezept Quarkölteig
500 g junge Möhren, geraspelt
50 g Butter oder Margarine
2 EL Möhrengrün, gehackt
FÜR DIE SOSSE:
100 g Crème fraîche
100 ml Sahne
2 Eigelb
1 Ei
1 abgeriebene Orangenschale
Salz, Pfeffer

ZUBEREITUNG

1. Quarkölteig auf Springformgröße ausrollen und in gefettete Springform legen.
2. Möhren in der Butter oder Margarine andünsten.
3. Würzen und Möhrengrün unterheben, auf dem Teig verteilen.
4. Alle Zutaten für die Soße verrühren und über das Gemüse gießen.
5. Bei 160 °C ca. 20 Min. backen.

CHAMPIGNONKUCHEN

1 Rezept Quarkölteig
500 g Champignons
1 Schalotte oder kleine Zwiebel, gewürfelt
40 g Butter oder Margarine
1 TL Kräuter der Provence
2 gehäutete und in Würfel geschnittene Tomaten
FÜR DIE SOSSE:
100 g Crème fraîche
100 ml Sahne
2 Eigelb
50 g geriebener Hartkäse
2 EL gehackte Petersilie
Salz, Pfeffer

ZUBEREITUNG

1. Mürbeteig auf Springformgröße ausrollen und die Springform damit auslegen.
2. Champignons in Scheiben schneiden und in der Butter oder Margarine andünsten.
3. Kräuter und Tomaten zugeben, abschmecken und auf den Teig geben.
4. Für die Soße alle Zutaten mischen und über das Gemüse geben.
5. Bei 160 °C 25 Min. backen.

BEI TISCH

Zu allen Gemüsekuchen passt ein frischer Salat (vgl. S. 98 ff)

Rosenkohlkuchen

Möhrenkuchen

Champignonkuchen

VOLLKORNPIE

Grundrezept

für den Teig

300 g Vollkornweizenmehl
100 g Margarine
½ TL Salz
1 Ei
75 g saure Sahne

ENERGIE/NÄHRWERT

1971 kJ
46 g KH, 25 g F, 11 g E

GEMÜSEPIE

1 Grundrezept Pieteig
ZUSÄTZLICH:
400 g Möhren
200 g TK-Erbsen oder
400 g frische Erbsen
1 Bd. Petersilie
3 Eier
125 g saure Sahne
Muskat, schwarzer Pfeffer
100 g Gouda oder Emmentaler
FÜR DIE FORM:
20 g Fett

ENERGIE/NÄHRWERT

3122 kJ
60 g KH, 42 g F, 26 g E

Garzeit: 45 Min.

VORBEREITUNG

1. Pieform ausfetten.
2. Möhren waschen und schälen.
3. Petersilie waschen und hacken.
4. Käse reiben.

ZUBEREITUNG GEMÜSEPIE

1. Mehl, Margarine, Salz, 1 Ei und saure Sahne zu einem Teig verkneten.

2. Pieform mit dem Teig auslegen. 15 Min. blind backen, vgl. S. 39.

3. Möhren in kleine Stifte schneiden.

4. Möhren 2 Min. blanchieren.

5. Möhren, Erbsen und Petersilie mischen und auf den Teig geben.

6. Eier, saure Sahne mit Muskat und Pfeffer vermischen, abschmecken.

7. Saure Sahne-Gemisch über das Gemüse geben.

8. Geriebenen Käse überstreuen.

9. 30 Min. bei 200° C backen.

GEMÜSEQUICHE

Grundrezept

FÜR DEN TEIG:
250 g Mehl
1 Ei
1/4 TL Salz
125 g Margarine

ZUBEREITUNG

1. Zutaten alle zum Mürbeteig verkneten vgl. S. 256

SPINAT QUICHE

1 Grundrezept Mürbeteig s.o.
300 g Blattspinat, tiefgefroren
1 Zwiebel
20 g Butter oder Margarine
150 g saure Sahne oder Joghurt
4 Eier
Salz, Pfeffer, Muskat
150 g Schafskäse

ENERGIE/NÄHRWERT

1375 kJ
7 g KH, 26 g F, 15 g E

Garzeit: 25 Min.

VORBEREITUNG

1. Zwiebel pellen und fein würfeln.
2. Schafkäse würfeln.

ZUBEREITUNG

1. Teig ausrollen und eine gefettete Quicheform damit auslegen.
2. Fett zerlassen, Zwiebel darin andünsten und Spinat zugeben, würzen.
3. Auf den Boden geben, Schafskäse darüberstreuen.
4. Saure Sahne mit den Gewürzen und den Eiern verquirlen, über den Spinat gießen.
5. Bei 200°C 25 Min. backen.

WIRSING QUICHE

1 Grundrezept Mürbeteig
350 g Wirsing
1/4 l Gemüsebrühe
100 g gekochter Schinken
100 g Gouda
200 g süße Sahne
4 Eier
Salz, Pfeffer, Muskat
Cayennepfeffer, Salz

ENERGIE/NÄHRWERT

2074 kJ
18 g KH, 38 g F, 21 g E

Garzeit: 30 Min.

VORBEREITUNG

1. Wirsing putzen, waschen, in Streifen schneiden.
2. Wirsing in der Brühe 10 Min. garen, abtropfen lassen.
3. Schinken würfeln.
4. Gouda reiben.

ZUBEREITUNG

1. Teig ausrollen und eine gefettete Quicheform damit auslegen.
2. Wirsing und Schinken auf den Quicheteig geben.
3. Geriebenen Käse darüber streuen.
4. Sahne, Eier und Gewürze verquirlen, über den Wirsing gießen.
5. Bei 200 °C 25 Min. backen.

TIPP

- Statt Mürbeteig können auch 1/2 Grundrezept Blätterteig, vgl. S. 260, oder 2 Platten Fertigblätterteig genommen werden.

BROKKOLI QUICHE

1 Grundrezept Mürbeteig
500 g Brokkoli
1/4 l Gemüsebrühe
100 g Käse, gerieben
150 g saure Sahne oder Joghurt
4 Eier
Salz, Pfeffer, Muskat
50 g durchwachsenen Speck
30 g Mandelblättchen

ENERGIE/NÄHRWERT

1950kJ
28 g KH, 30 g F, 16 g E

Garzeit: 30 Min.

VORBEREITUNG

1. Brokkoli in der Gemüsebrühe blanchieren vgl. S. 42.
2. Speck würfeln und auslassen.

ZUBEREITUNG

1. Teig ausrollen und eine gefettete Quicheform damit auslegen.
2. Brokkoli und Speck darauf verteilen
3. Saure Sahne mit den Gewürzen und den Eiern verquirlen, über den Brokkoli gießen.
4. Käse übersteuen und bei 200 °C 25 Min. backen, nach 15 Min. die Mandelblättchen überstreuen.

BLATTSALATE

Zu den Blattsalaten gehören:
- Eisbergsalat
- Endiviensalat
- Feldsalat
- Kopfsalat
- Friséesalat
- Eichblattsalat
- Radicchiosalat
- Rossosalat
- Chicorée

DRESSINGS/MARINADEN

Vgl. S. 68 f.

TIPP

● Zarte Blattsalate nicht drücken, weil sie sonst weich und unansehnlich werden.

GEMISCHTER SALAT

1 Kopf Eisbergsalat (ca. 500 g)
4 Eier
4 Tomaten (ca. 250 g)
1 Salatgurke (ca. 500 g)
2 Möhren (ca. 200 g)
250 g Champignons
2 Zwiebeln
100 g schwarze Oliven

ENERGIE/NÄHRWERT

796 kJ
9 g KH, 13 g F, 10 g E

VORBEREITUNG

1. Eier hart kochen, vgl. S. 202.
2. Eisbergsalat auseinander pflücken, Blätter waschen, dicke Rippen herauslösen und die Blätter in mundgerechte Stücke zupfen.
3. Tomaten waschen, Stielansatz entfernen und in Scheiben schneiden.
4. Gurke entweder gründlich gewaschen oder geschält hobeln.
5. Möhren schälen und in dünne Stifte schneiden.
6. Zwiebeln pellen und in Ringe schneiden.
7. Champignons putzen und blättrig schneiden, vgl. S. 30.
8. Oliven kurz abspülen und abtropfen lassen.

ZUBEREITUNG

1. Eier pellen.
2. Eisbergsalat, Tomatenscheiben und Gurkenscheiben in eine Schüssel geben.
3. Möhrenstifte und Champignonscheiben darüberschichten.
4. Eier in Scheiben schneiden und darübergeben.
5. Zum Schluss Zwiebelringe und Oliven über den Salat streuen.
6. Essig-Öl-Marinade (Herstellung vgl. S. 68) darübergeben oder getrennt dazureichen.

ZUBEREITUNG BLATTSALAT

1. Blattsalate putzen und welke Blätter entfernen.

2. Blätter vom Strunk lösen oder oberhalb der Wurzel abschneiden.

3. Blätter ganz lassen und in kaltem Wasser waschen.

4. Herausnehmen und auf einen Durchschlag geben und gut abtropfen lassen.

5.1 Blätter in Stücke zerpflücken oder

5.2 Salat in Streifen schneiden (nicht bei Kopfsalat).

FELDSALAT, PIKANT

300 g Feldsalat, gewaschen
1 rote Zwiebel
1 Scheibe Toastbrot
20 g Butter
1 EL Zitronensaft
3 EL Distelöl
1 Pr. Zucker
frisch gemahlener Pfeffer

ENERGIE/NÄHRWERT

715 kJ
5 g KH, 15 g F, 2 g E

VORBEREITUNG

1. Salat waschen, putzen und nochmals waschen.
2. Zwiebel pellen, fein würfeln.

ZUBEREITUNG

1. Toastbrot würfeln und in der Butter hellgelb rösten (vgl. S. 101, Abb. 2).
2. Zitronensaft, Zwiebelwürfel und Öl vermischen, mit Zucker und Pfeffer abschmecken.
3. Dressing über den Feldsalat geben.
4. Mit krossen Brotwürfeln servieren.

TIPP

- Nur so viel Dressing nehmen, dass es vom Salat aufgenommen werden kann.
- Die Blattsalate können sowohl mit klaren als auch mit cremigen Dressings gereicht werden.

NIZZASALAT

1 Kopfsalat
250 g grüne Bohnen
1 TL Salz
¼ l Wasser
2 Eier
1 Dose Artischockenherzen (250 g)
1 Dose Thunfisch in Öl (200 g)
6 Tomaten
1 Zwiebel
20 schwarze Oliven
5 EL Weinessig
1 TL Senf
Schwarzer Pfeffer
6 EL Olivenöl

ENERGIE/NÄHRWERT

1014 kJ
10 g KH, 28 g F, 179 g E

VORBEREITUNG

1. Kopfsalat waschen, abtropfen lassen und in mundgerechte Stücke zerpflücken.
2. Bohnen in Salzwasser garen, vgl. S. 76, abgießen und abtropfen lassen.
3. Eier hart kochen, vgl. S. 202, pellen und in Achtel schneiden.
4. Artischockenherzen und Thunfisch abgießen und abtropfen lassen.
5. Tomaten waschen, Stielansatz entfernen, in Achtel schneiden.
6. Zwiebel pellen und in Ringe schneiden.

ZUBEREITUNG

1. Eine Schüssel mit Kopfsalat auslegen und nacheinander die vorbereiteten Zutaten einschichten. Oliven darauf verteilen.
2. Aus Essig, Senf, Salz, Pfeffer und Öl eine Marinade rühren und über den Salat geben.

GURKENSALAT

1 Salatgurke
Salz
1 Bd. Dill
Vinaigrette mit Zwiebeln, vgl. Rezept S. 68

ENERGIE/NÄHRWERT

738 kJ
1 g KH, 19 g F, – g E

VORBEREITUNG

1. Gurke waschen und in Scheiben hobeln, salzen, ca. 5 Min. stehen lassen, abtropfen lassen.
2. Dill waschen und zerkleinern.

ZUBEREITUNG

1. Vinaigrette herstellen, vgl. S. 68.
2. Gurkenscheiben in die Vinaigrette geben.
3. Vor dem Servieren den Dill überstreuen.

BEI TISCH

Alle Blattsalate erst kurz vor dem Servieren mit dem Dressing vermischen oder Dressing getrennt reichen.

WENN ETWAS ÜBRIG BLEIBT

Alle frischen Salate können nicht gelagert werden. Man sollte deshalb nur die Menge zubereiten, die benötigt wird.

TIPP

- Gurken werden aus Geschmacksgründen gesalzen. Salatgurken haben einen hohen Wassergehalt, der alle Geschmackszutaten einer Vinaigrette verwässern würde. Mit dem Salzen entzieht man der Gurke Wasser, so dass sie die Geschmackszutaten stärker aufnehmen kann.

SALAT DUXELLE

300 g Chicorée
150 g gekochter Schinken
100 g Gruyère Käse
50 g Walnüsse
3 EL Olivenöl
1 EL Weinessig
1 Pr. Senf
Pfeffer, Salz

ENERGIE/NÄHRWERT

1544 kJ
2 KH, 41 g F, 8 g E

RADICCHIO, SUPREME

4 kleine Köpfe Radicchio
4 Tomaten (250 g)
100 g Camembert
1 Schalotte
½ Bund Petersilie
100 g süße Sahne
Pfeffer, Salz

ENERGIE/NÄHRWERT

756 kJ
5 g KH, 14 g F, 9 g E

VORBEREITUNG

1. Radicchio waschen.
2. Tomaten waschen, achteln.
3. Camembert in kleine Würfel schneiden.
4. Schalotte pellen und fein würfeln.
5. Petersilie waschen und hacken.

ZUBEREITUNG SALAT DUXELLE

1. Chiccorée putzen.

2. Den Strunk mit einem spitzen Messer kegelförmig herausschneiden.

3. Stangen in fingerbreite Streifen schneiden.

4. Käse und Schinken in kurze, feine Streifen schneiden.

5. Walnüsse hacken.

6. Vinaigrette herstellen, vgl. S. 68, und mit allen Zutaten mischen.

ZUBEREITUNG RADICCHIO, SUPREME

1. Radicchio in feine Streifen schneiden.

2. Mit Tomaten und Camembert mischen.

3. Aus Sahne, Salz, Pfeffer, Petersilie und Schalotte ein Dressing rühren und über den Salat geben.

EISBERGSALAT MIT WALNÜSSEN

1 Eisbergsalat
100 g Walnüsse
1 Scheibe Weizenvollkornbrot
1 Knoblauchzehe
2 EL Weißweinessig oder Cidre
Pfeffer, Salz
1 TL Senf
6 EL Walnussöl
20 g Butter

ENERGIE/NÄHRWERT

1830 kJ
8 KH, 42 g F, 5 g E

VORBEREITUNG

1. Salat waschen, putzen und in feine Streifen schneiden, vgl. S. 98.
2. Walnusskerne hacken.
3. Brot in Würfel schneiden.
4. Knoblauch pellen und pressen.

SALAT SUNSHINE VALLEY

6 Portionen

1 Kopfsalat
250 g Kirschtomaten
1 Lollo rosso
1 Salatgurke
je 1 rote, gelbe und grüne Paprika
1 rote Zwiebel
1 Bd. Frühlingszwiebeln
50 g Sonnenblumenkerne
4 EL milder Essig
Salz, Pfeffer
8 EL Olivenöl
1 TL Senf

ENERGIE/NÄHRWERT

1624 kJ
10 g KH, 48 g F, 6 g E

VORBEREITUNG

1. Kopfsalat und Lollo rosso waschen und putzen, vgl. S. 98.
2. Tomaten waschen und halbieren.
3. Gurke schälen, halbieren, entkernen und in Streifen schneiden.
4. Paprika waschen, putzen und in dünne Ringe schneiden.
5. Zwiebel pellen und würfeln.
6. Frühlingszwiebeln waschen und in dünne Ringe schneiden.

ZUBEREITUNG

1. Sonnenblumenkerne in einer Pfanne goldgelb rösten.
2. Aus Essig, Salz, Pfeffer und Öl eine Vinaigrette herstellen, vgl. S. 68.
3. Alle Gemüse mischen und mit der Vinaigrette übergießen.
4. Sonnenblumenkerne überstreuen, servieren.

TIPP

● Croutons werden häufig für Salate und Suppen verwendet um eine höhere Sättigung zu erreichen. Man kann sie auf Vorrat herstellen und kalt aufbewahren.

ZUBEREITUNG EISBERGSALAT MIT WALNÜSSEN

1. Aus Essig, Pfeffer, Salz und Öl ein Dressing aufschlagen, würzen.

2. Brot in der Butter und dem Knoblauch zu Croutons rösten.

3. Salat mit den Nüssen und dem Dressing gut mischen, mit Croutons servieren.

RÖSTEN VON SONNENBLUMENKERNEN ODER NÜSSEN

1. Fett erhitzen.

2. Sonnenblumenkerne oder Nüsse hineingeben, Pfanne laufend schwenken.

3. So lange rösten, bis die Sonnenblumenkerne oder Nüsse hellbraun sind.

GEMISCHTER SPROSSENSALAT

300 g gekeimte Sprossen wie Alfalfa, Soja, Linsen, Mungobohnen
½ Kopf Endiviensalat
150 g Tomaten
100 g rosa Champignons
Saft einer halben Zitrone
125 g Lachsschinken oder geräucherter Lachs
FÜR DIE SOSSE:
1 Becher Crème fraîche
1 EL geriebener Meerrettich
Salz, Pfeffer

ENERGIE/NÄHRWERT

853 kJ
49 KH, 15 g F, 12 g E

VORBEREITUNG

1. Sprossen waschen, abtropfen lassen.
2. Endiviensalat und Tomaten waschen und putzen.
3. Champignons putzen, vgl. S. 30.

TIPP

- Sprossen frisch kaufen oder im Glas — oder im Kunststoffgefäß selbst ziehen, vgl. S. 234. Hinweise dazu erhält man im Reformhaus.
- Außer den genannten Sprossen und Keimen können auch Weizen- oder Gerstensprossen selbst gezogen und verwendet werden.
- Keime und Sprossen können außerdem für Gemüsepfannen und Fleischpfannen verwendet werden.
- Keime und Sprossen haben einen hohen Vitamin- und Mineralstoffgehalt.

ZUBEREITUNG GEMISCHTER SPROSSENSALAT

1. Alfalfasprossen in die Schüssel geben.

2. Linsensprossen hinzufügen.

3. Mungobohnensprossen hinzufügen.

4. Sojabohnensprossen zugeben.

5. Endiviensalat zerpflücken, in die Schüssel geben.

6. Champignons in dünne Scheiben schneiden, in die Schüssel geben.

7. Tomaten achteln und in die Schüssel geben. Alle Zutaten vorsichtig vermengen.

8. Zutaten für die Soße verrühren, über das Gemüse geben.

9. Lachsschinken oder Lachs in feine Streifen schneiden, über die Soße streuen.

GRIECHISCHER BAUERNSALAT

4 Tomaten (ca. 250 g)
1 grüne Paprikaschote
1 Salatgurke (ca. 500 g)
1 Zwiebel
Salz, Pfeffer
4 EL Olivenöl
2 EL Essig
200 g Schafskäse
100 g schwarze Oliven

ENERGIE/NÄHRWERT

469 kJ
7 g KH, 18 g F, 2 g E

ZUBEREITUNG

1. Gemüse waschen, putzen und beliebig zerkleinern.
2. Gemüse mit dem Öl und den Gewürzen mischen.
3. Schafskäse in Würfel schneiden und mit den Oliven darübergeben.

TIPP

● Statt Schafskäse kann auch Tofu (Sojabohnenquark) verwendet werden.

MÖHRENSALAT

250 g Möhren
150 g Äpfel
50 g geh. Haselnüsse
Saft einer Zitrone
1 Pr. Salz
½ TL Zucker
1 TL Öl

ENERGIE/NÄHRWERT

586 kJ
12 g KH, 9 g F, 2 g E

VOR- UND ZUBEREITUNG

1. Zutaten für die Zitronensoße verrühren.
2. Möhren schälen und fein raspeln.
3. Äpfel waschen, schälen und grob raspeln.
4. Alle Zutaten vermengen und abschmecken.
5. Mit geh. Haselnüssen servieren.

WALDORFSALAT

750 g Knollensellerie
500 g Äpfel, säuerlich
2 Zitronen
50 g Walnusskerne
125 g Mayonnaise
1 Becher Joghurt (150 g)

ENERGIE/NÄHRWERT

1652 kJ
32 g KH, 27 g F, 6 g E

VORBEREITUNG

1. Zitronen auspressen.
2. Walnusskerne fein hacken.
3. Sellerie waschen und schälen.
4. Äpfel waschen, schälen und das Kerngehäuse entfernen.

ZUBEREITUNG

1. Mayonnaise mit Joghurt und Zitronensaft verrühren (Herstellung von Mayonnaise, vgl. S. 70), abschmecken.
2. Sellerie sehr fein in die Soße raspeln.
3. Äpfel grob in die Soße raspeln.
4. Alles vermischen und mit den gehackten Walnusskernen bestreut servieren.

BEI TI[illegible]

Die frischen gemischten Salate eignen sich als Vorspeise, Beilage, Zwischenmahlzeit sowie zum Abendessen. Sie können mit frischem Bauernbrot ergänzt werden.

TOMATEN-BASILIKUM-SALAT

500 g Tomaten
4 Stiele Basilikum
1 Knoblauchzehe
2-3 EL Essig
5 EL Öl
Salz, Pfeffer

ENERGIE/NÄHRWERT

820 kJ
5 g KH, 19 g F, 1 g E

VORBEREITUNG

1. Tomaten waschen und in Scheiben schneiden.
2. Basilikum waschen, Blätter von den Stielen zupfen und in Streifen schneiden.
3. Knoblauchzehe fein hacken oder durchpressen.

ZUBEREITUNG

1. Essig und Öl in einer Schüssel mit dem Schneebesen zu einem Dressing binden.
2. Salzen, pfeffern und mit einer zerdrückten Knoblauchzehe würzen.
3. Tomaten zusammen mit dem Basilikum in das Dressing geben und vorsichtig unterheben.
4. Salat 5-10 Min. durchziehen lassen.

TIPP

● Die Grundmenge für Salat ist sehr individuell. Man rechnet für 1 Portion 100-200 g.

KRAUTSALAT

Grundrezept

aus Griechenland

1 kg Weißkohl
4 EL Essig
⅛ l Öl
Salz, Pfeffer, Salatkräuter

ENERGIE/NÄHRWERT

1385 kJ
9 g KH, 32 g F, 3 g E

VORBEREITUNG

1. Weißkohl putzen, halbieren, vierteln und den Strunk keilförmig herausschneiden, vgl. Phasenfotos.

TIPP

- Will man den Kohl nicht blanchieren, um vor allem das Vitamin C besser zu erhalten, kann man ihn roh ca. 30 Min. stampfen, um ihn mürbe zu machen. Mit der Marinade vermischt, sollte er dann mindestens 5 Std. durchziehen.
- Kohlsalat lässt sich gut auf Vorrat herstellen und tiefgefrieren.
- Statt eine Marinade selbst herzustellen, kann auch ein Trockenprodukt genommen werden, das nach Anweisung zubereitet werden muss.
- Krautsalat kann in Pittabrot – aufgeschnitten – gefüllt werden, darauf kommen Giros und Zaziki. (Rezept vgl. S. 265)

VORBEREITUNG KOHLKÖPFE

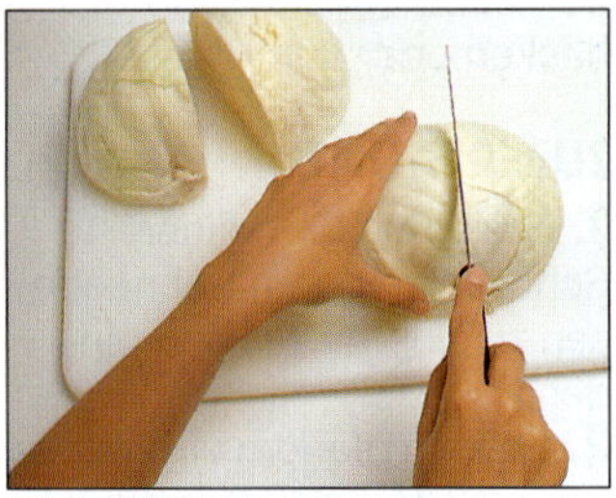

1. Weißkohl halbieren, vierteln.

2. Strunk herausschneiden.

3. Möglichst dünne Streifen schneiden.

ZUBEREITUNG KRAUTSALAT

1. Essig in ein Schälchen gießen.

2. Öl dazugießen.

3. Salzen, pfeffern, Kräuter dazugeben. Mit einem Schneebesen zu einer Marinade verrühren.

4. Weißkohlstreifen in reichlich kochendes Wasser schütten. 2 Min. blanchieren.

5. In ein Sieb schütten, kalt abbrausen, gut abtropfen lassen.

6. Mit der kräftig durchgerührten Marinade vermischen. 2 Std. durchziehen lassen.

ROTKOHLSALAT

1 kg Rotkohl
Salzwasser
3 Äpfel, säuerlich
Saft einer Orange
2 Zwiebeln
1 Becher saure Sahne (150 g)
2 EL Öl
2 EL Weinessig
Salz, Pfeffer
1 TL Zucker
Schale einer Orange, natur

ENERGIE/NÄHRWERT

896 kJ
27 g KH, 10 g F, 5 g E

VORBEREITUNG

1. Rotkohl vorbereiten, vgl. Krautsalat.
2. Äpfel waschen, schälen, entkernen und in feine Spalten schneiden, mit dem Orangensaft beträufeln.
3. Zwiebeln pellen und sehr fein würfeln.

ZUBEREITUNG

1. Saure Sahne, Öl, Essig, Zucker und Orangenschale zu einer Marinade verrühren und mit Salz und Pfeffer abschmecken.
2. Rotkohl blanchieren, vgl. Phasenfotos 4, 5.
3. Äpfel, Zwiebelwürfel und Rotkohl mit der Marinade mischen, abschmecken.
4. Mindestens 2 Std. ziehen lassen und nochmals abschmecken.

KOHLSALAT

1 kg Weißkohl
Salzwasser
8 Eier
500 g Tomaten
3 Gewürzgurken (ca. 180 g)
2 Zwiebeln
2 Bd. Petersilie
Salz, Pfeffer
1 TL Kümmel
⅛ l Öl

ENERGIE/NÄHRWERT

2151 kJ
18 g KH, 42 g F, 16 g E

VORBEREITUNG

1. Weißkohl vorbereiten, vgl. Krautsalat.
2. Eier hart kochen, pellen.
3. Tomaten waschen und Blüte entfernen, vierteln.
4. Gewürzgurken fein würfeln.
5. Zwiebeln pellen und fein hacken.
6. Petersilie waschen und hacken.

ZUBEREITUNG

1. Öl, Salz, Pfeffer, Kümmel, Zwiebeln und Petersilie zu einer Marinade rühren.
2. Weißkohl blanchieren, vgl. Phasenfotos 4, 5.
3. Marinade über den Weißkohl geben.
4. Tomaten, Gewürzgurken und Eierviertel vorsichtig unterziehen, abschmecken.
5. Mindestens 2 Std. ziehen lassen und nochmals abschmecken.

BEI TISCH

Kohlsalate passen gut zu Kartoffelgerichten und Hackfleischspeisen und als Beilage zu griechischen Gerichten.

KOHLSALAT aus Kalifornien

1 kg Weißkohl
Salzwasser
1 kg Bananen
Saft von 2 Zitronen
75 g Rosinen
3 Orangen
⅛ l Öl
2 EL brauner Zucker oder Honig
Salz
Saft einer Orange
ZUM GARNIEREN:
2 Orangen

ENERGIE/NÄHRWERT

2519 kJ
73 g KH, 32 g F, 5 g E

VORBEREITUNG

1. Weißkohl vorbereiten, vgl. Krautsalat.
2. Orange auspressen.
3. Bananen schälen, in Scheiben schneiden und mit dem Zitronensaft beträufeln.
4. Rosinen waschen.
5. Orangen filieren, vgl. S. 228.
6. Orangen auspressen.

ZUBEREITUNG

1. Öl, Zucker oder Honig, Salz und Orangensaft zu einer Marinade verrühren.
2. Weißkohl blanchieren, vgl. Phasenfotos 4, 5.
3. Weißkohl mit Rosinen, filierten Orangen und den Bananenscheiben vermischen.
4. Alle Zutaten mit der Marinade durchmischen und mindestens 1 Std. ziehen lassen, nochmals abschmecken.
5. Mit Orangenscheiben garnieren.

NUDELSALAT MIT KÄSE

250 g Hörnchennudeln, Vollkorn
3 l Salzwasser
3 Eier
2 Bd. Radieschen
1 Bd. Petersilie
200 g Magermilchjoghurt
150 g Mayonnaise
3 EL Essig
200 g Appenzeller Käse
Salz, Pfeffer, Zucker

ENERGIE/NÄHRWERT

2587 kJ
51 g KH, 32 g F, 30 g E

VORBEREITUNG

1. Hörnchen in Salzwasser "al dente" kochen.
2. Eier hart kochen, pellen.
3. Radieschen waschen und putzen.
4. Petersilie waschen und von den Stielen rupfen.

BEI TISCH

Die Nudelsalate eignen sich als Vorspeise, Hauptgericht oder zum Abendessen.

TIPP

● Nudelsalat braucht sehr viel Dressing, vor allem wenn er steht, da die Nudeln immer noch Flüssigkeit aufnehmen.

ZUBEREITUNG NUDELSALAT MIT KÄSE

1. Joghurt und Mayonnaise mischen, mit Essig verrühren und abschmecken.

2. Radieschen in dünne Scheiben schneiden.

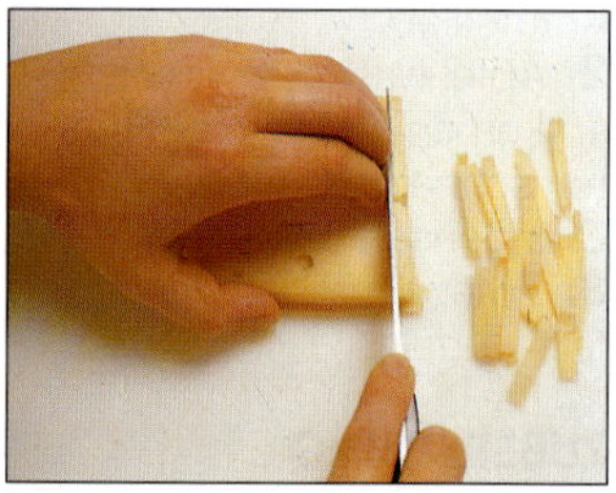

3. Appenzeller in dünne Streifen schneiden.

4. Eier in Scheiben schneiden.

5. Alle Zutaten mit dem Dressing vermischen, abschmecken.

6. Mit Petersilie garniert servieren.

VORBEREITUNG BLEICHSELLERIE

1. Vom Bleichsellerie die dunkelgrünen Blätter abschneiden.

2. Von den Stangen evtl. Fäden entfernen.

3. Stangen in feine Streifen, hellgrüne Blätter in Stücke schneiden.

NUDELSALAT MIT GEFLÜGEL UND BLEICH-SELLERIE

250 g Gabelspaghetti
3 l Salzwasser
3 EL Weinessig
3 EL Öl
Pfeffer, Salz, Zucker
1 Zwiebel
250 g gegartes Hühnerfleisch oder anderes Geflügelfleisch
300 g Bleichsellerie
1 Grundrezept Mayonnaise, vgl. S. 70
1 Bd. Petersilie

ENERGIE/NÄHRWERT

1382 kJ
48 g KH, 7 g F, 18 g E

VORBEREITUNG

1. Gabelspaghetti in Salzwasser "al dente" kochen.
2. Essig-Öl-Dressing herstellen.
3. Zwiebel pellen und fein hacken.
4. Bleichsellerie waschen, putzen und schneiden, vgl. Phasenfotos 1-3, S. 106.
5. Hühnerfleisch zerpflücken.

ZUBEREITUNG

1. Alle Zutaten mit dem Dressing mischen, gut durchziehen lassen.
2. Vor dem Servieren abschmecken.

BUNTER NUDELSALAT

250 g kleine Nudeln
3 l Salzwasser
300 g Erbsen und Möhren, tiefgefroren
1 Apfel, säuerlich
3 Gewürzgurken
1 Zwiebel
Dressing wahlweise, vgl. Rezepte S. 68 ff.

ENERGIE/NÄHRWERT

1715 kJ
55 g KH, 14 g F, 15 g E

VORBEREITUNG

1. Tiefgefrorenes Gemüse nach Packungsanweisung garen.
2. Dressing herstellen, vgl. S. 68 ff.
3. Nudeln "al dente" im Salzwasser kochen.
4. Gewürzgurken fein würfeln.
5. Zwiebel pellen und fein würfeln.
6. Apfel waschen, schälen und in Würfel schneiden.

ZUBEREITUNG

Alle Zutaten unter das Dressing mischen, abschmecken.

TIPP

- Alle Salate lassen sich mit Vollkornnudeln oder Reis zubereiten.
- Bei Verwendung von Vollkornnudeln muss das Wasser stärker gesalzen werden: 10 g Salz auf 1 l Wasser.
- Die Garzeit von Vollkornnudeln beträgt ca. 10-20 % mehr als bei Nudeln aus Auszugsmehl.
- Um die Salate zu verändern, können verschiedene Dressings verwendet werden, vgl. Rezepte S. 68 ff.

NUDELSALAT MIT SCHINKEN UND BOHNEN

250 g Spaghetti
3 l Salzwasser
4 Fleischtomaten (ca. 500 g)
1 Dose rote Bohnen
100 g gekochter Schinken
8 grüne Oliven
2 Knoblauchzehen
4 Basilikumblätter
5 EL Öl
3 EL Essig
Salz, Pfeffer, Majoran
1 Chilischote

ENERGIE/NÄHRWERT

1843 kJ
52 g KH, 19 g F, 14 g E

VORBEREITUNG

1. Spaghetti in Stücke brechen und in Salzwasser "al dente" kochen.
2. Fleischtomaten waschen, abziehen, vgl. S. 53.
3. Bohnen abtropfen lassen.
4. Schinken in feine Streifen schneiden.
5. Oliven hacken.
6. Knoblauchzehen pellen und durchpressen.
7. Basilikumblätter waschen und hacken.
8. Chilischote sehr fein hacken.

ZUBEREITUNG

1. Aus Essig, Öl, Gewürzen, Knoblauchzehen, Chilischote ein Essig-Öl-Dressing herstellen.
2. Nudeln hineingeben.
3. Tomaten in Würfel schneiden und zufügen.
4. Schinken, Oliven und Bohnen zufügen.
5. Alles miteinander vermischen und abschmecken.
6. Mit den Kräutern bestreut servieren.

KARTOFFELSALAT MIT GURKE

1 kg Pellkartoffeln
Salz
2 Zwiebeln
¼ l Brühe
200 g Salatmayonnaise
1 Becher Joghurt
1 Salatgurke

ENERGIE/NÄHRWERT

1238 kJ
35 g KH, 15 g F, 5 g E

VORBEREITUNG

1. Kartoffeln pellen, vgl. S. 116.
2. Zwiebeln pellen und würfeln. In der Brühe 1 Min. blanchieren.
3. Salatgurke waschen und in dünne Scheiben hobeln und salzen. Nach 10 Min. mit Küchenpapier abtupfen.

SCHWÄBISCHER KARTOFFELSALAT

1 kg Pellkartoffeln
Salz, Pfeffer
2 Zwiebeln
10 ml Essig
4 EL Öl
200 ml Brühe
2 Bd. Schnittlauch

ENERGIE/NÄHRWERT

1101 kJ
36 g KH, 10 g F, 7 g E

VORBEREITUNG

1. Kartoffeln pellen.
2. Zwiebeln pellen und fein würfeln.
3. Schnittlauch waschen und in Röllchen schneiden.
4. Essig-Öl-Marinade anrühren, erwärmen.

ZUBEREITUNG

1. Vgl. Phasenfotos 1 - 4.
5. Zwiebeln und Schnittlauch unterrühren.
6. Marinade warm mit dem Salat vermengen und abschmecken.

SCHNELLER KARTOFFELSALAT

1 kg Mayonnaisenkartoffelsalat (Fertigprodukt)
1 grüne Paprikaschote (ca. 200 g)
1 rote Paprikaschote (ca. 200 g)
2 Gewürzgurken (ca. 180 g)
2 Tomaten (ca. 150 g)
¼ TL Rosmarin

ENERGIE/NÄHRWERT

1587 kJ
42 g KH, 19 g F, 7 g E

VORBEREITUNG

1. Paprika waschen, entkernen und in feine Streifen schneiden.
2. Gewürzgurken würfeln.
3. Tomaten waschen, Blüte entfernen und achteln.

ZUBEREITUNG

1. Den fertigen Kartoffelsalat mit dem Gemüse vermischen.
2. Mit Rosmarin abschmecken.

ZUBEREITUNG KARTOFFELSALAT MIT GURKE

1. Kartoffeln in dünne Scheiben schneiden.

2. Mit der Brühe übergießen.

3. 30 Min. durchziehen lassen.

4. Restliche Brühe abgießen.

5. Mayonnaise mit Joghurt mischen und über die Kartoffeln geben.

6. Gurke und Zwiebelwürfel zufügen, alles vermischen und abschmecken.

KARTOFFELSALAT MIT FLEISCH

1 kg Pellkartoffeln
Salz
200 ml Brühe
150 g Schweinebraten, Aufschnitt oder Bratenreste
100 g gekochter Schinken
1 gr. Gewürzgurke (ca. 120 g)
2 Äpfel (ca. 300 g)
3 hart gekochte Eier
20 g Kapern
100 g Salatmayonnaise
1 Becher Joghurt
2 EL Essig
Pfeffer
1 Tomate (ca. 100 g)

ENERGIE/NÄHRWERT

2147 kJ
46 g KH, 27 g F, 21 g E

VORBEREITUNG

1. Schweinebraten und gekochten Schinken würfeln.
2. Gewürzgurke würfeln.
3. Äpfel waschen, schälen, Kerngehäuse entfernen und in feine Spalten schneiden.
4. Eier pellen und achteln.
5. Kapern hacken.
6. Salatmayonnaise mit dem Joghurt mischen.
7. Tomate waschen, Blüte entfernen und achteln.
8. Kartoffeln pellen.

ZUBEREITUNG

1. Vgl. Phasenfotos 1 - 4.
2. Gewürzgurke, Fleisch, Eierachtel und Äpfel untermischen.
3. Salatdressing und Kapern darübergeben, alles gut durchmischen und ca. 1 Std. ziehen lassen.
4. Abschmecken und mit Tomatenachteln verzieren.

BEI TISCH

Zu Kartoffelsalat passen Würstchen, Bratlinge oder gebratenes Fischfilet.

KARTOFFELSALAT MIT SOJASPROSSEN

1 kg Pellkartoffeln
1 Apfel (ca. 100 g)
2 Tomaten (ca. 200 g)
1 Bd. Radieschen
1 Bd. Lauchzwiebeln
125 g Sojasprossen
100 g Knoblauchmayonnaise mit Walnüssen, vgl. S. 71.
1 Becher Joghurt (200 g)
Pfeffer, Salz
1 Bd. Petersilie

ENERGIE/NÄHRWERT

1800 kJ
45 g KH, 22 g F, 10 g E

VOR- UND ZUBEREITUNG

1. Kartoffeln pellen und in Würfel schneiden.
2. Salatmayonnaise und Joghurt mischen.
3. Kartoffeln mit dem Dressing mischen und 1 Std. durchziehen lassen.
4. Apfel waschen, schälen, würfeln.
5. Tomaten waschen, Blüte entfernen und achteln.
6. Radieschen waschen und in feine Scheiben schneiden.
7. Lauchzwiebeln waschen und in Ringe schneiden.
8. Sojasprossen waschen.
9. Alle Zutaten zu den Kartoffeln geben und vorsichtig vermischen.
10. Abschmecken.

WENN ETWAS ÜBRIG BLEIBT

Kartoffelsalat auch im Kühlschrank nicht länger als einen halben Tag aufbewahren. Die Gefahr der Salmonellenanreicherung ist bei Mayonnaise sehr groß. Ohne Salatdressing kann die Zutatenmischung bis zu 2 Tagen aufbewahrt werden und muss dann vor dem Servieren mit dem Dressing vermischt werden.

KARTOFFELSALAT MIT GEMÜSE

1 kg Pellkartoffeln
Salz
4 Möhren (ca. 300 g)
100 g Sellerie
3 Gewürzgurken (ca. 200 g)
1 Salatgurke
500 g Tomaten
2 Zwiebeln
250 g Thousand Islands Dressing, vgl. S. 69.
Zucker

ENERGIE/NÄHRWERT

1596 kJ
54 g KH, 14 g F, 8 g E

VORBEREITUNG

1. Möhren, Sellerie und Salatgurke waschen, putzen und grob raspeln.
2. Zwiebeln pellen und in Würfel schneiden.
3. Tomaten waschen, Blüte entfernen und achteln.
4. Gewürzgurken in kleine Würfel schneiden.
5. Kartoffeln pellen, vgl. S. 116.

ZUBEREITUNG

1. Kartoffeln pellen, in Scheiben schneiden und salzen.
2. Thousand Islands Dressing über die Kartoffeln geben.
3. Gemüse, Gurken, Tomaten und Zwiebelwürfel dazugeben und alles gut vermischen.
4. Ca. 1 Std. durchziehen lassen, abschmecken.

AVOCADO REISSALAT

100 g Langkornreis (Naturreis)
1 l Salzwasser
3 Tomaten
2 reife Avocados
2 Eier
100 g Champignons
150 g gegarte Hähnchenbrust
FÜR DIE SOSSE:
3 EL Öl
4 EL Kräuteressig
3 EL Sahne
1/2 durchgepresste Knoblauchzehe
Salz, weißer Pfeffer
Currypulver
Basilikumblättchen

ENERGIE/NÄHRWERT

2026 kJ
21 g KH, 37 g F, 15 g E

Garzeit: 20 Min.

VORBEREITUNG

1. Reis in Salzwasser ca. 20 Min. garen (vgl. 42).
2. Tomaten häuten, vierteln und in Streifen schneiden (vgl. S. 53).
3. Champignons waschen, putzen und in dünne Scheiben schneiden.
4. Eier hart kochen und in Scheiben schneiden.
5. Hähnchenbrust in feine Streifen schneiden.
6. Basilikumblättchen waschen.

TIPP

- Die Getreidearten Reis und Weizen sind beliebig gegen andere Getreide und Teigwaren untereinander austauschbar.
- Hähnchenfleisch, z.B. 200 g Brust, eignet sich zum Garen in der Mikrowelle, ca. 5 Min. bei 600 Watt.

BEI TISCH

Die Salate eignen sich alle mit einer Vorspeise (z.B. einer Suppe, vgl. Rezepte S. 48 ff) und einem Dessert (vgl. Rezepte S. 224 ff) gut als Hauptgericht. Bei geeigneter Transportmöglichkeit stellen sie eine gute Abwechslung für eine Zwischenmahlzeit in der Schule oder am Arbeitsplatz dar.

ZUBEREITUNG AVOCADO REISSALAT

1. Avocados halbieren, entkernen und schälen.

2. Fleisch der Avocados in Würfel schneiden.

3. Reis und die vorbereiteten Zutaten in eine Schüssel geben.

4. Salatsoße herstellen.

5. Salat vermengen.

6. Salat mit Basilikumblättchen garnieren.

BUNTER REISSALAT

200 g Langkornreis
1 TL Salz
400 ml Wasser
300 g Schweineschnitzel
20 g Margarine
½ Bd. Petersilie
1 Dose Mais (425 g)
2 grüne Paprikaschoten
4 Tomaten (300 g)
FÜR DIE SOSSE:
5 EL Essig
Salz, Pfeffer
1 Pr. Zucker
½ TL Curry
4 EL Öl

ENERGIE/NÄHRWERT

2415 kJ
67 g KH, 25 g F, 24 g E

Garzeit: 25 Min.

VORBEREITUNG

1. Paprika waschen und entkernen.
2. Tomaten überbrühen, häuten und entkernen.
3. Petersilie waschen und hacken.

ZUBEREITUNG

1. Reis in Salzwasser 20 Min. kochen, abkühlen lassen.
2. Schweineschnitzel in heißer Margarine von jeder Seite 4 Min. goldbraun braten, abkühlen lassen, würfeln.
3. Paprika in feine Streifen schneiden.
4. Tomaten würfeln.
5. Reis, Schweinefleisch, Paprika, Mais und Tomaten mischen.
6. Für die Soße alle Zutaten mischen, vgl. Grundrezept Vinaigrette S. 68.
7. Soße über den Salat gießen und gut 1 Std. durchziehen lassen.
8. Mit Petersilie bestreut servieren.

WEIZEN-LINSEN-SALAT

120 g Weizenkörner
½ l Wasser
120 g Linsen, rote oder schwarze
3 Tomaten (je ca. 120 g)
1 grüne Paprikaschote (ca. 180 g)
1 Bd. Frühlingszwiebeln (ca. 200 g)
Basilikum, Estragon oder gemischte Tiefkühlkräuter
Kräutersalz
1 Zwiebel
Vinaigrette, vgl. Rezept S. 68

ENERGIE/NÄHRWERT

734 kJ
11 g KH, 9 g F, 11 g E

Garzeit: 60 Min.

VORBEREITUNG

1. Weizenkörner mit der Hälfte des Wassers zum Kochen bringen. Nach 20 Min. Kochzeit 40 Min. quellen lassen.
2. Linsen mit der anderen Hälfte des Wassers ca. 30 Min. garen.
3. Tomaten waschen, Blüte herausschneiden und in Streifen schneiden.
4. Paprika waschen und in sehr feine Streifen schneiden.
5. Zwiebeln pellen und sehr fein würfeln.
6. Frühlingszwiebeln waschen und in feine Ringe schneiden.
7. Frische Kräuter waschen und zerkleinern.
8. Vinaigrette herstellen, vgl. S. 68.

ZUBEREITUNG

1. Weizen und Linsen mit Kräutersalz abschmecken.
2. Alle anderen Zutaten zugeben, gut durchziehen lassen und abschmecken. Zum Schluss die Kräuter unterheben.

GEMÜSE-HIRSE-SALAT MIT TOFU

250 g Tofu
250 g Möhren
250 g Kohlrabi
250 g Staudensellerie
frische Kräuter (ca. 30 g)
100 g Hirse
FÜR DIE SOSSE:
250 g Magerquark
100 g Milch
100 g süße Sahne
Salz, Pfeffer

ENERGIE/NÄHRWERT

1090 kJ
29 g KH, 9 g F, 13 g E

VORBEREITUNG

1. Tofu würfeln.
2. Möhren, Kohlrabi und Staudensellerie waschen, putzen und zerkleinern.
3. Kräuter waschen und zerkleinern.
4. Hirse in 400 ml Salzwasser 15 Min. garen.

ZUBEREITUNG

1. Quark, Milch, Sahne, Salz und Pfeffer verrühren und abschmecken.
2. Quarksoße über das zerkleinerte Gemüse und die Hirse geben.
3. Gewürfelten Tofu darüberstreuen.
4. Kräuter und Zwiebelwürfel kurz vor dem Servieren überstreuen.

TIPP

- Gemüse kann im Allgemeinen gut mit dem Schnitzelwerk einer Küchenmaschine oder eines Handrührgerätes zerkleinert werden.
- Getreide für Salate kann am Vortag gekocht werden.

SALAT MIT GEFLÜGELBRUST

- *2 Geflügelbrusthälften (ca. 250 g)*
- *1 Schalotte*
- *½ Knoblauchzehe*
- *½ Beet Kresse*
- *4 Stiele Petersilie*
- *6 Stengel Schnittlauch*
- *1 Friséesalat (250 g)*
- *1 Eichblattsalat (250 g)*
- *2 EL Sherry-Essig*
- *4 EL Olivenöl*
- *1 TL Öl*
- *1 TL Butter*
- *Salz, Pfeffer*

ENERGIE/NÄHRWERT

352 kJ
1 g KH, 18 g F, 11 g E

VORBEREITUNG

1. Schalotte und Knoblauchzehe pellen und fein würfeln.
2. Salatkopf vorbereiten, vgl. S. 98.
3. Kresse vom Beet schneiden und waschen.
4. Kräuter waschen und fein hacken.

TIPP

- Statt Geflügelbrust kann auch Schweinefilet oder Kalbssteak verwendet werden.
- Die Blattsalate sind beliebig austauschbar.

BEI TISCH

Zu den Salaten sollte frisches Brot gereicht werden.

ZUBEREITUNG SALAT MIT GEFLÜGELBRUST

1. Bei mittlerer Hitze 1 TL Öl in einer Pfanne erhitzen, 1 TL Butter zugeben.

2. Geflügelbrust von jeder Seite 5 Min. braten. Leicht salzen und pfeffern.

3. Für 1 Min. auf einen vorgewärmten Teller legen. Einmal wenden.

4. Geflügelbrust in etwa 1 cm dicke Scheiben schneiden.

5. Dekorativ auf einem großen Teller platzieren.

6. Für das Dressing Essig, Salz, Pfeffer, Schalotte und Öl verrühren.

7. Kräuter dazugeben und untermischen.

8. Bratensaft vom Teller mit etwas Dressing würzen. Über das Fleisch geben.

9. Salate mit dem übrigen Dressing mischen. Auf der Geflügelbrust anrichten.

FELDSALAT MIT GEFLÜGELLEBER

250 g Geflügelleber
2 TL Butter (10 g)
2 rote Äpfel (300 g)
2 grüne Äpfel (300 g)
2 Zitronen
300 g Feldsalat
2 EL Sherry-Essig
2 EL Weißwein
4 EL Öl
1 Schalotte (30 g)
1 Knoblauchzehe
8 Stiele Petersilie
8 Zweige Kerbel
8 Stengel Schnittlauch
Salz

ENERGIE/NÄHRWERT

1527 kJ
26 g KH, 21 g F, 16 g E

VORBEREITUNG

1. Äpfel gut waschen und abtrocknen.
2. Feldsalat verlesen und den Wurzelansatz entfernen. Waschen, abtropfen lassen.
3. Schalotte und Knoblauchzehe pellen und sehr fein würfeln (hacken).
4. Kräuter erst kurz vor dem Zubereiten des Dressings waschen und zerkleinern.

TIPP

- Statt Geflügelleber kann auch Schweineleber oder anderes kurzgebratenes Fleisch verwendet werden.
- Feldsalat ist mit anderen Blattsalaten austauschbar.

ZUBEREITUNG FELDSALAT MIT GEFLÜGELLEBER

1. Äpfel vierteln. Mit einem Kugelausstecher oder Messer entkernen.

2. In dünne Scheiben schneiden und mit Zitronensaft beträufeln.

3. Essig, Weißwein, Salz, Knoblauch, Schalotte und Öl verrühren.

4. Kräuter dazugeben, Dressing verrühren.

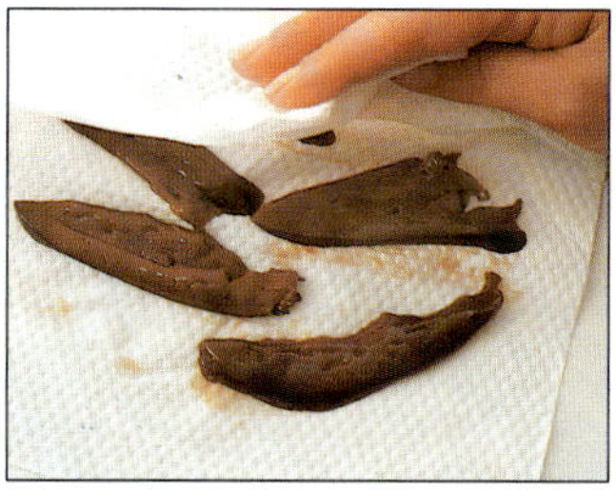

5. Leber schräg in dünne Scheiben schneiden und mit Küchenpapier trockentupfen.

6. 1 EL Öl in der Pfanne verteilen, erhitzen und 1 TL Butter zugeben.

7. Leberscheiben in die mäßig heiße Butter einlegen.

8. Ganz kurz von jeder Seite braten und leicht salzen.

9. Geflügelleber mit dem Feldsalat anrichten, Dressing übergießen.

GEMISCHTER SALAT MIT FISCHFILETSTREIFEN

12 Zuckerschoten (ca. 120 g)
8 Frühlingszwiebeln
2 Auberginen (300 g)
2 Zucchini (125 g)
400 g Fischfilet
40 g Butter oder Margarine
FÜR DIE SOSSE:
2 EL Essig
8 EL Olivenöl
Salz, Pfeffer
1 Bund Kerbel
½ Bund Schnittlauch

ENERGIE/NÄHRWERT

1760 kJ
13 g KH, 19 g F, 8 g E

Garzeit: 6 Min.

VORBEREITUNG

1. Frühlingszwiebeln, Auberginen und Zucchini putzen und waschen.
2. Essig mit Salz, Pfeffer und Öl verschlagen.
3. Kerbel waschen und zupfen.
4. Schnittlauch waschen und in kleine Röllchen schneiden.

LACHSSALAT MIT CHAMPIGNONS

200 g Lachsfilet
200 g Champignons
2 Möhren
100 g graved Lachs, in Scheiben
1 Handvoll Brunnenkresse
FÜR DIE MARINADE:
4 EL Sahne
1 EL geriebener Meerrettich
Salz, Pfeffer
Saft von 1 Zitrone
2 EL Öl

ENERGIE/NÄHRWERT

1025 kJ
4 g KH, 16 g F, 16 g E

Garzeit: 3 Min.

VORBEREITUNG

1. Lachsfilet in sehr dünne Scheiben schneiden.
2. Champignons waschen und in feine Streifen schneiden.
3. Möhren waschen, blanchieren und in feine Streifen schneiden.
4. Kresse waschen, verlesen und trocken schleudern.

ZUBEREITUNG

1. Lachsfilet über Dampf 2-3 Min. garen.
2. Alle Zutaten der Marinade miteinander verrühren, abschmecken und über die Pilze geben, mit den Möhren vermischen, auf Teller verteilen.
3. Gedämpften Lachs und graved Lachs darauf anrichten und mit Kresse bestreuen.

ZUBEREITUNG GEMISCHTER SALAT MIT FISCHFILETSTREIFEN

1. Erbsenschoten am Stielansatz einschneiden und die Fäden entlang der Schote abziehen.

2. Schoten ca. 2 Min. blanchieren.

3. Auberginen, Zucchini, Frühlingszwiebeln in dünne Scheiben schneiden. In Öl ca. 2 Min. anbraten.

4. Fischfilet in 6–8 cm breite Streifen schneiden.

5. Fischfilet von beiden Seiten 1½ Min. goldbraun braten.

6. Zutaten anrichten.

AVOCADO-FISCHSALAT

1 kg Kabeljau, küchenfertig
Salz
1 l Wasser
2 Lorbeerblätter
10 schwarze Pfefferkörner
2 EL Essig
1 Kopf Friséesalat
1 Bd. Schnittlauch
1 Dose Sardellenfilets in Öl (30 g)
2 Zwiebeln
3 reife Avocados
1/8 l trockener Weißwein
1 Pr. Zucker
2 EL Senf
1 EL Meerrettich
1 EL Kapern
2 EL Öl
schwarzer Pfeffer
nach Belieben:
100 g Grönlandkrabben

ENERGIE/NÄHRWERT

2158 kJ
7 g KH, 32 g F, 46 g E

Garzeit: 30 Min.

VORBEREITUNG

1. Kabeljau unter fließendem Wasser abspülen.
2. Friséesalat und die Kräuter waschen.
3. Salat in kleine Stücke zerpflücken.
4. Zwiebeln pellen und würfeln.
5. Sardellen abtropfen lassen, fein würfeln.
6. Avocados schälen und den Kern herauslösen.
7. Schnittlauch waschen und in Röllchen schneiden.

ZUBEREITUNG

1. 1 l Wasser mit Salz, Lorbeerblättern, Pfefferkörnern und 1 EL Essig zum Kochen bringen. Kabeljau hineinlegen und 25-30 Min. gar ziehen lassen.
2. Fisch im Sud erkalten lassen.
3. Zwei Avocados pürieren.
4. Weißwein, Zucker, Senf, Meerrettich, Kapern, Schnittlauch, Sardellen und Zwiebeln unter das Püree mischen, mit Salz abschmecken.
5. Kabeljau abtropfen lassen, entgräten und in gleich große Stücke teilen.
6. Dritte Avocado in Spalten schneiden.
7. Frisée mit 1 EL Essig, Salz, Pfeffer und Öl beträufeln.
8. Fischstücke, Avocadospalten und gegebenenfalls Krabben darauf verteilen.
9. Soße — wie in Phase 4 hergestellt — gleichmäßig darüber verteilen.

BEI TISCH

Alle drei Salate eignen sich als Vorspeise, aber auch als leichtes Hauptgericht an warmen Tagen.
Zu den Salaten passt frisches Baguette, mit Kräuterbutter überbacken.

HERINGSSALAT

4 Bismarck- oder Matjesheringsfilets
3 Äpfel (300 g)
200 g eingelegte Rote Bete
300 g gekochte Kartoffeln
2 Gewürzgurken (ca. 150 g)
Vinaigrette

ENERGIE/NÄHRWERT

1368 kJ
26 g KH, 15 g F, 20 g E

VORBEREITUNG

1. Vinaigrette herstellen, vgl. Zubereitung S. 68.
2. Äpfel waschen, schälen, Kerngehäuse entfernen.

ZUBEREITUNG

1. Äpfel und Gewürzgurken in kleine Würfel schneiden und sofort in die Vinaigrette geben.
2. Rote Bete und Kartoffeln würfeln, dazugeben.
3. Heringsfilets in Streifen schneiden.
4. Alle Zutaten gut durchziehen lassen und mit etwas Zucker abschmecken.

WENN ETWAS ÜBRIG BLEIBT

Fischsalate sollten grundsätzlich frisch zubereitet und verzehrt werden, eine Lagerung im Kühlschrank ist maximal für einen Tag möglich.

Kartoffeln

SALZKARTOFFELN

Grundrezept

1 kg Kartoffeln
Salz
Wasser, ca. 1/4-1/2 l

ENERGIE/NÄHRWERT

602 kJ
32 g KH, – g F, 4 g E

Garzeit: 20 Min.

PELLKARTOFFELN

Grundrezept

1 kg Kartoffeln
Wasser
Salz, Petersilie- oder andere Kräuterstiele
1/2 TL Kümmel
1 Lorbeerblatt

ENERGIE/NÄHRWERT

602 kJ
32 g KH, – g F, 4 g E

Garzeit: 25 Min.

BEI TISCH

Salz- und Pellkartoffeln sind eine beliebte Beilage zu Fleisch- und Fischgerichten, die mit einer Soße angerichtet werden. Pellkartoffeln schmecken am besten als neue Kartoffeln, möglichst klein, mit zarter Schale. Bei Pellkartoffeln bleiben alle Nährstoffe weitgehend erhalten.

TIPP

- Grüne Stellen bei Kartoffeln wegschneiden, da diese das Gift Solanin enthalten.

ZUBEREITUNG SALZKARTOFFELN

1. Gewaschene Kartoffeln mit dem Sparschäler oder Messer schälen und waschen.

2. Bei unterschiedlichen Kartoffeln die größten halbieren.

3. Kartoffeln in einen Topf geben, Wasser und etwas Salz hinzufügen.

4. Zugedeckt zum Kochen bringen, ca. 20 Min. kochen.

5. Kartoffeln zur Garprobe mit einem Messer einstechen.

6. Das Wasser abgießen und die Kartoffeln abdämpfen.

ZUBEREITUNG PELLKARTOFFELN

1. Unter fließendem kalten Wasser gründlich waschen.

2. Mit Wasser bedecken, mit Gewürzen zum Kochen bringen. 20-25 Min. kochen lassen.

3. Kartoffeln kurz im Topf abdämpfen. Kartoffeln gepellt oder mit Schale servieren.

BRATKARTOFFELN

Grundrezept

1,3 kg Pellkartoffeln, Sorte vorwiegend festkochend
30 g Margarine, Butter, Öl, Butterschmalz oder
100 g durchwachsener Speck
2 Zwiebeln
Salz, Pfeffer
Thymian oder Majoran

ENERGIE/NÄHRWERT

1825 kJ
50 g KH, 21 g F, 9 g E

Garzeit: 15 Min.

VORBEREITUNG

1. Speck würfeln.
2. Zwiebeln pellen und würfeln.
3. Gekochte Kartoffeln pellen.
4. Kartoffeln in Scheiben, Zwiebeln in Würfel oder Ringe schneiden.
5. Fett oder durchwachsenen Speck in der Pfanne erhitzen.

RÖSTIS

1 kg Kartoffeln, vorwiegend festkochend
50 g Butterschmalz oder anderes Fett
Salz, Pfeffer

ENERGIE/NÄHRWERT

791 kJ
32 g KH, 5 g F, 4 g E

Garzeit: 10 Min.

BEI TISCH

Röstis sind als Beilage zum Zürcher Geschnetzelten eine Schweizer Spezialität.

ZUBEREITUNG BRATKARTOFFELN

1. Kartoffeln bei mittlerer Hitze 8-10 Min. braten, dann wenden.

2. Die Zwiebeln hinzufügen und mitbraten, bis sie goldgeld sind.

3. Mit Salz, frischem Pfeffer und etwas Thymian oder Majoran würzen.

ZUBEREITUNG RÖSTIS

1. Geschälte Kartoffeln grob raspeln. In einem Sieb abtropfen lassen.

2. 1 EL Fett bei mittlerer Hitze in einer Pfanne schmelzen.

3. Abgetropfte Kartoffelraspel ins heiße Fett schütten.

4. Etwas zusammendrücken und knusprig braun braten. Salzen und pfeffern.

5. Wenden: Deckel fest auflegen, Pfanne stürzen.

6. Rösti vom Deckel in die Pfanne zurückgleiten lassen, andere Seite braun braten.

POMMES FRITES

Grundrezept

1 kg Kartoffeln, vorwiegend festkochend
Fett zum Fritieren
Salz, Paprika

ENERGIE/NÄHRWERT

1446 kJ
32 g KH, 22 g F, 4 g E

Garzeit: 5 Min.

BEI TISCH

Alukartoffeln (baked potatoes), werden zu Steaks und anderen kurzgebratenen Fleischsorten serviert.

FOLIENKARTOFFELN

Grundrezept

4 große Kartoffeln (ca. 1 kg)
Aluminiumfolienquadrate
Salz
Dressing nach Wahl, vgl. S. 68 f.

ENERGIE/NÄHRWERT

600 kJ
32 g KH, – g F, 4 g E

Garzeit: 60 Min.

SOUR CREAM

200 g Quark, 20 % Fett
200 g Crème fraîche
50 g geh. Kräuter
Salz, Pfeffer, Paprika

ENERGIE/NÄHRWERT

550 kJ
4 g KH, 7 g F, 8 g E

ZUBEREITUNG:

1. Alle Zutaten miteinander mischen, abschmecken.
2. Zu den Folienkartoffeln servieren.

ZUBEREITUNG POMMES FRITES

1. Kartoffeln schälen. Erst in Scheiben, dann in Stäbchen schneiden.

2. Waschen, sorgfältig trockentupfen und Öl erhitzen.

3. Die ideale Hitze ist erreicht, wenn ein Holzspieß im Öl Bläschen erzeugt.

4. Pommes frites zugeben, 3 Min. fritieren.

5. Herausnehmen, abtropfen und abkühlen lassen.

6. In heißem Öl die vorfritierten Kartoffeln ca. 2 Min. fritieren.

ZUBEREITUNG FOLIENKARTOFFELN

1. Kartoffeln in Alu wickeln. Folie einstechen. Je nach Größe ca. 1 Std. bei 250° C backen.

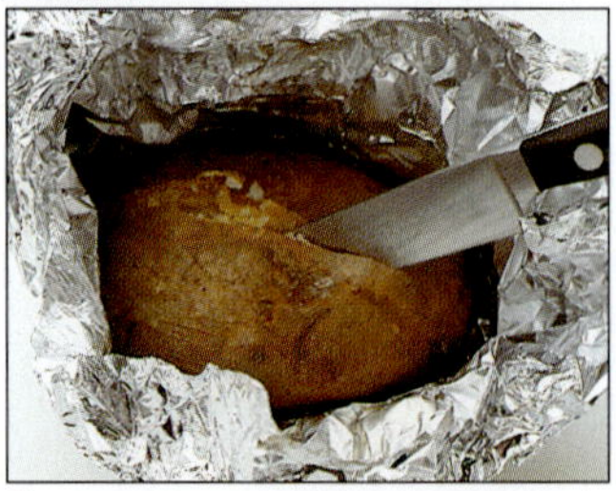

2. Folie öffnen und die Kartoffeln kreuzweise einschneiden.

3. Jede Kartoffel nach unten etwas zusammendrücken. Die Kartoffeln beliebig füllen.

KARTOFFELPÜREE

Grundrezept

1 kg rohe, geschälte Kartoffeln
50 g Butter
¼ l Milch
Salz, Pfeffer, Muskat
1 Pr. Zucker

ENERGIE/NÄHRWERT

1166 kJ
35 g KH, 13 g F, 6 g E

Garzeit: 25 Min.

VARIATIONEN

KRÄUTER-KARTOFFELPÜREE

Zubereitung wie Grundrezept Kartoffelpüree.

ZUSÄTZLICHE ZUTATEN:
1 EL Schnittlauch
1 EL Petersilie
1 EL Thymian
Salz, Pfeffer

ENERGIE/NÄHRWERT

1185 kJ
36 g KH, 13 g F, 6 g E

Garzeit: 25 Min.

ZUBEREITUNG

1. Die Kräuter fein hacken und unter das Püree rühren.
2. Mit Salz und Pfeffer abschmecken und das Püree mit einem Kräutersträußchen garnieren.

ERBSEN-KARTOFFELPÜREE

Zubereitung wie Grundrezept Kartoffelpüree, jedoch nur aus 600 g Kartoffeln.

ZUSÄTZLICHE ZUTATEN:
400 g ausgepalte Erbsen
¼ l Fleischbrühe
Salz, Pfeffer
Zitronenmelisse

ENERGIE/NÄHRWERT

1068 kJ
27 g KH, 13 g F, 7 g E

Garzeit: 30 Min.

ZUBEREITUNG

1. Erbsen 5 Min. in der Fleischbrühe garen.
2. Im Mixer pürieren, mit dem Kartoffelpüree vermengen und mit Salz und Pfeffer abschmecken.
3. Mit Erbsen und Zitronenmelisse garnieren.

TOMATEN-KARTOFFELPÜREE

Zubereitung wie Grundrezept Kartoffelpüree, jedoch nur aus 800 g Kartoffeln.

ZUSÄTZLICHE ZUTATEN:
2-3 Fleischtomaten
Salz, Pfeffer, Basilikum

ENERGIE/NÄHRWERT

1046 kJ
29 g KH, 13 g F, 5 g E

Garzeit: 30 Min.

ZUBEREITUNG

1. Tomaten kurz in kochendes Wasser legen. Enthäuten, entkernen und durch ein Sieb streichen.
2. Mit dem Kartoffelpüree verrühren und mit Salz und Pfeffer abschmecken.
3. Mit 2 Tomatenvierteln und Basilikum garnieren.

TIPP

- Werden die gekochten Kartoffeln durch eine Kartoffelpresse gedrückt, erhält man Kartoffelschnee, der die Basis für Püree, Kartoffelklöße, Kartoffelkroketten und Kartoffelplätzchen ist. Kartoffelpüree kann beliebig verfeinert werden und bietet sich als Beilage oder Garnierung an.
- Es sollten möglichst mehlig kochende Kartoffeln verwendet werden.
- Kartoffelbrei kann auch ohne Presse mit einem Kartoffelstampfer hergestellt werden.
- Für kleine Mengen (bis 1 kg) kann zur Kartoffelbreiherstellung das Handrührgerät mit Schneebesen genommen werden.

ZUBEREITUNG KARTOFFELPÜREE

1. Kartoffeln kochen und heiß durch eine Kartoffelpresse drücken.

2. Milch erhitzen und nach und nach unter die Kartoffelmasse rühren.

3. Weiche Butter unterrühren. Mit Salz, Pfeffer, Muskat und einer Prise Zucker würzen.

KARTOFFELKROKETTEN

Grundrezept

1 kg geschälte gekochte Kartoffeln, abgekühlt
3 Eigelb
Salz
1 Pr. geriebene Muskatnuss
ZUM PANIEREN:
3 EL Mehl
2 Eier
3 EL Paniermehl
Plattenfett zum Fritieren

ENERGIE/NÄHRWERT

1188 kJ
46 g KH, 6 g F, 11 g E

Garzeit: 8 Min.

KARTOFFELPLÄTZCHEN

Zubereitung wie Grundrezept Kartoffelkroketten, jedoch nur aus 350 g Kartoffeln, ohne Panade.

ZUSÄTZLICHE ZUTATEN:
60 g durchwachsener Speck, gewürfelt
2 Zwiebeln, gewürfelt
2 EL gehackte Petersilie
1 Eigelb
Fett zum Braten

ENERGIE/NÄHRWERT

740 kJ
17 g KH, 10 g F, 4 g E

Garzeit: 6 Min.

TIPP

- Die klassische Krokette hat eine längliche Form. Es können auch Bällchen aus der Masse geformt werden.
- Kroketten platzen beim Fritieren auf, wenn die Masse nicht fest genug ist. Daher sicherheitshalber nur eine Krokette panieren und zur Probe fritieren. Eventuell 1 EL Speisestärke unter die Krokettenmasse rühren.

BEI TISCH

Fritierte Kartoffelbeilagen müssen frisch zubereitet und gleich gegessen werden, weil sie sonst weich werden.

ZUBEREITUNG KROKETTEN

1. Kartoffeln durch die Presse drücken.

2. Mit dem Eigelb verkneten und mit Salz und Muskatnuss würzen.

3. Zu einer ca. 2 cm dicken Rolle formen, davon 4 cm lange Stücke abschneiden.

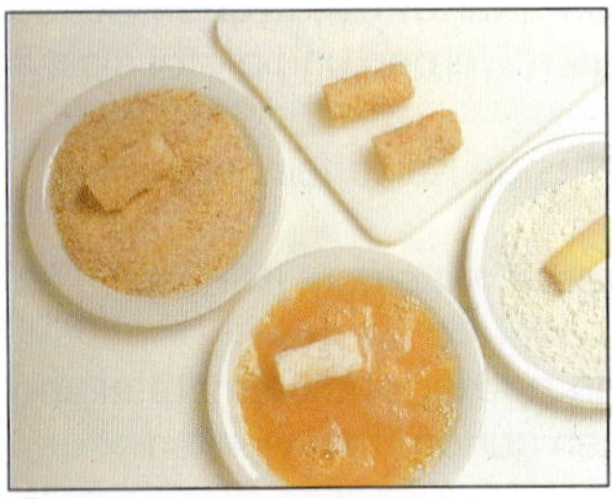

4. Jede Krokette panieren, vgl. S. 33.

5. In heißem Fett schwimmend goldbraun fritieren.

6. In vorgewärmter Schüssel servieren.

ZUBEREITUNG KARTOFFELPLÄTZCHEN

1. Gewürfelten Speck ausbraten und die gewürfelten Zwiebeln darin glasig dünsten.

2. Fett abgießen, Speck mit den Zwiebeln, der Petersilie und dem Eigelb unter die Masse rühren.

3. Plätzchen formen. Anbraten und bei mittlerer Hitze goldbraun braten.

HERZOGIN-KARTOFFEL

»Pommes Duchesse«
Zubereitung wie Grundrezept Kartoffelkroketten, ohne Panade.

ZUSÄTZLICHE ZUTATEN:
2 Eigelb
1 EL weiche Butter
2 EL zerlassene Butter

ENERGIE/NÄHRWERT

1136 kJ
28 g KH, 15 g F, 6 g E

Garzeit: 10 Min.

VORBEREITUNG

1. Krokettenmasse mit Eigelb und weicher Butter verrühren, in einen Spritzbeutel geben und auf ein gefettetes oder mit Backpapier ausgelegtes Backblech spritzen.
2. Mit zerlassener Butter beträufeln. Bei ca. 200° C im Backofen in 5-10 Min. goldbraun backen.

SAHNEKARTOFFELN

»Creamed Potatoes«
600 g Pellkartoffeln
3 EL Öl
1/8 l Milch
1/8 l Schlagsahne
Salz, Pfeffer

ENERGIE/NÄHRWERT

1276 kJ
22 g KH, 22 g F, 4 g E

Garzeit: 15 Min.

ZUBEREITUNG

1. Die gepellten Kartoffeln in Stücke schneiden.
2. Öl in der Pfanne erhitzen, die Kartoffeln darin goldgelb braten.
3. Milch und Schlagsahne zugeben und etwas einkochen lassen, bis die Milch-Sahne-Verbindung dickflüssig wird, dabei öfter umrühren.
4. Mit Salz und Pfeffer kräftig würzen.

KARTOFFELGRATIN

Grundrezept

1 Knoblauchzehe
30 g Butter
800 g kleine, rohe, geschälte Kartoffeln
Salz, Pfeffer
1/8 l Schlagsahne
1/8 l Milch
1 Pr. geriebene Muskatnuss
100 g geriebenen Hartkäse

ENERGIE/NÄHRWERT

1639 kJ
34 g KH, 22 g F, 13 g E

Garzeit: 60 Min.

VORBEREITUNG

1. Milch und Sahne vermischen, mit Salz und Pfeffer pikant abschmecken.

VARIATIONEN

Die Kartoffeln können auch zum Teil durch Gemüsesorten je nach Jahreszeit und Geschmack ausgetauscht werden, z. B. Lauch, Zucchini, Möhren, vgl. S. 92.

ZUBEREITUNG KARTOFFELGRATIN

1. Eine feuerfeste Form mit Knoblauchzehe ausreiben und mit 1 TL Butter ausstreichen.

2. Die in dünne Scheiben geschnittenen Kartoffeln fächerartig in der Form anrichten.

3. Jede Schicht mit Salz und wenig Pfeffer würzen.

4. Mit dem Milch-Sahne-Gemisch übergießen.

5. Mit geriebener Muskatnuss würzen und mit geriebenem Käse bestreuen.

6. Im Backofen bei 200° C in ca. 60 Min. goldbraun backen.

KARTOFFELPUFFER

Grundrezept

1000 g Kartoffeln
2 Zwiebeln
1 TL Salz
2 Eier
ZUM BRATEN:
1/8 l Öl oder 100 g Plattenfett

ENERGIE/NÄHRWERT

1773 kJ
27 g KH, 53 g F, 10 g E

Garzeit: 6 Min.

VORBEREITUNG

1. Kartoffeln waschen und schälen.
2. Zwiebeln pellen und fein würfeln.

MÖHRENPUFFER

500 g Kartoffeln
500 g Möhren
3 Eier
3 EL süße Sahne
1/2 TL Kreuzkümmel
1/2 TL Koriander
1 Bd. glatte Petersilie
4 EL Cashewkerne (80 g)
ZUM BRATEN:
1/8 l Öl oder 100 g Plattenfett

ENERGIE/NÄHRWERT

1944 kJ
31 g KH, 48 g F, 12 g E

Garzeit: 6 Min.

VORBEREITUNG

1. Cashewkerne hacken.
2. Möhren waschen und schälen.
3. Kartoffeln waschen und schälen.
4. Petersilie waschen und fein hacken.

ZUBEREITUNG

1. Kartoffeln und Möhren raspeln.
2. Eier daruntermischen.
3. Gewürze, Petersilie und Cashewkerne untermischen, abschmecken.
4. Puffer, wie im Grundrezept beschrieben, backen, vgl. Phasenfoto 4-6.

BEI TISCH

Kartoffelpuffer, die im Geschmack neutral sind, können mit Apfelmus und Zucker gegessen werden. Alle Rezepte eignen sich gut als Hauptgericht und lassen sich mit einem frischen Salat, vgl. Rezepte S. 98 ff, ergänzen.

TIPP

- Für Kartoffelpuffer eignen sich gut mehlig kochende Kartoffeln.

ZUBEREITUNG KARTOFFELPUFFER

1. Kartoffeln reiben.

2. Zwiebeln fein würfeln und in die geriebenen Kartoffeln mischen.

3. Eier darunterrühren und mit Salz abschmecken.

4. Bratfett erhitzen und pro Kartoffelpuffer 1 EL Teig in das heiße Fett geben.

5. Teig zu einem dünnen Fladen verstreichen.

6. Von beiden Seiten je 3 Min. goldbraun braten.

KNOBLAUCHPUFFER MIT THUNFISCHSOSSE

1000 g Kartoffeln
2 Zwiebeln
3 Knoblauchzehen
Salz, Pfeffer
2 Eier
FÜR DIE SOSSE:
1 Dose Thunfisch (200 g)
4 Sardellenfilets
⅛ l Sahne, süß
2 EL Öl
3 EL Zitronensaft
2 EL Kapern
ZUM BRATEN:
vgl. Grundrezept

ENERGIE/NÄHRWERT

1507 kJ
38 g KH, 31 g F, 22 g E

Garzeit: 6 Min.

VORBEREITUNG

1. Sardellenfilets hacken.
2. Zwiebeln pellen und in feine Würfel schneiden.
3. Knoblauchzehen pellen und durchpressen.
4. Kartoffeln waschen und schälen.

ZUBEREITUNG

1. Kartoffeln reiben.
2. Zwiebeln und Knoblauchzehe daruntermischen.
3. Eier darunterrühren und mit Salz und Pfeffer abschmecken.
4. Braten, vgl. Grundrezept, Phasenfotos 4-6.

ZUBEREITUNG SOSSE

1. Thunfisch mit Sardellen, Sahne und Öl pürieren.
2. Mit Zitronensaft, Salz und Pfeffer abschmecken.
3. Kapern unterziehen.
4. Kalt zu den Puffern servieren.

SCHINKENPUFFER MIT PETERSILIENPESTO

1000 g Kartoffeln
2 Eier
100 g gekochter Schinken
½ TL Salz
FÜR DIE PESTO:
4 EL Pinienkerne
4 EL Zitronensaft
⅛ l Öl
3 Bd. glatte Petersilie
3 Knoblauchzehen
Salz, Pfeffer
ZUM BRATEN:
vgl. Grundrezept

ENERGIE/NÄHRWERT

2246 kJ
38 g KH, 49 g F, 17 g E

Garzeit: 6 Min.

VORBEREITUNG

1. Schinken in feine Streifen schneiden.
2. Knoblauchzehen pellen und durchpressen.
3. Petersilie waschen.
4. Kartoffeln waschen und schälen.

ZUBEREITUNG

1. Kartoffeln reiben.
2. Kartoffeln mit Eiern und Schinken mischen.
3. Mit Salz abschmecken.
4. Braten, vgl. Grundrezept, Phasenfotos 4-6.

ZUBEREITUNG SOSSE

1. Petersilie, Zitronensaft, Pinienkerne im Mixer pürieren.
2. Nach und nach das Öl zulaufen lassen.
3. Knoblauch daruntermischen und mit Salz und Pfeffer würzig abschmecken.

WENN ETWAS ÜBRIG BLEIBT

Reste von Kartoffelpuffern können eingefroren werden oder im Kühlschrank 1 bis 2 Tage aufbewahrt werden.

CURRYPUFFER

1000 g Kartoffeln
1 Stange Lauch (ca. 200 g)
250 g Bohnenkeime (Mungobohnen)
2 Eier
½ TL Salz
1 EL Curry
1 Pr. Cayennepfeffer
1 Becher Joghurt (150 g)
2 EL saure Sahne
weißer Pfeffer
1-2 EL Zitronensaft
1 Pr. Zucker
ZUM BRATEN:
vgl. Grundrezept

ENERGIE/NÄHRWERT

1964 kJ
43 g KH, 36 g F, 10 g E

Garzeit: 6 Min.

VORBEREITUNG

1. Lauch waschen, in dünne Ringe schneiden.
2. Bohnenkeime abtropfen lassen.
3. Kartoffeln waschen und schälen.

ZUBEREITUNG

1. Kartoffeln reiben.
2. Kartoffeln, Lauch und Bohnenkeime mit Eiern, Gewürzen, Joghurt und Sahne mischen.
3. Mit Zitronensaft, Zucker, Salz, Pfeffer abschmecken.
4. Puffer braten, vgl. Grundrezept, Phasenfotos 4-6.

TIPP

- Wenn der Kartoffelpufferteig etwas flüssig ist, Haferflocken hinzufügen. Kein Mehl dazu einrühren, weil der Teig sonst zäh wird.
- Sehr wässrige Kartoffeln vorher in einem Tuch austrocknen.

LABSKAUS

vereinfacht

1,5 kg Kartoffeln
½ l Wasser
1 Lorbeerblatt
4 Pfefferkörner
3 EL Essig
50 g Margarine
3 Zwiebeln
400 g Corned beef oder
Rindfleisch aus der Konserve
2 Gewürzgurken
3 EL Essig
Salz, Pfeffer
30 g Margarine
1 Glas Rote Bete

ENERGIE/NÄHRWERT

1486 kJ
57 g KH, 20 g F, 24 g E

Garzeit: 40 Min.

VORBEREITUNG

1. Kartoffeln waschen, schälen, in Stücke schneiden.
2. Zwiebeln pellen und grob würfeln.
3. Corned beef grob würfeln.
4. Gewürzgurken fein würfeln.

TIPP

● Das typische Hamburger Labskaus wird mit Salzheringsfilets, die durch den Wolf gedreht sind, und roten Beten zubereitet.

ZUBEREITUNG LABSKAUS

1. Kartoffeln mit ½ l Wasser, Essig, Lorbeerblatt und Pfefferkörnern 20 Min. gar kochen.

2. Kartoffeln grob zerstampfen.

3. Margarine zerlassen.

4. Zwiebeln darin glasig dünsten.

5. Corned beef zugeben.

6. Kartoffeln mit Gewürzgurken, Essig und Corned beef mischen, pikant abschmecken.

7. Margarine erhitzen und Spiegeleier braten.

8. Rote Bete auf Salattellern anrichten.

9. Labskaus zusammen mit den Spiegeleiern anrichten.

HIMMEL UND ERDE

750 g Kartoffeln, mehlig kochend
750 g säuerliche Äpfel
125 g durchwachsener Speck
2 EL Zucker
Salz

ENERGIE/NÄHRWERT

1760 kJ
55 g KH, 20 g F, 6 g E

Garzeit: 30 Min.

VORBEREITUNG

1. Kartoffeln und Äpfel waschen und schälen.
2. Kartoffeln in Stücke schneiden.
3. Äpfel entkernen und vierteln.
4. Speck in Würfel schneiden.

ZUBEREITUNG

1. Kartoffeln in einen Topf geben und zur Hälfte mit Salzwasser bedecken.
2. Äpfel darübergeben.
3. Im geschlossenen Topf ca. 25 Min. garen.
4. Speck in einer Pfanne auslassen.
5. Kartoffel-Apfel-Mischung grob zerstampfen und mit Zucker abschmecken.
6. Speck darübergeben und anrichten.

HOPPELPOPPEL

1000 g Pellkartoffeln
1 Zwiebel
Salz, Pfeffer
1 gr. Gewürzgurke (ca. 150 g)
1 Bd. Petersilie
30 g Bratfett
½ TL Kümmel
250 g Bratenreste oder gekochter Schinken
4 Eier
4 EL saure Sahne
1 Pr. Muskatnuss

ENERGIE/NÄHRWERT

1878 kJ
42 g KH, 20 g F, 22 g E

Garzeit: 10 Min.

VORBEREITUNG

1. Kartoffeln pellen und in Scheiben schneiden.
2. Zwiebel pellen und fein hacken.
3. Gewürzgurke würfeln.
4. Bratenreste oder Schinken in Streifen schneiden.
5. Petersilie waschen und hacken.

ZUBEREITUNG

1. Bratfett erhitzen und die Zwiebel darin glasig dünsten.
2. Kartoffeln zugeben, salzen, pfeffern und den Kümmel darüberstreuen.
3. Unter häufigem Wenden goldbraun werden lassen.
4. Bratenreste und Gewürzgurke daruntermischen.
5. Eier mit saurer Sahne, Petersilie und Muskat verquirlen.
6. Über die Kartoffeln geben und stocken lassen.

BAUERNFRÜHSTÜCK

Grundrezept

1000 g Pellkartoffeln
50 g Bratfett, z.B. Butterschmalz
2 Zwiebeln
150 g roher Schinken oder Frühstücksspeck
4 Gewürzgurken (ca. 150 g)
6 Eier
6 EL Milch
Salz, Pfeffer

ENERGIE/NÄHRWERT

2445 kJ
42 g KH, 34 g F, 23 g E

Garzeit: 10 Min.

VORBEREITUNG

1. Kartoffeln pellen und in Scheiben schneiden.
2. Zwiebeln pellen und würfeln.
3. Schinken in Würfel schneiden.
4. Gewürzgurken längs vierteln.

ZUBEREITUNG

1. Bratfett erhitzen, Zwiebelwürfel darin glasig dünsten.
2. Kartoffeln zufügen und unter Wenden goldbraun werden lassen.
3. Schinken untermischen.
4. Eier mit der Milch und Salz verquirlen, über die Kartoffeln gießen und stocken lassen.
5. Wie ein Omelett aus der Pfanne gleiten lassen.
6. Mit der Gewürzgurke anrichten.

BEI TISCH

Zu Himmel und Erde passt gebratene Blutwurst oder frische Grütz- oder Leberwurst. Hoppelpoppel und Bauernfrühstück sollten mit einem Salat ergänzt werden.

TIPP

● Hoppelpoppel ist eine gute Möglichkeit, Fleischreste zu verwerten.

WENN ETWAS ÜBRIG BLEIBT

Kartoffelgerichte lassen sich im Kühlschrank 1 bis 2 Tage aufheben. Das Erwärmen ohne Mikrowelle ist schwierig, weil die Kartoffeln leicht ansetzen.

Klöße aus Kartoffeln

KARTOFFELKLÖSSE HALB UND HALB

Grundrezept

1250 g Kartoffeln, mehlig kochend
1 TL Salz
ca. 50 g Kartoffelmehl
2 Eigelb
Mehl zum Formen
1½ l Salzwasser

ENERGIE/NÄHRWERT

509 kJ
48 g KH, 3 g F, 7 g E

Garzeit: 20 Min.

KARTOFFELKLÖSSE, bayerisch

1,5 kg Kartoffeln, mehlig kochend
100 g Semmelmehl
1 Ei
knapp ⅛ l heiße Milch
Salz, Pfeffer
2 Scheiben Weißbrot (ca. 40 g)
20 g Schweineschmalz

ENERGIE/NÄHRWERT

1889 kJ
80 g KH, 8 g F, 14 g E

Garzeit: 30 Min.

VORBEREITUNG

1. 500 g Kartoffeln als Pellkartoffeln kochen.
2. Weißbrot in Würfel schneiden und in dem heißen Schmalz anrösten.

ZUBEREITUNG

1. 1 kg Kartoffeln reiben und gut ausdrücken, Pellkartoffeln pellen, durch eine Presse geben, zufügen.
2. Ei, Milch, Semmelmehl und Gewürze untermischen.
3. Hände bemehlen, Klöße formen, jeweils in die Mitte zwei Weißbrotwürfel geben.
4. Klöße gar ziehen lassen, vgl. Phasenfotos 8 und 9.

ZUBEREITUNG KARTOFFELKLÖSSE HALB UND HALB

1. Die Hälfte der Kartoffeln als Salzkartoffeln gar kochen.

2. Die andere Hälfte bedeckt beiseite stellen.

3. Rohe Kartoffeln reiben.

4. Geriebene Kartoffeln in einem Küchentuch gut ausdrücken.

5. Salzkartoffeln abgießen und abdämpfen lassen.

6. Salzkartoffeln durch die Kartoffelpresse auf die geriebenen Kartoffeln drücken.

7. Mehl, Eier und Salz unter die Masse mischen.

8. Klöße mit bemehlten Händen formen.

9. Ca. 20 Min. gar ziehen lassen.

KARTOFFELKLÖSSE, pfälzisch

1 kg Kartoffeln, mehlig kochend
Salz
3 Brötchen
½ l Milch
1 Ei
1 Bd. Petersilie
30 g Butter

ENERGIE/NÄHRWERT

1678 kJ
59 g KH, 12 g F, 13 g E

Garzeit: 20 Min.

VORBEREITUNG

1. Kartoffeln waschen und schälen.
2. Brötchen halbieren.
3. Milch und Eier verquirlen.
4. Petersilie waschen und fein hacken.

ZUBEREITUNG

1. Kartoffeln reiben und in einem Küchentuch gut ausdrücken.
2. Eiermilch über die Brötchenhälften gießen.
3. Kartoffeln, Brötchen, Petersilie, Ei und Salz zu einem festen Teig vermischen.
4. Vgl. Phasenfotos 8 und 9.
5. Mit einer Schaumkelle aus dem Wasser nehmen.
6. Butter zerlassen und über die Klöße geben.

TIPP

- Vor dem Garziehen aller Klöße empfiehlt es sich, einen Probekloß zu garen.
- Um das Zerfallen der Klöße beim Garen zu verhindern, sollte das Wasser gut gewürzt und mit ca. 2 EL Speisestärke auf 2 l Wasser gebunden sein.
- Wenn die Kartoffelmasse zu weich ist, Kartoffelmehl zugeben.

KARTOFFELKLÖSSE, holsteinisch

1 kg Kartoffeln, mehlig kochend
200 g durchwachsener Speck
100 g Mehl
100 g Grieß
50 g Speisestärke
4 Eier
Salz
1 Pr. Muskat
40 g Butter zum Begießen

ENERGIE/NÄHRWERT

3326 kJ
79 g KH, 44 g F, 19 g E

Garzeit: 30 Min.

VORBEREITUNG

1. Kartoffeln waschen.
2. Speck fein würfeln und auslassen.

ZUBEREITUNG

1. Kartoffeln als Pellkartoffeln gar kochen, pellen und mit einer Kartoffelpresse in eine Schüssel drücken.
2. Mit Mehl, Grieß, Eiern, Speisestärke, Salz, Muskat und Speck zu einem geschmeidigen Teig kneten.
3. Vgl. Phasenfotos 8 und 9.
4. Klöße herausnehmen und einzeln mit 2 Gabeln aufreißen.
5. Butter in einer Pfanne zerlassen und über die Klöße geben.

BEI TISCH

Kartoffelklöße sind eine abwechslungsreiche Beilage. Besonders gut schmecken sie zu Sauerkraut, Rotkohl und Sauerbraten. Kartoffelklöße können auch mit einer Fleischsoße und einem frischen Salat gereicht werden.

THÜRINGER KARTOFFELKLÖSSE

1 kg Kartoffeln, mehlig kochend
1 Brötchen
1 EL Öl
1 Ei
150 ml Milch
½ TL Salz

ENERGIE/NÄHRWERT

1152 kJ
43 g KH, 9 g F, 7 g E

Garzeit: 30 Min.

VORBEREITUNG

1. 250 g Kartoffeln waschen, schälen und kochen.
2. 750 g Kartoffeln waschen und schälen.
3. Brötchen würfeln.
4. Öl in einer Pfanne erhitzen und die Brotwürfel darin anrösten.

ZUBEREITUNG

1. Rohe Kartoffeln reiben, in einem Küchentuch gut ausdrücken.
2. Salzkartoffeln abgießen und durch die Kartoffelpresse auf die geriebenen Kartoffeln drücken.
3. Ei, Milch und Salz hinzufügen und gut durchkneten.
4. Klöße formen und geröstete Semmelwürfel in die Mitte drücken.
5. Klöße in Salzwasser etwa 30 Min. gar ziehen lassen.

WENN ETWAS ÜBRIG BLEIBT

Kartoffelklöße können, in Scheiben geschnitten, in der Pfanne aufgebacken werden. Sie sind tiefgefriergeeignet und lassen sich deshalb gut auf Vorrat herstellen.

SEMMELKNÖDEL

Grundrezept

500 g trockene Brötchen
3/8 l Milch
100 g geräucherter durchwachsener Speck
1 Zwiebel
2 Eier
1 Bd. Schnittlauch
Salz, Pfeffer
ca. 4 l Wasser

ENERGIE/NÄHRWERT

2434 kJ
75 g KH, 22 g F, 18 g E

Garzeit: 20 Min.

VORBEREITUNG

1. Speck, Brötchen und Zwiebel würfeln.
2. Schnittlauch waschen und in Röllchen schneiden.
3. 4 l Wasser in einen großen Topf geben und leicht salzen.
4. Milch erwärmen. Mit der Zubereitung etwa 40 Min. vor dem Essen beginnen.

GRÜNKERNKNÖDEL

250 g Grünkern (grob geschrotet)
1/2 l Wasser
2 Lorbeerblätter
1 Gemüsebrühwürfel
1 TL Selleriesalz
2 Eier
1 TL Senf
Pfeffer
1 TL Paprikapulver
4 TL gerebelter Majoran
2 Knoblauchzehen (gepresst)
1 EL Sojasoße
ZUM SERVIEREN
Geriebener Käse und zerlassene Butter

ENERGIE/NÄHRWERT

1269 kJ
44 g KH, 9 g F, 11 g E

Garzeit: 10 Min.

ZUBEREITUNG

1. Grünkernschrot mit Wasser, Lorbeerblättern, Brühwürfel und Selleriesalz aufkochen. 15 Min. quellen lassen.
2. Unter die ausgekühlte Masse alle anderen Zutaten rühren.
3. Knödel formen.
4. Knödel in kochendes Salzwasser geben und 10 Min. gar ziehen lassen.
5. Knödel gut abgetropft auf einer Platte anrichten, mit geriebenem Käse und zerlassener Butter servieren.

TIPP

- Aus der Knödelmasse zuerst einen Probeknödel formen und ins heiße Wasser geben.
Wenn er auseinanderfällt: etwas Mehl oder Semmelmehl zum Festigen unter die Knödelmasse mischen.
- Kleine Grünkernknödel eignen sich auch als Suppeneinlage.

BEI TISCH

Besonders beliebt sind Semmelknödel zu gedünsteten Pilzen sowie zu Fleischgerichten mit reichlich Soße.

ZUBEREITUNG SEMMELKNÖDEL

1. Brotwürfel 5 Min. in 3/8 l lauwarmer Milch einweichen.

2. Speck ausbraten, Zwiebelwürfel zugeben und glasig werden lassen.

3. Abtropfen lassen. (Durch zu viel Fett können die Knödel zerfallen.)

4. Eier, Schnittlauch, Speck und Zwiebelwürfel zur Knödelmasse geben.

5. Miteinander verkneten und würzen. Pfirsichgroße Knödel formen.

6. In heißem, nicht kochendem Wasser 15-20 Min. gar ziehen lassen.

APRIKOSENKNÖDEL

750 g Mehl
1 Pr. Salz
100 g Zucker
1/8 l Vollmilch
1 Würfel frische Hefe (40 g)
50 g weiche Butter
3 Eier
1 Dose Aprikosen (ca. 440 g)
3-4 l leicht gesalzenes Wasser

ENERGIE/NÄHRWERT

4724 kJ
214 g KH, 17 g F, 26 g E

Garzeit: 15 Min.

VORBEREITUNG

Eine Dose Aprikosen zum Abtropfen in ein Sieb schütten (Saft anderweitig verwenden, z. B. zum Aprikosenkompott geben).
Frische Aprikosen: Früchte in kochendes Wasser tauchen (blanchieren). In kaltem Wasser abkühlen und die Haut abziehen. Halbieren und entkernen.

TIPP

- Hefeteig geht gut in der Mikrowelle bei 180 Watt.

TIPP

- Die Knödel schmecken sogar ungefüllt, wenn man dazu Vanillesoße, Kompott oder eine Soße aus pürierten Früchten reicht.

BEI TISCH

Aprikosenknödel, in Österreich auch Marillenknödel genannt, können als süßes Hauptgericht oder Dessert serviert werden.
Gegessen werden die Knödel mit Gabel (Kuchengabel) und Löffel. Als Füllung eignen sich ebenso gut Zwetschen, Mirabellen oder Reineclauden.

ZUBEREITUNG APRIKOSENKNÖDEL

1. Mehl in eine Rührschüssel sieben, mit Salz und Zucker mischen.

2. 1/8 l Milch lauwarm werden lassen, z.B. in der Mikrowelle; und die Hefe hineinbröckeln.

3. Aufgelöste Hefe in die Mehlmischung gießen. An einem warmen Ort gehen lassen.

4. Butter und Eier zugeben und alles miteinander verkneten, Teig erneut gehen lassen.

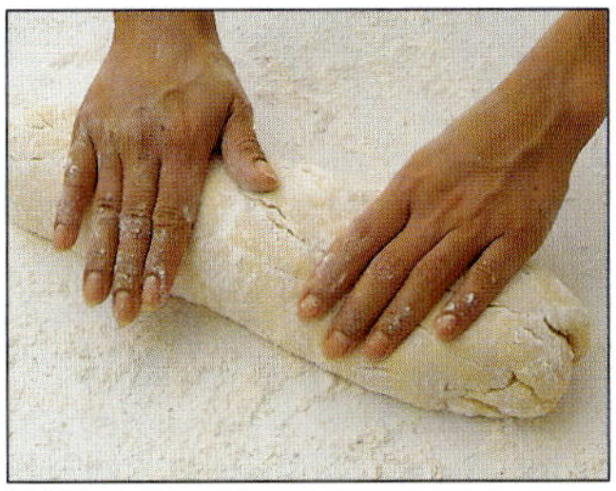

5. Aufgegangenen Teig nochmals gut durchkneten und zu einer Rolle formen.

6. In 3 cm dicke Scheiben schneiden. Je 1 Aprikosenhälfte darauflegen.

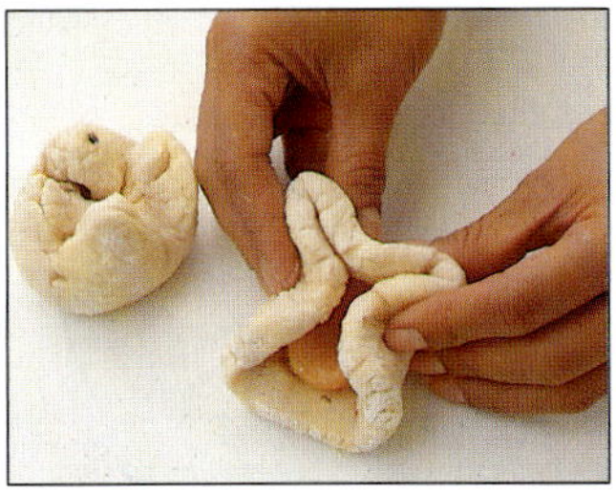

7. Teigränder hochfalten und zusammendrücken.

8. Knödel formen. Nochmals 15 Min. gehen lassen (werden lockerer).

9. Knödel in siedendem Wasser ca. 15 Min. gar ziehen lassen.

SCHNEEKLÖSSCHEN

½ Dose Aprikosen (250 g)
200 g Kiwis
125 g Himbeeren
1 TL Puderzucker
3 Eiklar
90 g Zucker
1 Vanillestange
1 l Milch

ENERGIE/NÄHRWERT

1493 kJ
56 g KH, 9 g F, 12 g E

Garzeit: 6 Min.
In der Mikrowelle bei ca. 600 Watt, 2 Min.

VORBEREITUNG

Ein Stück Pergamentpapier mit Wasser anfeuchten, um die Schneeklößchen darauf zu spritzen; so können sie nicht festkleben. Für mehrere Personen die Schneeklößchen in zwei oder drei Partien garen.

TIPP

- Die übrig gebliebene Milch lässt sich gut für einen Flammeri verwenden, vgl. S. 224.

BEI TISCH

Zum Abschluss eines Menüs gehört ein zartes Dessert. Die Schneeklößchen mit den Fruchtpürees machen vor dem Servieren kaum Arbeit, weil man alles vorbereiten kann. Zum Zerteilen Teelöffel und Kuchengabeln decken. Im Sommer wird aus diesem Dessert ein süßer Imbiss, den man solo servieren kann.

ZUBEREITUNG SCHNEEKLÖSSCHEN

1. Eiklar steif schlagen, dabei Zucker einrieseln lassen.

2. Mit dem Spritzbeutel Klößchen auf nasses Pergamentpapier spritzen.

3. Eine Vanillestange längs halbieren.

4. 1 l Milch und ½ Vanillestange in einem breiten Topf aufkochen.

5. Topf von der Kochstelle nehmen. Schneeklößchen auf die Milch heben.

6. Einen Deckel auf den Topf setzen. 5-6 Min. gar ziehen lassen. Topf nicht öffnen!

7. Schneeklößchen mit einer Schaumkelle aus der Milch heben.

8. Zum Abtropfen auf ein Stück Küchenpapier setzen.

9. Mit Fruchtpüree, vgl. S. 232, servieren.

FISCHKLÖSSCHEN

Grundrezept

- 200 g Fischfilet
- 1 Eiklar
- 1/8 l süße Sahne
- 1 Pr. Muskat
- Salz

ENERGIE/NÄHRWERT

917 kJ
16 g kH, 14 g F, 6 g E

Garzeit: 6 Min.

PETERSILIENKLÖSSCHEN

- 1/8 l Milch
- 50 g Butter
- 75 g Mehl
- 2 Eier
- 2 Bd. Petersilie
- 1 Pr. Muskat
- Salz

ENERGIE/NÄHRWERT

516 kJ
1 g KH, 10 g F, 7 g E

Garzeit: 6 Min.

VORBEREITUNG

Petersilie waschen und hacken.

ZUBEREITUNG

1. Milch, Butter, 1/4 TL Salz und Muskat aufkochen.
2. Gesiebtes Mehl auf einmal zugeben, rühren, bis sich ein Kloß bildet.
3. Rundherum bei geringer Hitze zu einer zähen, festen Masse abbrennen.
4. Teig in einer Rührschüssel kräftig durchschlagen.
5. Eier nacheinander zugeben.
6. Gehackte Petersilie unterrühren.
7. Von dem Petersilien-Brandteig mit 2 Esslöffeln kleine Klößchen formen.
8. In leicht gesalzenem Wasser 6 Min. gar ziehen lassen. Mit einer Schaumkelle herausheben.

BEI TISCH

Fisch- und Petersilienklößchen können mit einer cremigen Soße als Vorspeise oder als Suppeneinlage serviert werden.

ZUBEREITUNG HECHTKLÖSSCHEN

1. Fischfilet fein würfeln. 15 Min. im Gefriergerät anfrosten lassen.

2. Dann mit kaltem Eiklar, 1 Prise Salz und Muskat pürieren.

3. Pürierte Fischmasse durch ein feines Sieb (Haarsieb) streichen.

4. Die kalte Sahne unterrühren. Fertige Masse erneut etwa 10 Min. anfrosten.

5. Mit zwei nassen Löffeln Klöße formen. 6 Min. in Salzwasser gar ziehen lassen.

7. Herausheben und gut abtropfen lassen. Mit einer cremigen Soße servieren.

KOCHEN VON NUDELN

Grundrezept

300 g Nudeln, z. B. Vollkornspaghetti
1,5 l Wasser
1 TL Salz
3 EL Öl

ENERGIE/NÄHRWERT

1309 kJ
45 g KH, 7 g F, 10 g E

Garzeit: 15 - 20 Min. (Vollkornnudeln)
8 - 10 Min. (helle Nudeln)

TIPP

- Nudeln werden „al dente", d. h. bissfest gekocht. Zu weich gekochte Nudeln kleben aneinander.
- Werden die Nudeln noch weiter verarbeitet, z. B. überbacken, müssen von der Garzeit noch 1 bis 2 Min. abgezogen werden.
- Wenn große Mengen von Spaghetti gekocht werden, müssen die Spaghetti lose — nicht auf einmal — in das Wasser gegeben werden, weil sie sonst zusammenkleben und nicht mehr zu trennen sind.
- Salzwasser für Nudeln oder Reis bedeutet auf 1 l Wasser 1 TL Salz.

BEI TISCH

Nudeln schmecken auch pur als Beilage zu Gulasch oder Rouladen. Will man sie als Hauptgericht servieren, muss eine Soße dazu hergestellt werden, vgl. Rezepte S. 60 ff. Als Ergänzung sollte ein frischer Salat, vgl. Rezepte S. 98 f, dazu gereicht werden.

WENN ETWAS ÜBRIG BLEIBT

Restliche Nudeln klein schneiden und in Butter oder Margarine knusprig braten, evtl. mit einem verschlagenen Ei übergießen.
Mit Fleischwurststreifen, Erbsen oder Champignons und Mayonnaise restliche Nudeln zu einem Nudelsalat verarbeiten.

ZUBEREITUNG VOLLKORNSPAGHETTI

1. 300 g Spaghetti mit Salz und Öl in 1,5 l kochendes Wasser geben.

2. Umrühren, damit sie nicht zusammenhaften. Ca. 15 Min. köcheln.

3. Garprobe: Eine Nudel herausfischen. Sie soll Biss haben („al dente").

4. Spaghetti in ein Sieb oder einen Durchschlag schütten.

5. Abgetropft in eine Schüssel geben.

6. Mit Spaghettizange oder Löffel und Gabel servieren.

TORTELLINI IN KÄSESAHNESOSSE

500 g Tortellini
1,5 l Wasser
1 TL Salz
3 EL Öl
1 Zwiebel
2 Knoblauchzehen
½ l Sahne (10%)
1 Stiel Basilikum
Salz, Pfeffer, Muskat
50 g Parmesankäse

ENERGIE/NÄHRWERT

3167 kJ
96 g KH, 32 g F, 24 g E

Garzeit: 25 Min.

VORBEREITUNG

1. Zwiebel und Knoblauch pellen und sehr fein würfeln.
2. Parmesankäse reiben.
3. Basilikumblätter vom Stiel zupfen und fein hacken.

VARIATION

SCHNELLE KÄSESAHNE-SOSSE

200 g Frischrahmkäse in ½ l Brühe glattrühren. Kurz aufkochen lassen.

ZUBEREITUNG TORTELLINI IN KÄSESAHNESOSSE

1. 1,5 l Wasser mit Salz und 1 EL Öl zum Kochen bringen, Tortellini in das kochende Wasser geben.

2. Nach 10-20 Min., je nach Sorte (vgl. Packung), in ein Sieb schütten.

3. Kalt abspülen, damit sie nicht aneinander kleben. Abtropfen lassen.

4. Restliches Öl im selben Topf heiß werden lassen.

5. Zwiebel- und Knoblauchwürfel darin glasig dünsten.

6. ½ l süße Sahne zugießen und aufkochen lassen.

7. Nach ca. 3 Min. Basilikum dazugeben.

8. Soße salzen, pfeffern und mit Muskat würzen. Tortellini zufügen.

9. Tortellini erhitzen, Käse unterrühren und schmelzen lassen.

BANDNUDELN MIT ERBSEN UND SCHINKEN

1 Gemüsezwiebel (ca. 150 g)
150 g gekochter Schinken
30 g Butter
300 g Erbsen, tiefgefroren
oder 600 g frische Erbsen
50 g Parmesankäse
½ Kopf Eisbergsalat
30 g Butter
Salz, Pfeffer
100 g süße Sahne
400 g Bandnudeln
2 EL Öl
1,5 l Salzwasser

ENERGIE/NÄHRWERT

2979 kJ
84 g KH, 28 g F, 30 g E

Garzeit: 12 Min.

VORBEREITUNG

1. Zwiebel pellen und in Ringe schneiden.
2. Schinken würfeln.
3. Frische Erbsen palen.
4. Käse reiben.
5. Salat putzen und waschen, einzelne Blätter abnehmen und in Streifen schneiden.

TIPP

● Bandnudelgerichte können auch mit anderen Nudelsorten wie Makkaroni, Spaghetti oder Spiralnudeln zubereitet werden.
● Für alle Bandnudeln empfiehlt es sich, auch Vollkornnudeln einzusetzen; Zubereitungsart bleibt gleich. Garzeit verlängert sich je nach Nudelsorte.

ZUBEREITUNG BANDNUDELN MIT ERBSEN UND SCHINKEN

1. Butter in einem Topf zerlassen und die Zwiebeln darin andünsten.

2. Erbsen zufügen und mit Salz und Pfeffer würzen.

3. Sahne angießen und bei wenig Hitze garen, bis die Erbsen weich sind.

4. Nudeln „al dente" kochen.

5. Nudeln abgießen und mit den Erbsen, dem Schinken und den Salatstreifen mischen.

6. Geriebenen Käse überstreuen, sofort servieren.

ZUBEREITUNG TINTENFISCHRINGE FÜR MAKKARONI

1. Öl erhitzen.

2. Tintenfischringe hineingeben.

3. Tintenfischringe hellgelb braten.

BANDNUDELN MIT PILZEN

400 g Bandnudeln
1,5 l Salzwasser
300 g frische Champignons
1 Zwiebel
1 Bd. Petersilie
50 g Butter
Salz, Pfeffer
¼ l saure Sahne
2 EL Semmelmehl
FÜR DIE FORM:
20 g Butter

ENERGIE/NÄHRWERT

2520 kJ
82 g KH, 23 g F, 17 g E

Garzeit: 25 Min.

VORBEREITUNG

1. Champignons waschen und putzen, in dünne Scheiben schneiden.
2. Zwiebel pellen und fein würfeln.
3. Petersilie waschen und fein hacken.
4. Auflaufform ausfetten.

ZUBEREITUNG

1. Bandnudeln „al dente" kochen.
2. Butter zerlassen, Zwiebel darin andünsten.
3. Champignons und Petersilie zugeben, mit Salz und Pfeffer würzen.
4. Nudeln abgießen, abschrecken.
5. Nudeln in die Auflaufform geben, Champignons dazugeben.
6. Saure Sahne darüber verteilen und mit Semmelmehl bestreuen.
7. Bei 200 °C ca. 20 Min. überbacken.

BANDNUDELN MIT PUTENGULASCH

1 Zwiebel
100 g Sellerie
2 Möhren (ca. 150 g)
500 g Tomaten
500 g Zucchini
100 g durchwachsener Speck
1 Pr. getrockneter Salbei
oder 1 Stiel frischer Salbei
3 Stiele frisches Basilikum
500 g Putengulasch
¼ l Wasser
400 g Bandnudeln
2 EL Öl
50 g Parmesankäse, gerieben

ENERGIE/NÄHRWERT

3478 kJ
88 g KH, 32 g F, 44 g E

Garzeit: 40 Min.

VORBEREITUNG

1. Zwiebel pellen und würfeln.
2. Gemüse und Kräuter waschen, putzen und fein zerkleinern.
3. Speck in kleine Würfel schneiden.

ZUBEREITUNG

1. Speck auslassen.
2. Gulasch zugeben und nach dem Braunwerden salzen und pfeffern.
3. Zwiebelwürfel dazugeben und glasig dünsten.
4. Sellerie und Möhren zugeben und kurz mit anbraten.
5. Mit Wasser auffüllen.
6. Tomaten und Zucchiniwürfel dazugeben, ca. 35 Min. schmoren lassen.
7. Inzwischen die Bandnudeln in Salzwasser „al dente" kochen.
8. Kräuter in das Gulasch geben und abschmecken.
9. Nudeln abgießen und mit dem Käse mischen.
10. Nudeln und Gulasch in zwei Schüsseln servieren.

MAKKARONI MIT TINTENFISCHRINGEN

250 g Vollkornmakkaroni
500 g Tintenfischringe, natur
2 Zwiebeln
2 Knoblauchzehen
2 EL Olivenöl
1 Salatgurke
125 g Schlagsahne
1 Bd. Dill
Pfeffer
Salz

ENERGIE/NÄHRWERT

2054 kJ
48 g KH, 19 g F, 32 g E

Garzeit: 20 Min.

VORBEREITUNG

1. Zwiebeln und Knoblauch pellen und fein würfeln.
2. Dill waschen und hacken.
3. Salatgurke waschen und würfeln.

ZUBEREITUNG

1. Makkaroni in 2 l Salzwasser „al dente" kochen (10 Min.), warmstellen.
2. Öl erhitzen, Tintenfischringe zugeben, leicht anbraten, vgl. S. 134.
3. Salatgurke zugeben.
4. Mit Sahne auffüllen.
5. Mit Pfeffer abschmecken.
6. Vor dem Servieren den Dill zugeben.
7. Getrennt oder mit den Makkaroni vermischt servieren.

SPÄTZLE, HAUSGEMACHT

Grundrezept

500 g Mehl, Type 550, oder
450 g Weizenvollkornmehl
1 TL Salz
5 Eier
200 ml lauwarmes Wasser
ZUM GAREN:
1,5 l Wasser
1 TL Salz

ENERGIE/NÄHRWERT

2206 kJ
91 g KH, 8 g F, 20 g E

Garzeit: 5 Min.

KÄSESPÄTZLE, PIKANT

vgl. Grundrezept
ZUSÄTZLICH:
200 g geriebener Käse, z. B. Emmentaler
50 g Butter
3 Zwiebeln

ENERGIE/NÄHRWERT

3436 kJ
94 g KH, 30 g F, 28 g E

Garzeit: 5 Min.

VORBEREITUNG

1. Zwiebeln pellen und in Ringe schneiden.
2. Käse reiben.

ZUBEREITUNG

1. Spätzleteig zubereiten und Spätzle garen, vgl. Grundrezept Phasenfotos 1-6.
7. Zwiebeln in der Butter glasig dünsten.
8. Spätzle mit dem geriebenen Käse abwechselnd in eine Schüssel schichten.
9. Zwiebelringe darüber verteilen.

TIPP

- Als Beilage reicht die Hälfte der Rezepte.
- Die fertigen Spätzle können je nach Belieben in Butter geschwenkt werden.
- Anstatt des geriebenen Käses kann auch warmes Sauerkraut unter die fertigen Spätzle gemengt werden.
- Anstatt des Schabens kann der Spätzleteig auch durch ein Spätzlesieb in das kochende Wasser gegeben werden.
- Wenn keine Zeit ist, Spätzle oder Fleckerln selbst herzustellen, können ersatzweise fertige Spätzle oder Bandnudeln verwendet werden.
- Alle angegebenen Rezepte können mit Vollkornnudeln hergestellt werden.
- Für die Spätzle statt Leitungswasser Mineralwasser nehmen, damit sie lockerer werden.

ZUBEREITUNG SPÄTZLE — GRUNDREZEPT

1. Mehl, Eier, Salz und Wasser in eine Schüssel füllen.

2. Mit den Knethaken des Handrührgerätes zu einem glatten, geschmeidigen Teig verkneten.

3. Etwas Teig dünn auf ein angefeuchtetes Brettchen streichen.

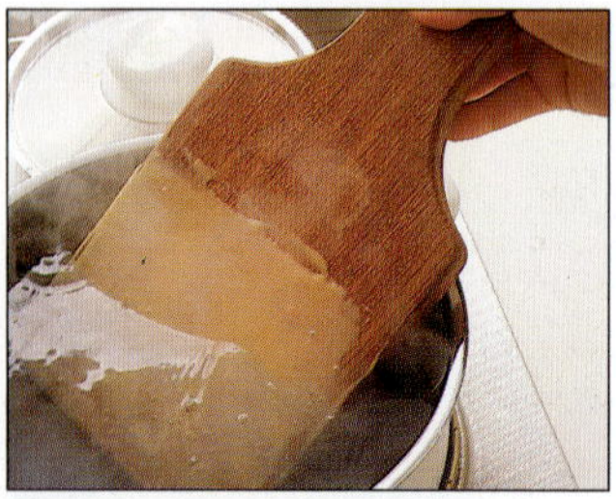

4. Brettchen mit dem Teig 1 Sek. in kochendes Salzwasser tauchen.

5. Dünne Teigstreifen ins Wasser schaben. Aufkochen, bis die Spätzle hochsteigen.

6. Spätzle herausnehmen. Kalt abbrausen, abtropfen lassen. Übrigen Teig verarbeiten.

SPÄTZLE MIT SCHAFSKÄSE

1 Grundrezept Spätzleteig
ZUSÄTZLICH:
200 g Schafskäse
100 g durchwachsener Speck
1/4 l Crème fraîche
1 TL Thymian, frisch, oder
1 Pr. getrockneter Thymian
1 TL Rosmarin, frisch, oder
1 Pr. getrockneter

ENERGIE/NÄHRWERT

3618 kJ
93 g KH, 42 g F, 24 g E

Garzeit: 6 Min.

VORBEREITUNG

1. Schafskäse in Würfel schneiden.
2. Speck in Würfel schneiden.
3. Kräuter waschen, Blättchen abzupfen und fein hacken.

ZUBEREITUNG

1. Spätzleteig herstellen und garen, vgl. Grundrezept, Phasenfotos 1-6.
2. Spätzle abgießen und mit kaltem Wasser abbrausen.
3. Speck in einer Pfanne auslassen.
4. Spätzle hinzufügen.
5. Crème fraîche unterrühren und abschmecken.
6. Mit den Kräutern und dem Schafskäse bestreut servieren.

BEI TISCH

Spätzle pur oder mit Käse oder Sauerkraut sind eine Beilage zu Fleisch und Gemüsegerichten. Werden die Käsespätzle allein als Hauptgericht gereicht, sollte ein frischer Salat, vgl. Rezepte S. 98 f., als Ergänzung gereicht werden.

SCHINKENFLECKERL

vgl. Grundrezept Nudelteig, S. 138
ZUSÄTZLICH:
150 g gekochter Schinken
Salz, Pfeffer, Muskat
3 Eier
50 g Parmesankäse
50 g Butter
1/8 l saure Sahne
FÜR DIE FORM:
20 g Fett
3 EL Semmelmehl

ENERGIE/NÄHRWERT

3830 kJ
98 g KH, 40 g F, 38 g E

Garzeit: 35 Min.

VORBEREITUNG

1. Schinken würfeln.
2. Eier trennen.
3. Parmesankäse reiben.

ZUBEREITUNG

1. Nudelteig herstellen, vgl. Grundrezept, Phasenfotos 1-5, S. 138.
2. Teig dünn ausrollen.
3. Aus dem Teig ungleiche Rechtecke (Fleckerln) ausschneiden.
4. In kochendem Salzwasser „al dente" kochen, vgl. S. 132, Phasenfotos 1-3.
5. Mit kaltem Wasser abbrausen.
6. Eiklar zu Schnee schlagen.
7. Eigelbe mit der Butter schaumig rühren und mit Salz, Pfeffer, Muskat würzen.
8. Saure Sahne unterrühren.
9. Auflaufform ausfetten und mit Semmelmehl ausstreuen.
10. Schinken und Eischnee unter die Nudeln heben und in die Auflaufform füllen.
11. Butter-Eigelb-Masse darüber füllen.
12. Käse überstreuen und bei 170° C ca. 30 Min. überbacken.

GEMÜSEFLECKERL

1 Grundrezept Nudelteig, S. 138
ZUSÄTZLICH:
3 Zwiebeln
3 Tomaten (ca. 200 g)
2 Paprikaschoten (ca. 400 g)
100 g durchwachsener Speck
1 TL Paprikapulver
Salz
1/4 l Brühe
100 g Käse, z. B. Emmentaler
FÜR DIE FORM:
20 g Fett
3 EL Semmelmehl

ENERGIE/NÄHRWERT

3630 kJ
104 g KH, 34 g F, 32 g E

Garzeit: 40 Min.

VORBEREITUNG

1. Zwiebeln pellen und in Ringe schneiden.
2. Tomaten waschen, Blüte entfernen und abziehen, in Achtel schneiden, vgl. S. 53.
3. Paprikaschoten waschen, entkernen und in Streifen schneiden.
4. Speck würfeln.
5. Käse reiben.
6. Auflaufform ausfetten und mit Semmelmehl ausstreuen.

ZUBEREITUNG

1. Speck auslassen.
2. Zwiebeln zugeben und glasig dünsten.
3. Paprika und Tomaten zufügen und ca. 10 Min. garen lassen.
4. Nudelteig herstellen, ausschneiden und „al dente" kochen, vgl. Schinkenfleckerln, Phase 1-5.
5. Nudeln mit der Gemüsemischung vermengen und in die Auflaufform geben.
6. Geriebenen Käse überstreuen und bei 170° C ca. 30 Min. überbacken.

NUDELTEIG

Grundrezept

4 Eier
½ TL Salz
1½ EL Öl
evtl. 2 EL Wasser
400 g Mehl, Type 550 oder Weizengrieß

ENERGIE/NÄHRWERT

1824 kJ
73 g KH, 7 g F, 17 g E

TIPP

- Nudelteig kann abgewandelt werden, indem 1 Ei durch 3 EL Spinat-, Rote-Bete-Saft oder Tomatensaft ersetzt wird. Zusätzlich können Kräuter in den Teig eingeknetet werden.
- Wenn keine Nudelmaschine vorhanden ist, Teig, wie in Phasenfotos 1-5 beschrieben, herstellen. Dann auf einer bemehlten Arbeitsfläche dünn und gleichmäßig ausrollen. Ab und zu neu bemehlen, danach in beliebige Streifen schneiden.
- Bei Verwendung von Vollkornmehl oder Weizengrieß muss mehr Wasser zugefügt werden. Der Teig sollte vor der Verarbeitung 2 Std. quellen.

ZUBEREITUNG NUDELTEIG – GRUNDREZEPT

1. Eier in eine Schüssel geben, Salz und Öl hinzufügen, gut miteinander verrühren.

2. 5 EL Mehl zufügen und rühren, bis ein dünner Teig entsteht.

3. Restliches Mehl auf ein Holzbrett geben, Teig hineingießen.

4. Alles verkneten, bis der Teig glatt und glänzend ist.

5. Teig in ein feuchtes Handtuch wickeln und 30 Min. ruhen lassen.

6. Teig dritteln, flachdrücken und durch eine Nudelmaschine drehen.

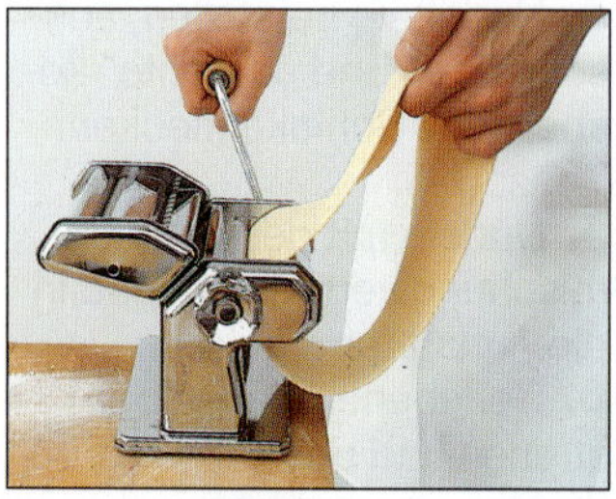

7. Anfang und Ende des Teiges zusammenfügen.

8. Maschine auf die dünnste Stufe stellen, Teig noch einmal durchlassen.

9. Mit der Maschine zu Nudeln schneiden.

RAVIOLI, SELBST HERGESTELLT

400 g Mehl, Type 550, oder
350 g Vollkornmehl
½ TL Salz
5 Eier
FÜR DIE FÜLLUNG:
250 g Spinat oder Mangold
250 g mageres Rindfleisch
40 g Butter
100 g gekochter Schinken
50 g Parmesankäse
Pfeffer, Muskat

ENERGIE/NÄHRWERT

2943 kJ
75 g KH, 26 g F, 39 g E

Garzeit: 10 Min.

VORBEREITUNG

1. Spinat waschen, verlesen.
2. Käse reiben.
3. 1 Ei trennen.

ZUBEREITUNG

1. Spinat blanchieren, abtropfen lassen und gut ausdrücken.
2. Fleisch in dünne Scheiben schneiden.
3. Schinken würfeln.
4. Butter erhitzen und das Fleisch darin anbraten, mit Salz und Pfeffer würzen.
5. Spinat, Fleisch und Schinken fein hacken oder durch den Fleischwolf drehen.
6. 1 Eigelb mit der Fleisch-Gemüse-Farce verrühren, abschmecken.
7. Käse unterkneten.
8. Aus Mehl, 4 Eiern und Salz einen Nudelteig herstellen, vgl. Rezept S. 138, Phasenfotos 1-5.
9. Nudelteig halbieren und jede Hälfte möglichst dünn ausrollen.
10. Eine Teigplatte mit einem feuchten Geschirrtuch abdecken, damit sie geschmeidig bleibt. Weitere Zubereitung vgl. Phasenfotos 11-16.

TIPP

● Maultaschen sind eine süddeutsche Spezialität und werden ebenso wie Ravioli hergestellt. Sie können sowohl mit einer Spinatfüllung (s. o.) als auch z. B. mit Bratwurstbrät gefüllt werden. Man reicht sie in Brühe oder als Beilage.

BEI TISCH

Tortellini und Ravioli sind in ihren Beilagen austauschbar, d. h. die Ravioli können auch in einer Käsesahnesoße gereicht werden. Zu Ravioli und Tortellini passt eine Tomatensoße, vgl. Rezept S. 61, und ein frischer Salat, vgl. Rezepte S. 98 ff.

ZUBEREITUNG RAVIOLI

11. Auf die andere Platte mit 2 TL im Abstand von ca. 5 cm Häufchen der Farce setzen.

12. Die Zwischenräume mit Eiklar bestreichen.

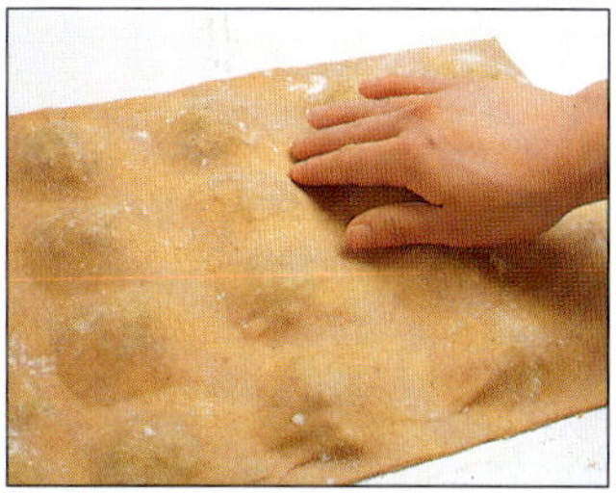

13. Die zweite Teigplatte darüberlegen und jeweils fest um die Füllung andrücken.

14. Mit einem Teigrädchen oder Messer kleine Quadrate ausschneiden.

15. Die Ravioli voneinander trennen und kurz antrocknen lassen.

16. In viel Salzwasser (ca. 5 l) 10 Min. gar ziehen lassen.

VERWENDUNG VON NUDELSORTEN

① BEILAGE
② SUPPEN
③ AUFLÄUFE
④ SALATE

NUDELSORTEN

Spiralnudeln / Fusilli ① ③ ④

Hörnchennudeln / Pipe rigate ② ④

Muschelnudeln / Gnocchi ② ④

Farfalle ④

Penne rigate ① ③ ④

Cannelloni ③

Rote Nudeln, eingefärbt mit Tomate ① ④

Grüne Nudeln, eingefärbt mit Spinat ① ④

Gelbe Nudeln, „eingefärbt" mit Eigelb ①

Bandnudeln / Tagliatelle ①

Lasagnette ③ ④

Lasagneplatten ③

VERWENDUNG VON REISSORTEN

① BEILAGE ALS QUELL- ODER BRÜHREIS
② SUPPEN
③ AUFLÄUFE
④ SALATE
⑤ DESSERTS

LANGKORNREIS

Naturreis ① ② ③ ④

Geschälter Reis ① ② ③ ④

Parboiled Reis ① ② ③ ④

RUNDKORNREIS

Naturreis ③ ⑤

Geschälter Reis ③ ⑤

Parboiled Reis ③ ⑤

Wilder Reis ①

Basmati-Naturreis ① ④

Roter Reis ①

Bruchreis ② ③ ⑤

Reisflocken ② ③ ⑤

Reis im Kochbeutel ① ③ ④

Reis

QUELLREIS

Grundrezept

250 g Langkornreis
1/2 l Wasser
1/2 TL Salz

ENERGIE/NÄHRWERT

1132 kJ
47 g KH, 6 g F, 5 g E

Garzeit: 20 Min.

BUTTERREIS

Grundrezept

250 g Langkornreis
1 l Wasser
1/2 TL Salz
40 g Butter

ENERGIE/NÄHRWERT

1152 kJ
49 g KH, 9 g F, 4 g E

Garzeit: 20 Min.

FORMEN VON REIS

Um Reis geformt servieren zu können, wird der heiße, gegarte Reis in ein mit kaltem Wasser ausgespültes Gefäß oder eine Form gefüllt. Mit einem Löffel den Reis fest hineindrücken. Dann auf einen Teller stürzen. Zum Formen eignet sich am besten Quellreis, da er durch die besondere Zubereitungsart mehr Stärke enthält als z. B. Butterreis. Die Stärke hält die Menge vorzüglich zusammen.

REIS-TIMBAL

Besonders effektvoll wirken kleine gestürzte Reisportionen. Als Gefäße eignen sich Tassen, hübsch geformte Glasschalen, tiefe Teller oder flache Gläser.

TIPP

- Alle angegebenen Grundrezepte lassen sich auch mit Vollkornreis herstellen; dabei muss die Wassermenge um jeweils 1/4 l ergänzt und die Garzeit um 15 Min. erhöht werden.
- Vollkornreis sollte aufgrund seines Fettgehaltes in der Silberhaut frisch gekauft und nicht zu lange gelagert werden, weil er sonst ranzig wird.
- Parboiled Reis hat aufgrund seiner technischen Bearbeitung einen höheren Nährwert — vor allem Vitamine der B-Gruppe — als geschälter Reis.
- Reis im Kochbeutel kann zwar eine Arbeitserleichterung sein, ist jedoch im Einkauf teurer.

ZUBEREITUNG QUELLREIS

1. Reis, Salz, Wasser zum Kochen bringen, 5 Min. kochen lassen.

2. Reis im geschlossenem Topf ohne Energiezufuhr ca. 10-15 Min. quellen lassen.

3. Reis umrühren und geformt (s. oben) servieren.

ZUBEREITUNG BUTTERREIS

1. Salzwasser zum Kochen bringen, Reis zugeben, umrühren, ca. 20 Min. köcheln lassen.

2. Reis auf einen Durchschlag geben und mit kaltem Wasser abspülen, Reis abtropfen lassen.

3. Butter in einem Topf zerlassen, den Reis darin schwenken und erhitzen.

QUELLREIS- UND BUTTERREISVARIATIONEN

1 Grundrezept Quellreis oder Butterreis
Geschmackszutaten, vgl. Variationen

REISRAND

Für den Reisrand wird eine Kranzform in entsprechender Größe benutzt. Gerichte mit viel sämig gebundener Soße, wie Frikassee, Ragout und Gulasch, werden im Reisrand serviert.

REISBETT

Fleischspieße oder andere kurzgebratene Fleischstücke können dekorativ auf einem Reisbett angerichtet werden.

VARIATIONEN

Käse (100 g) frisch gerieben, untermischen.

Porreescheiben (ca. 100 g), in Butter gedünstet, unterheben.

Knoblauchzehen (3 Stück), fein gehackt, in Butter gedünstet, unterrühren.

Kräuter (1 Bd.), frisch gehackt, untermischen.

Geräucherten Speck (ca. 80 g) fein würfeln, anbraten, zu dem Reis geben.

Krabbenfleisch (ca. 100 g) 5 Min. im Reis erhitzen.

Tomaten (250 g), enthäutet, geviertelt und entkernt, unterheben.

Mandelblättchen (50 g) in Butter geschwenkt, untermischen.

Erbsen (ca. 150 g) mit dem gekochten Reis vermengen.

PILAW

Grundrezept

1 Knoblauchzehe
2 Zwiebeln
100 g Porree
300 g Langkornreis
30 g Butter/Margarine
3/4 l Brühe
Salz nach Geschmack

ENERGIE/NÄHRWERT

1379 kJ
72 g KH, 4 g F, 8 g E

Garzeit: 20 Min.

VORBEREITUNG

1. Knoblauchzehe pellen und fein zerreiben.
2. Zwiebel pellen und fein würfeln.
3. Porree waschen und in feine Ringe schneiden.

RISOTTO

Grundrezept

2 Zwiebeln
1 Knoblauchzehe
50 g Butter/Margarine
400 g Rundkornreis
1 l Brühe
80 g Parmesankäse, gerieben
1/4 TL Salz

ENERGIE/NÄHRWERT

2503 kJ
86 g KH, 25 g F, 15 g E

Garzeit: 25 Min.

VORBEREITUNG

Zwiebeln und Knoblauch pellen und fein würfeln.

ZUBEREITUNG PILAW

1. Reis waschen, auf ein Sieb geben und abtropfen lassen.

2. Zwiebel, Porree und Knoblauch in Butter andünsten.

3. Reis zugeben, in ca. 2 Min. glasig werden lassen.

4. Mit Brühe auffüllen, mit Salz zum Kochen bringen.

5. Deckel auflegen, Reis ca. 15 Min. quellen lassen.

6. Restliche Butter zugeben, mit dem Reis vermischen.

ZUBEREITUNG RISOTTO

1. Zwiebeln und Knoblauch in 30 g Butter andünsten, Reis hinzufügen, 2 Min. glasig dünsten.

2. Nach und nach mit Brühe auffüllen, 2 Min. aufkochen, 15 - 20 Min. quellen lassen.

3. Restliche Butter und den Käse zugeben, mit dem Reis vermischen.

GEMÜSERISOTTO

3 Zwiebeln
500 g Zucchini
700 g Tomaten
2 Eier
40 g Tomatenmark
30 g Butter
150 g Vollkornreis (Rundkorn)
½ l Gemüsebrühe
Salz, Pfeffer, Paprika nach Geschmack
1 Bd. Petersilie
60 g Parmesankäse

ENERGIE/NÄHRWERT

1581 kJ
45 g KH, 14 g F, 15 g E

Garzeit: 35 Min.

VORBEREITUNG

1. Zwiebeln pellen und in feine Würfel schneiden.
2. Zucchini und Tomaten waschen, Zucchini in Scheiben und Tomaten in Würfel schneiden.
3. Eier 8 Min. kochen, pellen, in Scheiben schneiden.
4. Petersilie waschen und hacken.

ZUBEREITUNG

1. Butter in einem Topf zerlassen, den Reis darin anrösten, die Zwiebeln zugeben und glasig dünsten.
2. Gemüsebrühe zugeben. Den Reis im geschlossenen Topf bei geringer Hitze ca. 20 Min. garen.
3. Zucchini, Tomaten und Tomatenmark zugeben, weitere 10-15 Min. garen.
4. Mit Salz, Pfeffer und Paprika würzen und abschmecken. Petersilie unterrühren.
5. Mit Käse bestreut und mit Eischeiben garniert servieren.

ZITRONENREIS

200 g Vollkornreis
1 l Wasser
½ TL Salz
100 g Cashewkerne
2 milde grüne Chilischoten
30 g Butterschmalz
1 EL geraspelte Ingwerwurzel
2 EL Kokosraspel
¼ TL Kurkuma
2 Nelken
Saft von 3 Zitronen
1 Bund Petersilie
1 TL schwarze Senfkörner

ENERGIE/NÄHRWERT

1783 kJ
48 g KH, 24 g F, 8 g E

Garzeit: 35 Min.

VORBEREITUNG

1. Cashewkerne grob hacken.
2. Chilischoten in feine Streifen schneiden, entkernen.
3. Petersilie waschen und hacken.

ZUBEREITUNG

1. Reis in 1 l Salzwasser ca. 35 Min. kochen.
2. Butterschmalz in einem Topf erhitzen.
3. Cashewkerne, Chilischoten, Ingwer, Kokosraspel hellbraun rösten.
4. Kurkuma zugeben.
5. Senfkörner mitgaren lassen, bis sie platzen.
6. Reis zufügen und mit dem Zitronensaft begießen und der Petersilie bestreuen.
7. Alles mit einer Gabel auflockern und ca. 5 Min. warmstellen, servieren.

REIS MIT ERDNÜSSEN

300 g Langkornreis
1 l Wasser
½ TL Salz
¼ TL Kurkuma
1 Msp. Chilipulver
1 Peperoni
3 EL Sonnenblumenöl
¼ TL Kreuzkümmel
100 g Erdnusskerne, gehackt
½ Bund Koriandergrün oder Petersilie, gehackt
2 EL Zitronensaft

ENERGIE/NÄHRWERT

2769 kJ
81 g KH, 25 g F, 11 g E

Garzeit: 30 Min.

ZUBEREITUNG

1. Reis in 1 l Salzwasser kochen, abgießen.
2. Öl erhitzen, Gewürze hinzugeben.
3. Peperoni klein schneiden, entkernen und zufügen.
4. Erdnüsse und Koriander zufügen.
5. Abgedampften Reis hineingeben und abschmecken.

BEI TISCH

Reis kann zu fast allen Gerichten gereicht werden, wenn er nicht zu einem eigenständigen Gericht oder Nachtisch zubereitet ist.

WENN ETWAS ÜBRIG BLEIBT

Reisreste, die wieder als Beilage gereicht werden sollen, werden am besten in einem Sieb über Wasserdampf erwärmt. Kleine Reste eignen sich gut als Suppeneinlage. Reis lässt sich ca. 8 Monate tiefgefroren aufbewahren.

ORIENTALISCHER REIS-GEMÜSETOPF MIT KRÄUTERRAHM

220 g Vollkornreis
400 g Möhren
6 EL Rosinen
80 g Butter oder Margarine
Kräutersalz
2 EL Honig
150 g Sonnenblumenkerne

KRÄUTERRAHM

200 g saure Sahne
200 g Joghurt
2 Schalotten (50 g)
4 EL gehackte Kräuter, frisch (Dill, Petersilie, Minze, Zitronenmelisse) oder TK-Kräuter
4 Knoblauchzehen, gehackt
Kräutersalz

ENERGIE/NÄHRWERT

2980 kJ
70 g KH, 41 g F, 20 g E

Garzeit: 40 Min.

VORBEREITUNG

1. Schalotten pellen und fein hacken.
2. Möhren waschen, grob raspeln
3. Rosinen waschen.

KRÄUTERRAHM-ZUBEREITUNG

Alle Zutaten miteinander vermischen, abschmecken.

ARABISCHE REISPFANNE

700 g gekochter Langkornreis, vgl. S. 142
100 g grüne Paprika
50 g Datteln
1 Bund Petersilie
2 Bananen
100 g Erbsen, tiefgefroren
50 g Cashewkerne
50 g Rosinen
100 g geriebener Käse

ENERGIE/NÄHRWERT

2660 kJ
80 g KH, 17 g F, 20 g E

Garzeit: 20 Min.

VORBEREITUNG

1. Paprika waschen, entkernen und würfeln.
2. Datteln klein schneiden.
3. Petersilie waschen und hacken.
4. Bananen in Scheiben schneiden.

ZUBEREITUNG

1. Gekochten Reis mit dem Gemüse mischen.
2. Bananenscheiben, Rosinen, Datteln und Cashewkerne unterziehen.
3. In eine gefettete Auflaufform füllen und den geriebenen Käse überstreuen.
4. Bei 170° C im Backofen 10-12 Min. überbacken.

ZUBEREITUNG ORIENTALISCHER REIS-GEMÜSETOPF

1. Reis in 1 l Wasser 35 Min. garen, abgießen und gut abdampfen lassen.

2. Butter oder Margarine in einem Topf erhitzen, Möhren und Rosinen darin schwenken.

3. Salz und Honig einrühren, Möhren karamellisieren lassen.

4. Sonnenblumenkerne anrösten.

5. Möhren mit Reis und Sonnenblumenkernen mischen.

6. Kräuterrahm mit dem Reisgemüsetopf servieren.

FRIED RICE

400 g mageres Rind- oder Schweinefleisch
2 EL Öl
300 g Langkornreis
4 Scheiben Schinkenspeck
125 g Frühlingszwiebeln
3 Eier
200 g Krabben
Salz, Pfeffer nach Geschmack
FÜR DIE MARINADE:
2 Knoblauchzehen
4 EL Sojasoße
2 EL Öl

ENERGIE/NÄHRWERT

2297 kJ
21 g KH, 36 g F, 35 g E

Garzeit: 15 Min.

VORBEREITUNG

1. Knoblauch pellen und fein zerkleinern. Aus Knoblauch, Sojasoße und Öl eine Marinade zubereiten.
2. Fleisch in Streifen schneiden und ca. 1 Std. in der Marinade ziehen lassen.
3. Reis garen, vgl. S. 142.
4. Schinkenspeck in Streifen schneiden.
5. Zwiebeln pellen und in Ringe schneiden.
6. Eier verquirlen.

TIPP

- Für den Fried Rice können gut Reisreste verwendet werden.
- Das Fleisch in dem Rezept kann auch durch Bratenreste ersetzt oder ganz weggelassen werden. Um auf die gleiche Menge zu kommen, muss der Gemüseanteil z. B. durch Erbsen oder mehr Frühlingszwiebeln erhöht werden.

BEI TISCH

Zum Fried Rice (gebratener Reis) passt ein frischer Salat.

ZUBEREITUNG FRIED RICE

1. Öl in einer Pfanne erhitzen, Speck darin anbraten.

2. Das marinierte, abgetropfte Fleisch zugeben und von allen Seiten anbraten.

3. Den Reis zugeben und kurz mitgaren.

4. Zwiebeln, Krabben und etwas von der Marinade hinzufügen, ca. 5 Min. dünsten.

5. Mit Salz und Pfeffer würzen.

6. Die Eier unterrühren und ca. 2 Min. stocken lassen.

REISFRIKADELLEN

350 g Vollkornreis
100 g Butter/Margarine
1 Zwiebel
1 Knoblauchzehe
3/4 l Brühe
300 g Lauch
4 Eier
Salz, Pfeffer nach Geschmack
1 Bd. Petersilie
ZUM BRATEN:
Öl

ENERGIE/NÄHRWERT

3289 kJ
70 g KH, 48 g F, 14 g E

Garzeit: 30 Min.

VORBEREITUNG

1. Zwiebel pellen und fein würfeln.
2. Knoblauch pellen und durchpressen.
3. Lauch waschen und in feine Röllchen schneiden.
4. Petersilie waschen und hacken, während der Reis gart.

BEI TISCH

Reis- und Reisschrotfrikadellen können als Beilage zu einer Salatplatte oder zusammen mit einer kalten Kräutersoße vgl. S. 67 gereicht werden.

REISSCHROT-FRIKADELLEN

250 g Vollkornreis, geschrotet
1/4 l Wasser
100 g Magerquark
100 g Nüsse, gemahlen, oder verschiedene gehackte Kräuter
4 EL Haferflocken
Salz und Muskatnuss nach Geschmack
Fett zum Ausfetten

Garzeit: 30 Min.

VORBEREITUNG

1. Reisschrot in 1/4 l Wasser über Nacht quellen lassen.
2. Backblech einfetten.

ZUBEREITUNG REISFRIKADELLEN

1. Butter zerlassen, Zwiebel, Knoblauch und Reis darin glasig dünsten.

2. Brühe und Lauch zugeben, aufkochen, 15 Min. quellen lassen. Reis auskühlen lassen.

3. Reis, Eier, Salz, Pfeffer und Petersilie gut vermengen.

4. Frikadellen formen.

5. Frikadellen anbraten.

6. Bei mäßiger Hitze fertig braten.

ZUBEREITUNG REISSCHROTFRIKADELLEN

1. Alle Zutaten gut vermengen, mit Salz und Muskat abschmecken. 10 Min. quellen lassen.

2. Mit dem Eisportionierer gleich große Kugeln abstechen und zu Frikadellen formen.

3. Frikadellen auf ein Backblech legen und ca. 30 Min. bei 180° C backen oder in der Pfanne braten.

SERBISCHES REISFLEISCH

500 g Schweinenacken ohne Knochen
3 Zwiebeln
1 Chilischote
2 Paprikaschoten
150 g Tomaten
1 Bd. Petersilie
50 g Öl
40 g Tomatenmark
3/4 l Brühe
1 TL Thymian, getrocknet
10 g Paprikapulver, süß
Salz, Pfeffer nach Geschmack
200 g Langkornreis
400 ml Wasser
1/2 TL Salz

ENERGIE/NÄHRWERT

3001 kJ
46 g KH, 48 g F, 22 g E

Garzeit: 40 Min.

VORBEREITUNG

1. Reis garen, vgl. S. 142.
2. Zwiebeln pellen und fein würfeln.
3. Paprika- und Chilischoten waschen, putzen und in feine Streifen schneiden.
4. Tomaten abziehen und vierteln.
5. Fleisch in kleine Stücke schneiden.
6. Petersilie waschen und hacken.

RISI E BISI aus Italien

400 g Rundkornreis
100 g Butter
2 Knoblauchzehen
1/8 l Weißwein
1 l Brühe
200 g gepalte Erbsen
150 g gekochter Schinken
100 g Parmesankäse
Salz

ENERGIE/NÄHRWERT

3344 kJ
80 g KH, 37 g F, 25 g E

Garzeit: 25 Min.

VORBEREITUNG

1. Knoblauch pellen und durchpressen.
2. Zwiebeln pellen und fein würfeln.
3. Schinken in Streifen schneiden.
4. Käse reiben.

ZUBEREITUNG

1. Risotto aus Reis, 30 g Butter, Knoblauch, Zwiebeln, Weißwein und Brühe zubereiten, vgl. Rezept Seite 144.
2. 10 Min. vor Ende der Garzeit die Erbsen und die Schinkenstreifen zufügen.
3. Käse und die restliche Butter unterrühren. Mit Salz abschmecken.

ZUBEREITUNG SERBISCHES REISFLEISCH

1. Öl in einem großen Topf erhitzen.

2. Fleischstücke kräftig anbraten.

3. Zwiebeln, Tomatenmark und etwas Brühe zugeben.

4. Paprika, Chilischoten und Tomaten unter das Fleisch mischen und 10 Min. garen.

5. Abgetropften Reis unter das Fleisch mischen.

6. Abschmecken und mit gehackter Petersilie bestreuen.

NASI-GORENG
aus Malaysia

- *200 g Langkornreis*
- *400 ml Wasser*
- *300 g Schweineschnitzel*
- *200 g Bambussprossen*
- *120 g gekochter Schinken*
- *40 g Butter/Margarine*
- *400 g Sojasprossen*
- *400 g Erbsen, TK*
- *Salz, Pfeffer nach Geschmack*
- *4 EL Sojasoße*
- *4 Eier*
- *100 g geröstete Erdnüsse*

ENERGIE/NÄHRWERT

3005 kJ
51 g KH, 37 g F, 42 g E

Garzeit: 30 Min.

VORBEREITUNG

1. Reis in Salzwasser garen, vgl. S. 142.
2. Schnitzelfleisch in feine Streifen schneiden.
3. Bambussprossen und Schinken in Streifen schneiden.

KÄSEREIS

- *250 g Langkornreis*
- *½ l Salzwasser*
- *200 g Hartkäse*
- *2 Eigelb*
- *20 g Butterschmalz*
- *1 Bd. Petersilie*

ENERGIE/NÄHRWERT

2042 kJ
48 g KH, 21 g F, 23 g E

Garzeit: 20 Min.

VORBEREITUNG

1. Petersilie waschen und hacken.
2. Hartkäse reiben.

ZUBEREITUNG

1. Salzwasser zum Kochen bringen, Reis ca. 20 Min. darin ausquellen lassen.
2. Flüssiges Butterschmalz, Käse, Eigelb und Petersilie mischen und unter den Reis rühren.
3. Reisrandform mit heißem Wasser ausspülen. Den Reis einfüllen und leicht andrücken.
4. Anrichteplatte/Teller auf den Reis legen. Mit beiden Händen den Teller und die Form festhalten. Beides umdrehen. Die Reisrandform abheben.

BEI TISCH

Käsereis ist eine gute Beilage zu Gulasch (vgl. S. 173) oder kann als Hauptgericht zusammen mit einer Salatplatte gereicht werden.

ZUBEREITUNG NASI-GORENG

1. Einen Teil der Butter in einem Topf zerlassen.

2. Fleisch darin anbraten.

3. Gemüse zugeben. Mit Salz, Pfeffer und Sojasoße abschmecken.

4. Abgetropften gegarten Reis untermengen.

5. Restliche Butter in einer Pfanne zerlassen und Spiegeleier darin braten.

6. Fleisch-Reisgericht mit Schinkenstreifen, Spiegelei und Erdnüssen anrichten.

CHINESISCHE REISPFANNE

300 g Langkornreis
1 l Salzwasser
400 g Hähnchenbrustfilet
3 EL Öl
50 g Cashewkerne
1 rote Paprikaschote
1 Stange Lauch
1 Dose Bambussprossen (ca. 540 g)
1 Dose Bohnenkeime (ca. 350 g) oder frische
Sojasoße
China-Gewürzmischung

ENERGIE/NÄHRWERT

2765 kJ
87 g KH, 19 g F, 28 g E

Garzeit: 25 Min.

VORBEREITUNG

1. Hähnchenfleisch in feine Streifen schneiden.
2. Paprikaschote waschen, entkernen und in feine Streifen schneiden.
3. Lauch putzen, waschen und in feine Ringe schneiden.
4. Konserveninhalt abtropfen lassen.
5. Bambussprossen in Streifen schneiden.

ZUBEREITUNG

1. Salzwasser zum Kochen bringen und den Reis ca. 20 Min. darin quellen lassen.
2. Öl in einer Pfanne erhitzen. Das Fleisch darin goldbraun braten.
3. Cashewkerne zugeben und anrösten.
4. Lauch, Paprika, Bambussprossen und Bohnenkeime zugeben.
5. Alles bei geringer Hitze ca. 5 Min. dünsten.
6. Den Reis unterrühren. Alles pikant abschmecken.

CHINESISCHER REISAUFLAUF

1 Glas Tiefseekrabben (ca. 350 g)
1 Glas Bohnenkeimlinge (ca. 350 g) oder frische
250 g gebratenes Geflügelfleisch
1/8 l Milch
150 g Crème fraîche
2 Eigelb
300 g Chinagemüse, TK
200 g Langkornreis
1 EL Öl
2 EL Sojasoße
Salz, Cayennepfeffer nach Geschmack
FÜR DIE FORM:
Fett

ENERGIE/NÄHRWERT

2159 kJ
41 g KH, 3 g F, 32 g E

Garzeit: 65 Min.

VORBEREITUNG

1. Krabben und Bohnenkeimlinge auf einem Durchschlag abtropfen lassen.
2. Fleisch in feine Streifen schneiden.
3. Eigelb, Crème fraîche und Milch verquirlen.
4. Chinagemüse auftauen.
5. Auflaufform ausfetten.

ZUBEREITUNG

1. Reis in Salzwasser zubereiten, vgl. Grundrezept Seite 142.
2. Öl in einer Pfanne erhitzen, Bohnenkeimlinge kurz darin andünsten. Mit Salz, Cayennepfeffer und 1 EL Sojasoße würzen.
3. Abgetropften Reis mit dem Fleisch, Bohnenkeimlingen, Chinagemüse und den Tiefseekrabben mischen.
4. Alles abschmecken und in die ausgefettete Auflaufform geben.
5. Die Eigelbmilch mit Cayennepfeffer und der restlichen Sojasoße würzen und über die Auflaufmasse gießen.
6. Auflauf im Backofen ca. 45 Min. backen. Eventuell zum Schluss abdecken, damit der Auflauf nicht zu dunkel wird.

BEI TISCH

Alle Reisgerichte, die außer Reis noch Gemüse und/oder Fleisch enthalten, eignen sich als eigenständige Hauptgerichte.
Frischer Salat ist für die Gerichte jeweils eine gute Ergänzung.

WENN ETWAS ÜBRIG BLEIBT

Alle Reisgerichte lassen sich tiefgefrieren und über Dampf, in der Pfanne oder Mikrowelle wieder aufwärmen.

SHIREEN POLO aus Persien

2 Orangen, natur
125 g Mandelstifte
30 g Pistazienkerne
400 g Möhren
1 küchenfertiges Hähnchen (ca. 1 kg)
2 Zwiebeln
200 g Langkornreis
3 l Salzwasser
30 g Butter
100 g Zucker
½ TL Safran
3 EL Öl
½ l Wasser
½ TL Salz

ENERGIE/NÄHRWERT

4136 kJ
71 g KH, 55 g F, 54 g E

Garzeit: 35 Min.

TIPP

- Statt der Pistazienkerne können Pinienkerne verwendet werden.
- Anstatt des Hühnerfleisches kann auch 200 g gewürfelter Tofu dazugegeben werden.

VORBEREITUNG

1. Orangen dünn schälen, die Schale in feine Streifen schneiden. Die Streifen ca. 1 Min. blanchieren, danach abtropfen lassen.
2. Mandelstifte ca. 2 Min. blanchieren und abtropfen lassen.
3. Pistazien fein hacken, Möhren in feine Scheiben schneiden.
4. Hähnchen in 4 Teile schneiden, waschen und trockentupfen.
5. Zwiebeln pellen und vierteln.

ZUBEREITUNG SHIREEN POLO

1. Salzwasser zum Kochen bringen. Reis ca. 7 Min. sprudelnd kochen lassen.

2. Reis auf ein Sieb geben und mit kaltem Wasser abspülen, abtropfen lassen.

3. Butter in einem Topf zerlassen, Möhren darin dünsten, ca. 5 Min.

4. Zucker, Orangenschale, Mandeln, Pistazien und Safran zufügen und gut verrühren.

5. Öl in einem Topf erhitzen, die Hähnchenteile darin goldbraun braten.

6. Zwiebelviertel zufügen, mit Salzwasser zum Kochen bringen, ca. 5 Min. köcheln lassen.

7. Den Reis und die Möhren schichtweise auf dem Geflügel verteilen.

8. Bei niedriger Hitze und geschlossenem Topf ca. 20 Min. garen lassen.

9. Servieren.

PAELLA
aus Spanien
6 Portionen

- *500 g Mies- oder Herzmuscheln*
- *2 kleine geräucherte Mettwürste (Cabanossi)*
- *250 g mageres Schweinefleisch*
- *1 küchenfertiges Huhn (ca. 1 kg) oder Hühnerteile mit Knochen*
- *3 Tomaten*
- *2-3 Knoblauchzehen*
- *2 Zwiebeln*
- *1 rote Paprikaschote*
- *Salz, Pfeffer*
- *8 EL Olivenöl*
- *6 Artischockenherzen (Glas oder Dose)*
- *300 g Langkornreis*
- *1/2 l Fleischbrühe*
- *1/8 l Weißwein*
- *1/2 TL Safran*
- *150 g ausgepalte Erbsen*
- *6 Scampi (Tiefseegarnelen)*
- *1 Zitrone*

ENERGIE/NÄHRWERT
3412 kJ
52 g KH, 64 g F, 66 g E

Garzeit: 40 Min.

VORBEREITUNG
1. Tomaten überbrühen (1 Min.), enthäuten, vierteln und entkernen, vgl. S. 53.
2. Die Knoblauchzehen und Zwiebeln pellen und würfeln.
3. Paprika putzen, waschen, entkernen und in Streifen schneiden.
4. Würste in Scheiben, das Schweinefleisch in Stücke, Huhn in Portionsstücke schneiden.

ZUBEREITUNG PAELLA

1. Muscheln waschen, bürsten und die Bartbüschel entfernen. Geöffnete Muscheln wegwerfen.

2. Öl erhitzen, Hühner- und Schweinefleisch zufügen, ca. 10 Min. braten, mit Salz würzen.

3. Knoblauch, Zwiebeln, Paprika, Tomaten, Artischockenherzen zufügen, ca. 5 Min. mitschmoren.

4. Muscheln und Wurstscheiben zufügen und ca. 2 Min. mitschmoren.

5. Öl in einer Paellaform oder in einer großen geeigneten Pfanne stark erhitzen.

6. Reis, Brühe und Weißwein zugeben und Safran unterrühren.

7. Fleisch, Gemüse und Muscheln, Erbsen und Scampi zugeben und zum Kochen bringen.

8. Die Paellaform in den Backofen stellen, das Gericht ca. 20 Min. garen.

9. Wenn die Flüssigkeit vom Reis aufgenommen ist, mit Salz und Pfeffer würzen.

MILCHREIS

Grundrezept

1 l Milch
2 EL Zucker
250 g Rundkornreis
1 Pr. Salz
1 Zimtstange

ENERGIE/NÄHRWERT

1647 kJ
66 g KH, 8 g F, 11 g E

Garzeit: 40 Min.

ZUBEREITUNG

Vgl. Phasenfotos 1 - 3.

REISPUDDING MIT KIRSCHSOSSE

1 l Milch
3 EL Zucker
250 g Rundkornreis
Salz
4 Eier
1 Glas Schattenmorellen (ca. 350 g)
40 g Butter
1 TL Zimt
½ Zimtstange
1 Glas Kirschgelee
FÜR DIE FORM:
20 g Fett
40 g Paniermehl

ENERGIE/NÄHRWERT

2766 kJ
199 g KH, 21 g F, 17 g E

Garzeit: 90 Min.

VORBEREITUNG

1. Kirschen aus dem Glas auf einem Durchschlag abtropfen lassen.
2. Eier trennen. Eiklar zu Eischnee schlagen.
3. Puddingform ausfetten und mit Paniermehl ausstreuen.

ZUBEREITUNG REISPUDDING MIT KIRSCHSOSSE

1. Milch und 2 EL Zucker aufkochen.

2. Reis, Salz und Zimstange zufügen, ca. 3 Min. unter ständigem Rühren köcheln lassen.

3. Bei niedriger Hitze ca. 30 Min. quellen lassen, ab und zu umrühren.

4. Eigelb, 1 EL Zucker und Zimt schaumig schlagen.

5. Kirschen und Schaummasse unter den Reis mischen.

6. Eischnee unterheben.

7. Reismasse in die Puddingform geben. Form verschließen und im Wasserbad ca. 1 Std. garen.

8. ⅛ l Kirschsaft mit der Zimtstange aufkochen. Gelee zufügen, unter Rühren auflösen.

9. Pudding aus der Form stürzen und mit der Kirschsoße servieren.

REIS TRAUTTMANNSDORF

½ Grundrezept Milchreis
ZUSÄTZLICH:
200 g süße Sahne
4 Blatt weiße Gelatine
250 g Kirschen

ENERGIE/NÄHRWERT

1829 kJ
80 g KH, 22 g F, 10 g E

Garzeit: 30 Min.

VORBEREITUNG

1. Gelatine einweichen.
2. Sahne steif schlagen.
3. Schälchen mit kaltem Wasser ausspülen.

ZUBEREITUNG

1. Milchreis zubereiten, vgl. Grundrezept, Phasenfotos 1-3.
2. Eingeweichte Gelatine leicht ausdrücken, in einem Topf auflösen, vgl. S. 36, oder in der Mikrowelle bei 600 Watt, ca. 1 Min.
3. Reis abkühlen lassen. Kurz bevor der Reis fest wird, die Sahne unterziehen.
4. Einige Kirschen zum Garnieren zurücklegen. Restliche Kirschen und Gelatine unter den Reis rühren.
5. Schälchen oder große Form mit dem Reis füllen. Reis ganz fest werden lassen.
6. Reis auf einen Teller stürzen und mit Kirschen garnieren.

SAHNE-MILCHREIS MIT KOMPOTT

1 Grundrezept Milchreis
ZUSÄTZLICH:
2 TL Speisestärke
1 Glas Pflaumenkompott
3 Birnen
250 g süße Sahne
2 EL Zucker
1 TL Zimt
1 Zimtstange
1 Päckchen Vanillezucker

ENERGIE/NÄHRWERT

4023 kJ
133 g KH, 37 g F, 13 g E

Garzeit: 35 Min.

VORBEREITUNG

1. Pflaumenkompott abtropfen lassen.
2. Birnen schälen, entkernen und in dünne Streifen schneiden.
3. Sahne steif schlagen.
4. Zucker und Zimt mischen.

ZUBEREITUNG

1. Milchreis zubereiten, vgl. Grundrezept, Phasenfotos 1-3.
2. Reis zum schnellen Auskühlen auf ein Blech streichen.
3. Pflaumensaft, Zimtstange und Vanillezucker aufkochen.
4. Speisestärke mit 2 EL Wasser anrühren, den Pflaumensaft damit binden.
5. Die Birnenscheiben in den Pflaumensaft geben.
6. Sahne unter den Reis heben, portionsweise auf Teller geben.
7. Reis mit Zucker/Zimt bestreuen.
8. Pflaumen unter das Birnenkompott heben, die Zimtstange herausnehmen. Das Kompott neben den Reis auf den Teller geben.

REISPFANNKUCHEN

300 g gegarter Milchreis
(⅓ Grundrezept)
ZUSÄTZLICH:
4 Eier
40 g Margarine
150 g Mehl
2 TL Backpulver
Salz
1 EL Zucker
¼ l Milch
60 g Butterschmalz

ENERGIE/NÄHRWERT

1776 kJ
20 g KH, 33 g F, 9 g E

Garzeit: 5 Min.

VORBEREITUNG

1. Eier trennen. Eiklar zu Eischnee schlagen, Eigelb verquirlen.
2. Margarine in einem Topf flüssig werden lassen.

ZUBEREITUNG

1. Mehl, Salz, Backpulver und Zucker vermischen.
2. Flüssige Margarine mit dem Eigelb mischen.
3. Alles unter den Reis rühren.
4. Eischnee unter die Reismasse heben.
5. Butterschmalz in einer Pfanne erhitzen und die Pfannkuchen von beiden Seiten goldbraun/knusprig braten.

TIPP

- Alle angegebenen Rezepte lassen sich sowohl mit Naturreis als auch mit geschältem Reis zubereiten.
- Bei Naturreis erhöht sich die Quellzeit um ca. 10 Min.

REISHASELNUSSAUFLAUF

200 g Vollkornrundreis
3/4 l Milch
40 g Butter
3 EL Honig
200 g Haselnüsse
4 Eier
Salz
Zitronenschale, gerieben
FÜR DIE FORM:
20 g Fett

ENERGIE/NÄHRWERT

3056 kJ
47 g KH, 51 g F, 21 g E

Garzeit: 105 Min.

VORBEREITUNG

1. Eier trennen, Eiklar zu Eischnee schlagen.
2. Haselnüsse fein reiben.
3. Auflaufform ausfetten.

SCHOKOLADENREIS

250 g Rundkornreis
3/4 l Milch
1 Pr. Salz
2 EL Zucker
150 g Schokolade
1 Pr. Orangenschalenaroma
oder Schale einer Orange
50 g Mandelblättchen

ENERGIE/NÄHRWERT

2533 kJ
72 g KH, 26 g F, 16 g E

Garzeit: 30 Min.

VORBEREITUNG

1. Orangenschale abreiben.
2. Schokolade reiben.

ZUBEREITUNG

1. Milchreis kochen, vgl. Grundrezept, Phasenfotos 1-3, S. 154.
2. Schokoladenraspel und Orangenschale unterheben.
3. Mit Mandelblättchen bestreut servieren.

TIPP

- Reste vom Milchreis oder süßer Reisspeisen können mit etwas zusätzlicher Milch in der Mikrowelle bei 350 Watt in 2 Min. pro 100 g erwärmt werden.
- Um Nahrungsenergie zu sparen, kann der Milchreis mit halbfetter Milch zubereitet werden.
- Unter den Schokoladenreis können ein bis zwei Eischnee untergehoben werden, um den Reis lockerer zu bekommen.

ZUBEREITUNG REISHASELNUSSAUFLAUF

1. Reis, Milch, Butter und Honig als Milchreis zubereiten, vgl. Grundrezept, S. 154.

2. Geriebene Nüsse, geriebene Zitronenschale und das Eigelb vermischen.

3. Nussmasse unter den Reis rühren.

4. Eischnee unterheben.

5. Reismasse in die Auflaufform füllen.

6. Auflauf bei 180° C 60 Min. backen.

REISWAFFELN MIT QUARK

150 g Naturreis, Rundkorn
1/2 l Milch
1 Pr. Salz
2 Eier
100 g Butter
100 g Magerquark
2 EL Honig
Schale einer halben Zitrone, natur

ENERGIE/NÄHRWERT

2026 kJ
39 g KH, 30 g F, 13 g E

Garzeit: 30 Min.

ZUBEREITUNG

1. Milchreis kochen, vgl. Grundrezept, Phasenfotos 1-3, abkühlen lassen.
2. Eigelb mit Butter und Honig schaumig rühren.
3. Quark, Zitronenschale und Honig zugeben.
4. Eiklar zu Eischnee schlagen und unterheben.
5. Alles mit dem Milchreis vermengen.
6. Waffeleisen vorheizen und das Eisen mit jeweils 1 EL Teig füllen.
7. Nach Gebrauchsanweisung des Waffeleisens backen.
8. Abgekühlt servieren.

SAHNEREIS MIT HONIG-ZIMT-BUTTER

250 g Naturreis, Rundkorn
3/4 l Milch
Salz
2 EL Honig
100 g Sahne
50 g Butter
1 TL Zimt, gemahlen
2 EL Honig

ENERGIE/NÄHRWERT

2184 kJ
58 g KH, 26 g F, 10 g E

Garzeit: 40 Min.

ZUBEREITUNG

1. Milchreis kochen, vgl. Grundrezept, Phasenfotos 1-3, S. 154.
2. Butter zerlassen, Zimt und die 2 EL Honig unterrühren.
3. Unter den ausgequollenen Reis die Sahne unterziehen und weitere 10 Min. auf ausgeschalteter Kochstelle quellen lassen.
4. In eine Schüssel füllen und mit der Honig-Zimt-Butter übergießen.

REIS MIT PINIENKERNEN UND PFEFFERMINZE

250 g Naturreis, Rundkorn
3/4 l Milch
1 Bd. Pfefferminze
4 EL Honig (100 g)
50 g Pinienkerne
20 g Butter
1 EL Sahne

ENERGIE/NÄHRWERT

2124 kJ
59 g KH, 21 g F, 12 g E

Garzeit: 30 Min.

VORBEREITUNG

1. Pfefferminze waschen und fein hacken, ca. 5 Blätter zurücklassen zum Garnieren.
2. Pinienkerne hacken.

ZUBEREITUNG

1. Milchreis kochen, vgl. Grundrezept Phasenfotos 1-3, S. 154.
2. Pfefferminze, Pinienkerne, Honig, Butter und Sahne untermischen.
3. Abschmecken und mit ganzen Pfefferminzblättern garnieren.

BEI TISCH

Süße Reisgerichte eignen sich sowohl für Nachspeisen als auch für Hauptgerichte. Werden Sie als Hauptgericht serviert, empfiehlt es sich, eine salzige Suppe, vgl. Rezepte S. 48 ff, davor zu reichen.

TIPP

- Süße Reismischungen gibt es vielfach abgepackt im Handel zu kaufen. Die fertigen Produkte bestehen aus geschältem Reis und haben meist einen erheblichen Zuckerzusatz. Der Preis liegt um ein Vielfaches höher als bei selbst hergestelltem Reis.

WEIZEN

Grundrezept

250 g Weizen
½ l Wasser

ENERGIE/NÄHRWERT

852 kJ
38 g KH, 1 g F, 7 g E

Einweichzeit: über Nacht
Garzeit: 30 Min.

Keine Einweichzeit:
Garzeit: 70 Min.

VORBEREITUNG

1. Weizen und Wasser in einen Topf geben und zugedeckt über Nacht einweichen.

Weizen schmeckt mit Majoran, Zitronenmelisse, Selleriegrün, Fenchel, Zwiebeln und Paprika.
Süß abgeschmeckt passen Vanille, Zimt, Birnen- oder Apfeldicksaft, Honig, Sonnenblumenkerne oder Rosinen dazu.

TIPP

● Getreidebratlinge können auch sehr gut aus dem Grünkernknödelteig, vgl. S. 128, hergestellt werden.

WEIZEN MIT KÄSE

1 Grundrezept Weizen, gekocht
ZUSÄTZLICH:
30 g Butter
2 Frühlingszwiebeln, ca. 100 g
150 g geriebener Käse, z. B. Emmentaler
schwarzer Pfeffer
Kräutersalz

ENERGIE/NÄHRWERT

1480 kJ
40 g KH, 12 g F, 17 g E

Garzeit: 30 Min.

VORBEREITUNG

1. Zwiebeln waschen und in feine Ringe schneiden.

ZUBEREITUNG

1. Gekochten Weizen mit der Butter, Pfeffer und dem Kräutersalz mischen.
2. Frühlingszwiebeln und geriebenen Käse untermischen.
3. Abschmecken.

BEI TISCH

Alle pikant abgeschmeckten Getreidesorten sind als Beilage statt Nudeln, Reis oder Kartoffeln geeignet.
Süß können sie mit Kompott oder Soßen gereicht werden.

GETREIDEBRATLING

½ Grundrezept gekochtes Getreide
3 EL feine Haferflocken
2 Eier
80 g Käse, gerieben
1 EL Sojamehl
75 g gemahlene Haselnusskerne
1 TL Salz, Gewürze
1 Bund Petersilie oder gemischte Kräuter
ZUM BRATEN:
4 EL Öl

ENERGIE/NÄHRWERT

1704 kJ
18 g KH, 37 g F, 13 g E

Garzeit: 40 Min.

VORBEREITUNG

1. Zwiebel pellen und fein würfeln.
2. Petersilie oder Kräuter waschen und hacken.

ZUBEREITUNG

1. Zwiebel, Sojamehl, Haferflocken, Haselnüsse, Kräuter, Salz, ger. Käse, Eier und Gewürze unter das trockene Getreide mischen.
2. Flache Bratlinge formen und im heißen Öl von beiden Seiten ca. 10-12 Min. braten.

ZUBEREITUNG WEIZEN

1. Weizen mit dem Einweichwasser zum Kochen bringen.

2. 10 Min. kochen lassen.

3. Danach 20 Min. quellen lassen.

GRÜNKERN

Grundrezept

300 g Grünkern
½ l Wasser

ENERGIE/NÄHRWERT
1103 kJ
52 g KH, 2 g F, 9 g E

Garzeit: 40 Min.

Grünkern schmeckt pikant mit Estragon, Majoran, Basilikum, Schnittlauch, Zwiebeln oder Muskat.
Süß abgeschmeckt passt dazu: Zitronensaft, Korinthen, Pinienkerne oder Honig.

ROGGEN

Grundrezept

250 g Roggen
½ l Wasser

ENERGIE/NÄHRWERT
828 kJ
38 g KH, 1 g F, 7 g E

Garzeit: 60 Min.

VOR- UND ZUBEREITUNG
(vgl. Weizen)

Roggen schmeckt gut mit Kümmel, Wacholder, Thymian oder Sellerie.
Süß abgeschmeckt passen Zitronenschale, Ingwer oder Honig dazu.

HAFER

Grundrezept

300 g Hafer
½ l Wasser

ENERGIE/NÄHRWERT
1148 kJ
47 g KH, 5 g F, 9 g E

Garzeit: 40 Min.

ZUBEREITUNG
(vgl. Grünkern)

Hafer schmeckt mit: Curry, Cayennepfeffer, Knoblauch, Rosmarin oder Oregano.
Süß mit Nüssen, Honig oder Äpfel.

GERSTE

Grundrezept

200 g Gerste
½ l Wasser

ENERGIE/NÄHRWERT
715 kJ
36 g KH, 1 g F, 6 g E

Garzeit: 50 Min.

ZUBEREITUNG
(vgl. Grünkern)
Quellzeit: 40 Min.

Gerste schmeckt mit Thymian, Basilikum, Knoblauch oder Curry.
Süß mit Zimt, Zitronensaft, Datteln oder Nüssen.

BUCHWEIZEN

Grundrezept

200 g Buchweizen
½ l Wasser

ENERGIE/NÄHRWERT
725 kJ
36 g KH, 1 g F, 6 g E

Garzeit: 25 Min.

ZUBEREITUNG
(vgl. Grünkern)
Quellzeit: 15 Min.

Buchweizen schmeckt pikant mit Majoran, Schnittlauch, Brennnessel, Zwiebel.
Süß mit Zimt, Zitronenschale, Nüssen oder Honig.

HIRSE

Grundrezept

250 g Hirse
½ l Wasser

ENERGIE/NÄHRWERT
943 kJ
44 g KH, 2 g F, 7 g E

Garzeit: 20 Min.

ZUBEREITUNG
(vgl. Grünkern)

Hirse schmeckt mit Kumin (Kreuz- oder Türkenkümmel), Muskatnuß, Koriander, Majoran, Thymian und Oregano.
Süß mit Ahornsirup, Honig, Rosinen oder Mandeln.

ZUBEREITUNG GRÜNKERN

1. Wasser zum Kochen bringen.

2. Grünkern hineinstreuen, umrühren und aufkochen lassen.

3. 10 Min. kochen lassen, danach 30 Min. quellen lassen.

INDONESISCHE GERSTE

1 Grundrezept Gerste, gekocht
ZUSÄTZLICH:
250 g Brokkoli
1 TL Kräutersalz
1 EL Öl
4 Tomaten, ca. 300 g
1 Knoblauchzehe
20 g Butter
⅛ l Gemüsebrühe
ca. 2 TL Curry
80 g geriebener Käse
30 g Mandelsplitter

ENERGIE/NÄHRWERT

1650 kJ
42 g KH, 19 g F, 14 g E

Garzeit: 55 Min.

VORBEREITUNG

1. Brokkoli vorbereiten, vgl. S. 31.
2. Tomaten waschen, Blüte entfernen und vierteln.
3. Knoblauch pellen und durchpressen.
4. Mandelsplitter in Butter anrösten.

AUBERGINEN MIT QUINOA

500 g Auberginen
Salz
125 g Quinoa
¼ TL Kurkuma
2 Zwiebeln, gehackt
2 Knoblauchzehen, gepresst
⅛ l Gemüsebrühe
50 g gewürfelter Schinken
2 EL Öl
2 Stg. Porree, in Ringe geschnitten, vgl. S. 75
250 g Schafskäse

ENERGIE/NÄHRWERT

1411 kJ
41 g KH, 8 g F, 21 g E

Garzeit: 15 Min.

VORBEREITUNG

1. Auberginen waschen und längs in Scheiben schneiden, salzen.
2. Quinoa in ¼ l Salzwasser 15 Minuten kochen, abgießen.

ZUBEREITUNG

1. Schinken, Öl, Zwiebeln und Knoblauch andünsten.
2. Auberginen und Porree 5 Min. mitdünsten.
3. Mit Brühe auffüllen.
4. Abschmecken, Schafskäse in Würfeln darübergeben.
5. Quinoa überstreuen und kurz übergrillen.

TIPP

- Statt Gerste können in dem Rezept auch andere Getreidesorten verwendet werden.
- Quinoa ist ein Wildweizen, er kann durch normalen Weizen ersetzt werden.
- Quinoa kann auch durch Hirse ersetzt werden.

ZUBREITUNG INDONESISCHE GERSTE

1. Brokkoli mit Kräutersalz in ca. ¼ l Wasser weich dünsten, in Röschen teilen.

2. Öl erhitzen, Brokkoliröschen zugeben.

3. Tomatenviertel zugeben.

4. Knoblauch dazugeben und mit der Gemüsebrühe auffüllen.

5. Curry und geriebenen Käse zufügen, ca. 5 Min. garen.

6. Alles mit der Gerste vermischen, abschmecken und mit Mandelsplittern anrichten.

GRÜNKERN MIT TOMATEN UND PILZEN

1 Grundrezept Grünkern, gekocht
ZUSÄTZLICH:
1 Zwiebel (80 g)
2 EL Öl
200 g rote Paprika
200 g grüne Paprika
4 Tomaten (300 g)
200 g Champignons
30 g Butter
1 Bd. Petersilie

ENERGIE/NÄHRWERT

1857 kJ
61 g KH, 12 g F, 16 g E

Garzeit: 50 Min.

VORBEREITUNG

1. Grundrezept Grünkern, vgl. S. 159, zubereiten.
2. Zwiebel pellen und fein würfeln.
3. Paprika waschen, putzen und in Würfel schneiden.
4. Tomaten waschen, Blüte entfernen und vierteln.
5. Champignons putzen und vierteln.
6. Petersilie waschen und zerkleinern.

ZUBEREITUNG

1. Butter zerlassen und Zwiebeln darin andünsten.
2. Champignons, Tomaten und Paprika zugeben.
3. Grünkern in einer Schüssel anrichten.
4. Gemüsemischung darübergeben.
5. Petersilie überstreuen.

GEMÜSE-HIRSE-AUFLAUF

1 Zwiebel
1 Stange Lauch
1 rote Paprikaschote
100 g Möhren
40 g Butter
200 g Hirse
½ l Gemüsebrühe
1 Bd. Petersilie
Zitronenmelisse
3 Blätter Löwenzahn
3 Eier
150 g Käse
Kräutersalz
Pfeffer
100 g Mozzarella
FÜR DIE FORM:
20 g Butter

ENERGIE/NÄHRWERT

2191 kJ
41 g KH, 27 g F, 26 g E

Garzeit: 30 Min.

VORBEREITUNG

1. Zwiebel und anderes Gemüse waschen, putzen und fein zerkleinern.
2. Käse reiben, Mozzarella in Scheiben schneiden.
3. Form ausfetten.
4. Kräuter waschen und zerkleinern.

ZUBEREITUNG

1. Butter zerlassen und die Zwiebel darin andünsten.
2. Gemüse zufügen und ca. 5 Min. mitdünsten, würzen.
3. Hirse in der Gemüsebrühe kochen, vgl. Grundrezept S. 159.
4. Kräuter, Eier und Käse unter die Hirse mischen.
5. In die Auflaufform Hirse und Gemüse einschichten.
6. Mit Mozzarellascheiben belegen.
7. Bei 200° C ca. 15-20 Min. überbacken.

POLENTA

Grundrezept

aus Mexiko

½ l Wasser
1 TL Salz oder Kräutersalz
150 g Maisgrieß
4 Eigelb
60 g geriebener Käse, z. B. Emmentaler

ENERGIE/NÄHRWERT

1051 kJ
29 g KH, 10 g F, 10 g E

Garzeit: 15 Min.

ZUBEREITUNG

1. Wasser mit dem Salz zum Kochen bringen.
2. Maisgrieß einstreuen, umrühren.
3. Bei geringer Hitze 5 Min. kochen lassen.
4. Bei ausgeschalteter Energiequelle 10 Min. ausquellen lassen.
5. Eigelb und geriebenen Käse untermischen und servieren.

BEI TISCH

Polenta kann als Beilage zu Gemüse und Fleisch serviert werden.

TIPP

● Die Polentamasse kann auch als Füllung für Tomaten, die dann gebacken werden, verwendet werden.
Mit Zwiebelringen vermischt und mit Käse überstreut, kann sie als Auflauf gebacken werden.

WIENER SCHNITZEL

Grundrezept

4 Kalbsschnitzel (500 g)
4 EL Mehl
2 Eier
100 g Semmelbrösel
40 g Butterschmalz oder Erdnussfett
1 Zitrone

ENERGIE/NÄHRWERT

1576 kJ
25 g KH, 14 g F, 33 g E

Garzeit: 5 Min.

KOTELETT

Grundrezept

4 Koteletts à ca. 150 g
4 EL Mehl
2 Eier
100 g Semmelbrösel
Salz, Pfeffer
80 g Butterschmalz oder Erdnussfett

ENERGIE/NÄHRWERT

2277 kJ
25 g KH, 30 g F, 33 g E

Garzeit: 10 Min.

VORBEREITUNG

Vgl. Zubereitung Wiener Schnitzel Phasenfotos 1-5.

ZUBEREITUNG

1. Fett in der Pfanne erhitzen.
2. Koteletts von jeder Seite etwa 5 Min. goldbraun braten.

TIPP

- Koteletts können auch natur — ohne Panade — gebraten werden, die Bratzeit verringert sich dann pro Seite um ca. 1 Min.
- Der Energiegehalt ist dann wesentlich geringer.

VOR- UND ZUBEREITUNG WIENER SCHNITZEL

1. Kalbsschnitzel sanft mit einem Klopfer flach klopfen und würzen.

2. Schnitzel in Mehl wenden. Abschütteln.

3. Mit jeder Seite durch das verquirlte Ei ziehen.

4. In Semmelbröseln wenden. Brösel dabei leicht fest klopfen.

5. 40 g Fett in eine Pfanne geben und schmelzen.

6. Je zwei Schnitzel im heißen Fett etwa 2 Min. goldbraun braten.

7. Schnitzel wenden und weitere 2 Min. von der anderen Seite braten.

8. Herausheben und auf Küchenpapier legen. Fett sorgfältig abtupfen.

9. Vor dem Servieren mit Zitronenscheiben oder „wienerisch" mit Kapern belegen.

FILETSTEAK

Grundrezept

4 Filetsteaks à ca. 150 g
3 EL Öl, 20 g Butterschmalz
Pfeffer, Salz

ENERGIE/NÄHRWERT

1364 kJ
- g KH, 24 g F, 28 g E

Garzeit: 8 Min.

TIPP

● Filets vom Schwein, Lamm oder Kalb werden wie Rinderfilet gebraten.

VOR- UND ZUBEREITUNG FILETSTEAK

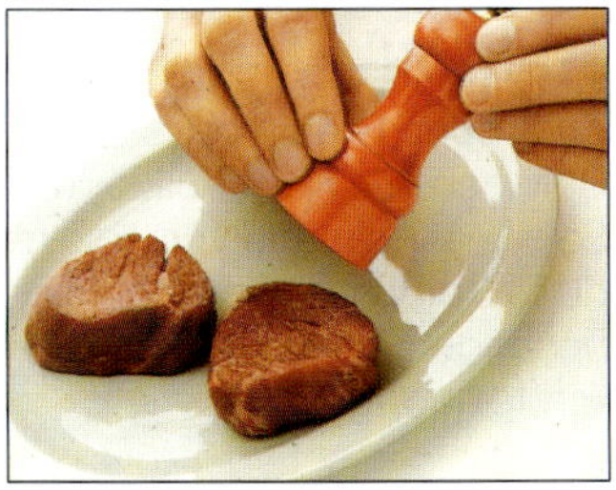

1. Steaks mit Küchenpapier trockentupfen und pfeffern.

2. Steaks in das heiße Fett legen, 4 Min. braten.

3. Steaks wenden und von der anderen Seite 4 Min. braten.

MIT GRÜNEM PFEFFER

8 EL grünen, eingelegten Pfeffer in dem Bratensatz erhitzen und mit der Brunnenkresse auf die Steaks geben.

MIT SOJASPROSSEN UND CHAMPIGNONS

200 g geschnittene Champignons mit 100 g Sojasprossen und 2-3 EL Pflanzenöl mischen, mit Salz und Pfeffer würzen und mit Thymian auf den Steaks verteilen.

MIT KRÄUTERBUTTER

100 g Kräuterbutter auf 4 Zitronenscheiben verteilen und mit Kerbelblättchen auf den Steaks anrichten.

TIPP

● Tornedos vom Rind oder Schwein werden auf einem kalten Büffet gern als Fleischkomponente serviert.

RINDERFILETS ALS TORNEDOS

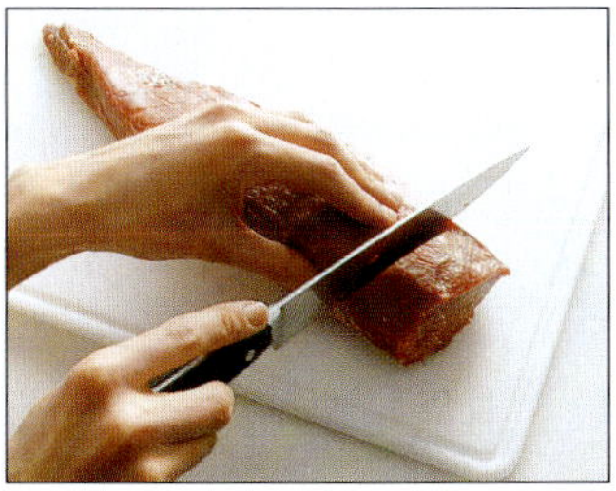

1. Tornedos schneiden.

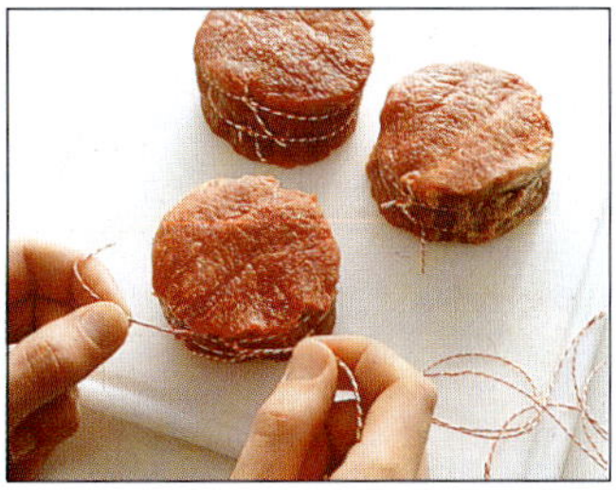

2. Tornedos wickeln.

3. Braten wie Filetsteaks, Faden entfernen und anrichten, vgl. Filetsteaks.

SCHWEINEBRATEN

Grundrezept

6 Portionen

1 kg Schweinefleisch aus der Keule, ohne Knochen
3 EL Öl
2 Zwiebeln
300 g Suppengemüse
1 Lorbeerblatt
2 Nelken
1 Rosmarinzweig oder
½ TL getrockneter Rosmarin
¼ l Wasser
Salz, Pfeffer

ENERGIE/NÄHRWERT

2033 kJ
3 g KH, 40 g F, 28 g E

Garzeit: 80 Min.

VORBEREITUNG

Vgl. Phasenfotos 1-6.

ZUBEREITUNG

Vgl. Phasenfotos 1-3, S. 165.
Schmoren im Backofen.

RINDERSCHMORBRATEN

»Boeuf à la mode«
6 Portionen

1 kg Rindfleisch aus der Keule, ohne Knochen
3 EL Öl
3 Möhren
1 Stück Sellerie
1 Stange Lauch (Porree)
½ l Flüssigkeit (Wasser, Brühe)
3 EL Essig
10 Pfefferkörner
5 Pimentkörner
2 Nelken
1 Thymianzweig oder
½ TL getrockneter Thymian
Salz, Pfeffer

ENERGIE/NÄHRWERT

1243 kJ
4 g KH, 15 g F, 36 g E

Garzeit: 90 Min.

VORBEREITUNG

Vgl. Phasenfotos 1-6.

ZUBEREITUNG

Vgl. Phasenfotos 1-3, S. 165.
Schmoren im Backofen.

TIPP

- Jedes große Fleischstück von Wild, Geflügel, Schwein, Lamm, Kalb oder Rind lässt sich ähnlich zubereiten.
- Pro Person rechnet man ca. 150 g Braten (Rohgewicht).

BEI TISCH

Zu großen Braten passen Beilagen wie Kartoffelklöße, Salzkartoffeln und verschiedene Gemüsesorten — besonders schön auf einer Platte arrangiert.

WENN ETWAS ÜBRIG BLEIBT

Bratenreste können eingefroren werden.

VORBEREITUNG

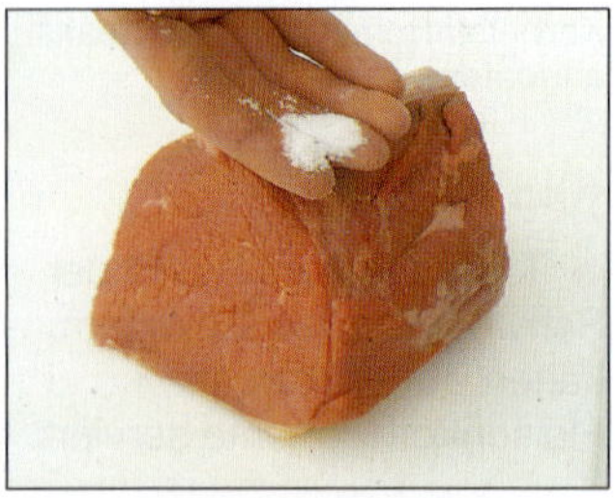

1. Fleisch mit wenig Salz einreiben. Kochstelle auf höchster Stufe erhitzen.

2. Fett (Pflanzenfett oder Pflanzenöl) dazugeben.

3. Braten in den Topf legen.

4. Braten von allen Seiten kräftig anbraten.

5. Geputztes und zerkleinertes Gemüse 2 Min. mitbräunen lassen.

6. Flüssigkeit und Gewürze in den Topf geben.

SCHMOREN AUF DEM HERD

Vorbereitung wie auf den Phasenfotos 1-6, S. 164. Das Fleisch muss bis zur Hälfte mit Flüssigkeit bedeckt sein, je nach Größe des Topfes mit Flüssigkeit auffüllen.

SCHMOREN IM BACKOFEN

Das Schmoren im Backofen eignet sich für große Fleischstücke (ab 1 kg) und ganz besonders für preiswerte Stücke wie Nacken, Bauch, Keule, Schulter, Bug.
Das Fleisch wird wie auf den Phasenfotos vorbereitet.
Beim Schmoren im Backofen reicht eine kleine Menge Flüssigkeit.
Durch die hohe Temperatur bilden sich wohlschmeckende Röststoffe.

TIPP

- Dickere Fleischteile haben eine längere Garzeit. Pro Zentimeter Fleischdicke rechnet man 10 Min. Garzeit.
- Bei besonders magerem Fleisch empfiehlt sich ein Speckmantel (Bardieren).
- Braten erst 10 Min. ruhen lassen, ehe er aufgeschnitten wird, weil sonst zu viel Zellsaft verloren geht.
- Um die Garzeit zu verringern, kann der Braten auch in einem Dampfdrucktopf angebraten und weiter gegart werden. Die Garzeit verringert sich um die Hälfte.

SCHMOREN AUF DEM HERD

1. Den Topf verschließen.

2. Braten ca. 30 Min. schmoren, den Braten wenden, weitere 60 Min. schmoren.

3. Braten herausnehmen und quer zur Faser in Scheiben schneiden.

SCHMOREN IM BACKOFEN

1. Braten im Backofen schmoren lassen.

2. Den Braten zwischendurch mit Flüssigkeit begießen. Gar schmoren.

3. Braten herausnehmen und quer zur Faser in Scheiben schneiden.

SOSSENBEREITUNG

1. Flüssigkeit ohne Deckel aufkochen lassen. Weitere 4 Min. stark einkochen.

2. Alles durch ein Sieb geben. Gemüse durch das Sieb in die Flüssigkeit streichen.

Bratensoße mit angerührter Speisestärke binden, vgl. S. 37, würzen.

FRIKADELLEN

Grundrezept

400 g Hackfleisch vom Rind und/oder Schwein
2 Zwiebeln
1 Ei
1 Brötchen, eingeweicht
1 Bd. Petersilie
Salz, Pfeffer, Paprika nach Geschmack
4 EL Öl

ENERGIE/NÄHRWERT

1548 kJ
8 g KH, 25 g F, 25 g E

Garzeit: 10 Min.
bei 1 cm dicken Frikadellen

VORBEREITUNG

1. Zwiebeln pellen und fein würfeln.
2. Petersilie waschen und hacken.

BEI TISCH

Frikadellen sind sehr vielseitig. Man kann sie mit fast jeder Beilage essen, aber auch kalt als Brotbelag.

TIPP

- Frikadellen können zusätzlich auch mit Knoblauchsalz, verschiedenen gehackten Kräutern, Senf oder geraspeltem Gemüse gewürzt werden.
- Folgende Möglichkeit gibt es, um Hackteig gleichmäßig zu portionieren:
  — in der Schüssel gleiche Tortenstücke teilen,
  — eine Rolle formen und in Scheiben schneiden,
  — mit dem Eisportionierer formen, vgl. S. 171, Phase 2.

ZUBEREITUNG FRIKADELLEN

1. Brötchen in ¼ l lauwarmem Wasser einweichen.

2. Hackfleisch und Zwiebeln in eine Rührschüssel geben.

3. Das Ei aufschlagen und zugeben.

4. Das Brötchen ausdrücken und zugeben.

5. Gehackte Petersilie einstreuen, salzen und pfeffern.

6. Alle Zutaten mit den Knethaken oder mit der sauberen Hand verkneten.

7. Hände mit Wasser anfeuchten. Aus dem Teig Frikadellen formen.

8. Fett erhitzen, Frikadellen in die Pfanne legen.

9. Nach ca. 4 Min. die Frikadellen umdrehen und weitere 4 Min. braten.

WISSENSWERTES ÜBER HACKFLEISCH

Wichtigste Regel: Hackfleisch – auch Schabefleisch genannt – darf immer nur frisch verwendet werden! Durchgedrehtes Fleisch bietet den Bakterien ideale Lebensbedingungen — auch bei Kühlschrank-Temperaturen (Salmonellen).
Immer frisch durchgedrehtes Hackfleisch verlangen — jeder Metzger ist dazu verpflichtet. Bei tiefgekühltem und abgepacktem Hackfleisch unbedingt auf das Haltbarkeitsdatum achten!
Beim Kauf von Hackfleisch sollte ebenso wie beim Fleisch auf die Herkunft geachtet werden.
Im Handel werden folgende Sorten von Hackfleisch angeboten:
1. Hackfleisch (Gehacktes) ist rohes Skelettmuskelfleisch vom Rind und/oder Schwein ohne Zusätze, mit einem bestimmten Fettanteil.
2. Schabefleisch (Tatar) ist rohes Skelettmuskelfleisch vom Rind ohne Fett und Sehnen, in fein zerkleinertem Zustand ohne Zusätze.
3. Zubereitetes Hackfleisch (Mett) ist Hack- und Schabefleisch, dem Salz, Zwiebeln oder andere Zutaten und Gewürze zugegeben wurden.
Hackfleisch wird auch vom Lamm und Geflügel angeboten. Es muss entsprechend gekennzeichnet sein.

TIPP

- Als Bindemittel dienen rohe Zutaten:
1 Ei oder 20 g Mehl und 3 EL Wasser oder 15 g Haferflocken und 3 EL Wasser oder 50 g rohe, geriebene Kartoffeln oder 2 EL Quark.
- Als Lockerungsmittel dienen gegarte Zutaten:
1 eingeweichtes Brötchen oder 25 g Semmelmehl und 5 EL Wasser oder 50 g kalte, gekochte und gepresste Kartoffeln.

CEVAPCICI
aus Jugoslawien

400 g Rinderhackfleisch
4 Zwiebeln
2 Knoblauchzehen
Salz, Pfeffer, Paprika nach Geschmack
4 EL Öl

ENERGIE/NÄHRWERT

1675 kJ
3 g KH, 33 g F, 23 g E

Garzeit: 10 Min.

VORBEREITUNG

1. Zwiebeln pellen und sehr fein würfeln.
2. Knoblauch pellen und durchpressen.

ZUBEREITUNG

1. Hackfleisch mit Zwiebeln und Knoblauch vermischen.
2. Mit Salz, Pfeffer und Paprika würzen.
3. Ca. 10 fingerdicke Röllchen formen.
4. Öl in einer Pfanne erhitzen und die Röllchen von allen Seiten knusprig braun braten.

FRIKADELLEN GARNIERT

Apfelsinenspalten und Estragonblätter.

Geschnittene Champignons und Radieschen in Essig, Öl und Gewürzen mariniert.

Weißkohl in feinen Streifen in Essig, Öl und Gewürzen 1 Tag mariniert.

Rote und grüne Paprika in Streifen geschnitten.

1 Spiegelei mit Paprika bestreut.

Essiggurken in Scheiben und Dill.

BLÄTTERTEIGTASCHEN

Tiefgekühlten Blätterteig (1 Packung) antauen lassen und in 8 cm große Quadrate schneiden. Mit Hackfleischteig, vgl. S. 166, füllen. Die Seiten mit Eigelb bestreichen und zusammendrücken. Im Backofen bei 225° C in 15 bis 20 Min. goldbraun backen.

HACK IN DER KRANZFORM

Hackfleischteig (vgl. Grundrezept S. 166) in die Form geben und bei 220° C 40 Min. im Ofen backen. Anschließend aus der Form stürzen.

HACKFLEISCHBÄLLCHEN

Mit angefeuchteten Händen kleine Bällchen formen, die man braten oder in Flüssigkeit garen kann. Als Fleischgang oder aufgespießt als Appetitanreger servieren!

Pikante Variationen

NORDISCHE MISCHUNG

ZUSÄTZLICHE ZUTATEN:

- *2 EL gehackte rote Bete*
- *2 EL gewürfelte Möhren*
- *2 EL Lauchringe*
- *1 EL Kapern*
- *1 TL gehackte Sardellen*
- *1 EL Crème fraîche*
- *2 EL gehackte Petersilie*

SÜDAMERIKANISCHE MISCHUNG

ZUSÄTZLICHE ZUTATEN:

- *1 abgezogene, gewürfelte Tomate*
- *2 EL Mais*
- *1 EL gehackte Oliven*
- *1 Peperoni*
- *½ Apfel (gewürfelt)*
- *1 Knoblauchzehe*
- *1-2 EL Rosinen*
- *2 EL gehackte Mandeln*

INDISCHE MISCHUNG

ZUSÄTZLICHE ZUTATEN:

- *1 Scheibe fein geschnittene Ananas*
- *2 Aprikosen (klein geschnitten)*
- *1 gehackte Chilischote*
- *1 EL Paprikapulver, edelsüß*
- *1 EL Currypulver*
- *1 Msp. Kümmel*
- *1 TL grüner Pfeffer*
- *geriebener Muskat*

HACKFLEISCHTORTE

8 Portionen

700 g Hack
2 Eier
Salz, Pfeffer nach Geschmack
1 TL Thymian, getrocknet
2 Zwiebeln
2 Knoblauchzehen
1 Bd. Petersilie
400 g Kartoffeln
400 g Tomaten
125 g Tomatensaft
FÜR DIE FORM:
2 EL Öl

ENERGIE/NÄHRWERT

1093 kJ
10 g KH, 14 g F, 23 g E

Garzeit: 50 Min.

VORBEREITUNG

1. Kartoffeln mit Schale 20 Min. kochen, pellen und in Scheiben schneiden.
2. Zwiebeln und Knoblauch pellen und fein hacken.
3. Tomaten waschen, Blüten herausschneiden und in Scheiben schneiden.
4. Petersilie waschen und fein hacken.
5. Springform einfetten.

ZUBEREITUNG

1. Hack mit den Kräutern, Zwiebeln, Knoblauch und den Gewürzen mischen.
2. Springform mit Kartoffelscheiben auslegen.
3. Fleischmasse gleichmäßig daraufgeben und mit Tomatenscheiben abdecken.
4. Mit dem Tomatensaft begießen und ca. 30 Min. bei 220° C im Backofen backen.

GEFÜLLTE HACKFLEISCH-ROLLE

400 g gemischtes Hack
2 kalte Pellkartoffeln
2 Eier
Salz, Pfeffer nach Geschmack
100 g durchwachsener Speck
70 g Zwiebeln
150 g Äpfel
1 Bd. Petersilie
FÜR DIE FORM:
2 EL Öl

ENERGIE/NÄHRWERT

2079 kJ
13 g KH, 38 g F, 26 g E

Garzeit: 40 Min.

VORBEREITUNG

1. Bräter ausfetten.
2. Pellkartoffeln pellen und pürieren.
3. Speck fein würfeln.
4. Petersilie waschen und hacken.
5. Äpfel schälen und Zwiebeln pellen und beides fein würfeln.

ZUBEREITUNG

1. Pürierte Kartoffeln mit Hack, Eiern, Salz und Pfeffer gut verkneten.
2. Hackmasse auf einer mit Wasser abgespülten Alufolie dünn ausstreichen.
3. Speck-, Zwiebel-, Apfelwürfel und die Petersilie darauf verteilen.
4. Hack durch seitliches Anheben der Folie zusammenrollen und wie eine Roulade formen.
5. Die Rolle in den Bräter legen und ca. 40 Min. bei 220° C im Backofen braten.

PIKANTE HACKPFANNE

500 g Hack
1 Zwiebel
1 Knoblauchzehe
200 g Paprikaschote
50 g Oliven, grüne
4 EL Öl
400 g Dosentomaten
250 ml Tomatensaft
1 EL Essig
1 TL Zucker
1 TL Salz
1 Lorbeerblatt
1/4 TL Oregano, getrocknet

ENERGIE/NÄHRWERT

1901 kJ
10 g KH, 32 g F, 31 g E

Garzeit: 20 Min.

VORBEREITUNG

1. Zwiebeln pellen und fein würfeln.
2. Paprikaschote entkernen, waschen und würfeln.
3. Oliven entkernen und fein hacken.
4. Knoblauch pellen und durchpressen.

ZUBEREITUNG

1. Öl in einem Topf erhitzen, Knoblauch und Zwiebeln darin glasig dünsten.
2. Hackfleisch zugeben und unter ständigem Rühren anbraten.
3. Restliche Zutaten zugeben und im geschlossenen Topf ca. 20 Min. bei 220° C schmoren.
4. Abschmecken und servieren.

BEI TISCH

Zu allen drei Hackfleischgerichten passt sehr gut ein frischer Salat.

HACKBRATEN
(falscher Hase)
6 Portionen

600 g gemischtes Hack
2 Eier
2 Zwiebeln
1 Brötchen
1 Knoblauchzehe
4 EL geschnittener Schnittlauch
2 EL gehackte Petersilie
3 gekochte Eier
Salz, Pfeffer, Paprika nach Geschmack
250 ml Wasser
1 Becher saure Sahne (150 g)
2 EL Mehl

ENERGIE/NÄHRWERT
1533 kJ
11 g KH, 22 g F, 30 g E

Garzeit: 60 Min.

VORBEREITUNG
1. Brötchen in Wasser einweichen und danach gut ausdrücken.
2. Zwiebeln pellen und fein zerkleinern.
3. Hart gekochte Eier pellen.
4. Knoblauch pellen und durchpressen.

TIPP
- Ohne Eier wird der falsche Hase zu einem einfachen Hackbraten.
- Anstelle der Eier können auch vorgegarte Gemüse verwendet werden, z. B. Karotten oder Porree.
- Hackbraten eignet sich kalt gut als Partygericht.

BEI TISCH
Zum Hackbraten passen sowohl Kartoffel- als auch Reisbeilagen.
Als Gemüsebeilage können alle Gemüse und auch frische Salate gereicht werden.

WENN ETWAS ÜBRIG BLEIBT
Hackbraten sowie alle gegarten Hackgerichte können gut tiefgefroren werden. Je nach Fettanteil beträgt die mögliche Lagerdauer bis zu einem halben Jahr.

ZUBEREITUNG FALSCHER HASE

1. Hack, Zwiebeln, Eier, Brötchen, Knoblauch und Petersilie mischen und abschmecken.

2. Eier auf die Hackmasse legen und einen Braten formen.

3. 6 EL Wasser auf das Bratblech geben. Hackbraten bei 200° C ca. 60 Min. braten.

4. Hackbraten warm stellen.

5. Den Bratenfond mit Wasser lösen und in einen Topf geben.

6. Soße mit angerührtem Mehl binden, mit saurer Sahne verfeinern und abschmecken.

KÖNIGSBERGER KLOPSE

Grundrezept

400 g gemischtes Hackfleisch
100 g Weißbrot
1 Zwiebel
(2 Sardellenfilets)
1 Bd. Petersilie
2 Eier
20 ml süße Sahne
Salz, Pfeffer nach Geschmack

BRÜHE:
1 l Wasser
1 TL Salz
2 Nelken
1 Zwiebel
1 Lorbeerblatt

SOSSE:
30 g Margarine
4 EL Mehl
(Brühe von den Klöpsen)
2 EL Zitronensaft
20 g Kapern
50 ml saure Sahne

ENERGIE/NÄHRWERT

1268 kJ
8 g KH, 17 g F, 27 g E

Garzeit: 20 Min.

VORBEREITUNG

1. Sardellen fein hacken.
2. Zwiebeln für den Hackteig pellen und fein würfeln.
3. Petersilie waschen und hacken.

TIPP

● Anstelle von gemischtem Hackfleisch kann auch Tofu (Sojabohnenquark) verwendet werden.

BEI TISCH

Zu Königsberger Klopsen passen Salzkartoffeln oder Reis und Frischkostsalat oder Rote-Bete-Salat.

ZUBEREITUNG KÖNIGSBERGER KLOPSE

1. Aus den Klopszutaten einen Fleischteig kneten.

2. 4 oder 8 gleich große Klopse formen.

3. Zwiebel pellen und mit Nelken und Lorbeerblatt spicken.

4. Klopse in das siedende Wasser geben, herunter schalten, ca. 20 Min. gar ziehen lassen.

5. Klopse herausnehmen und abgedeckt warm stellen.

6. Margarine erhitzen. Mehl hinzufügen und gut durchschwitzen lassen.

7. Durchgesiebte Brühe von den Klopsen unter ständigem Rühren hinzufügen.

8. Soße abschmecken und mit saurer Sahne verfeinern.

9. Klopse in der Soße erwärmen und servieren.

SCHASCHLIK

Grundrezept

200 g Schweinefleisch
200 g Rindfleisch
2 Paprikaschoten (ca. 400 g)
1 Bd. glatte Petersilie
2 Zwiebeln
100 g geräucherter durchwachsener Speck
125 g Champignons
2 EL Öl
½ l Wasser
⅛ l Tomatenketchup
1 EL Essig
Salz, Pfeffer
1 Pr. Zucker

ENERGIE/NÄHRWERT

1437 kJ
14 g KH, 22 g F, 22 g E

Garzeit: 45 Min.

VORBEREITUNG

1. Schweine- und Rinderfleisch in mundgerechte Stücke schneiden.
2. Paprikaschoten waschen, halbieren, entkernen und in Rechtecke schneiden.
3. Gewaschene Petersilie von den Stielen zupfen.
4. Zwiebeln pellen und vierteln.
5. Speckscheiben in 3 bis 4 cm große Stücke schneiden.
6. Champignons gründlich mit einem Küchenpinsel säubern.

TIPP

- Spieße bestecken, mit Öl einpinseln und je Seite ca. 7 Min. unter den Grill schieben (vgl. S. 45).

BEI TISCH

Zu Schaschlik passen eine Teufelssoße, vgl. Rezept S. 66, Reis, Pommes frites, Folienkartoffeln und ein frischer Salat, vgl. Rezepte S. 98 ff.

ZUBEREITUNG SCHASCHLIK

1. Abwechselnd Schweinefleisch, Paprika, Petersilie ...

2. ... Rindfleisch, Zwiebeln, Speck ...

3. ... und Champignons auf die Spieße stecken.

4. Fertige Spieße rundherum pfeffern.

5. 2 EL Öl in einem Topf erhitzen. Schaschlikspieße rundherum anbraten.

6. Heißes Wasser aufgießen, aufkochen. Im geschlossenen Topf ca. 45 Min. schmoren, würzen.

UNGARISCHES GULASCH

Grundrezept

6 Portionen

750 g Rindergulasch
2 Tomaten (ca. 150 g)
6 Zwiebeln (300 g)
300 g Kartoffeln
2 Paprikaschoten (ca. 400 g)
1 Knoblauchzehe
4 EL Öl
2 EL Edelsüßpaprika
2 EL Mehl
½ l Wasser
½ TL Kümmel
abgeriebene Schale von einer unbehandelten Zitrone
Salz, Pfeffer

ENERGIE/NÄHRWERT

1030 kJ
16 g KH, 9 g F, 24 g E

Garzeit: 90 Min.
Im Dampfdrucktopf: 40 Min.

VORBEREITUNG

1. Tomaten abziehen, vierteln und entkernen.
2. Zwiebeln pellen und vierteln.
3. Kartoffeln schälen, waschen, feucht abdecken, damit sie nicht grau werden. Erst kurz vor der Verwendung würfeln.
4. Paprikaschoten waschen, längs halbieren und entkernen. In Streifen schneiden.
5. Knoblauchzehe pellen und fein würfeln.

TIPP

● Ein Teil des Rindergulasch kann durch Schweinegulasch ersetzt werden.

BEI TISCH

Ungarisches Gulasch kann mit Salzkartoffeln oder Teigwaren und einem frischen Salat gereicht werden.

ZUBEREITUNG UNGARISCHES GULASCH

1. 4 EL Öl in einen Topf gießen, heiß werden lassen.

2. Fleisch portionsweise hineinschütten. Unter Wenden scharf anbraten, Mehl überstäuben.

3. So lange braten, bis sich ein Bratensatz gebildet hat.

4. Zwiebel- und Tomatenviertel zugeben und kurz mitbraten.

5. Edelsüßpaprika darüberstäuben, leicht salzen.

6. ½ l Wasser aufgießen, Bratensatz ablösen und alles aufkochen.

7. Kartoffelwürfel und Paprikastreifen zugeben.

8. Zugedeckt ca. 1 Std. köcheln lassen.

9. Gulasch würzen. Etwa 30 Min. weiterköcheln lassen.

SPARERIBS
aus Südamerika

2 kg Schweinerippchen
⅛ l Öl
4 EL Edelsüßpaprika
2 Knoblauchzehen
1 TL Rosmarin
8 EL Sojasoße (120 g)
4 EL flüssiger Bienenhonig (ca. 80 g)
Salz, Pfeffer

TEUFELSSOSSE:

¼ TL Tomatenketchup
2 EL Essig
1 TL Zucker
1 Msp. Cayennepfeffer
Salz

ENERGIE/NÄHRWERT

6119 kJ
18 g KH, 133 g F, 45 g E

Garzeit: 25 Min.

VORBEREITUNG

1. Knoblauchzehen pellen und fein würfeln.
2. Rippchen mit Küchenpapier trockentupfen.

TIPP

● Die Rippchen können schon am Vortag mariniert werden (Phasenfotos 1-6). Abgedeckt im Kühlschrank über Nacht durchziehen lassen, dann werden sie besonders zart und würzig.

BEI TISCH

Zu den Spareribs passen frisches Brot, auch Folienkartoffeln, sowie eine Teufelssoße. Sie können mit einem frischen Salat gut ergänzt werden.

ZUBEREITUNG SPARERIBS

1. Öl in eine Schüssel gießen.

2. Knoblauchwürfel und Edelsüßpaprika unterrühren.

3. Sojasoße in die Gewürz-Öl-Mischung gießen.

4. Rosmarinblättchen zugeben.

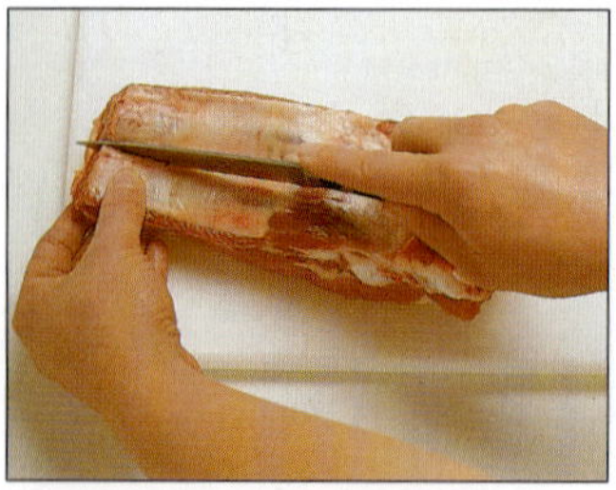

5. Haut an den Rippchenknochen einschneiden. Rippchen pfeffern.

6. Dick mit der Marinade einstreichen. Mit Folie abgedeckt mind. 4 Std. durchziehen lassen.

7. Rippchen auf den Bratrost über der Fettfangschale legen.

8. Honig über die Rippchen verteilen.

9. Bratrost mit der Fettfangschale in den Backofen schieben. 25 Min. bei 220° C braten.

SCHWEINEFLEISCH SÜSS-SAUER
aus Ostasien

400 g Schweinefleisch
1 EL grob gemahlener schwarzer Pfeffer
2 große Eier
8 EL Mehl (80 g)
8 EL Sojasoße (120 g)
1 EL Edelsüßpaprika
3/4 l Öl (Weiterverwendung zum Braten möglich)

SOSSE:

1 EL Tomatenmark
1 Dose Ananasstücke (ca. 440 g Einwaage)
1 EL Zucker
2 TL Soßenbinder
ca. 2 EL Essig
1 Knoblauchzehe
1 Dose Bambussprossen (ca. 440 g Einwaage
2 Möhren (ca. 200 g)
2 Paprikaschoten (ca. 400 g)
100 g Sojasprossen
3 Frühlingszwiebeln
Salz, Pfeffer

ENERGIE/NÄHRWERT

5055 kJ
44 g KH, 101 g F, 23 g E

Garzeit: 35 Min.

VORBEREITUNG

1. Knoblauchzehe pellen und fein würfeln.
2. Ananasstücke abtropfen lassen (Saft auffangen).
3. Ananassaft mit Wasser zu 3/8 l auffüllen.
4. Abgetropfte Bambussprossen und geschälte Möhren in feine Streifen schneiden.
5. Paprikaschoten waschen, halbieren, entkernen und in Streifen schneiden.
6. Sojasprossen waschen und abtropfen lassen.
7. Geputzte, gewaschene Frühlingszwiebeln in feine Streifen schneiden.

ZUBEREITUNG SCHWEINEFLEISCH SÜSS-SAUER

1. Fleisch, Pfeffer und Salz ins kochende Wasser geben. Zugedeckt ca. 25 Min. köcheln lassen.

2. Eier und Mehl zu einem zähflüssigen Teig rühren.

3. 4 EL Sojasoße zugießen, Edelsüßpaprika und Salz unterrühren.

4. Kochstelle auf starke Hitze schalten. Öl in einer Pfanne erhitzen.

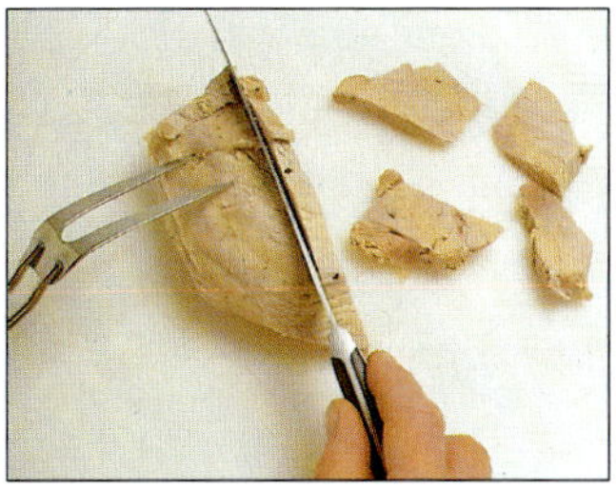

5. Gekochtes, abgetropftes Fleisch in mundgerechte Stücke schneiden.

6. Fleischstücke in den vorbereiteten Teig tauchen.

7. Im heißen Öl (ca. 180° C) bei mittlerer Hitze goldbraun ausbacken.

8. Ananassaft, Sojasoße, Tomatenmark, Soßenbinder, Zucker, Essig und Knoblauch unterrühren.

9. Aufkochen, das Gemüse nacheinander in die Soße geben und 5 Min. garen.

RINDERROULADEN

600 g Rinderrouladen
(4 Scheiben á 150 g)
2 EL Senf
2 Gewürzgurken (ca. 125 g)
1 Zwiebel
1 Tomate (ca. 80 g)
1 Möhre (ca. 100 g)
60 g geräucherter durchwachsener Speck in Scheiben
2 EL Öl
3/4 l Wasser
2 EL Speisestärke
Salz, Pfeffer

ENERGIE/NÄHRWERT

1602 kJ
9 g KH, 23 g F, 22 g E

Garzeit: 100 Min.
Im Dampfdrucktopf: 40 Min.

VORBEREITUNG

1. Gewürzgurken in Stifte, Zwiebel pellen und in Ringe schneiden. Tomaten waschen und vierteln, Möhren ebenfalls schälen, waschen und würfeln.
2. Küchengarn (4 x 80 cm) abschneiden oder Rouladenklammern bzw. Zahnstocher bereitlegen.

VARIATIONEN

Füllung 1
(pro Roulade)

1 Scheibe gekochter Schinken
1 EL Frischkäse
2 Champignons (in Scheiben)
einige Lauchringe
Salz, Pfeffer
Thymian

Füllung 2
(pro Roulade)

2 EL Sauerkraut
1/4 Paprikaschote in Streifen
Salz, Pfeffer
Petersilie

ZUBEREITUNG RINDERROULADEN

1. Rouladen leicht salzen und mit Senf bestreichen.

2. Speckscheiben, Gurkenstifte und Zwiebelringe darauf verteilen.

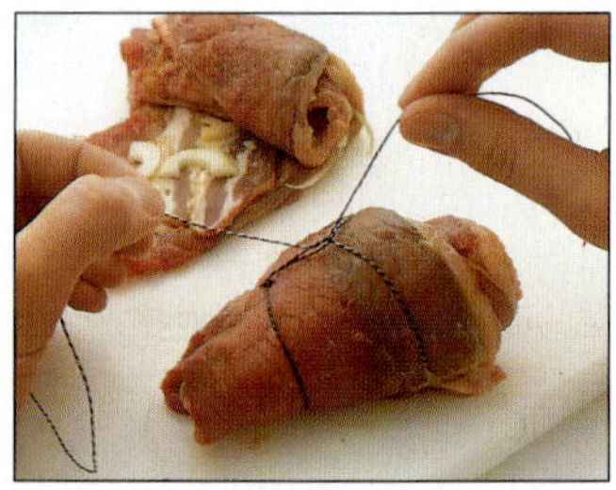

3. Vorsichtig aufrollen und mit Küchengarn zusammenbinden bzw. zusammenklammern.

4. Rouladen im heißen Öl von allen Seiten kräftig anbraten.

5. Tomaten- und Möhrenstücke zugeben und kurz mitbraten.

6. Wasser aufgießen, salzen, pfeffern. Mit Deckel ca. 1½ Std. schmoren. Herausheben, warm stellen.

7. Schmorflüssigkeit in einen anderen Topf sieben.

8. Gemüsereste mit einem Löffel durch das Sieb streichen. Soße aufkochen.

9. Soße mit etwas in Wasser angerührter Speisestärke binden und abschmecken.

GEKOCHTES RINDFLEISCH IN FRANKFURTER GRÜNER SOSSE
6 Portionen

1 kg Rindfleisch (Bug)
Salz
2 Lorbeerblätter
4 Pfefferkörner
1 Bd. Suppengrün
1 Zwiebel
1 ½ l Wasser
FÜR DIE SOSSE:
vgl. Rezept S. 67

ENERGIE/NÄHRWERT
1534 kJ
2 g KH, 13 g F, 32 g E

Garzeit: 90 Min.
Im Dampfdrucktopf: 30 Min.

VOR- UND ZUBEREITUNG
1. Suppengrün waschen, putzen und grob zerkleinern.
2. Wasser, Gewürze, Salz, Suppengrün und Fleisch in einen Topf geben und ca. 90 Min. garen.
3. Fleisch herausnehmen und in Scheiben schneiden.
4. Mit der Soße servieren.

Zubereitung der Soße
Vgl. Rezept S. 67.

SAUERBRATEN
Rheinische Art
6 Portionen

MARINADE:
2 Zwiebeln
1 Möhre
1 Stück Sellerie
¼ l Rotweinessig
¼ l Wasser
1 Lorbeerblatt
2 Nelken
3 Wacholderbeeren
1 TL Pfefferkörner
2 Pimentkörner
1 kg Rindfleisch aus der Keule, ohne Knochen
Salz, Pfeffer
ZUM BRATEN:
4 EL Öl
1 kleine Zwiebel
2 Möhren
½ l Flüssigkeit (Wasser oder durchgesiebte Marinade)
100 g Pumpernickel
50 g Rosinen
Salz, Pfeffer

ENERGIE/NÄHRWERT
1526 kJ
25 g KH, 12 g F, 34 g E

Garzeit: 135 Min.
Im Dampfdrucktopf: 50 Min.

VORBEREITUNG
1. Zwiebeln pellen und vierteln.
2. Sellerie und Möhre schälen, waschen und grob würfeln.
3. Alle Zutaten für die Marinade vermengen, einmal aufkochen und wieder abkühlen lassen.
4. Das Fleischstück 3-5 Tage in die Marinade legen. Die Marinade muss das Fleisch dabei vollständig bedecken.

ZUBEREITUNG
1. Zwiebel zum Braten pellen und klein würfeln.
2. Möhren schälen, waschen und klein würfeln.
3. Braten nach dem Marinieren gut abtupfen und in heißem Öl von allen Seiten kräftig anbraten.
4. Zwiebel und Möhren dazugeben, Flüssigkeit auffüllen.
5. Ca. 2 Std. im geschlossenen Topf schmoren. Den Braten öfter wenden und eventuell Flüssigkeit nachgießen.
6. Die Bratensoße durch ein Sieb geben. Pumpernickel zerbröckeln und mit den Rosinen 5 Min. in der Soße ziehen lassen, abschmecken.

TIPP
- Durch das Marinieren wird das Bindegewebe gelockert, die Fleischfaser mürbe, die Garzeit verkürzt. Man erhält den typischen "Sauerbratengeschmack".
- Gekochtes Rindfleisch kann auch mit einer Meerrettichsoße (vgl. S. 60, helle Grundsoße mit Meerrettich abgeschmeckt) serviert werden.

BEI TISCH
Vor dem Servieren das Küchengarn von den Rouladen entfernen.
Zu den Rouladen und zum Sauerbraten passen Teigwaren, Salzkartoffeln oder Kartoffelklöße; als Gemüse Rotkohl, Bohnen oder Blumenkohl. Als Spezialität kann zum Sauerbraten noch Backobst gereicht werden.
Das gekochte Rindfleisch kann mit Salzkartoffeln und einem frischen Salat serviert werden.

WENN ETWAS ÜBRIG BLEIBT
Rouladen, gekochtes Rindfleisch und Sauerbraten können besonders gut in größeren Mengen zubereitet und dann tiefgefroren werden. Die Soßen müssen allerdings ungebunden oder mit Gefrierstärke gebunden eingefroren werden.

LEBER MIT APFELSPALTEN
Berliner Art

4 Scheiben Leber (500 g)
4 EL Mehl
50 g Margarine
3 Äpfel (450 g)
1 Zitrone
Salz, Pfeffer

ENERGIE/NÄHRWERT
1489 kJ
24 g KH, 18 g F, 25 g E

Garzeit: 4 Min.

VORBEREITUNG
1. Leber mit Küchenpapier trockentupfen.
2. Mehl auf einen Teller schütten.
3. Teller vorwärmen, damit die gebratene Leber später heiß bleibt.
4. Äpfel waschen, schälen, vierteln.

TIPP
- Geflügelleber — vor allem Hähnchenleber — ist weniger schadstoffbelastet, da die Tiere nur wenige Lebenswochen erreichen und somit der Zeitraum, in dem Schadstoffe gespeichert werden können, sehr kurz ist. Ähnliches gilt für die sehr teure Kalbsleber.
- Leber vom Hähnchen oder Kalb, in Mehl gewendet, gebraten und in hauchdünne Scheiben geschnitten, kann noch warm zu einem gemischten Salat gereicht werden. So zubereitete Leber ist eine ideale Vorspeise oder ein leichtes Hauptgericht an warmen Tagen.

BEI TISCH
Zu der Leber mit Apfelspalten passt am besten Kartoffelpüree, vgl. Rezept S. 119.

GESCHNETZELTE LEBER

400 g Leber (vom Schwein, Geflügel oder Kalb)
4 EL Mehl
40 g Margarine
1 Zwiebel
1/4 l süße Sahne
1 Bd. Salbei, frisch
Salz, Pfeffer

ENERGIE/NÄHRWERT
1682 kJ
11 g KH, 32 g F, 17 g E

Garzeit: 7 Min.

VOR- UND ZUBEREITUNG
1. Leber in dünne Streifen schneiden, in Mehl wenden.
2. Fett erhitzen, gewürfelte Zwiebel darin andünsten, Leberstreifen zugeben und unter Wenden ca. 3 Min. braun braten.
3. Sahne und fein geschnittenen Salbei dazugeben, salzen, pfeffern und weitere 4 Min. gar ziehen lassen.

ZUBEREITUNG LEBER MIT APFELSPALTEN

1. Äpfel in Spalten schneiden, mit Zitronensaft beträufeln, damit sie nicht braun werden.

2. Leberscheiben in Mehl wenden. Mehl leicht abschütteln.

3. Bemehlte Leber in das heiße Fett legen, von beiden Seiten ca. 2 Min. braten.

4. Herausheben und auf den vorgewärmten Teller legen.

5. Apfelspalten im Bratfett ca. 5 Min. dünsten.

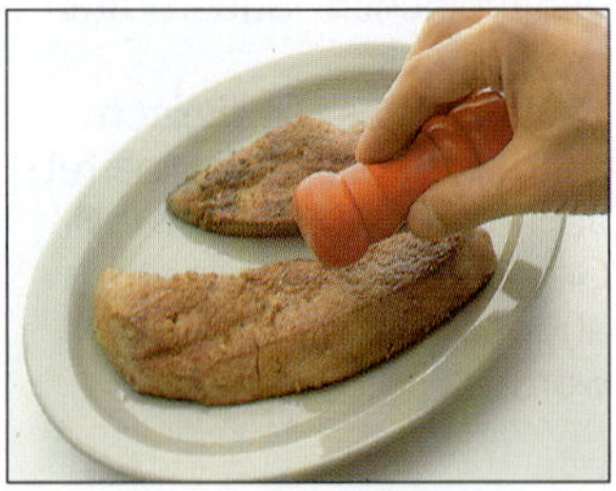

6. Leber salzen, pfeffern. Die Apfelspalten darauflegen.

ZÜRCHER GESCHNETZELTES

- *500 g Kalbsschnitzel*
- *1 Zwiebel*
- *1 EL Öl*
- *20 g Butter oder Margarine*
- *1 EL Mehl*
- *⅛ l Weißwein*
- *¼ l süße Sahne*
- *1 Bd. Petersilie*
- *Salz, Pfeffer*

ENERGIE/NÄHRWERT

1842 kJ
4 g KH, 30 g F, 33 g E

Garzeit: 5 Min.

VORBEREITUNG

1. Zwiebel pellen und würfeln.
2. Petersilie waschen, erst kurz vor dem Essen hacken, sonst wird sie trocken.

BEI TISCH

Zu Kalbsfleischgerichten passen Spätzle, Risotto oder feine Kartoffelbeilagen.
Als Gemüse passen Champignons, Austernpilze, Brokkoli, Erbsen oder Möhren.
Die Beilagen dürfen den feinen Geschmack von Kalbsfleisch nicht übertönen.

TIPP

- Das Fleisch lässt sich besser in Streifen schneiden (Zubereitung Phasenfoto 1), wenn es leicht angefroren ist.
- Als Geschnetzeltes lassen sich viele Fleischarten verwenden, wie z. B. Rinderrouladenfleisch, Putenbrust, Schweineschnitzel, Hähnchenbrust u. a.
- Geschnetzeltes kann gleich bei der Zubereitung mit passenden Gemüsesorten vermischt werden; bei hellem Fleisch z. B. Champignons oder Erbsen, bei dunklem Fleisch Möhren, Blattspinat, Brokkoli.

ZUBEREITUNG ZÜRCHER GESCHNETZELTES

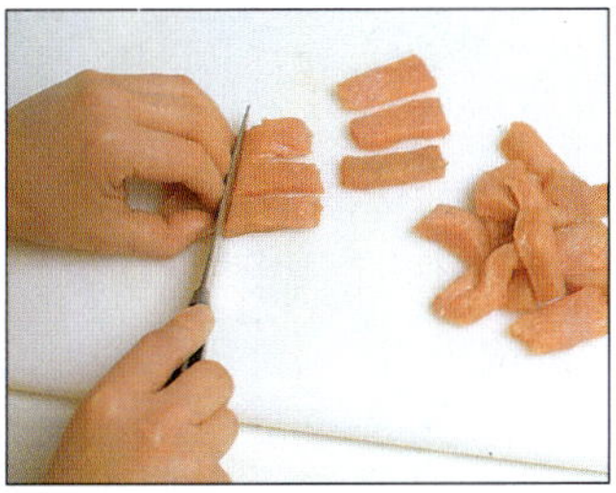

1. Fleischscheiben in schmale Streifen schneiden.

2. Öl in einer großen Pfanne erhitzen.

3. Fleischstreifen unter Wenden etwa 1 Min. kräftig anbraten.

4. Die angebratenen Fleischstreifen zugedeckt warm stellen.

5. 1 EL Butter im Bratfett schmelzen, Zwiebelwürfel zugeben und andünsten.

6. 1 EL Mehl einstreuen. Mit einem Schneebesen unterrühren.

7. Unter Rühren goldgelb anschwitzen, ⅛ l Weißwein aufgießen.

8. Sahne dazugießen. Unter Rühren alles aufkochen.

9. Fleischstreifen in die Soße geben, erhitzen, salzen und pfeffern, geh. Petersilie aufstreuen.

HASENRÜCKEN

1 Hasenrücken (ca. 500 g), ausgelöst
1 EL Öl
1 Zwiebel
4 schwarze Pfefferkörner
4 Wacholderbeeren
½ Lorbeerblatt
1 Zweig Thymian
1 Knoblauchzehe
¼ l Rotwein
1 TL Speisestärke
1 EL grüner Pfeffer
1 EL Wildpreiselbeeren
10 g Butter
Salz, Pfeffer

ENERGIE/NÄHRWERT

941 kJ
3 g KH, 9 g F, 22 g E

Garzeit: 40 Min.
Im Dampfdrucktopf: 15 Min.

TIPP

● Reh- oder Hirschrücken werden ebenso zubereitet. Die Garzeit beträgt pro cm Fleischhöhe 10 Min. Ein Garen im Backofen ist vorzuziehen, vgl. S. 165.

VORBEREITUNG

1. Zwiebel pellen und fein würfeln.
2. Pfefferkörner, Wacholderbeeren und die ungepellte Knoblauchzehe mit einem Messerrücken zerdrücken.
3. Vom Rotwein 2 EL abnehmen und beiseite stellen.

BEI TISCH

Zum Hasenrücken passen Kartoffelplätzchen, Kroketten, vgl. Rezept S. 120, oder frisches Weißbrot und ein gemischter Salat, sowie eine halbe Birne, gefüllt mit Preiselbeeren.

ZUBEREITUNG HASENRÜCKEN MIT PREISELBEER-PFEFFER-SOSSE

1. Hasenrückenknochen im Dampfdrucktopf in 1 EL Öl braun braten.

2. Zwiebel, Pfeffer, Wacholder, Lorbeer, Thymian und Knoblauch kurz mitbraten.

3. Alles mit ¼ l Rotwein ablöschen, aufkochen, Dampfdrucktopf verschließen. 10 Min. kochen.

4. Topf drucklos machen, öffnen. Flüssigkeit durch ein Sieb gießen, aufkochen.

5. Speisestärke mit 2 EL Rotwein verrühren und die FLüssigkeit binden.

6. Mit 1 EL grünem Pfeffer, 1 Prise Salz und 1 EL Preiselbeeren würzen.

7. 1 TL Butter erhitzen. Filets einlegen, Enden am Rand etwas hochlegen.

8. Bei mittlerer Hitze von jeder Seite 2 Min. braten. Leicht salzen und pfeffern.

9. Filets auf einen vorgewärmten Teller legen. 2 Min. ruhen lassen, aufschneiden.

LAMMRÜCKENFILET

400 g Lammrückenfilet
(2 Stücke)
1 EL Öl
500 g Blattspinat
4 Platten Blätterteig (ca. 240 g)
1 EL Mehl zum Ausrollen
1 Eigelb
⅛ l Wasser
Salz, weißer Pfeffer

ENERGIE/NÄHRWERT

1865 kJ
30 g KH, 24 g F, 28 g E

Garzeit: 30 Min.

VORBEREITUNG

1. Blattspinat verlesen, dicke Stiele entfernen. Spinat in kaltem Wasser waschen. In leicht gesalzenem, kochendem Wasser eine halbe Min. blanchieren. In ein Sieb schütten. Abtropfen lassen.
2. Blätterteigscheiben nebeneinander 10 bis 15 Min. auftauen lassen.

TIPP

● Das Lammrückenfilet kann gut vorbereitet tiefgefroren werden. Bei Bedarf kann es dann 40 Min. im Backofen oder 20 Min bei 180 Watt in der Mikrowelle aufgetaut werden.

BEI TISCH

Zum Lammrückenfilet passen ein frischer Salat und Herzogin-Kartoffeln.

ZUBEREITUNG LAMMRÜCKENFILET

1. Lammfiletstücke in Öl kurz bei mittlerer Hitze anbraten.

2. Leicht salzen, pfeffern und auf einem Teller abkühlen lassen.

3. Zwei Blätterteigscheiben zur doppelten Größe, zwei wenig ausrollen.

4. Abgetropften Blattspinat in ein Küchentuch schütten und sorgfältig ausdrücken.

5. Fleisch in den zerzupften Spinat hüllen. Spinat gut andrücken.

6. Auf die kleineren Teigscheiben setzen. Ränder mit Wasser bepinseln.

7. Größere Teigscheiben darüberlegen. Ränder mit einer Gabel andrücken.

8. Auf ein mit Wasser benetztes Backblech setzen, mit Eigelb bepinseln. Bei 220 °C 20 Min. backen.

9. Mit einer Palette vom Blech lösen. In 2 cm dicke Scheiben schneiden.

PORTIONIEREN EINES HUHNES

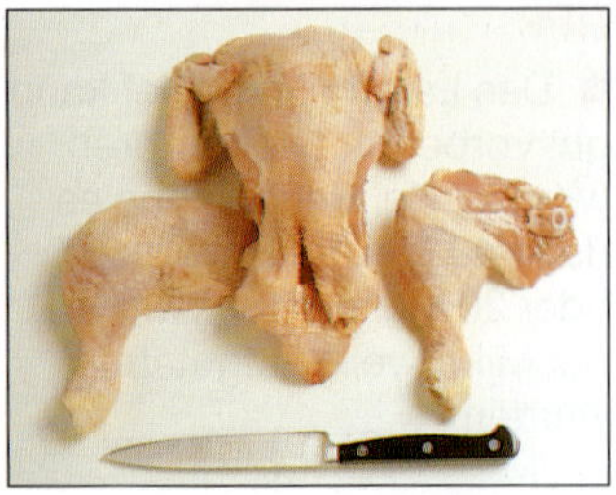

1. Keulen durch einen Schnitt ringsherum abtrennen. Zur Seite biegen und die Gelenke mit einem Messer oder einer Schere durchteilen.

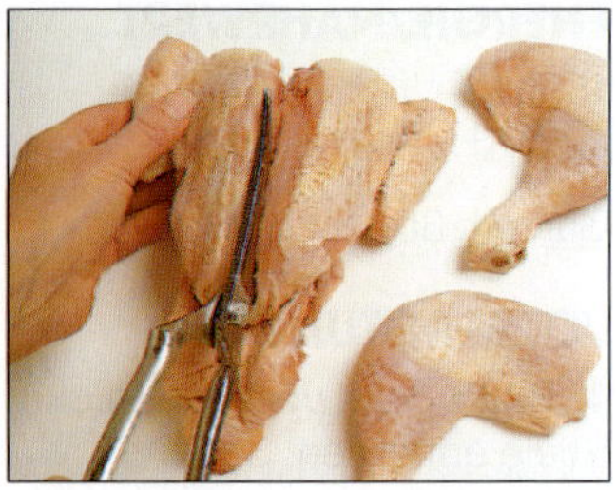

2. Brustfleisch durch einen Messerschnitt am Brustbein entlang teilen. Mit der Schere den weichen Brustknochen durchschneiden. Zuletzt die Bruststücke vom Rücken trennen.

3. Bruststücke bei Bedarf nochmals quer in Flügel- und unteres Bruststück teilen. Bei großen Vögeln werden auch die Keulen noch einmal in Ober- und Unterkeule direkt in den Gelenken getrennt. Diese Zerlegungsart ist für rohes wie gegartes Geflügel möglich.

BINDEN (DRESSIEREN) EINES HUHNES

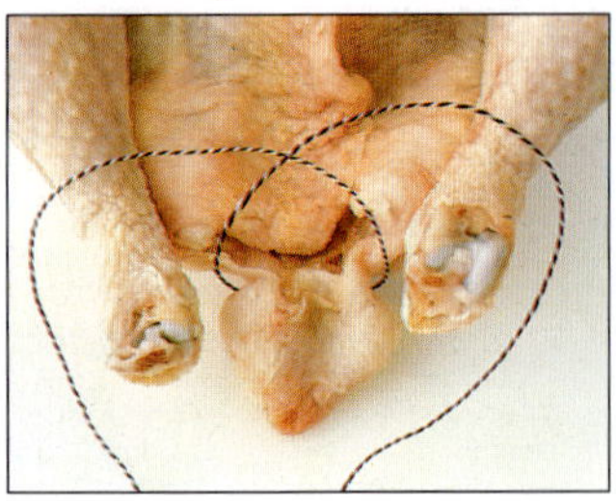

1. Faden unter dem Sterz durchziehen und über den Schenkeln kreuzen.

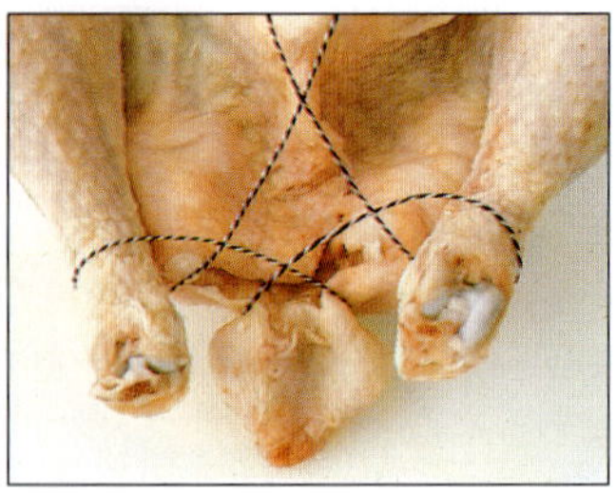

2. Fadenenden um je einen Schenkel legen; Faden überkreuzen.

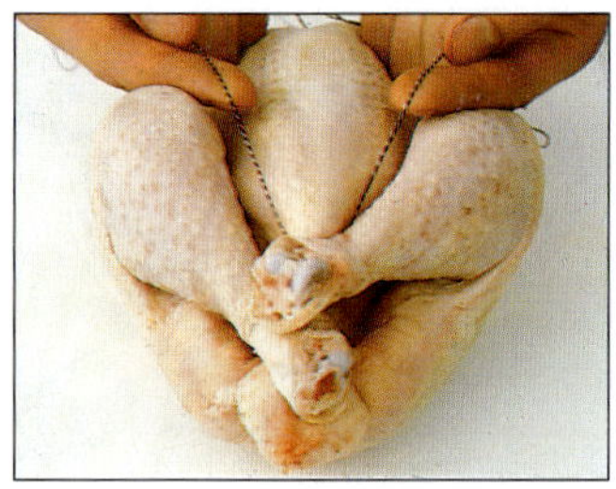

3. Fadenenden fest anziehen.

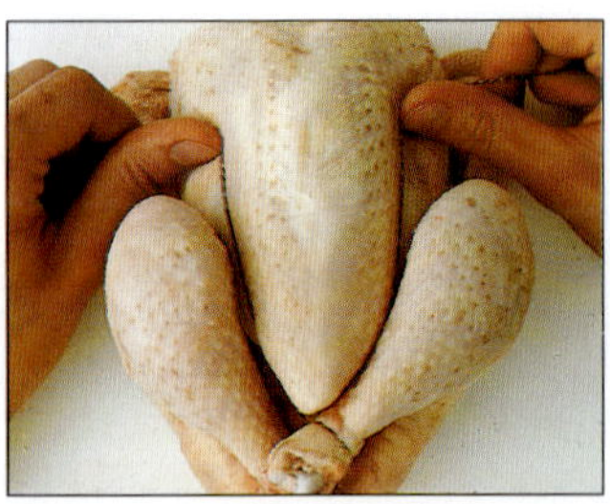

4. Straff hinter die Schenkel legen.

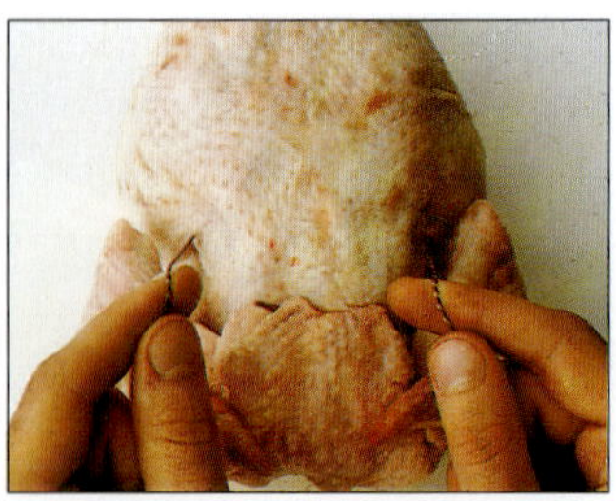

5. Das Huhn auf die Brustseite legen.

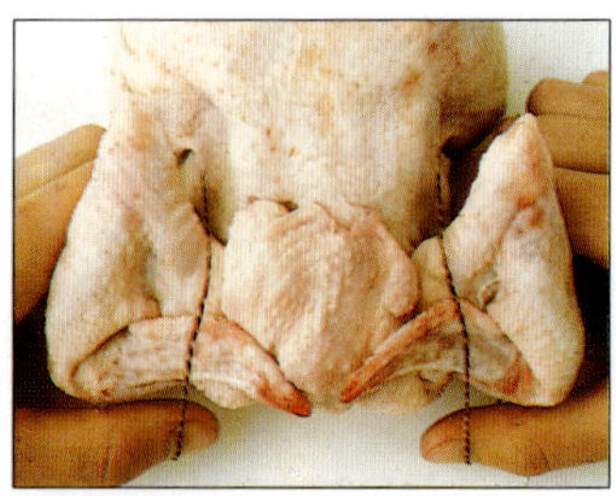

6. Die Fäden nach vorn um die beiden Flügel legen.

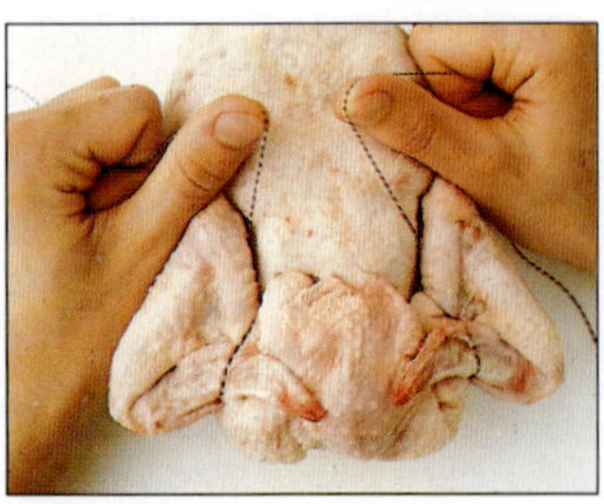

7. Fäden hinter die Flügel schlingen und festziehen.

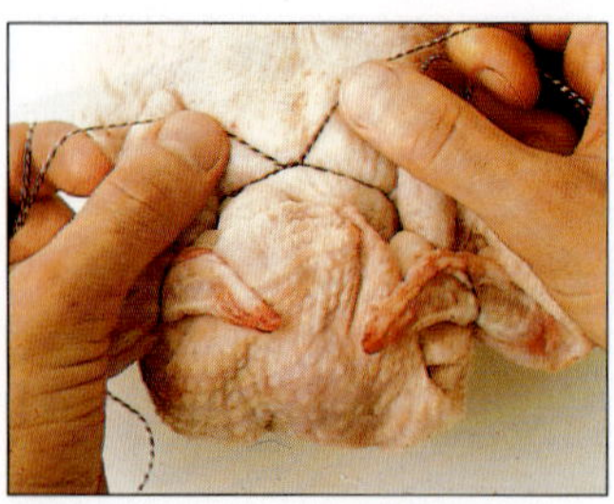

8. Fäden verknoten. Überstehende Fadenenden abschneiden.

9. Bratfertiges Huhn.

WARENKUNDLICHE INFORMATIONEN ÜBER GEFLÜGEL

Brathähnchen »Poulet«
6-7 Wochen altes Tier. Bratfertiges Gewicht: 750-1150 g.
Bratzeit: ca. 30 Min.

Junghuhn »Poularde«
8-9 Wochen altes Huhn. Bratfertiges Gewicht: mindestens 1150 g.
Bratzeit: ca. 45 Min.

Suppenhuhn »Poule«
Ca. 2 Jahre altes Tier, das zuerst zum Eierlegen gehalten wurde. Nur zum Kochen geeignet! Kochfertiges Gewicht: ca. 2 kg.
Kochzeit: 2-3 Std.

Frühmastente
Ca. 8 Wochen alt. Bratfertiges Gewicht: ca. 1,7 kg.
Bratzeit: 1 Std.

Ente
Über 1 Jahr altes Tier. Bratfertiges Gewicht: ca. 2,5 kg.
Bratzeit: 1 ½ Std.

Frühmastgans
Ca. 10 Wochen alt. Bratfertiges Gewicht: ca. 3 kg.
Bratzeit: 1 ¾-2 Std.

Gans
Über 1 Jahr alt. Bratfertiges Gewicht: ca. 4,5 kg.
Bratzeit: 2 ½-3 Std.

Junger Truthahn
20-24 Wochen alt. Bratfertiges Gewicht: 4-7 kg.
Bratzeit: 3-4 Std.

Truthahn
Über 1 Jahr alt. Bratfertiges Gewicht: bis zu 12 kg.
Bratzeit: 4 ½-5 Std.

GAREN VON GEFLÜGEL IM BACKOFEN

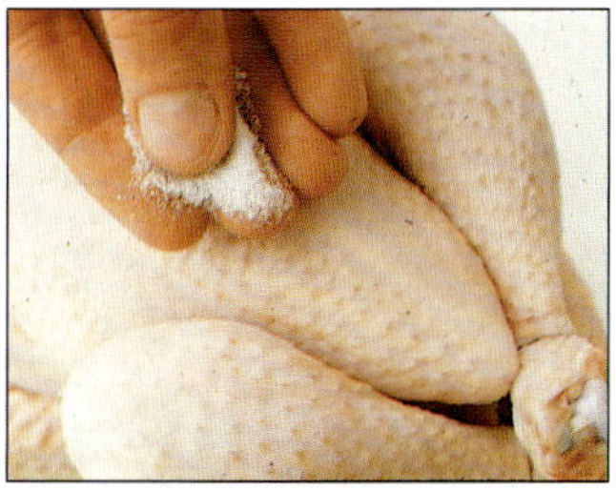

1. Das Huhn mit Salz würzen.

2. Bratentopf auf die heiße Kochstelle stellen und 2 EL Öl darin erhitzen.

3. Brathuhn von allen Seiten goldbraun werden lassen.

4. Huhn bei 220° C ca. 20 Min. braten. Das Huhn ab und zu mit dem Bratensaft beträufeln.

5. Nach ca. 30 Min. Bratentopf aus dem Backofen nehmen.

6. Brathuhn aus dem Bratentopf nehmen und warm stellen.

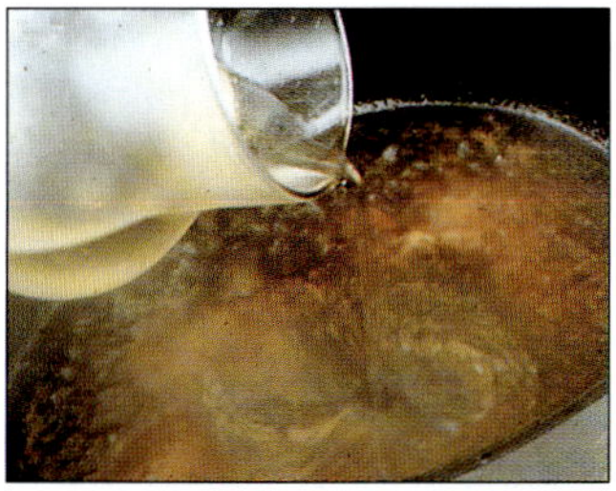

7. Bratensatz mit Flüssigkeit (Wasser oder Wein) ablöschen, aufkochen lassen.

8. Durch ein Sieb gießen, evtl. Fett abschöpfen. Die Soße etwas einkochen lassen, würzen.

9. Mit Crème fraîche oder Schlagsahne binden.

CURRYHUHN
6 Portionen

1 Poularde (1,2 kg)
1 l Wasser
200 g Suppengemüse
2 TL Salz
3 Zwiebeln
150 g Äpfel
220 g Aprikosen
50 g Mandelstifte
50 g Butter
2 EL Mehl
3 EL Currypulver
1/8 l Sahne

ENERGIE/NÄHRWERT
1306 kJ
15 g KH, 13 g F, 34 g E

Garzeit: 50 Min.

VORBEREITUNG
1. Poularde und Suppengemüse vorbereiten und im Dampfdrucktopf garen, vgl. Grundrezept Hühnerbrühe S. 48.
2. Zwiebeln pellen, halbieren und in halbe Ringe schneiden.
3. Apfel waschen und vierteln.
4. Aprikosen aus der Dose abtropfen lassen.
5. Mandelstifte in einer Pfanne leicht anrösten.

BEI TISCH
Zum Curryhuhn und zum Frikassee passen am besten Reis und ein frischer Salat.

ZUBEREITUNG CURRYHUHN

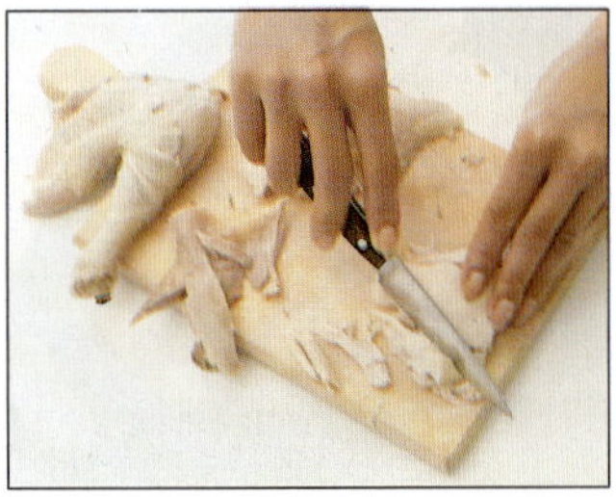

1. Poulardenfleisch von den Knochen lösen und in mundgerechte Stücke schneiden.

2. Butter in einer Pfanne zerlassen. Die Zwiebelringe und Apfelstücke darin andünsten.

3. Mehl und Currypulver einstreuen. Alles miteinander verrühren.

4. ¾ l Poulardenbrühe zugießen. Bei geringer Hitze ca. 20 Min. garen lassen.

5. Soße in einen anderen Topf seihen.

6. Apfel-Zwiebel-Masse durch ein Sieb streichen.

7. Das klein geschnittene Fleisch zugeben.

8. Aprikosen zugeben und vorsichtig miterhitzen.

9. Zum Schluss Sahne unterrühren und alles abschmecken. Mit Mandelstiften bestreuen.

HÜHNERFRIKASSEE
6 Portionen

1 Poularde (1,2 kg)
1 Bd. Suppengemüse
1 l Wasser
40 g Margarine
1 TL Salz
3 EL Mehl
½ l Hühnerbrühe
1 Becher süße Sahne (200 g)
220 g Dosenspargelstücke
220 g Champignons
2 Eigelb

ENERGIE/NÄHRWERT
1599 kJ
8 g KH, 23 g F, 52 g E

Garzeit: 40 Min.

VORBEREITUNG
1. Poularde und Suppengemüse vorbereiten und im Dampfdrucktopf garen, vgl. Grundrezept Hühnerbrühe S. 48.
2. Champignons putzen, in Scheiben schneiden und kurz andünsten.

ZUBEREITUNG
1. Poulardenfleisch von den Knochen lösen und in mundgerechte Stücke schneiden.
2. Fett in einem Topf zerlassen, Mehl einrühren und mit der Brühe ablöschen, ca. 7 Min. garen lassen.
3. Champignons, Spargelstücke und das Fleisch zugeben, alles erhitzen.
4. Sahne zufügen, mit Eigelb legieren, vgl. S. 37, und vor dem Servieren abschmecken.

GEFLÜGELSPIESSE

GEFLÜGELSPIESSE

4 dünne Putenschnitzel à 125 g
4 EL Öl
1 Zwiebel
3 EL Tomatenmark
1 Bd. Thymian
Salz und Tabasco nach Geschmack
4 Scheiben Schinken, 100 g
100 Ananas in Stücken

ENERGIE/NÄHRWERT
1094 kJ
6 g KH, 20 g F, 30 g E

Garzeit: 10 Min.

VORBEREITUNG
1. Zwiebeln pellen und fein würfeln.
2. Thymian waschen und fein hacken.
3. Zwiebelwürfel, Tomatenmark, Thymian, Salz und Tabasco zu einer Marinade verrühren.
4. Putenschnitzel mindestens 2 Std. darin marinieren.

ZUBEREITUNG
1. Mariniertes Fleisch mit Küchenpapier abtupfen.
2. Auf jedes Schnitzel eine Scheibe Schinken legen und zu einer Roulade drehen.
3. Aus jeder Roulade 4 Scheiben schneiden.
4. Je 4 Scheiben quer abwechselnd mit einem Stück Ananas auf einen Spieß stecken, so dass die Rollen nicht auseinander fallen können.
5. Öl in einer Pfanne erhitzen und die Spieße ca. 5 Min. von jeder Seite braten.

PUTENGULASCH

500 g Putengulasch
300 g Champignons
50 g Margarine
Salz, Pfeffer nach Geschmack
100 g Mandarinen
200 ml Orangensaft
3 EL Speisestärke

ENERGIE/NÄHRWERT
1244 kJ
12 g KH, 15 g F, 28 g E

Garzeit: 15 Min.

VORBEREITUNG
Champignons waschen, putzen und in Scheiben schneiden, vgl. S. 30.

ZUBEREITUNG
1. Fett in einer Pfanne erhitzen und das Fleisch von allen Seiten anbraten.
2. Fleisch würzen, etwas Wasser zugeben.
3. Champignons zugeben und ca. 15 Min. garen.
4. Mandarinen zugeben, Speisestärke mit Orangensaft anrühren, unterrühren und einmal aufkochen.

TIPP
● Frikassee kann auch mit Putenfilet oder Putenkeulen hergestellt werden.

HÄHNCHENSCHENKEL

4 Hähnchenschenkel (1 kg)
4 EL Öl
160 g Preiselbeerkonfitüre
Salz nach Geschmack

ENERGIE/NÄHRWERT

1259 kJ
19 g KH, 11 g F, 31 g E

Garzeit: 20 Min.

VORBEREITUNG

Hähnchenschenkel waschen und abtupfen.

VARIATIONEN

Hähnchenschenkel mit Erdnusskernen

Erdnusskerne mit einem breiten Messer hacken. Geflügelschenkel mit Salz bestreuen, durch verschlagenes Ei ziehen und in den gehackten Erdnusskernen wälzen. Etwas andrücken. Im Backofen bei 200° C ca. 30 Min. backen.

Hähnchenschenkel mit Petersilienpanade

Geflügelschenkel mit Salz bestreuen, durch Mehl und verschlagenes Ei ziehen, in Paniermehl (vermischt mit gehackter Petersilie) wenden. Im Backofen bei 200° C ca. 30 Min. backen.

Hähnchenschenkel mit Kokosraspeln

Geflügelschenkel mit Salz würzen, durch verschlagenes Ei ziehen, in Kokosraspeln wenden und etwas andrücken. Im Backofen bei 200° C ca. 30 Min. backen.

ZUBEREITUNG HÄHNCHENSCHENKEL

1. Öl in einer Pfanne erhitzen, Hähnchenschenkel von beiden Seiten kräftig anbraten.

2. Hähnchenschenkel mit Preiselbeerkonfitüre bestreichen, bei 200° C ca. 20 Min. backen.

3. Servieren.

Mit Erdnusskernen

Mit Petersilienpanade

Mit Kokosraspeln

MARINIERTE HÄHNCHENSCHENKEL

4 Hähnchenschenkel
3 EL Öl
100 ml Sojasoße
1 Knoblauchzehe
1 TL Paprika, edelsüß
2 EL Speisestärke
80 ml Wasser
1 EL Zucker
Salz, Pfeffer nach Geschmack

ENERGIE/NÄHRWERT

1443 kJ
14 g KH, 12 g F, 39 g E

Garzeit: 45 Min.

VORBEREITUNG

1. Hähnchenschenkel waschen und abtupfen.
2. Knoblauch pellen und durchpressen.
3. Knoblauch, Öl, Salz, Sojasoße, Zucker, Pfeffer und Paprika verquirlen.
4. Hähnchenschenkel in eine Schüssel geben und mit der Marinade übergießen.

ZUBEREITUNG

1. Nach 30 Min. Marinierzeit die Hähnchenschenkel auf einen Rost legen.
2. Den Rost in den Backofen schieben, eine Fettpfanne darunter schieben.
3. Hähnchenschenkel bei 180° C ca. 45 Min. braten.
4. Bratensatz mit Wasser ablösen und in einen Topf geben, aufkochen und mit angerührter Speisestärke binden. Nochmals aufkochen und abschmecken.

HÄHNCHENFILET

Grundrezept

Butter auf mittlerer Hitze heiß werden lassen. Hähnchenfilet salzen und pfeffern. Auf beiden Seiten nicht länger als insgesamt 5 Min. braten. Garnituren, vgl. Fotos unten. Die Zutaten sind jeweils für 4 Hähnchenfilets angegeben.

TIPP

● Alle Geflügelrezepte sind von der Fleischzutat her austauschbar, d. h. bei einer Angabe von Putenfilet kann genauso gut Hähnchenfilet verwendet werden.

BEI TISCH

Zu Geflügelfilet und Hähnchenschenkeln passen am besten Reis und frischer Salat.

Pikante Garnituren

WEINTRAUBEN, PREISELBEEREN UND MARONEN

12 Maronen aus der Dose in Butter leicht anbräunen.
200 g halbierte, entkernte Weintrauben und 100 g Preiselbeerkonfitüre erwärmen. Die Zutaten auf den Hähnchenfilets anrichten.
Mit Majoran-Blättchen garnieren.

APRIKOSEN, BANANEN MIT CURRYSOSSE UND KOKOSRASPELN

4 Aprikosenhälften und Bananenscheiben in Butter bräunen. 1/4 l Currysoße erwärmen. Alle Zutaten auf den Hähnchenfilets anrichten. Mit Kokosraspeln bestreuen und mit Cocktailkirschen und Minzblättchen garnieren.

KRABBEN MIT ZITRONE

200 g Krabben in Butter 2 Min. andünsten. Mit Salz und Pfeffer würzen und mit Kerbel und Zitronenachteln auf dem Fleisch anrichten.

PUTENBRATEN MIT APFELKRUSTE

6 Portionen

800 g Putenbrust
250 g Suppengrün
800 g Äpfel
1 Zitrone
½ l Apfelsaft oder Cidre
½ TL Pfefferkörner
Salz, Pfeffer nach Geschmack
20 g Butter
3 EL Paniermehl

ENERGIE/NÄHRWERT

1167 kJ
22 g KH, 5 g F, 30 g E

Garzeit: 55 Min.

BEI TISCH

Putenbraten mit Apfelkruste eignet sich als Gericht für festliche Anlässe. Zu allen Geflügelrezepten passen Reiszubereitungen und feinere Gemüse.

VORBEREITUNG

1. Suppengrün und Äpfel waschen, putzen bzw. schälen und zerkleinern.
2. Zitrone waschen und in Scheiben schneiden.
3. Zitronenscheiben, Cidre bzw. Apfelsaft, Pfefferkörner und etwas Salz ca. 15 Min. köcheln lassen.
4. Den Sud abkühlen lassen und das Putenfleisch damit übergießen.
5. Fleisch ca. 12 Std. marinieren, dabei ab und zu umdrehen.

WENN ETWAS ÜBRIG BLEIBT

Putenbraten lässt sich abgedeckt wieder aufwärmen, oder die Reste können als Brotaufschnitt verwendet werden. Die Gerichte in Soße halten sich 1 bis 2 Tage im Kühlschrank und können dann wieder erwärmt werden.

PUTENBRUSTFILET MIT MANDELN

500 g Putenbrustfilet
in Scheiben
3 EL Mehl
2 Eier
100 g gehobelte Mandeln
40 g Butter
Salz nach Geschmack

ENERGIE/NÄHRWERT

1834 kJ
11 g KH, 26 g F, 41 g E

Garzeit: 6 Min.

VOR- UND ZUBEREITUNG

1. Putenbrustfilets waschen und trockentupfen.
2. Eier mit den Mandeln verquirlen.
3. Filets salzen und in Mehl wenden.
4. Filets durch die Eier-Mandel-Masse ziehen.
5. Butter in einer Pfanne erhitzen und die Filets bei schwacher Hitze von jeder Seite ca. 3 Min. braten.

ZUBEREITUNG PUTENBRATEN MIT APFELKRUSTE

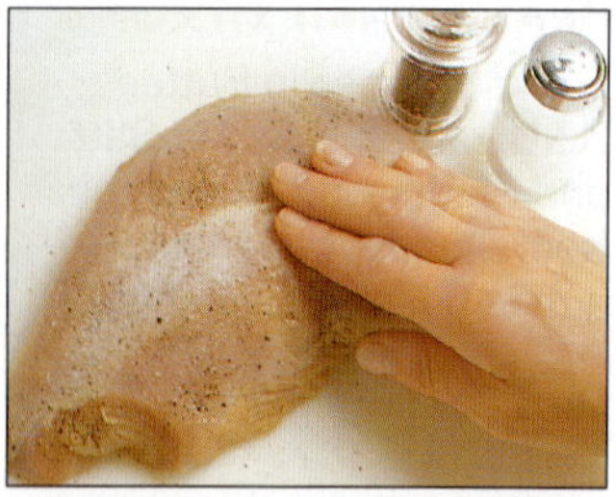

1. Mariniertes Fleisch abtupfen und mit Salz und Pfeffer einreiben.

2. Marinade durchsieben. Gemüse und durchgesiebte Marinade auf eine Fettpfanne geben.

3. Braten auf die Fettpfanne geben und bei 200° C ca. 35 Min. braten.

4. Für die Kruste die Äpfel mit weicher Butter, Paniermehl, Salz und Pfeffer verrühren.

5. Krustenmasse auf das Fleisch streichen und leicht andrücken.

6. Den bestrichenen Braten weitere 20 Min. braten.

EXOTISCHE GEFLÜGEL-PFANNE

400 g Hähnchenfleisch, gegart
200 g Frühlingszwiebeln
150 g Möhren
200 ml Wasser
80 ml Sojasoße
1 EL Öl
1 TL Tomatenmark
Zucker, Salz, Pfeffer, Kurkuma nach Geschmack

ENERGIE/NÄHRWERT

544 kJ
3 g KH, 6 g F, 17 g E

Garzeit: 5 Min.

VORBEREITUNG

1. Frühlingszwiebeln putzen und zerkleinern.
2. Möhren waschen, schälen und in Stifte schneiden.
3. Fleisch in mundgerechte Stücke schneiden.

ZUBEREITUNG

1. Sojasoße, Wasser und Öl in einer Pfanne aufkochen.
2. Zucker und Tomatenmark, Zwiebeln und Möhren zugeben und ca. 5 Min. in geschlossener Pfanne köcheln lassen.
3. Fleisch zugeben und kurz miterhitzen.
4. Mit den Gewürzen abschmecken.

GEFÜLLTE GANS
6-8 Portionen

1 junge Gans, ca. 3,5 kg mit Innereien
2 Sch. Toastbrot
250 g Suppengrün
Salz
1 kg Esskastanien (Maronen)
1 Gänseherz
1 Gänseleber
200 g Bratwurstfülle (Brät)
1 Zwiebel (50 g)
1 Schalotte (30 g)
1 Knoblauchzehe
1 Bd. Petersilie
Pfeffer
etwas Bier zum Bestreichen
1 TL Zucker
etwas Gänseschmalz
Majoran

ENERGIE/NÄHRWERT

3666 kJ
35 g KH, 134 g F, 75 g E

Garzeit: 25 Min. pro kg Gans

VORBEREITUNG

1. Ausgenommene Gans am Vorabend aus der Verpackung nehmen und auftauen lassen.
2. Gans von innen und außen waschen und trockentupfen.
3. Toastbrot in etwas Milch einweichen, ausdrücken.
4. Suppengrün putzen und waschen, in kleine Stücke schneiden.
5. Aus dem Gänseklein – außer Herz und Leber – und dem Suppengrün mit etwas Salz eine Brühe kochen, vgl. S. 49.
6. Kastanien seitlich einkerben und im Backofen bei 200° C ca. 20 Min. backen. Danach schälen und salzen; die Hälfte klein schneiden.
7. Gänseleber in Stücke schneiden.
8. Zwiebel, Knoblauchzehe und Schalotte pellen und fein würfeln.
9. Gänseherz, -leber, Bratwurstfülle, ausgedrücktes Toastbrot in einer Küchenmaschine pürieren. Zwiebel, Schalotte, Petersilie, klein geschnittene Kastanien und Knoblauchzehe zufügen. Mit Salz und Pfeffer abschmecken.
10. In die Gans füllen und die Gans zunähen.
11. Petersilie waschen und hacken.

ZUBEREITUNG

1. Gans mit der Brustseite nach unten in eine Fettpfanne legen, 1/8 l kochendes Wasser zugießen und auf die untere Schiene des Backofens stellen.
2. Bei 200° C eine Stunde braten, dann wenden.
3. Die Keulen am unteren Ende mit einer Gabel einstechen, damit das Fett herausfließt.
4. Fett abschöpfen.
5. Nach weiteren 1 ½ Stunden die Gans mit Bier einpinseln, damit die Haut knusprig wird.
6. Herausnehmen und warmstellen.
7. Gänseschmalz erhitzen, die Kastanien hineingeben und den Zucker überstreuen.
8. Unter Wenden braten, bis die Kastanien glasiert sind.
9. Bratensaft entfetten, mit 100 ml Gänsebrühe auffüllen.
10. Mit Majoran würzen und ca. 10 Min. einkochen lassen.
11. Füllung aus der Gans holen und in Scheiben schneiden.
12. Gans tranchieren (zerlegen), auf einer Platte anrichten.
13. Kastanien und Füllung dazureichen.

BEI TISCH

Zu der Gans passt als Beilage Rosenkohl, vgl. S. 81, oder Rotkohl, vgl. S. 83, sowie Kroketten, vgl. S. 120, oder Kartoffelplätzchen, vgl. S. 120.

GEFÜLLTE POULARDE
6 Portionen

- *2 Poularden (à ca. 1 kg)*
- *100 g Poulardeninnereien*
- *3 Zwiebeln*
- *125 g Champignons*
- *3 Scheiben Weißbrot (120 g)*
- *2 Bd. Petersilie*
- *40 g Margarine*
- *Salz, Pfeffer nach Geschmack*
- *100 g süße Sahne*
- *1 EL Paprika*

ENERGIE/NÄHRWERT
1968 kJ
14 g KH, 20 g F, 58 g E

Garzeit: 70 Min.

VORBEREITUNG
1. Poularden gründlich waschen.
2. Innereien waschen, trockentupfen und würfeln.
3. Zwiebeln pellen und fein würfeln.
4. Champignons putzen und fein hacken.
5. Weißbrot würfeln.
6. Petersilie waschen und hacken.
7. Sahne und Paprika mischen.

TIPP
- Mit Füllung verlängern sich die angegebenen Garzeiten um etwa ein Drittel. Geflügel nie zu prall füllen, da sich die Füllung beim Braten ausdehnt und die Naht sprengt.
- Evtl. Bratschlauch verwenden.

BEI TISCH
Zur gefüllten Poularde passen Curryreis, ein frischer Salat oder ein feines Gemüse wie Brokkoli.

ZUBEREITUNG GEFÜLLTE POULARDE

1. Fett in einer Pfanne zerlassen, Innereien und Zwiebeln darin anbraten.

2. Champignons, Brotwürfel und Petersilie zugeben. Würzen.

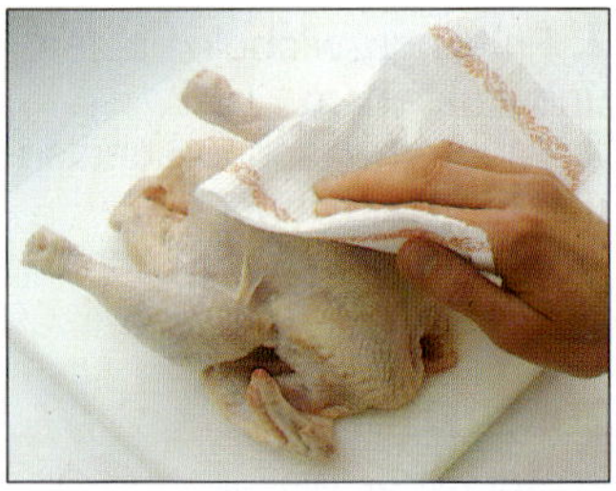

3. Poularden abtupfen und von innen würzen.

4. Abgekühlte Füllung in die Poularden geben.

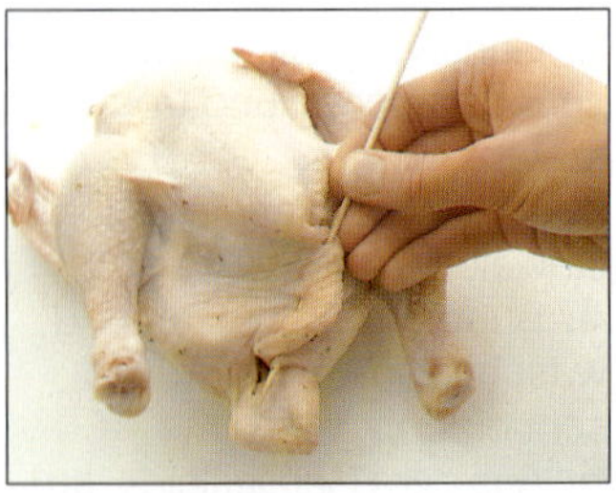

5. Poularde mit einem Holzstäbchen zustecken.

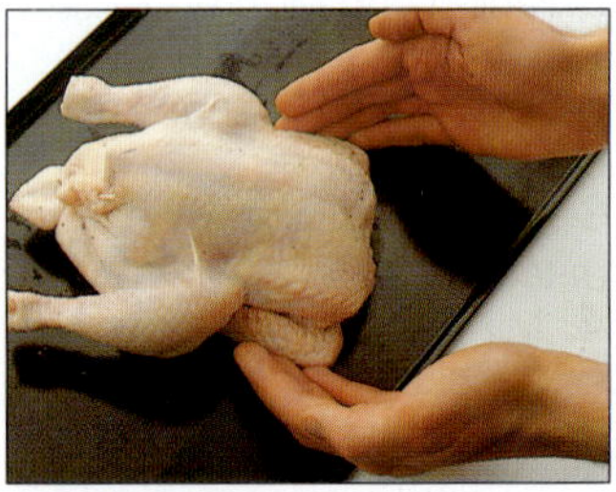

6. Poularden auf eine Fettpfanne legen, Flügel nach innen einschlagen.

7. Mit der Sahne-Paprika-Mischung bestreichen. Bei 200° C ca. 70 Min. backen.

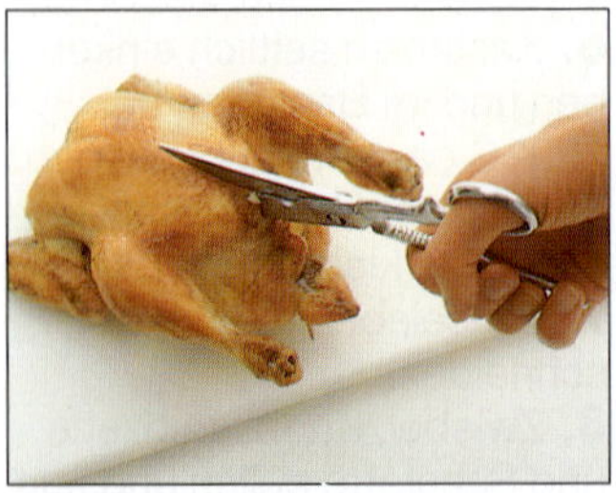

8.1 Mit einer Geflügelschere oder

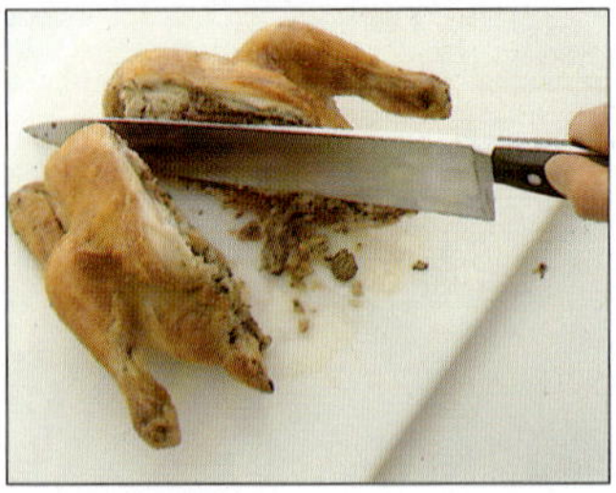

8.2 mit einem großen Messer portionieren.

MAROKKANISCHES HUHN

1 portioniertes Huhn (ca. 1,5 kg)
4 EL Öl
2 Zwiebeln
2 TL Paprikapulver
1 TL Ingwerpulver
¼ TL Kurkuma
1 TL Salz
2 Zitronen, natur
125 ml Hühnerbrühe
24 grüne Oliven

ENERGIE/NÄHRWERT

1688 kJ
5 g KH, 9 g F, 41 g E

Garzeit: 55 Min.

VORBEREITUNG

1. Zwiebeln pellen und fein würfeln.
2. Zitronen waschen, der Länge nach vierteln und entkernen.
3. Oliven kalt abspülen.

ZUBEREITUNG

1. Öl in einer Pfanne erhitzen und die Hühnerteile von allen Seiten knusprig anbraten.
2. Bei geringer Hitze ca. 8 Min. weiterbraten. Hühnerteile aus der Pfanne nehmen und warm stellen.
3. Zwiebeln in dem Fett glasig dünsten.
4. Gewürze einrühren, Zitronenviertel und Hühnerteile zugeben, mit Brühe begießen.
5. In der geschlossenen Pfanne alles bei geringer Hitze ca. 40 Min. garen lassen.
6. Oliven zugeben und weitere 5 Min. zugedeckt garen lassen.
7. Hühnerteile auf eine Anrichteplatte legen, mit Zitronenvierteln und den Oliven garnieren, die Bratensoße darübergießen.

ORANGEN-ENTE
6 Portionen

1 küchenfertige junge Ente (ca. 2 kg)
3-4 EL Öl
½ l Orangensaft
1 EL Honig
50 g Butter
Salz, Pfeffer
2 Orangen ungespritzt
Basilikumblätter zum Garnieren

ENERGIE/NÄHRWERT

2217 kJ
31 g KH, 28 g F, 31 g E
Garzeit: 90 Min.

VOR- UND ZUBEREITUNG

1. Die Ente in Öl auf höchster Stufe von allen Seiten anbraten.
2. 30 Min. bei 200° C im Backofen garen.
3. Orangensaft und Honig über die Ente gießen.
4. Weitere 30 Min. in den Ofen schieben und alle 10 Min. mit dem Fond begießen. So dringt das Aroma in das Fleisch, und die Haut wird knusprig.
5. Nach Beendigung der Garzeit die Ente warm stellen.
6. Die Soße durch ein Sieb gießen und um die Hälfte einkochen lassen. Sie muss sirupartig sein.
7. Butterflöckchen mit dem Schneebesen einrühren. Nicht mehr aufkochen.
8. Mit Salz und Pfeffer abschmecken.
9. Von 1 Orange dünne Streifen schneiden (es darf keine weiße Haut daran sein) und in die Soße geben.
10. Die tranchierte Ente mit Basilikum und Orangenscheiben anrichten. Mit einem Teil der Soße begießen — den Rest in einer Sauciere reichen.

VARIATIONEN VON FÜLLUNGEN

1. Nur geröstete Weißbrotwürfel.
2. Kräuterbündel.
3. Frühlingszwiebeln.
4. Pflaumen und Pfirsiche in Verbindung mit frischem Ingwer.
5. Hackfleischmischung, vgl. S. 168.
6. Mandel-Rosinen-Lebkuchen-Füllung (Mandeln abgezogen, Rosinen und Lebkuchen in Wasser oder Alkohol eingeweicht).
7. 400 g Hackfleischteig, vgl. S. 166.
8. Trockenobstfüllung aus eingeweichtem Trockenobst. Die Füllung kann mit gekochtem Reis, Erdnüssen, Cashew- oder Pistazienkernen, Walnuss- oder Haselnusskernen vermischt werden.
9. Obstfüllung aus ganzen oder geschnittenen Früchten, z. B. Äpfel, Apfelsinen oder Weintrauben.
10. Maronenfüllung schmeckt besonders gut für Gans oder Ente. Geschälte Maronen dafür anrösten und 15 Min. in einer Brühe garen.

TIPP

- Geflügel ist gar, wenn man mit einer Fleischgabel neben der Keule einsticht und kein Blut mehr ausläuft.
- Zur Verfeinerung können der Orangenente zusätzlich 2-3 EL Orangenlikör zugegeben werden.

BEI TISCH

Zum Entenbraten schmecken sehr gut Kartoffelklöße, vgl. S. 126f., Kroketten, Möhren, Champignons, Rotkohl oder Brokkoli.

DÜNSTEN IM GEMÜSEBETT

Grundrezept

1 Möhre
1 kl. Stange Lauch (Porree)
1 Staudensellerie (ca. 220 g)
¼ l Wasser
1 EL Butter
Salz, Pfeffer
1 kg Kochfisch

ENERGIE/NÄHRWERT

910 kJ
7 g KH, 6 g F, 27 g E

Garzeit: 20 Min.

VORBEREITUNG von Gemüse für Fischgarmachungsarten

1. Gemüse waschen.
2. Möhren und Sellerie in feine Streifen schneiden.
3. Staudensellerie und Lauch in Ringe schneiden.

BRATEN

4 Rotbarschfilets oder
andere Filets, 600 g
Salz, Pfeffer
3 EL Mehl
20 g Margarine

TIPP

- Für alle Gerichte können verschiedene Kochfischarten oder Fischfilets verwendet werden.
- Zum Braten eignen sich auch sehr gut küchenfertige Heringe, vgl. S. 195.

ZUBEREITUNG GEDÜNSTETER FISCH IM GEMÜSEBETT

1. Gemüsestreifen in eine feuerfeste Form legen.

2. Wasser zugießen.

3. Butterflöckchen auf das Gemüse verteilen.

4. Den Fisch auf das Gemüsebett legen und würzen.

5. Den Fisch im Backofen bei 200° C ca. 20 Min. dünsten.

6. Fisch auf einer Platte anrichten, Gemüse dazu garnieren.

ZUBEREITUNG GEBRATENES ROTBARSCHFILET

1. Fischfilet von jeder Seite in Mehl wenden.

2. Zwei Fischfilets in das heiße Fett legen und 2-3 Min. braten.

3. Fischfilet vorsichtig wenden und weitere 2-3 Min. braten.

POCHIEREN

Grundrezept

4 Kabeljaukoteletts
(à ca. 300 g)
1 Zitrone
Salz

ENERGIE/NÄHRWERT
894 kJ
2 g KH, – g F, 51 g E

Garzeit: 15 Min.

POCHIEREN IM GEMÜSESUD

Grundrezept

1 Möhre
1 Zwiebel
1 Bd. Petersilie
1 kl. Stange Lauch (Porree)
½ Zitrone
½ TL Pfefferkörner
1 l Wasser
4 Kabeljaukoteletts

ENERGIE/NÄHRWERT
983 kJ
6 g KH, – g F, 52 g E

Garzeit: 25 Min.

DÄMPFEN

Grundrezept

4 Kabeljaukoteletts
½ l Flüssigkeit
(Wasser/Brühe)

ENERGIE/NÄHRWERT
894 kJ
2 g KH, – g F, 51 g E

Garzeit: 20 Min.

TIPP

- Am fettärmsten sind Fischarten wie Seelachs, Schellfisch oder Seeaal. Zu den fettreichen Fischen zählen vor allem der Rotbarsch und andere Barsche.

ZUBEREITUNG POCHIERTER FISCH

1. Zitronensaft und ½ TL Salz in 1 l kochendes Wasser geben.

2. Topf vom Herd nehmen. Fisch hineingeben.

3. 10-15 Min. gar ziehen lassen. Fisch herausnehmen und anrichten.

ZUBEREITUNG POCHIERTER FISCH IM GEMÜSESUD

1. Alle Zutaten in einen Topf geben. 1 Min. aufkochen.

2. Gemüsesud 10 Min. ziehen lassen. Fisch in den Sud geben.

3. Auf kleinster Flamme Fisch 15 Min. gar ziehen lassen.

ZUBEREITUNG GEDÄMPFTER FISCH

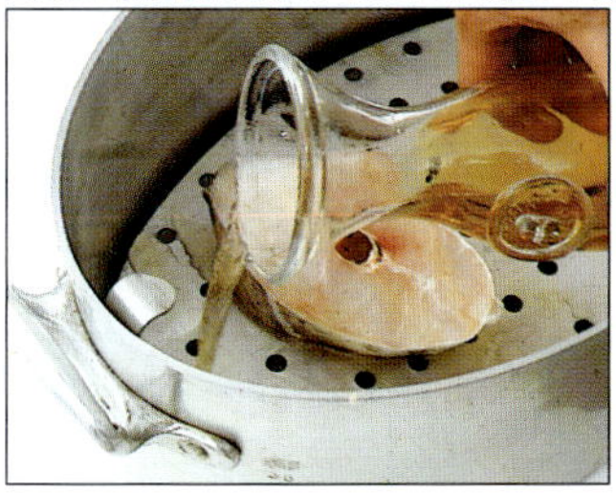

1. Fisch auf den Dampfeinsatz legen. ½ l Brühe oder Wasser zugeben.

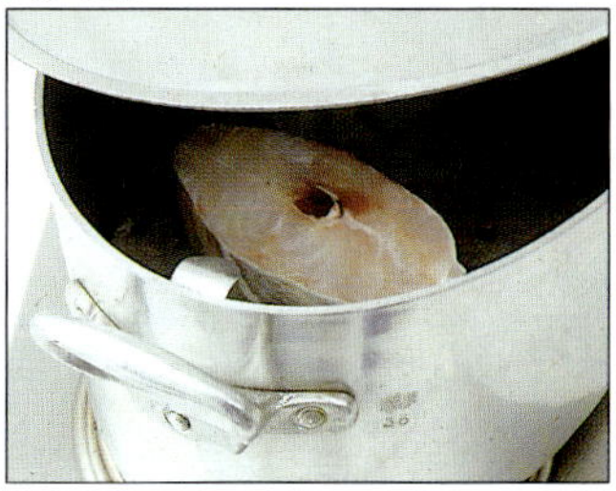

2. Den Topf mit dem Deckel fest verschließen. Flüssigkeit zum Kochen bringen.

3. Bei mittlerer Hitze 20 Min. dämpfen lassen. Fisch herausnehmen und anrichten.

SPECKSCHOLLE

4 Schollen (à 300-400 g)
Saft einer Zitrone
150 g durchwachsener Speck
Salz, Pfeffer
6 EL Mehl
40 g Butter
1 Zitrone, unbehandelt
1 Bd. Petersilie

ENERGIE/NÄHRWERT

2044 kJ
11 g KH, 23 g F, 48 g E

Garzeit: 20 Min.

VORBEREITUNG

1. Zitrone halbieren. Eine Hälfte auspressen. Aus der anderen Hälfte dünne Scheiben schneiden.
2. Petersilie waschen, in feine Sträußchen zerpflücken.
3. Schollen vorbereiten, vgl. S. 34, ausgepressten Zitronensaft verwenden.
4. Leicht pfeffern und in Mehl wenden.
5. Speck in sehr kleine Würfel schneiden.

SCHOLLE MÜLLERIN ART

4 Schollen, ausgenommen
2 Zitronen, unbehandelt
Salz, Pfeffer
6 EL Mehl
1 Bd. Petersilie
60 g Butter

ENERGIE/NÄHRWERT

1400 kJ
15 g KH, 14 g F, 36 g E

Garzeit: 20 Min.

VORBEREITUNG

Schollen säubern, säuern, salzen und leicht pfeffern.

ZUBEREITUNG

1. Butter erhitzen und die Schollen darin von beiden Seiten goldbraun braten.
2. Schollen herausnehmen.
3. Saft einer Zitrone in die Butter geben.
4. Schollen mit der Zitronenbutter und der gewaschenen Petersilie anrichten.
5. Zitrone waschen und in Scheiben zur Scholle reichen.

TIPP

- Statt ganzer Schollen können auch frische oder tiefgefrorene Schollenfilets verwendet werden.
- Speckscholle kann durch Zugabe von 150 g Nordseekrabben als Scholle Finkenwerder Art gereicht werden.
- Die Scholle Müllerin Art kann als Mandelscholle abgewandelt werden, indem die Schollen vor dem Braten in ca. 100 g Mandelblättchen gewälzt werden.

BEI TISCH

Zur Scholle passt Kartoffelsalat und als Frischkostbeilage Wurzelrohkost oder grüner Blattsalat mit Essig-Öl-Dressing. Außerdem können die Speckscholle und die Schollenvariationen mit in Butter geschwenkten Kartoffeln und Gurkensalat mit Dill gereicht werden.

ZUBEREITUNG SPECKSCHOLLE

1. Die Hälfte der Speckwürfel in einer Pfanne auslassen, nicht braun werden lassen.

2. Butter zugeben. Hitze herunterschalten.

3. 2 Schollen ca. 8-9 Min. goldbraun braten, mit zwei Pfannenwendern umdrehen.

4. Zweite Schollenseite 8-9 Min. goldbraun braten.

5. Schollen herausnehmen, warm stellen. Vorgang 1-5 wiederholen.

6. Schollen mit Speck, Zitronensegmenten und der Petersilie anrichten.

GEBRATENE HERINGE

8 mittelgroße, grüne Heringe
Saft von 1 Zitrone
8 Thymianzweige
Salz, Pfeffer
4-5 EL Mehl
1/8 l Öl

ENERGIE/NÄHRWERT

1224 kJ
4 g KH, 34 g F, 15 g E

Garzeit: 16 Min.

VORBEREITUNG

1. Heringe waschen, trockentupfen und mit Zitronensaft beträufeln.
2. Je einen Thymianzweig in die Bauchhöhle legen.
3. Salz, Pfeffer und Mehl vermischen.

ZUBEREITUNG

1. Heringe im gewürzten Mehl wenden, überflüssiges Mehl abklopfen.
2. Öl in der Pfanne erhitzen.
3. Die Hälfte der Heringe je Seite 3-4 Min goldbraun braten und warm stellen, bis die 2. Hälfte gebraten wurde.

BEI TISCH

Die Heringe können mit Salzkartoffeln, vgl. S. 116 und Feldsalat, vgl. S. 99 serviert werden. Dazu passt auch eine Senfsoße.

TOMATENFISCH

600 g Rotbarschfilet
4 TL Zitronensaft
1/4 TL Salz
4 Zwiebeln
2 Bd. glatte Petersilie
1 kg Fleischtomaten
30 g Margarine oder Butter
100 g Langkornreis (Vollkornreis)
50 g Kapern
Pfeffer
FÜR DIE FORM:
20 g Fett
Aluminiumfolie

ENERGIE/NÄHRWERT

1400 kJ
33 g KH, 14 g F, 19 g E

Garzeit: 40 Min.

VORBEREITUNG

1. Reis in Salzwasser 20 Min. garen.
2. Fisch nach der 3-S-Regel vorbereiten, vgl. S. 34.
3. Zwiebeln pellen und fein würfeln.
4. Tomaten waschen, Blüte entfernen und in Scheiben schneiden.
5. Auflaufform fetten.
6. Petersilie waschen, fein hacken.

ZUBEREITUNG

1. Margarine oder Butter zerlassen, Zwiebeln darin glasig dünsten und die Kapern zufügen.
2. Reis in eine gefettete Auflaufform geben.
3. Tomaten, Petersilie, Zwiebelmasse und Fisch abwechselnd einschichten, salzen und pfeffern.
4. Form abdecken.
5. Fisch bei 200 °C 30-40 Min. garen.

FISCH-ZUCCHINI-KEBAB

500 g festfleischiges Fischfilet (Scholle, Seelachs)
4 EL Olivenöl
1 Knoblauchzehe
Saft einer 1/2 Zitrone
abgeriebene Schale einer 1/2 Zitrone
Salz, Pfeffer
3 Tr. Tabasco
400 g (2 mittelgroße) Zucchini
1 grüne Paprika

ENERGIE/NÄHRWERT

686 kJ
2 g KH, 10 g F, 16 g E

Garzeit: 8 Min.

VORBEREITUNG

1. Fischfilet in Stücke (ca. 3x3 cm) schneiden, (bei Schollenfilets, Filets halbieren und aufrollen).
2. Zucchini und Paprika waschen.
3. Zucchini in ca. 5 mm dicke Scheiben schneiden; Paprika in Stücke schneiden.
4. Knoblauchzehe pressen.
5. ÖL, Knoblauch, Zitronensaft, -schale, Tabasco, Salz und Pfeffer als Marinade vermischen und über die Fischstücke geben; 30 Min. oder länger ziehen lassen.

ZUBEREITUNG

1. Fischstücke mit Zucchinischeiben und Paprikastückchen abwechselnd auf 4 Grillspieße spießen.
2. Spieße unter dem Grill ca. 8 Min. garen, dabei vorsichtig einmal wenden.
Beim Grillen mit der restlichen Marinade bepinseln.
3. Mit Vollkornreis (vgl.S.142), gehackter Petersilie und Zitronenstückchen servieren.

FISCH IN PETERSILIENSOSSE

6 Portionen

1 Rotbarsch oder 1 Seelachs, küchenfertig (ca. 1,5 kg)
Saft von 2 Zitronen
1 Möhre (ca. 60 g)
2 Zwiebeln
1 Lorbeerblatt
10 Pfefferkörner
4 EL Weißweinessig
1 EL Salz
FÜR DIE SOSSE:
1 Grundrezept Helle Grundsoße, vgl. S. 60
zusätzlich 1 Bd. Petersilie, gehackt
1 Eigelb zum Legieren

ENERGIE/NÄHRWERT

1900 kJ
15 g KH, 22 g F, 45 g E

Garzeit: 20 Min.

VORBEREITUNG

1. Fisch nach der 3-S-Regel vorbereiten, vgl. S. 34, Phasenfotos 1–3.
2. Möhre waschen und schälen, in feine Streifen schneiden.
3. Zwiebeln pellen und in Ringe schneiden.

ZUBEREITUNG

1. Fisch garen, vgl. Grundtechnik „Dünsten im Gemüsebett", S. 192, Phasenfotos 1-6.
2. Soße herstellen, vgl. Grundrezept Helle Grundsoße, S. 60.

SCHELLFISCHFILET MIT CURRY

1 kg frische Schellfischfilet
3 EL Sojasoße
1 EL Zitronensaft
Salz
5 Pfefferkörner
1 Lorbeerblatt
75 g Butter oder Margarine
3 Zwiebeln (150 g)
2 gr. Äpfel (250 g)
25 g Mehl
1 EL Curry
¼ TL Thymian, getrocknet

ENERGIE/NÄHRWERT

1822 kJ
15 g KH, 18 g F, 48 g E

Garzeit: 20 Min.

VORBEREITUNG

1. Fisch waschen und mit dem Zitronensaft und Sojasoße beträufeln, 30 Min. ziehen lassen.
2. Zwiebeln pellen und in Ringe schneiden.
3. Äpfel waschen, schälen, vom Kerngehäuse befreien (ausstechen) und in Scheiben schneiden.

ZUBEREITUNG

1. ½ l Wasser erhitzen, Salz Pfefferkörner und Lorbeer hineingeben und zum Kochen bringen.
2. Fischfilet hineingeben und 10 bis 15 Min. ziehen lassen, herausnehmen und warm stellen.
3. Die Hälfte des Fettes in einer Pfanne zerlassen, Apfelscheiben darin hellbraun dünsten, herausnehmen und warm stellen.
4. Zwiebeln in der Pfanne anbraten und ebenfalls warm stellen.
5. Garflüssigkeit des Fisches durch ein Sieb gießen.
6. Restliches Fett erhitzen, Mehl und Currypulver hinzugeben und schwitzen lassen.
7. Mit Fischsud auffüllen.
8. Thymian zugeben.
9. Fischfilets auf eine Platte legen und mit der Soße überziehen.
10. Mit Apfelscheiben und Zwiebelringen garniert servieren.

PROVENZALISCHER FISCH

300 g Möhren
1 Bund Radieschen (200 g)
2 Tomaten (100 g)
50 g schwarze Oliven
125 g Thunfisch, eingelegt
4 EL Öl
3 EL Weinessig
600 g gekochter Rundkornreis
Salz, Pfeffer
½ Zitrone

ENERGIE/NÄHRWERT

1745 kJ
65 g KH, 7 g F, 11 g E

Garzeit: 30 Min.

VORBEREITUNG

1. Möhren waschen und schälen.
2. Radieschen und Tomaten waschen und in Würfel schneiden.
3. Thunfisch und Oliven würfeln.

ZUBEREITUNG

1. Öl, Essig mischen, mit Salz, Pfeffer, Radieschen, Oliven und Thunfisch unter den Reis mischen, abschmecken.
2. Möhren im Ganzen kochen und dann in Scheiben schneiden.
3. Reissalat auf einer Platte oval anrichten.
4. Möhrenscheiben schuppenförmig auf den Salat legen, so dass das Bild eines Fisches entsteht.
5. Mit Olivenstücken und Zitrone garnieren.

HERINGSTOPF
„Hausfrauenart"
6 Portionen

8 Bismarckheringe (ca. 1 kg)
2 Becher Sahnejoghurt (300 g)
1/8 l süße Sahne
3-4 EL Gurkenlake
2 Äpfel (ca. 300 g)
5 Gewürzgurken (ca. 250 g)
5 Zwiebeln
1 Bd. Dill
Salz, Pfeffer
1 Pr. Zucker

ENERGIE/NÄHRWERT
2137 kJ
9 g KH, 38 g F, 29 g E

BEI TISCH
Heringstopf eignet sich als Beilage zu Pellkartoffeln oder als Brotbelag.

VORBEREITUNG
1. Zwiebeln pellen, halbieren und in halbe Ringe schneiden.
2. Gewürzgurken abtropfen lassen (Gurkenlake auffangen) und in Scheiben schneiden.
3. Bismarckheringe im Stück lassen oder in mundgerechte Bissen schneiden.
4. Dill waschen und fein schneiden.
5. Äpfel erst kurz vor der Verwendung schälen, entkernen und in Spalten schneiden, damit sie nicht braun werden.

ZUBEREITUNG HERINGSTOPF „HAUSFRAUENART"

1. Wasser in einem Topf aufkochen und die Zwiebelringe hineingeben.

2. Blanchierte Zwiebeln in ein Sieb schütten und kalt abbrausen.

3. Joghurt, Gurkenlake und Sahne miteinander verrühren.

4. Gut abgetropfte Zwiebeln unterheben.

5. Die in Scheiben geschnittenen Gewürzgurken hineinschütten.

6. Apfelspalten untermischen.

7. Salzen, pfeffern und mit einer Prise Zucker süßen. Dill hineinstreuen.

8. Bismarckheringe in ein Gefäß aus Ton, Glas oder Porzellan legen.

9. Soße darübergießen. Abgedeckt mindestens 2 Std. im Kühlschrank marinieren.

FORELLE IN FOLIE

4 Forellen (à ca. 500 g)
1 Zitrone
80 g weiche Butter oder Margarine
4 Tomaten (ca. 250 g)
1 Bd. Frühlingszwiebeln (ca. 250 g)
1 Bd. Petersilie
1 Topf Basilikum
1 Topf Estragon
1 Knoblauchzehe
Salz, Pfeffer

ENERGIE/NÄHRWERT

1848 kJ
5 g KH, 24 g F, 52 g E

Garzeit: 30 Min.

VORBEREITUNG

1. Tomaten abziehen, vierteln und entkernen.
2. Geputzte, gewaschene Frühlingszwiebeln in feine Ringe schneiden.
3. Petersilie waschen und hacken.
4. Basilikum- und Estragonblättchen von den Stielen zupfen, waschen und fein schneiden.
5. Knoblauchzehe pellen und fein hacken. Zitrone auspressen.
6. Vier ausreichend große Stücke Aluminiumfolie zum Einwickeln für die Forellen zurechtlegen.

TIPP

● Die Forelle kann anstatt in Aluminiumfolie im „Bratschlauch" gegart werden.

ZUBEREITUNG FORELLE IN FOLIE

1. Forelle am Bauch vorsichtig von hinten nach vorne aufschneiden.

2. Die Galle (dunkel!) dabei nicht verletzen. Eingeweide entfernen.

3. Forelle gründlich unter fließendem Wasser säubern.

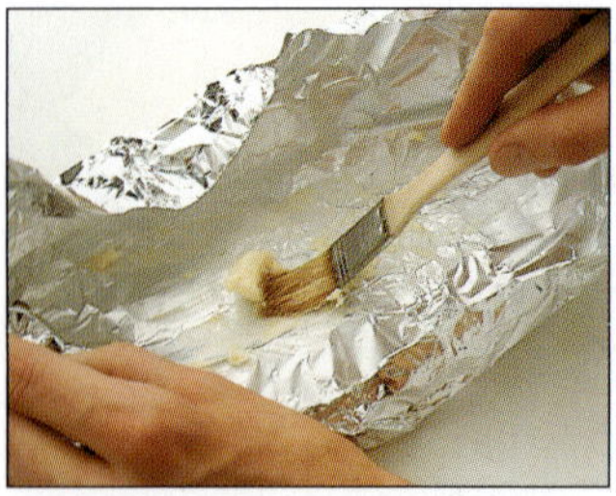

4. Bereit gelegte Aluminiumfolie mit 2 EL Butter einstreichen.

5. Forellen säuern, salzen und pfeffern. Tomatenviertel und Knoblauch einfüllen.

6. Die Ringe der Frühlingszwiebeln hineinschichten.

7. 2 EL Butter in Flöckchen und die Kräuter auf die Forelle geben.

8. In Folie verpacken. Auf einem Rost bei 200° C ca. 30 Min. im Backofen garen.

9. Zum Servieren entlang des Rückens einschneiden. Filets abheben.

FORELLENVARIATIONEN

FORELLE BLAU

1 l Wasser, 1/4 l Essig, Saft einer Zitrone, Suppengrün, 1/2 l TL Salz aufkochen. Die Forelle 8-10 Min. zugedeckt darin gar ziehen lassen. Forellen dürfen nicht kochen.

FORELLE VOM GRILL

Den vorbereiteten Fisch mehrere Male einschneiden. Mit Kräutern (Dill, Estragon, Thymian) füllen. Forelle in eingeölte Alufolie wickeln und 15 Min. grillen.

MANDELFORELLE

Den vorbereiteten Fisch erst in Mandelblättchen und anschließend in Mehl wenden. In Butter 10 Min. braten.

FORELLE „MÜLLERIN"

Die vorbereitete Forelle in Mehl wenden und in heißer Butter 10 Min. bei mittlerer Hitze braten. Mit zerlassener Butter, Zitronenscheiben und Petersilie servieren.

SCHLEIE VOM GRILL

4 Schleie, küchenfertig
(ca. 1,5 kg)
4 Bd. gemischte Kräuter
Salz, Pfeffer
50 g Butter oder Margarine

ENERGIE/NÄHRWERT

880 kJ
– g KH, 11 g F, 27 g E

Garzeit: 20 Min.

VORBEREITUNG

1. Schleie so waschen, dass der Schleim sich löst.
2. Kräuter waschen und hacken.

ZUBEREITUNG

1. Schleie drei- bis viermal quer zur Längsrichtung einschneiden.
2. Innen salzen und pfeffern.
3. Kräuter und Butter in die Bauchhöhle füllen.
4. Auf geringer Glut oder unter einem elektrischen Grill grillen, dabei ab und zu mit Öl bestreichen.

TIPP

- Die für Forellen angegebenen Rezepte gelten ebenso für andere Süßwasserfische wie Schleie, Karpfen oder Aal.
- Um einen Fisch „blau" zu servieren, muss die Schleimhaut des Fisches unverletzt sein, d.h. der Fisch sollte nicht tiefgefroren sein und die Außenhaut nicht mit Salz in Berührung gekommen sein.

BEI TISCH

Es gibt zwei Serviermöglichkeiten.
Forellen in der Folie servieren: Erst am Tisch die Folie öffnen, damit Duft und Aroma erhalten bleiben und der Sud, der sich gebildet hat, nicht verloren geht. Teller für Gräten und Folie auf den Tisch stellen.
Alternative: Forellen vor dem Essen filetieren. Dazu die Forelle mit einem Messer entlang des Rückens leicht einschneiden. Zwischen Rückengräte und Filet ein breites Messer schieben. Forellenfilet abheben und vorsichtig auf vorgewärmte Teller legen. Gräte mit Kopf und Schwanz entfernen. Das untere Filet ebenfalls auf dem Teller platzieren. Fischbesteck decken, ersatzweise zwei Gabeln, um den Fisch zu zerteilen. Alle Hinweise gelten auch für die anderen Süßwasserfischrezepte.

KARPFEN IM SUD

1 Karpfen (ca. 2 kg), filetiert
3 Möhren
1/4 Sellerieknolle
1 Porreestange
1 Zwiebel
6 Nelken
1/2 Lorbeerblatt
1 Bd. Petersilie
Salz, Pfefferkörner
1/4 l trockener Weißwein
2 Schalotten
60 g Butter
1 Bd. Kerbel

ENERGIE/NÄHRWERT

3265 kJ
10 g KH, 37 g F, 92 g E

Garzeit: 20 Min.

VORBEREITUNG

1. Karpfenkopf waschen.
2. Möhren, Sellerie, Porree waschen, putzen, zerkleinern.
3. Zwiebel pellen, mit den Nelken bestecken.
4. Petersilie waschen.
5. Schalotte pellen und würfeln.
6. Kerbel waschen und Blätter von den Stielen zupfen.

ZUBEREITUNG

1. Karpfenkopf, Gräten, Porree, die Hälfte der Möhren und des Selleries mit der Zwiebel und den anderen Gewürzen mit 1/8 l Wein und 1/8 l Wasser ca. 40 Min. zum Sud kochen.
2. Den Sud durchsieben.
3. Restliche Möhren, Sellerie mit der Schalotte in den Sud geben und 5 Min. kochen lassen.
4. Restlichen Wein zugießen und 20 g Butter zufügen.
5. Fischfilets in den Sud geben und 5 Min. ziehen lassen, herausnehmen und warm stellen.
6. Den Sud einkochen, 40 g Butter in Flöckchen unterrühren.
7. Mit Kerbelblättern servieren.

MUSCHELN

4 kg Muscheln
(Miesmuscheln, Herzmuscheln oder Venusmuscheln)
20 g Butter oder Margarine
3 Zwiebeln
3 Möhren (ca. 250 g)
1 Stange Lauch (ca. 250 g)
1 Bd. Petersilie
¼ l Weißwein
¼ l Wasser
Salz, Pfeffer

ENERGIE/NÄHRWERT

1074 kJ
14 g KH, 8 g F, 23 g E
Garzeit: 10 Min.

VORBEREITUNG

1. Muscheln sortieren. Offene Muscheln sind nicht immer ungenießbar. Probe: Bei Berührung oder leichtem Anklopfen müssen sie sich schließen. Sonst wegwerfen! Auch Muscheln, die sich beim Kochen nicht öffnen, sind ungenießbar. Im Zweifelsfall lieber eine Muschel mehr wegwerfen als eine Vergiftung riskieren.
2. Zwiebeln pellen und fein würfeln.
3. Möhren und Lauch putzen und waschen. Kleinschneiden.
4. Petersilie hacken.

TIPP

● Bei dem Kauf von Miesmuscheln sollte unbedingt auf das Herkunftsgewässer geachtet werden, weil viele Gewässer so verseucht sind, dass der Genuss von Muscheln aus diesem Wasser nicht zu empfehlen ist.

ZUBEREITUNG MIESMUSCHELN

1. Muscheln einzeln unter fließendem kalten Wasser sauber bürsten.

2. Muschelbart entfernen.

3. 20 Min. in kaltes Wasser legen, um sie vom Sand zu reinigen.

4. Zwiebelwürfel dünsten. Klein geschnittenes Gemüse zugeben und kurz mitdünsten.

5. Gehackte Kräuter einstreuen.

6. Je ¼ l Weißwein und Wasser aufgießen. Pfeffern und salzen. Zum Kochen bringen.

7. Abgetropfte Muscheln in den Gemüsesud geben. Bei mittlerer Hitze 8-10 Min. garen.

8. Wenn sich die Muscheln öffnen, abtropfen lassen. Sud etwas einkochen, separat servieren.

9. Esstrick: eine leere Muschelschale als Zange benutzen.

MUSCHELRAGOUT

4 kg Miesmuscheln
30 g Butter
3 EL Mehl
100 g Crème fraîche
250 g Champignons
1 Pr. Zucker
2 EL Zitronensaft
Salz, Pfeffer

ENERGIE/NÄHRWERT

1167 kJ
12 g KH, 17 g F, 19 g E

Garzeit: 15 Min.

VORBEREITUNG

Champignons waschen und blättrig schneiden, vgl. S. 30.

ZUBEREITUNG

1. Muscheln zubereiten, wie auf der linken Seite beschrieben. Muschelfleisch aus den Schalen lösen.
2. Gemüsesud durch ein Sieb in eine Schüssel gießen, Gemüse aufbewahren. ½ l Gemüsesud abmessen.
3. Butter in einem Topf bei mittlerer Hitze zerlassen, Mehl einstreuen. Unter Rühren mit dem Schneebesen den Sud (½ l) aufgießen.
4. Kurz aufkochen. Crème fraîche unterrühren und blättrig geschnittene Champignons zugeben und Muschelfleisch hinzufügen.
5. Kochstelle auf geringe Hitze herunterschalten. Abgetropftes Gemüse in den Topf geben und erhitzen.
6. Mit Zitronensaft und einer Prise Zucker würzen. Salzen und pfeffern.

VERWENDUNG VON KRABBEN

Ausgepulte Krabben können mit einer Vinaigrette oder Mayonnaise vermischt gut als Brotbelag gegessen werden.
Sie eignen sich außerdem zur Füllung von Fischfilets oder ganzen Edelfischen wie Rot- oder Seezungen, aber auch für Schollen und Butt.
In einer Soße, z. B. Kräutersahnesoße oder Currysoße, können sie mit Reis und einem frischen Salat als Hauptgericht gereicht werden. Zum Frühstück können Krabben mit Rührei vermischt gegessen werden.
Außer den Nordseekrabben können für dieselben Gerichte auch Königs- oder Tiefseekrabben verwendet werden.

BEI TISCH

Miesmuscheln oder Krebse „satt" sind ein beliebtes Essen. Empfehlenswerte Beilage: knusprig aufgebackenes Baguette oder Schwarzbrot mit Butter.

SCAMPIS ODER FLUSSKREBSE

3 l Wasser
¼ l Weißwein
50 g Salz
20 Scampis oder Krebse
1 Bd. Dill
3 Kümmelkörner nach Belieben

ENERGIE/NÄHRWERT

858 kJ
2 g KH, 1 g F, 37 g E

Garzeit: 15 Min.

VORBEREITUNG

Krebse unter fließendem Wasser gründlich waschen.

ZUBEREITUNG

1. Wasser mit dem Salz zum Kochen bringen.
2. Scampis oder Krebse nacheinander ins kochende Wasser werfen.
3. Sollte das Wasser zwischendurch aufhören zu kochen, dürfen keine neuen Scampis oder Krebse nachgeworfen werden, erst das Wasser erneut zum Kochen bringen.
4. Wenn alle Scampis oder Krebse im Wasser sind, das Wasser nochmals aufkochen lassen, Kümmel und Dill zufügen und die Scampis oder Krebse 10 Min. ziehen lassen.

KRUSTENTIERE

1. Nordseekrabben (Sandgarnelen)

2. Tiefseegarnelen, es werden in vielen Fällen nur die Schwänze angeboten.

3. Scampis (Grönland-Shrimps)

Eier

EINKAUF VON EIERN

Beim Einkauf sollte auf die kühle Lagerung und die Frische geachtet werden, da die Gefahr einer Salmonelleninfektion vermieden wird. In Zweifelsfällen Eier so lange kochen, dass die Kerntemperatur 70° C erreicht, d.h. 8 Min. kochen (Größe M).
Speisen, in denen rohe Eier verarbeitet werden, z.B. Mayonnaise, kaltgerührte Cremes, bis zum Verzehr – am selben Tag – unbedingt kalt stellen.
Wenn die Rezepte in größeren Mengen oder zum Verkauf angeboten werden, sollte statt frischem Ei und frischem Eigelb pasteurisiertes Ei und Eigelb verwendet werden.
Eier können energiesparend gekocht werden, wenn sie pro Ei mit 1 EL Wasser in einen gut schließenden Topf gelegt werden. Ankochen, nach der Dampffahne Hitze ausstellen und die Kochzeit messen.

EIER KOCHEN

1. Das Ei mit einem Eier-Pieker oder einer Nadel auf der stumpfen Seite einstechen.

2. Das Ei in das kochende Wasser legen und kochen lassen.

3. Das Ei in kaltem Wasser abschrecken.

4. Ei mit 4 Min. Kochzeit: Das Ei ist wachsweich.

5. Ei mit 6 Min. Kochzeit: Dotter ist weich, Eiklar fest.

6. Ei mit 8 Min. Kochzeit: Eigelb und Eiklar sind hart.

EIER POCHIEREN

1. Salzwasser mit 1 EL Essig zum Kochen bringen. In einer Tasse das Ei aufschlagen.

2. Das Ei in das nicht mehr kochende Wasser gleiten lassen. 4 Min. gar ziehen lassen.

3. Mit einer Schaumkelle herausnehmen.

VERWENDUNGSMÖGLICHKEITEN VON GEKOCHTEN EIERN

Eier im Glas

Wachsweich gekochte Eier in ein Glas geben. Mit feingehackten Kräutern und Pfeffer bestreuen, mit Worcestersoße beträufeln. Mit einer Butterflocke garniert servieren.

Eierscheiben

Hart gekochte Eier mit einem Eierschneider in Scheiben oder Sechstel schneiden. Zum Belegen von Broten oder zum Garnieren verwenden.

Soleier

Die Schale von hart gekochten Eiern ringsherum anschlagen. Salzlake (auf 1 l Wasser 100 g Salz) mit Kräutern, Lorbeer, Pfefferkörnern aufkochen. Lake abkühlen lassen und die Eier darin einlegen. Mindestens 2 Tage ziehen lassen. Zum Servieren Eier pellen, halbieren. Mit einem Teelöffel das Eidotter vorsichtig herausheben. Die Mulde mit Öl, Essig, Senf oder scharfen Gewürzen füllen und die Dotterhälfte mit der runden Seite nach oben wieder auflegen.

Gefüllte Eier

Hart gekochte Eier pellen, längs halbieren und vorsichtig das Eidotter mit einem Teelöffel herausnehmen. Eigelb mit Mayonaise, Crème fraîche oder Sahne cremig rühren, mit Salz und anderen Gewürzen abschmecken. Eigelbcreme in einen Spritzbeutel geben und in die Eiweißhälften spritzen. Mit verschiedenen Zutaten, vgl. Rühreier, garnieren.

RÜHREIER

1. Eier in eine Schüssel geben.

2. Mit einem Schneebesen gut verschlagen, mit Salz und Pfeffer würzen.

3. Butter oder Margarine in einer Pfanne bei mittlerer Hitze zerlassen.

4. Die Eiermasse hineingeben.

5. Die Eier etwas stocken lassen und mit dem Löffel verrühren.

6. Rührei muß locker, weich und großflockig sein.

ABWANDLUNG VON RÜHREIERN

Krabben mitbraten, mit Dill garnieren.

Olivenscheiben und Petersilie in die Eimasse rühren.

Geriebenen Käse unter das Rührei mischen.

PFANNKUCHEN

Grundrezept

150 g Mehl
3 Eier
1 Pr. Salz
3/8 l Milch
ZUM BACKEN:
80 g Margarine oder Butter

ENERGIE/NÄHRWERT

1650 kJ
30 g KH, 24 g F, 11 g E

Garzeit: 6 Min.

SÜSSE PFANNKUCHEN

1 Rezept Pfannkuchen
ZUSÄTZLICH:
500 g Heidelbeeren oder
500 g entsteinte Sauerkirschen oder
500 g entsteinte, geviertelte Pflaumen oder
500 g geschälte, entkernte, in Spalten geschnittene Äpfel

ZUBEREITUNG

1. Pfannkuchen bis Phasenfoto 4 herstellen.
2. 1/4 des Obstes auf den Teig verteilen.
3. Pfannkuchen mit Hilfe eines Topfdeckels wenden, der so groß ist wie die Pfanne; dazu den Deckel auf den Pfannkuchen legen, leicht andrücken. Pfanne und Deckel drehen und den Pfannkuchen vom Deckel wieder in die Pfanne gleiten lassen.
4. Zweite Seite goldbraun backen. Vor dem Servieren mit Zucker bestreuen.

TIPP

- Es kann Mehl der Typen 550 und 1050 oder Vollkornmehl verwendet werden.
- Pfannkuchen werden besonders locker, wenn das Eigelb in den Teig kommt, das Eiklar aber als Eischnee unter den Teig gehoben wird.
- Den Teig 30 Min. ruhen lassen, damit das Mehl ausquillt.
- 1/8 l Milch kann durch Mineralwasser ersetzt werden, dadurch wird der Pfannkuchen leichter.
- Füllungen für Pfannkuchen vgl. S. 206 (Crêpes).

ZUBEREITUNG PFANNKUCHEN

1. Mehl, Eier und eine Prise Salz in die Schüssel geben.

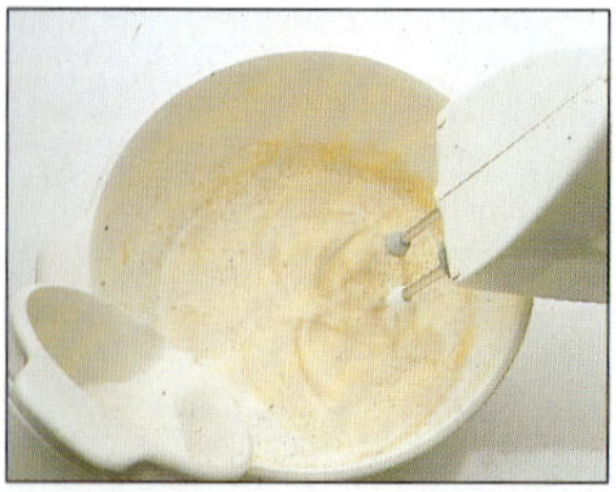

2. Milch unter Rühren hinzugeben.

3. Fett in einer Pfanne auf mittlerer Stufe erhitzen.

4. Beim Eingießen des Teiges die Pfanne drehen, Boden gleichmäßig bedecken.

5. Pfannkuchen goldbraun backen, mit einem Bratenwender wenden.

6. Pfannkuchen von der anderen Seite goldbraun backen.

KAISERSCHMARRN

80 g Mehl
1/8 l Milch
2 Eigelb
1 TL Zucker
3 EL Rosinen
2 Eiklar
ZUM BACKEN:
4 EL Butter oder Margarine

ENERGIE/NÄHRWERT

944 kJ
9 g KH, 18 g F, 5 g E

Garzeit: 10 Min.

ZUBEREITUNG

1. Mehl, Milch, Eigelb, Zucker und Rosinen zu einem glatten Teig verrühren.
2. Das Eiklar steif schlagen und unter den Teig heben.
3. 1 EL Butter in einer Pfanne auf mittlerer Stufe erhitzen. Teig hineingießen.
4. Von beiden Seiten goldbraun backen.
5. In der Pfanne mit zwei Gabeln in mundgerechte Stücke reißen.
6. 1 EL Butter hinzufügen und den Kaiserschmarrn nochmals ca. 3 Min. backen lassen.
7. Mit Puderzucker bestäuben.

BLINIS
aus Rußland

150 g Buchweizenmehl
100 g Weizenmehl
1/2 Päckchen Trocken-Hefe
2 Eigelb
1/4 l Schlagsahne
1/8 l Milch
2 Eiklar
ZUM BACKEN:
4 EL Butter oder Margarine

ENERGIE/NÄHRWERT

2448 kJ
52 g KH, 37 g F, 10 g E

Garzeit: 6 Min.

ZUBEREITUNG

1. Buchweizenmehl, Weizenmehl und Trocken-Hefe vermischen.
2. Eigelb, Sahne und Milch hinzufügen. Die Zutaten miteinander verrühren.
3. Den Teig ca. 2 Std. an einem warmen Ort gehen lassen (4 Min. Mikrowelle).
4. Das Eiklar steif schlagen und unter den Teig heben.
5. Sollte der Teig zu fest sein, noch etwas Milch hinzufügen.
6. Butter in einer Pfanne erhitzen und kleine Pfannkuchen backen. Im Original-Rezept werden die Blinis mit Kaviar und saurer Sahne serviert.

PALATSCHINKEN MIT POWIDL
aus Österreich

12 Crêpes, vgl. S. 206, backen
FÜR DIE FÜLLUNG:
500 g Pflaumenmus
2-3 EL Zwetschgenwasser
100 g flüssige Butter
50 g Puderzucker

ENERGIE/NÄHRWERT

2176 kJ
63 g KH, 24 g F, 7 g E

Garzeit: 15 Min.

ZUBEREITUNG

1. Pflaumenmus und Zwetschgenwasser verrühren, auf die Crêpes verteilen.
2. Die Crêpes aufrollen, nebeneinander in eine gebutterte feuerfeste Form legen.
3. Mit der flüssigen Butter bestreichen.
4. Die Form in den auf 225° C vorgeheizten Backofen stellen.
5. Die Palatschinken ca. 10 Min. darin backen lassen.
6. Mit Puderzucker bestäuben.

WENN ETWAS ÜBRIG BLEIBT

Ungefüllte Pfannkuchen in feine Streifen schneiden und als Suppeneinlage verwenden.

Kaiserschmarrn

Blinis

Palatschinken mit Powidl

CRÊPES

Grundrezept

aus Frankreich

80 g Mehl oder 70 g Vollkornmehl
2 Eier
1/4 l Milch
1 TL Zucker
1 Pr. Salz
ZUM BACKEN:
80 g Margarine oder Butter

ENERGIE/NÄHRWERT

1272 kJ
18 g KH, 20 g F, 8 g E

Garzeit: 3 Min.

ZUBEREITUNG

Vgl. Zubereitung Pfannkuchen, es wird nur pro Crêpe weniger Teig in die Pfanne gegeben.

SÜSSE CRÊPES

1. Crêpes mit Himbeerkompott (Kompott S. 231) und Vanilleeis füllen. Mit Krokant bestreuen.
2. Crêpes mit in Butter gebratenen Bananenscheiben füllen. Kokosraspeln darüberstreuen.
3. Crêpes mit Zitronensaft beträufeln, mit gehackten Pistazien bestreuen und mit Zitronenscheiben garnieren.
4. Crêpes mit in Butter gebratenen Apfelschnitzen und Sultaninen füllen. Mit Calvados beträufeln und mit gehobelten Mandeln bestreuen.
5. Crêpes mit Orangenmarmelade bestreichen und mit Orangenlikör beträufeln. Mit abgeriebener, blanchierter Orangenschale und Puderzucker bestreuen.
6. Crêpes mit Nuss-Nougatcreme bestreichen, mit Schokoladenraspeln bestreuen.

PIKANTE CRÊPES

1 Rezept Crêpes, jedoch ohne Zucker.

1. Crêpes mit zerpflücktem Thunfisch füllen, Mit Zwiebelringen und Dill garnieren.
2. Crêpes mit Frühlingsgemüse füllen und mit Brunnenkresse garnieren.
3. Crêpes mit gebratenem Hackfleisch, Paprikawürfeln und Zwiebeln füllen. Mit Paprika und Petersilie garnieren.
4. Crêpes mit Hühnerfrikassee (Rezept S. 185) füllen, mit Zitronenspalten und Kerbel garnieren.
5. Crêpes mit gebratenen Geflügelleberwürfeln und gehackten Kräutern füllen. Mit Basilikum garnieren.
6. Crêpes mit gebratenen Schinkenstreifen und Zwiebelscheiben füllen. Mit Petersilie garnieren.

SÜSSE CRÊPES/PIKANTE CRÊPES

OMELETT

Grundrezept

12 Eier
¼ TL Salz
ZUM BACKEN:
40 g Margarine

ENERGIE/NÄHRWERT

1182 kJ
1 g KH, 23 g F, 17 g E

Garzeit: 3 Min.

SÜSSE OMELETTS

1. Konfitürenomelett

Konfitüre – vorzugsweise Himbeer- oder Erdbeerkonfitüre – auf das Omelett streichen, zusammenklappen.

2. Apfelmusomelett

Apfelmus auf das Omelett geben, zusammenklappen. Mit Apfelspalten, die in Zitrone mariniert wurden, servieren.

PIKANTE OMELETTS

1. Käuteromelett

Gehackte Petersilie, Salbei und Basilikum unter die Eier rühren, auf dem Teller mit ganzen Kräuterblättern garnieren.

2. Spargelomelett

Spargel blanchieren, in Butter schwenken, mit Salz und Pfeffer würzen und vor dem Einschlagen auf das Omelett geben, mit gehacktem Kerbel garnieren.

3. Krabbenomelett

Krabben in Butter schwenken, auf das Omelett geben, einschlagen und mit Dillspitzen garnieren.

4. Käseomelett

Omelett mit geriebenem Emmentaler füllen und mit etwas geriebenem Emmentaler garnieren.

TIPP

- Für Omeletts benötigt man die gleichen Zutaten wie für Rührei; sie unterscheiden sich nur durch den Garvorgang: Rühreier brauchen weniger Hitze und werden während des Garens mit einem Teigschaber oder einer Gabel verrührt.
- Omeletts werden besonders locker und voluminös, wenn das Eigelb mit dem Salz verschlagen wird und das Eiklar als Schnee untergehoben wird.
- Für süße Omeletts können die gleichen süßen Füllungen verwendet werden wie für Crêpes, vgl. S. 206.

ZUBEREITUNG OMELETT

1. Eier in einer Schüssel aufschlagen, salzen.

2. Margarine in der Pfanne erhitzen. Eiermasse für ein Omelett hineingeben.

3. Masse sofort verrühren, damit sich frisches und gestocktes Ei vermischen.

4. Wenn sich eine feste Eierschicht gebildet hat, das Omelett vorsichtig umschlagen.

5. Pfanne schräg halten. Omelett zum Rand gleiten lassen und auf den Teller stürzen.

6. Omelett garnieren.

ORANGENSOUFFLÉ

175 ml Milch
40 g Butter
4 EL Mehl
3 Eigelb
40 ml Orangenlikör oder
1 TL Orangenaroma
Schale einer
ungespritzten Orange
3 Eiklar
1 EL Puderzucker
Fett für die Form

ENERGIE/NÄHRWERT

1141 kJ
28 g KH, 14 g F, 7 g E

Garzeit: 30 Min.

ZUBEREITUNG

1. Auflaufform ausfetten.
2. Milch in einem Topf zum Kochen bringen, Butter und Mehl vermengen und in die heiße Milch rühren.
3. Alles noch einmal aufkochen.
4. Eigelb nach und nach unterrühren.
5. Orangenlikör und die geriebene Orangenschale zugeben.
6. Eiklar mit Zucker zu Schnee schlagen.
7. Eischnee vorsichtig unter die Eigelbmasse heben.
8. Alles in die Auflaufform geben und in den auf 180° C vorgeheizten Backofen stellen.
9. Ca. 30 Min. backen. Mit Puderzucker bestäuben und sofort servieren.

BROTOMELETT

8 Eier
2 Zwiebeln
2 EL gehackte Korianderblätter
4 frische grüne Chilischoten
Salz
8 Scheiben Brot ohne Rinde
ZUM BACKEN:
80 g Öl

ENERGIE/NÄHRWERT

2380 kJ
49 g KH, 32 g F, 19 g E

Garzeit: 10 Min.

VORBEREITUNG

1. Zwiebeln pellen und fein hacken.
2. Chilischoten waschen, entkernen und fein hacken.

ZUBEREITUNG

1. Eier schaumig schlagen, mit Zwiebeln, Chilischoten und Koriander mischen.
2. Mit Salz abschmecken. Das Brot in dieser Mischung ca. 5 Min. einweichen.
3. Öl in einer Pfanne erhitzen und das Brot darin braten.
4. Restliche Eimasse auf die Brotscheiben gießen.
5. Von beiden Seiten goldbraun braten. Sofort servieren.

SALZBURGER NOCKERLN

6 Eigelb
50 g Zucker oder Puderzucker
1 Vanillestange
6 Eiklar
2 EL Mehl
1 EL Butter
2 EL Puderzucker

ENERGIE/NÄHRWERT

1035 kJ
25 g KH, 11 g F, 10 g E

Garzeit: 15 Min.

ZUBEREITUNG

1. Das Eigelb mit 30 g Zucker ca. 5 Min. cremig schlagen.
2. Die Vanillestange längs aufschneiden, das Mark herauskratzen und unter die Eigelbmasse rühren.
3. Das Eiklar mit dem restlichen Zucker sehr steif schlagen. Den Zucker dabei in den schon festen Eischnee einrieseln lassen.
4. 1/3 des Eischnees mit dem Mehl und der Eigelbmasse verrühren.
5. Den restlichen Eischnee vorsichtig unterheben.
6. Eine große feuerfeste Form mit der Butter ausstreichen.
7. Die Masse pyramidenartig mit einem Teigschaber nebeneinander in die Form geben.
8. Die Form in den auf 200° C vorgeheizten Backofen setzen und 15 Min. goldbraun backen lassen.
9. Mit Puderzucker bestäuben und sofort servieren.

TORTILLA

Grundrezept

800 g Kartoffeln, vorwiegend festkochend
2-3 Knoblauchzehen
8 EL Olivenöl
Salz, Pfeffer
8 Eier

ENERGIE/NÄHRWERT

2040 kJ
32 g KH, 18 g F, 32 g E

Garzeit: 25 Min.

VORBEREITUNG

1. Kartoffeln schälen, waschen und in dünne Scheiben schneiden.
2. Knoblauchzehe schälen und fein hacken.
3. Öl erhitzen.
4. Kartoffelscheiben darin anbraten, mit Knoblauch, Salz und Pfeffer bestreuen.
5. Ca. 10 Min. bei geschlossenem Deckel dünsten, dabei zwischendurch die Pfanne schütteln.
6. Deckel abnehmen, die Kartoffelscheiben goldbraun braten und herausnehmen.

VARIATIONEN

Statt der Kartoffeln können andere Gemüsesorten zugegeben werden. Das verwendete Gemüse (600-800 g) muss immer bissfest vorgegart sein, bevor es mit den Eiern vermischt wird.

TORTILLA MIT ZUCCHINI

Die Zucchini in Scheiben schneiden und mit 1 gehackten Zwiebel und 1 gehackten Knoblauchzehe anbraten, mit Thymian würzen.

TORTILLA MIT FRÜHLINGSGEMÜSE

Junges Frühlingsgemüse nach Wahl (Möhren, Spargel, Erbsen) in Öl andünsten, mit gehackter Petersilie bestreuen.

TORTILLA MIT THUNFISCH

Kartoffelscheiben und 2 in Scheiben geschnittene Zwiebeln vorbraten, 100 g Erbsen (TK) hinzugeben und zum Schluss 200 g Thunfischstücke aus der Dose darübergeben.

TORTILLA MIT SPINAT

Kartoffelscheiben mit 1 gehackten Zwiebel und 1 gehackten Knoblauchzehe anbraten, nach 10 Min. ca. 200 g geputzten jungen Spinat dazugeben.

ZUBEREITUNG TORTILLA

1. Eier in einer Schüssel schaumig schlagen, Kartoffelscheiben untermischen.

2. Öl in der Pfanne erhitzen und die Kartoffel-Ei-Mischung hineingeben, 4-5 Min. stocken lassen.

3. Auf den Pfannendeckel gleiten lassen, Öl in die Pfanne geben, Tortilla hineingeben, bräunen lassen.

Tortilla mit Zucchini

Tortilla mit Frühlingsgemüse

Tortilla mit Thunfisch

MAKKARONIAUFLAUF

250 g Vollkornmakkaroni
2 l Wasser, 1 EL Salz
2 Zwiebeln
1 Knoblauchzehe
2 EL Öl
500 g gemischtes Hack
1 kl. Dose geschälte Tomaten
2 EL Tomatenmark
¼ TL Oregano
¼ l Milch
20 g Margarine oder Butter
2 Eier
4 EL Mehl
100 g Gouda oder Emmentaler
FÜR DIE FORM:
20 g Fett

ENERGIE/NÄHRWERT

3286 kJ
56 g KH, 47 g F, 38 g E

Garzeit: 55 Min.

VORBEREITUNG

1. Auflaufform ausfetten.
2. Zwiebeln pellen und würfeln.
3. Knoblauchzehe pellen und fein hacken.
4. Tomaten abtropfen lassen.
5. Käse reiben.

TIPP

- Auflaufmenge vervielfachen, in mikrowellengeeignetes Geschirr füllen, abdecken und ungebacken tiefgefrieren (Lagerzeit ca. 4 Monate). Bei Bedarf tiefgefroren im Backofen bei 200° C ca. 40 Min. backen oder in der Mikrowelle, vgl. Bedienungsanleitung, garen.
- Statt Mehl-Milch-Soße kann zum Überbacken auch ein Gemisch aus 4 Eiern, ⅛ l Milch, 1 TL Salz und Paprika über den Auflauf gegossen werden.
- Weitere Nudelaufläufe, vgl. S. 137.

ZUBEREITUNG MAKKARONIAUFLAUF

1. Makkaroni im Salzwasser 12 Min. garen lassen, auf einen Durchschlag geben.

2. Öl erhitzen. Zwiebeln und Knoblauch darin andünsten, Hack zugeben.

3. Tomaten zufügen.

4. Mit Oregano, Salz und Pfeffer abschmecken, 10 Min. schmoren lassen.

5. Milch und die Margarine in einem Topf zum Kochen bringen.

6. Mehl mit etwas kalter Milch glatt rühren und in die kochende Milch geben.

7. Mit 2 Eiern legieren, vgl. S. 37.

8. Makkaroni in die gefettete Auflaufform geben und Hackfleischmasse darübergeben.

9. Mit Soße bedecken und Käse darüberstreuen. Bei 175° C ca. 30 Min. backen.

GERSTENEIERAUFLAUF

200 g Gerste
½ l Wasser
1 Zwiebel
1 Knoblauchzehe
1 Tomate (80 g)
1 Bd. Petersilie
4 Eier
⅛ l Sahne
⅛ l Wasser
1 TL Kräutersalz
FÜR DIE FORM:
20 g Fett

ENERGIE/NÄHRWERT

1378 kJ
40 g KH, 16 g F, 13 g E

Garzeit: 110 Min.

VORBEREITUNG

1. Zubereitung der Gerste, vgl. S. 159.
2. Zwiebel pellen und würfeln.
3. Knoblauchzehe pellen und fein hacken.
4. Tomate waschen und in Scheiben schneiden.
5. Petersilie waschen und hacken.
6. Auflaufform fetten.

ZUBEREITUNG

1. Eier, Sahne und ⅛ l Wasser mit dem Handrührgerät aufschlagen.
2. Zwiebeln, Knoblauch, Kräutersalz und Petersilie zugeben.
3. Eimischung unter die gegarte Gerste ziehen.
4. Gerstenmischung in die Auflaufform füllen.
5. Tomatenscheiben obenauflegen und ca. 1 Std. bei 175° C backen.

BEI TISCH

Zum Makkaroniauflauf, Gersteneier- und Maisauflauf passen Tomatensoße, vgl. Rezept S. 61, und ein frischer Salat, vgl. Rezepte S. 98 f.

WÜRZIGER MAISAUFLAUF

2 Stangen Lauch (300 g)
100 g Gouda oder Emmentaler
2 Eigelb
2 Eiklar
150 g Maisgrieß
½ l Wasser
1 Gemüsebrühwürfel
Pfeffer
FÜR DIE FORM:
20 g Fett

ENERGIE/NÄHRWERT

1311 kJ
31 g KH, 14 g F, 13 g E

Garzeit: 45 Min.

VORBEREITUNG

1. Lauch unter fließendem Wasser waschen und in dünne Scheiben schneiden.
2. Käse reiben.
3. Eiklar zu Schnee schlagen.
4. Auflaufform fetten.

ZUBEREITUNG

1. Wasser mit dem Gemüsebrühwürfel zum Kochen bringen. Maisgrieß einstreuen und 5 Min. kochen, 10 Min. quellen lassen.
2. Lauchstücke, Eigelb und geriebenen Käse unter den Maisbrei mischen.
3. Mit Pfeffer abschmecken.
4. Eischnee unter die Masse ziehen.
5. Maisbrei in die Form füllen.
6. Bei 200° C ca. 30 Min. goldbraun backen.

WENN ETWAS ÜBRIG BLEIBT

Alle Aufläufe lassen sich 2 Tage im Kühlschrank aufbewahren oder tiefgefrieren. Sie können abgedeckt im Backofen oder im Mikrowellengerät erwärmt werden.

LASAGNE AL FORNO aus Italien

250 g Nudelplatten
3 Zwiebeln
500 g reife Tomaten oder
1 Dose geschälte Tomaten
20 g Butter
300 g Champignons
⅛ l süße Sahne
500 g Rinderhack
1 Bund Petersilie
Salz, Pfeffer, Oregano
1 TL Thymian, 1 TL Basilikum
100 g Hartkäse
FÜR DIE FORM: 20 g Fett

ENERGIE/NÄHRWERT

3655 kJ
56 g KH, 42 g F, 43 g E

Garzeit: 45 Min.

VORBEREITUNG

1. Nudelplatten bei Bedarf in 3 l Salzwasser 7 Min. garen.
2. Zwiebel pellen und würfeln, in der Butter andünsten.
3. Frische Tomaten häuten und würfeln, vgl. S. 53.
4. Champignons putzen, blättern, zu den angedünsteten Zwiebeln geben, 5 Min. dünsten. Mit ⅛ l Wasser und der Sahne auffüllen.
5. Hack anbraten, Tomaten unterheben und würzen.
6. Petersilie waschen und hacken.
7. Käse fein reiben.
8. Auflaufform ausfetten.

ZUBEREITUNG

1. Form mit einer Schicht Nudelplatten auslegen.
2. Hackfleischmasse darauflegen.
3. Mit der Petersilie und der Hälfte des geriebenen Käses bestreuen.
4. Mit einer weiteren Nudelplattenschicht abdecken.
5. Champignonmasse darüberstreichen.
6. Käse darübergeben.
7. Bei 200° C ca. 35 Min. backen.

AUBERGINENAUFLAUF
Moussaka aus Griechenland

1 kg Auberginen
6 EL Mehl
1/8 l Öl
500 g Lammhack oder gemischtes Hack
Thymian, Pfeffer, Salz
500 g Tomaten
5 Zwiebeln
2 Knoblauchzehen
1/2 Zitrone, unbehandelt
4 Eigelb
1 Becher süße Sahne (200 g)
FÜR DIE FORM:
20 g Fett

ENERGIE/NÄHRWERT
2871 kJ
33 g KH, 43 g F, 35 g E

Garzeit: 55 Min.

VORBEREITUNG
1. Auflaufform fetten.
2. Auberginen waschen und die Enden abschneiden.
3. Zwiebeln pellen und würfeln.
4. Zitronenschale abreiben.
5. Knoblauchzehen pellen und durchpressen.
6. Tomaten waschen und abziehen, vgl. S. 53.

TIPP
- Auberginenscheiben, wie in Phasenfotos 1-3 beschrieben, eignen sich vorzüglich als Vorspeise. Sie können zusätzlich mit Zitronensaft beträufelt werden.
- Der Auflauf kann auch mit Zucchini zubereitet werden, darf dann aber nicht Moussaka heißen.

ZUBEREITUNG MOUSSAKA

1. Auberginen längs in Scheiben schneiden. Mit Küchenpapier trockentupfen.

2. Salzen und in Mehl wenden.

3. Öl erhitzen und die Auberginenscheiben darin von beiden Seiten anbraten, herausnehmen.

4. Zwiebeln, Knoblauch und Hack im selben Öl wie die Auberginen anbraten.

5. Hack mit Salz, Pfeffer und Thymian würzen.

6. Tomaten zufügen und mit abgeriebener Zitronenschale würzen.

7. Zutaten abwechselnd in eine Auflaufform schichten. Obere Schicht Auberginen.

8. Eigelb und Sahne im Wasserbad 5 Min. cremig schlagen. Über den Auflauf gießen.

9. 45 Min. bei 200° C backen.

HACKFLEISCHPIE MIT PREISELBEERSAHNE

FÜR DEN TEIG:
vgl. Grundrezept S. 96
FÜR DIE FÜLLUNG:
500 g gemischtes Hack
20 g Margarine oder Butter
125 g Champignons
2 Zwiebeln
1 Bd. Petersilie
150 g Gouda oder Emmentaler
2 Eier
Salz, Pfeffer
FÜR DIE BEILAGE:
1 Becher Schlagsahne (250 g)
1 kl. Glas Preiselbeeren
FÜR DIE FORM:
20 g Fett

ENERGIE/NÄHRWERT

6108 kJ
60 g KH, 111 g F, 51 g E

Garzeit: 40 Min.

VORBEREITUNG

1. Pieform ausfetten.
2. Käse reiben.
3. Champignons putzen.
4. Zwiebeln pellen und würfeln.
5. Petersilie waschen und hacken.

ZUBEREITUNG

1. Pieteig herstellen, vgl. Phasenfotos 1 und 2, S. 96.
2. 20 g Margarine zerlassen, das Hack anbraten, salzen.
3. Zwiebelwürfel dazugeben, abkühlen lassen.
4. Champignons blättern, zur Hackmasse geben.
5. Petersilie, geriebenen Käse und Eier mit der Hackmasse vermischen und würzen.
6. Füllung in die Pieform geben. Bei 200° C ca. 40 Min. backen.
7. Schlagsahne steif schlagen und die Preiselbeeren unterheben.
8. Pie und Preiselbeersahne zusammen anrichten.

HÄHNCHENFLEISCHPIE
Kotopitta aus Griechenland

FÜR DEN TEIG:
vgl. Grundrezept S. 96
FÜR DIE FÜLLUNG:
1 gegartes Hähnchen
(ca. 1,2 kg)
Salz, Pfeffer, Muskat
4 Zwiebeln
2 Knoblauchzehen
4 EL Öl
3 EL Mehl
1/4 l heiße Milch
150 g TK-Erbsen oder
300 g frische Erbsen
1 kl. Glas Tomatenpaprika
1 Bd. Petersilie
150 g Schafskäse
60 g Butter
FÜR DIE FORM:
20 g Fett

ENERGIE/NÄHRWERT

5509 kJ
69 g KH, 81 g F, 71 g E

Garzeit: 50 Min.

VORBEREITUNG

1. Pieform ausfetten.
2. Zwiebeln und Knoblauch pellen und fein hacken.
3. Schafskäse würfeln.
4. Petersilie waschen und hacken.

ZUBEREITUNG

1. Pieteig herstellen, vgl. Phasenfoto 1 und 2, S. 96.
2. Öl erhitzen und Zwiebeln und Knoblauch andünsten.
3. Mehl darüberstäuben und Milch darübergießen.
4. Mit Salz, Pfeffer und Muskat würzen.
5. Hähnchen entbeinen, Haut abziehen und das Fleisch würfeln.
6. Hähnchenfleisch, Erbsen, Tomatenpaprika, gehackte Petersilie, Käse und Zwiebelmasse mischen und auf dem Pieteig verteilen. Bei 225° C ca. 40 Min. backen.

TIPP

- Pies können auch nur mit verschiedenen Gemüsesorten belegt werden, vgl. S. 97.
- Werden Pies für mehrere Personen gebraucht, kann die Menge verdoppelt oder verdreifacht und in einer Fettpfanne gebacken werden.

BEI TISCH

Pies bieten eine gute Abwechslung für eine Mittagsmahlzeit. Mit einem frischen Salat ergänzt, Rezepte vgl. S. 98 ff, sind sie eine ideale Hauptspeise oder ein Abendbrotgericht.

WENN ETWAS ÜBRIG BLEIBT

Pies können 1 bis 2 Tage im Kühlschrank aufbewahrt werden und eignen sich gut zum Tiefgefrieren.
Die feine englische Art, Reste, zum Beispiel von Frikassee, Ragout oder Gulasch, zu verstecken: einfach unter einem Teigdeckel aus Pieteig in einer feuerfesten Schüssel überbacken.

HIRSE-PILZ-AUFLAUF

250 g Hirse
400 ml Gemüsebrühe
1 Lorbeerblatt
150 g Möhren
1 Bd. Frühlingszwiebeln
20 g Butter oder Margarine
Salz, Pfeffer
50 g Gruyère oder Emmentaler
8 große Champignons
1/4 l Sahne
3 Eier
1 Bd. Kerbel
FÜR DIE FORM:
20 g Fett

ENERGIE/NÄHRWERT

2352 kJ
50 g KH, 31 g F, 20 g E

Garzeit: 40 Min.

VORBEREITUNG

1. Möhren und Frühlingszwiebeln waschen, putzen und in Streifen schneiden.
2. Käse grob reiben.
3. Pilze waschen, putzen und in Scheiben schneiden.
4. Kerbel waschen und hacken.
5. Auflaufform fetten.

WEIZEN-LAUCH-GRATIN

250 g Weizenkörner
600 g Lauch
4 EL Öl
2 EL Mehl
300 ml Gemüsebrühe
100 g geriebener Emmentaler
Salz, Pfeffer
frisch geriebene Muskatnuss
FÜR DIE FORM:
20 g Fett

ENERGIE/NÄHRWERT

3800 kJ
94 g KH, 44 g F, 36 g E

Garzeit: 50 Min.

VORBEREITUNG

1. Weizenkörner über Nacht in 1/2 l Wasser einweichen oder mindestens vier Stunden.
2. Lauch schneiden und waschen, vgl. S. 75.
3. Form fetten.

ZUBEREITUNG

1. Weizenkörner in Gemüsebrühe 10 Min. kochen, weitere 20 Min. ausquellen lassen, vgl. S. 158.
2. Öl erhitzen und die weißen Lauchteile darin andünsten.
3. Mehl zufügen und kräftig umrühren.
4. Käse und Gewürze zufügen.
5. Grüne Lauchringe zufügen, einmal aufkochen lassen.
6. Weizen in die Auflaufform füllen. Lauchmischung darübergeben.
7. Bei 200° C 20 Min. überbacken.

ZUBEREITUNG HIRSE-PILZ-AUFLAUF

1. Hirse in die kochende Gemüsebrühe mit Lorbeerblatt geben, 15 Min. quellen lassen.

2. Gemüse im Fett ca. 5 Min. andünsten.

3. Gemüse und Hirse vermischen und in die Auflaufform geben.

4. Pilze darauf verteilen und den Käse überstreuen.

5. Sahne, Eier und Kerbel vermischen und über den Auflauf gießen.

6. Bei 200° C ca. 20 Min. backen.

SPARGEL-ZUCKER-SCHOTEN-AUFLAUF

1 kg weißer Spargel
400 g Zuckerschoten
1 Pr. Zucker
30 g Butter oder Margarine
30 g Weizenvollkornmehl
1/8 l Milch
1/8 Sahne
Salz, Pfeffer
etwas Zitronenschale
1 Bd. Petersilie
200 g Emmentaler

ENERGIE/NÄHRWERT

2007 kJ
22 g KH, 37 g F, 14 g E

Garzeit: 25 Min.

VORBEREITUNG

1. Spargel waschen und schälen, vgl. S. 28.
2. Zuckerschoten waschen und die Spitzen abschneiden.
3. Käse grob reiben.
4. Petersilie waschen und hacken.

AUBERGINEN-TOMATEN-AUFLAUF

500 g Auberginen, in Scheiben, vgl. S. 90
400 g Fleischtomaten, in Scheiben
300 g Champignons, in Scheiben
100 g Zwiebel, in Scheiben
Salz, Pfeffer
1 TL getrockneter Majoran
4 EL Olivenöl
250 g Mozzarella, in Scheiben
FÜR DIE FORM:
20 g Butter oder Margarine

ENERGIE/NÄHRWERT

1200 kJ
4,5 g KH, 9 g F, 9 g E

Garzeit: 40 Min.

VORBEREITUNG

1. Alle Zutaten wie oben angegeben zerkleinern.
2. Auflaufform ausfetten.

ZUBEREITUNG

1. Gemüse abwechselnd in die Form schichten.
2. Mit Salz, Pfeffer, Majoran würzen.
3. Olivenöl überträufeln.
4. Mozzarella darüberlegen und bei 150° C 40 Min. überbacken.

BEI TISCH

Dieser Auflauf kann mit Reis oder Weizenkornbrot serviert werden.
Dazu passen Kalbfleisch- oder Geflügelgerichte.

TIPP

- Statt frischem Spargel kann auch Spargel aus der Konserve verwendet werden, dann entfällt Schritt 1.
- Zuckerschoten gibt es frisch im Mai, tiefgefroren das ganze Jahr über oder kleine Erbsen verwenden.

ZUBEREITUNG SPARGEL-ZUCKERSCHOTEN-AUFLAUF

1. Spargel mit etwas Zucker in wenig Wasser bißfest garen.

2. Zuckerschoten blanchieren.

3. Aus dem Fett, Mehl, Milch, Sahne und dem Garsud eine helle Soße herstellen, vgl. S. 58.

4. Mit Pfeffer, Salz und Zitronenschale würzen.

5. Spargel, Zuckerschoten und Petersilie vorsichtig mit der Soße mischen und in eine Auflaufform füllen.

6. Käse gleichmäßig überstreuen und bei 200° C ca. 5 Min. überbacken.

HIMBEER-HIRSE-AUFLAUF

300 g TK-Himbeeren oder
400 g frische Beeren
250 g Hirse
1 l Milch
1 Pr. Salz
1 Zimtstange
1 Zitrone, unbehandelt
4 Eier
100 g Zucker
2 EL Kakao
1 Vanillezucker
1 EL Puderzucker
FÜR DIE FORM:
20 g Butter

ENERGIE/NÄHRWERT

2743 kJ
93 g KH, 21 g F, 22 g E

Garzeit: 80 Min.

VORBEREITUNG

1. Auflaufform fetten.
2. Eier trennen.
3. Zitronenschale abreiben.
4. Himbeeren auftauen lassen oder frische Himbeeren waschen und verlesen.

TIPP

● Der Himbeer-Hirse-Auflauf kann auch anstelle von Hirse mit Buchweizen zubereitet werden.

POLENTA MIT MANDELKRUSTE

250 g Maisgrieß (Kukuruz)
Salz
3 EL Honig
60 g Butter oder Margarine
100 g Mandelblättchen
FÜR DIE FORM:
20 g Fett

ENERGIE/NÄHRWERT

2276 kJ
50 g KH, 33 g F, 9 g E

Garzeit: 45 Min.

VORBEREITUNG

Form ausfetten.

ZUBEREITUNG HIMBEER-HIRSE-AUFLAUF

1. Hirse mit Milch, Salz und Zimtstange zum Kochen bringen. 20 Min. ausquellen lassen.

2. Hirse in zwei Portionen teilen, Zimtstange entfernen. Unter jede Hirseportion 2 Eigelb rühren.

3. Eiklar steif schlagen, dabei 75 g Zucker einrieseln lassen. Menge halbieren.

4. Eine Hirseportion mit Kakao und Vanillezucker mischen.

5. Die 2. Hirseportion mit der abgeriebenen Zitronenschale mischen.

6. Himbeeren bis auf einige zum Verzieren mit dem restlichen Zucker pürieren.

7. Unter beide Hirseportionen jeweils die Hälfte des Eischnees ziehen.

8. Kakaomasse einfüllen, pürierte Himbeeren darübergeben. Zitronenmasse darauf verteilen.

9. Bei 175° C ca. 60 Min. backen. Mit Puderzucker bestreut servieren.

ZUBEREITUNG POLENTA

1. 1 l Wasser mit Salz zum Kochen bringen, Maisgrieß einrieseln lassen und ca. 20 Min. quellen lassen.
2. Polenta in eine Auflaufform geben.
3. Mandelblättchen in dem Fett mit dem Honig rösten, über die Polenta streuen.
4. Bei 200° C ca. 20-25 Min. goldbraun backen.
5. Mit Pflaumenkompott servieren.

APRIKOSEN-BROT-AUFLAUF

4 Eier
2 Vanillezucker
400 g Frischkäse
1 Zitrone, unbehandelt
½ Stangenweißbrot vom Vortag
1 Dose Aprikosen (850 g)
40 g Butter
FÜR DIE FORM:
20 g Butter

ENERGIE/NÄHRWERT

2074 kJ
49 g KH, 22 g F, 21 g E

Garzeit: 50 Min.

VORBEREITUNG

1. Auflaufform fetten.
2. Zitrone abreiben.
3. Stangenweißbrot in Scheiben schneiden.
4. Aprikosen abtropfen lassen, Saft auffangen.
5. Eier trennen.
6. Eiklar steif schlagen.

ZUBEREITUNG APRIKOSEN-BROT-AUFLAUF

1. Eigelb mit der Hälfte des Vanillezuckers schaumig schlagen.

2. Frischkäse portionsweise hinzufügen und kräftig unterrühren.

3. Mit abgeriebener Zitronenschale würzen.

4. Hälfte der Frischkäsemasse in die Auflaufform füllen.

5. Hälfte der Brotscheiben in die Form schichten, mit ca. ⅛ l Aprikosensaft beträufeln.

6. Die Hälfte der Aprikosen darauf verteilen.

7. Eischnee unter die restliche Frischkäsemasse ziehen, auf den Aprikosen verteilen.

8. Brot mit Butter bestreichen, Aprikosenhälfte daraufsetzen. Ränder mit Zucker bestreuen.

9. Auflauf mit den Brotscheiben abdecken und bei 175° C ca. 50 Min. backen.

LINSENEINTOPF

500 g Linsen
100 g geräucherter durchwachsener Speck
2 Zwiebeln
3 Möhren (ca. 200 g)
¼ Sellerieknolle (ca. 250 g)
700 g Kartoffeln
1 l Wasser
4 kleine geräucherte Kochmettwürste (ca. 600 g)
1 Bd. Schnittlauch
1 Bd. Petersilie
evtl. Salz, Pfeffer

ENERGIE/NÄHRWERT

5172 kJ
102 g KH, 67 g F, 54 g E

Garzeit: 80 Min.
Im Dampfdrucktopf: 15-30 Min.

VORBEREITUNG

1. Speck in Scheiben schneiden.
2. Zwiebeln pellen und fein würfeln.
3. Möhren, Sellerie, Kartoffeln schälen und waschen.
4. Möhren in Stifte schneiden. Sellerie und Kartoffeln würfeln.
5. Schnittlauch und Petersilie erst kurz vor dem Servieren waschen und fein schneiden.

TIPP

● Anstelle der Linsen können für diesen Eintopf auch andere Hülsenfrüchte verwendet werden, z. B. Erbsen oder Bohnen.

ZUBEREITUNG LINSENEINTOPF

1. Linsen in einer Schüssel mit kaltem Wasser säubern.

2. Zum Abtropfen in ein Sieb schütten.

3. Speckscheiben im Topf ausbraten.

4. Zwiebelwürfel zugeben und mit dem Speck goldbraun braten. Speck herausnehmen.

5. Möhrenstifte und Kartoffelwürfel zugeben, andünsten.

6. Selleriewürfel ebenfalls kurz andünsten.

7. Linsen hinzufügen. 1 l Wasser aufgießen, umrühren und zum Kochen bringen.

8. Kochmettwürste hineinlegen. Topf zudecken. Bei geringer Hitze ca. 1 Std. köcheln.

9. Mit Salz und Pfeffer abschmecken, Schnittlauch und Petersilie unterrühren.

SUPPENTOPF

500 g Suppenfleisch mit Knochen
2 Bd. Suppengemüse
2 Knoblauchzehen
1 Lorbeerblatt
1 Zweig Thymian
½ l Wasser
4 Möhren (300 g)
200 g Staudensellerie
200 g grüne Bohnen
350 g Kartoffeln
1 Bd. Petersilie
Salz

ENERGIE/NÄHRWERT

1066 kJ
21 g KH, 8 g F, 25 g E

Garzeit: 40 Min.
Im Dampfdrucktopf: 25 Min.

TIPP

● Suppentopf auf Französisch (pot au feu) wird genauso mit Ochsenbein zubereitet.

VORBEREITUNG

1. Suppengemüse waschen und putzen.
2. Geschälte Möhren in ½ cm dicke Scheiben schneiden.
3. Geputzte Selleriestangen in Scheiben schneiden.
4. Geputzte Bohnen in 3 cm lange Stücke brechen.
5. Geschälte Kartoffeln würfeln.
6. Wenn das Gemüse gart, die Petersilie waschen und fein hacken.

ZUBEREITUNG SUPPENTOPF

1. Lorbeer, Thymian und Knoblauch in den Lauch hineindrücken.

2. Lauch und übriges Suppengemüse zusammenbinden.

3. Knochen, Gemüsebund, gewürfeltes Fleisch und ½ l Wasser in den Topf geben.

4. Bei starker Hitze aufkochen, dabei den Schaum abschöpfen. Topf verschließen. 15 Min. garen.

5. Topf abdampfen, öffnen und den Siebeinsatz mit Gemüse hineinsetzen.

6. Topf wieder verschließen und erneut Druck aufbauen.

7. Nach 2 Min. Topf abdampfen und öffnen. Siebeinsatz, Knochen und Gemüse entnehmen.

8. Brühe durch ein Sieb in einen Topf gießen. Mit 1 Prise Salz würzen.

9. Petersilie, Fleischwürfel und Gemüse in die Suppe geben. Erhitzen.

IRISH STEW

1 kg mageres Lammfleisch
1 kg Kartoffeln
4 Zwiebeln
1 Bd. Thymian
1/2 l Wasser
Salz, Pfeffer

ENERGIE/NÄHRWERT

1513 kJ
36 g KH, 6 g F, 41 g E

Garzeit: 60 Min.

Im Dampfdrucktopf: 15 Min.

VORBEREITUNG

1. Lammfleisch in ca. 1 cm dicke Scheiben schneiden. Sehr fette Teile entfernen.
2. Zwiebeln pellen, halbieren und in Scheiben schneiden.
3. Thymianblättchen von den Stielen zupfen und waschen.
4. Kartoffeln schälen, waschen und mit kaltem Wasser bedecken, damit sie nicht grau werden. Erst kurz vor der Verwendung in dünne Scheiben schneiden.

TIPP

● Statt 1 kg Kartoffeln können 0,5 kg Kartoffeln und 0,5 kg Weißkohl verwendet werden. Der Weißkohl wird wie die Kartoffeln zerkleinert in den Topf geschichtet.

BOHNENSUPPE MIT TOMATEN

250 g frische weiße Bohnen (Palbohnen)
1 l Salzwasser
750 g grüne Bohnen
250 g Gemüsezwiebeln
1 EL Olivenöl
500 g geschälte Tomaten aus der Dose
1 Knoblauchzehe
Pfeffer aus der Mühle
1 Bund Basilikum
8 kleine Rostbratwürste

ENERGIE/NÄHRWERT

957 kJ
24 g KH, 11 g F, 8 g E

Garzeit: 40 Min.

VORBEREITUNG

1. Bohnen waschen, putzen und in Stücke brechen.
2. Zwiebeln pellen und fein würfeln.
3. Tomaten abgießen.
4. Knoblauch pellen und pressen.
5. Basilikum waschen und kleinschneiden.

ZUBEREITUNG

1. Bohnenkerne im Salzwasser ca. 20 Min. garkochen.
2. Grüne Bohnen im Salzwasser ca. 10 Min. garkochen.
3. Öl in einem Topf erhitzen, Zwiebeln darin glasig dünsten.
4. Tomaten zugeben und dabei grob zerkleinern.
5. Weiße und grüne Bohnen zugeben.
6. Mit Knoblauch, Salz und Pfeffer würzen.
7. Zugedeckt bei milder Hitze ca. 10 Min. garen.
8. Mit Basilikum anrichten.
9. Bei Bedarf die Rostbratwürste in wenig Fett braten und dazureichen.

ZUBEREITUNG IRISH STEW

1. Kartoffelscheiben auslegen, die Hälfte der Zwiebelscheiben darauf verteilen.

2. Fleischscheiben dicht nebeneinander auf die Zwiebeln legen.

3. Mit Thymian bestreuen. Salzen und pfeffern.

4. Restliche Zwiebelringe auf dem Fleisch verteilen.

5. Eine weitere Lage Kartoffeln, Gewürze und 1/2 l Wasser dazugeben.

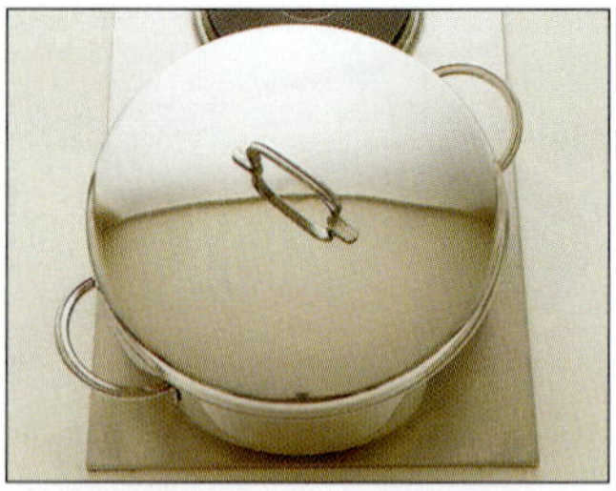

6. Topf gut verschließen, ca. 60 Min. köcheln lassen.

MINESTRONE
aus Italien
6 Portionen

50 g getrocknete rote Bohnen*
50 g getrocknete weiße Bohnen*
150 g geräucherter durchwachsener Speck
2 Zwiebeln
100 g Möhren
150 g Lauch
100 g Staudensellerie
100 g Kartoffeln
150 g Zucchini
100 g Wirsingkohl
100 g Erbsen, entpalt/TK
100 g grüne Bohnen
300 g Fleischtomaten
1 Bd. Petersilie
1 Bd. Basilikum
1 l Brühe
Salz, Pfeffer, Paprika nach Geschmack
100 g Rundkornreis
50 g Parmesankäse

* bei frischen Bohnen jeweils 100 g

ENERGIE/NÄHRWERT
1497 kJ
36 g KH, 18 g F, 14 g E

Garzeit: 70 Min.

VORBEREITUNG
1. Rote und weiße Bohnen über Nacht in Wasser einweichen, vor dem Verwenden abtropfen lassen.
2. Möhren und Kartoffeln waschen und schälen.
3. Lauch, Staudensellerie, Zucchini, Wirsing und Bohnen waschen, evtl. Fäden von den Bohnen entfernen, zerkleinern.
4. Zwiebeln pellen.
5. Speck fein würfeln.
6. Kräuter waschen und fein hacken.

TIPP
- Zum Letscho Reis, vgl. S. 142, oder Brot reichen.
- Die Zeit für die Herstellung der Minestrone kann verkürzt werden, wenn TK-Suppengemüse genommen wird.

LETSCHO

2 Zwiebeln
1000 g rote und grüne Paprika
600 g Fleischtomaten
60 g Fett
Paprika, Salz

ENERGIE/NÄHRWERT
762 kJ
18 g KH, 16 g F, 4 g E

Garzeit: 15 Min.

VORBEREITUNG
1. Zwiebel pellen, würfeln.
2. Paprika waschen, putzen und in Streifen schneiden.
3. Tomaten abziehen, vgl. S. 53, und achteln.

ZUBEREITUNG
1. Fett erhitzen und Zwiebeln darin andünsten.
2. Paprika zugeben, 10 Min. mitgaren.
3. Tomaten zugeben, 5 Min. mitgaren.
4. Mit Salz und Paprika abschmecken.

ZUBEREITUNG MINESTRONE

1. Speck und Gemüse fein zerkleinern, die Kräuter und Zwiebeln fein hacken.

2. Speck in einem großen Topf auslassen. Zwiebelwürfel darin andünsten.

3. Gemüse und Kräuter zufügen.

4. Unter gelegentlichem Rühren ca. 10 Min. dünsten.

5. Mit Brühe auffüllen und ca. 40 Min. köcheln lassen.

6. Reis ca. 15 Min. mitgaren. Abschmecken und mit Parmesankäse bestreut servieren.

BORSCHTSCH

500 g Rindfleisch (Hoch- oder Querrippe)
2 l Gemüsebrühe
1 TL Pfefferkörner
1 Lorbeerblatt
300 g rote Bete
200 g Möhren
200 g Zwiebeln
Dillstengel
1 Bd. Petersilie
40 g Butter oder Margarine
1 EL Essig
1 EL Zucker
Salz, Pfeffer
saure Sahne
200 g Weißkohl
200 g Kartoffeln
200 g Tomaten

ENERGIE/NÄHRWERT

1989 kJ
25 g KH, 31 g F, 30 g E

Garzeit: 120 Min.
Im Dampfdrucktopf: 70 Min.

VORBEREITUNG

1. Rote Bete und Möhren waschen, schälen und grob raspeln.
2. Zwiebeln pellen und klein hacken.
3. Kohl waschen und in Streifen schneiden.
4. Tomaten abziehen, entkernen, vgl. S. 53, und kleinschneiden.
5. Kartoffeln waschen, schälen und würfeln.
6. Dill waschen und in kleine Stengel zerpflücken.
7. Petersilie waschen und hacken.

ZUBEREITUNG BORSCHTSCH

1. Fleisch mit Pfefferkörnern und Lorbeerblatt 80 Min. kochen lassen.

2. Fett erhitzen, Zwiebeln darin glasig dünsten.

3. Vorbereitete Tomaten, Essig und Zucker zufügen.

4. Möhren und rote Bete zugeben und 10 Min. garen.

5. Kohl zufügen und weitere 15 Min. garen.

6. Brühe darübergeben und Kartoffeln zufügen, weitere 15 Min. garen.

7. Fleisch aus der Brühe nehmen und klein schneiden, zufügen.

8. Geh. Petersilie hinzufügen. Mit Essig, Zucker, Salz und Pfeffer pikant abschmecken.

9. Suppe in Teller füllen und je 1 EL saure Sahne und 1 Dillstengel daraufgeben.

GEMÜSECURRY, SÜSSSAUER

1 gr. Zwiebel (100 g)
2 EL Sojaöl
3 getrocknete Aprikosen
20 g Mandelblättchen
700 g Möhren
200 g rote Linsen
Salz, Pfeffer
1 Pr. Kreuzkümmel
1 EL Honig
Saft einer Zitrone
1 EL Currypulver
2 Frühlingszwiebeln (100 g)
1 l Gemüsebrühe

ENERGIE/NÄHRWERT

1443 kJ
41 g KH, 12 g F, 18 g E

Garzeit: 25 Min.

VORBEREITUNG

1. Zwiebel pellen und fein hacken.
2. Aprikosen in kleine Würfel schneiden.
3. Möhren waschen, schälen und grob raspeln.
4. Frühlingszwiebeln waschen und in feine Ringe schneiden.

ZUBEREITUNG

1. Öl erhitzen und Zwiebeln zufügen.
2. Aprikosen und Mandelblättchen zufügen.
3. Möhren, rote Linsen und die Gemüsebrühe zugeben.
4. Mit Salz, Pfeffer, Kreuzkümmel, Honig, Zitronensaft und Curry würzen.
5. 20 Min. bei offenem Topf kochen lassen.
6. Frühlingszwiebeln zufügen und 5 Min. garen lassen.
7. Vor dem Servieren noch einmal süßsauer abschmecken.

GRÜNKERN-GEMÜSEEINTOPF

100 g Grünkern
1 Zwiebel (50 g)
2 Kohlrabi (250 g)
100 g Möhren
20 g Butter oder Margarine
1 l Gemüsebrühe
150 g grüne Erbsen ohne Schale
30 g Quark (10% Fett i. T.)
1 EL Sahne
Muskatpulver, Kräutersalz, Pfeffer
Kerbel oder Petersilie

ENERGIE/NÄHRWERT

809 kJ
26 g KH, 8 g F, 9 g E

Garzeit: 30 Min.

VORBEREITUNG

1. Grünkern über Nacht einweichen.
2. Gemüse waschen, putzen und in feine Streifen (Julienne) schneiden.
3. Petersilie oder Kerbel waschen und hacken.

ZUBEREITUNG

1. Gemüse im Fett andünsten, mit der Brühe auffüllen.
2. Grünkern abtropfen lassen, zufügen und 20 Min. garen.
3. Erbsen untermischen und weitere 10 Min. garen.
4. Quark mit der Sahne glattrühren und unter den nicht mehr kochenden Eintopf ziehen.
5. Mit den Gewürzen abschmecken.
6. Mit Petersilie oder Kerbel bestreut servieren.

BOHNENEINTOPF MIT BACKPFLAUMEN

150 g getrocknete weiße Bohnen
1,5 l Gemüsebrühe
1 Lorbeerblatt
20 g Butter oder Margarine
2 Zwiebeln (100 g)
200 g Backpflaumen, entsteint
4 schwarze Pfefferkörner
2 EL Honig
1 Knoblauchzehe
Salz

ENERGIE/NÄHRWERT

1241 kJ
49 g KH, 8 g F, 11 g E

Garzeit: 70 Min.

VORBEREITUNG

1. Bohnen über Nacht einweichen.
2. Knoblauch pellen und durchpressen.
3. Zwiebeln pellen und würfeln.
4. Backpflaumen in Streifen schneiden.

ZUBEREITUNG

1. Bohnen abgießen und in der Gemüsebrühe 60 Min. kochen lassen.
2. Fett erhitzen und Zwiebeln darin glasig dünsten.
3. Zwiebeln in die Bohnen geben, Knoblauch zufügen.
4. Pflaumen, Pfefferkörner, Essig und Honig zufügen, weitere 10 Min. garen lassen.
5. Mit Salz abschmecken.

Gemüsecurry

FLAMMERI

Grundrezept

½ l Milch
1 Pr. Salz
40 g Speisestärke
2 EL Zucker
Geschmackszutaten wie:
Vanille, Zitrone, Schokolade

ENERGIE/NÄHRWERT

316 kJ
13 g KH, 4 g F, 4 g E

FLAMMERI MIT SAHNE

Vgl. Grundrezept
ZUSÄTZLICH:
125 g geschlagene Sahne

ENERGIE/NÄHRWERT

1057 kJ
26 g KH, 14 g F, 5 g E

ZUBEREITUNG

Vgl. Phasenfotos 2-4.
5. Flammeri auskühlen lassen, dabei immer wieder umrühren, so dass sich keine Haut bildet.
6. Schlagsahne unter den fast kalten Flammeri ziehen.

FLAMMERI MIT EISCHNEE

Vgl. Grundrezept
nur *30 g Speisestärke verwenden*
ZUSÄTZLICH:
2 Eigelb
2 Eischnee

ENERGIE/NÄHRWERT

773 kJ
23 g KH, 7 g F, 7 g E

ZUBEREITUNG

Vgl. Phasenfotos 2-4.
5. Eigelb schnell in den heißen Flammeri rühren.
6. Eischnee vorsichtig unterziehen.

ZUBEREITUNG FLAMMERI – GRUNDREZEPT

1. Formen kalt ausspülen.

2. 4 EL Milch mit der Speisestärke und den Geschmackszutaten klumpenfrei anrühren.

3. Restliche Milch mit dem Zucker und dem Salz zum Kochen bringen.

4. Die angerührte Stärke einrühren. 1 Min. durchkochen lassen.

5. Flammeri einfüllen, kalt stellen.

6. Nach ca. 2 bis 3 Std. stürzen.

STÜRZEN VON SPEISEN

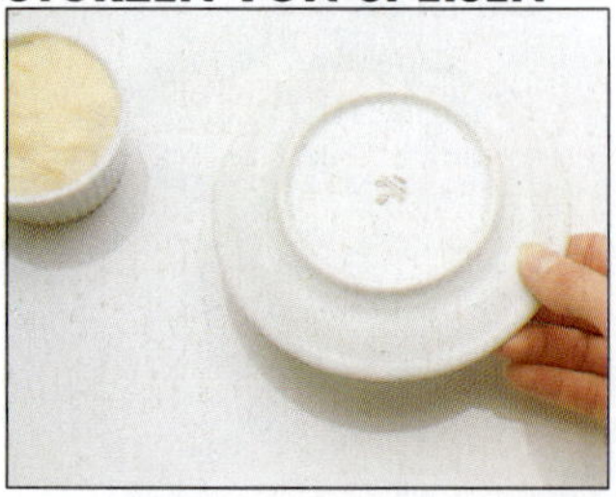

1. Dessertteller auf die Flammeriform legen.

2. Teller und Flammeriform zusammenfassen und drehen.

3. Flammeriform vorsichtig abnehmen und Flammeri garnieren.

GRIESSFLAMMERI

Grundrezept

1 Pr. Salz
50 g Zucker
½ l Milch
50 g Hartweizengrieß
2 Eigelb
Saft einer halben Orange
2 Eiklar

ENERGIE/NÄHRWERT

739 kJ
31 g KH, 3 g F, 6 g E

BEI TISCH

Flammeris können gut mit Püree verschiedener Obstsorten, vgl. Rezept S. 232, serviert werden.

KARAMELLFLAMMERI

100 g Zucker
2 EL kaltes Wasser
½ l Milch
40 g Speisestärke
1 Pr. Salz
⅛ l Schlagsahne
ZUM GARNIEREN:
4 EL geröstete Mandelblättchen

ENERGIE/NÄHRWERT

1448 kJ
48 g KH, 14 g F, 5 g E

Garzeit: 12 Min.

VORBEREITUNG

1. Zucker mit kaltem Wasser verrühren und in der Mikrowelle bei 600 Watt 4-5 Min. karamellisieren lassen. Dabei einmal umrühren, damit die Bräunung gleichmäßig ist.
2. Von der Milch 4 EL abnehmen und mit der Stärke verrühren.
3. Sahne steif schlagen.

ZUBEREITUNG

1. Milch zum Kochen bringen und mit der angerührten Stärke andicken, vgl. Phasenfoto 4, S. 224.
2. Salz zufügen.
3. Karamellmasse unterrühren.
4. Flammeri abkühlen lassen.
5. Sahne unterziehen und in eine Schüssel füllen.

TIPP

● Flammeri mit Puddingpulver wird nach der Anweisung des Herstellers zubereitet. Eine Verfeinerung kann genauso wie beim Flammeri nach dem Grundrezept erfolgen.

ZUBEREITUNG GRIESSFLAMMERI

1. Milch, Zucker und Salz zum Kochen bringen.

2. Grieß einstreuen und unter Rühren aufkochen lassen.

3. Auf der ausgeschalteten Kochstelle noch 10 Min. quellen lassen.

4. Eigelb und Orangensaft unterrühren.

5. Eiklar zu Schnee schlagen.

6. Eischnee vorsichtig unterziehen, ausfüllen.

BAYERISCHE CREME "BAVAROIS"

Grundrezept

½ l Milch
1 Vanilleschote
1 Pr. Salz
4 Eigelb, garantiert frisch oder
80 g pasteurisiertes Ei
70 g Zucker
9 Blatt Gelatine, weiß
½ l Sahne

ENERGIE/NÄHRWERT
2684 kJ
28 g KH, 53 g F, 12 g E

VORBEREITUNG
Gelatine in Wasser einweichen, vgl. S. 36.

MANGOCREME

vgl. Grundrezept
ZUSÄTZLICH:
3 Mangos

ENERGIE/NÄHRWERT
3208 kJ
70 g KH, 49 g F, 10 g E

VORBEREITUNG
1. Vgl. Grundrezept.
2. Mangos pürieren, vgl. S. 232.
3. 1 Mango in Spalten schneiden.

ZUBEREITUNG
1. Vgl. Grundrezept. Bei Phase 3 pürierte Mangos zugeben.
7. Mit Mangospalten garnieren.

ABGESCHLAGENE CREME

Grundrezept

8 Eigelb
1 Pr. Salz
50 g Zucker
½ l Flüssigkeit (Milch, Obstsaft oder Wein)
Geschmackszutat wie Vanille oder Zitrone
8 Eischnee

ENERGIE/NÄHRWERT
1525 kJ
19 g KH, 23 g F, 19 g E

ZUBEREITUNG
Vgl. abgeschlagene Soße S. 65.
Zum Schluss 8 Eischnee unterziehen.

WENN ETWAS ÜBRIG BLEIBT
Aufgrund der Salmonellengefahr Cremes unbedingt im Kühlschrank aufbewahren, höchstens 1 Tag. Reste können auch eingefroren und später als Eiscreme serviert werden.

ZUBEREITUNG BAYERISCHE CREME

1. Vanillestange aufschlitzen und in der Milch aufkochen.

2. In einer großen Schüssel Eigelbe und Zucker vermischen.

3. Die heiße Milch allmählich zugießen. Die Vanillestange herausnehmen.

4. Ausgedrückte Gelatine dazugeben. Die Masse kalt rühren.

5. Sahne steif schlagen.

6. Unter die gerade gelierende Masse heben.

CREMES, KALTGERÜHRT

Grundrezept

2 Eigelb
2 Eiklar
60 g Zucker
4 Blatt Gelatine, weiß
1 Pr. Salz
Geschmackszutaten wie:
100 ml Saft von Zitrusfrüchten,
Schale einer Zitrone oder
Orange oder
100 ml Mokka
1/8 l Schlagsahne

ENERGIE/NÄHRWERT

914 kJ
14 g KH, 14 g F, 4 g E

VORBEREITUNG

1. Gelatine einweichen und auflösen, vgl. S. 36.
2. Geschmackszutaten vorbereiten, z. B. Zitronen oder Orangen auspressen.
3. Sahne steif schlagen.
4. Eiklar zu Schnee schlagen.

STACHELBEERCREME

300 g grüne Stachelbeeren
100 g Zucker
4 EL Wasser
1 Zimtstange
2 Eier
50 g Zucker
1 Päckchen Vanillezucker
1/4 l Sahne
6 Blatt weiße Gelatine

ENERGIE/NÄHRWERT

1704 kJ
46 g KH, 22 g F, 5 g E

VORBEREITUNG

1. Stachelbeeren waschen und putzen.
2. Gelatine einweichen und auflösen, vgl. S. 36.
3. Sahne steif schlagen.
4. Eier trennen.

ZUBEREITUNG

1. Stachelbeeren mit 100 g Zucker, 1 Zimtstange und 4 EL Wasser ca. 20 Min. weich kochen, pürieren.
2. Aufgelöste Gelatine in das Stachelbeerpüree rühren.
3. Eigelb mit 50 g Zucker und dem Vanillezucker schaumig rühren.
4. Stachelbeerpüree unter die Eigelbcreme ziehen.
5. Masse halbfest werden lassen.
6. Eischnee unterheben.
7. Sahne unterziehen und in Portionsschälchen oder in Dessertschüssel füllen.
8. Mit Sahnetuff garnieren.

TIPP

- Statt Stachelbeeren kann jede andere Obstsorte gekocht oder auch roh verwendet werden.

ZUBEREITUNG CREMES, KALTGERÜHRT – ZITRONENCREME

1. Eigelb und Zucker schaumig schlagen.

2. Geschmackszutaten zufügen.

3. Aufgelöste Gelatine schnell unter die Eimasse schlagen, vgl. S. 36, kalt stellen.

4. Wenn die Creme halbfest ist, Eischnee unterheben.

5. 2/3 der Schlagsahne unterheben, ausfüllen.

6. Mit der restlichen Schlagsahne garnieren.

OBSTSALAT MIT HONIG

2 Orangen
200 g grüne Weintrauben
2 Äpfel
2 Bananen
Saft von einer Zitrone
1 EL Honig
Zitronenmelisse zum Garnieren

ENERGIE/NÄHRWERT

702 kJ
38 g KH, 1 g F, 2 g E

VORBEREITUNG

Obst waschen.

TIPP

- Um das Braunwerden von Obst zu verhindern, immer erst die Soße zubereiten, dann das Obst zerkleinern und gleich mit der Soße mischen.
- Für Obstsalate können alle Früchte genommen werden, die farblich und geschmacklich harmonieren.

GEMISCHTER FRUCHTSALAT MIT NÜSSEN

100 g Erdbeeren
100 g Brombeeren
1 Mango
2 Kiwis
1 kl. Ogenmelone
50 g Pistazien
50 g Pinienkerne
1 Becher Crème fraîche (150 g)
1 Becher Joghurt (150 g)
2 EL Honig
½ Stange Vanille

ENERGIE/NÄHRWERT

1865 kJ
38 g KH, 28 g F, 10 g E

VOR- UND ZUBEREITUNG

1. Früchte waschen, bei Bedarf entkernen, schälen und alle zerkleinern.
2. Nüsse und Kerne hacken.
3. Joghurt mit dem Honig, dem Vanillemark und der Crème fraîche verrühren.
4. Obst in Glasschüsseln füllen, mit Joghurtsoße begießen, Nüsse und Kerne darüberstreuen.

BEERENQUARKSPEISE

450 g TK-Beeren oder 500 g frische Beeren, gemischt
250 g Magerquark
1 Becher Joghurt (150 g)
2 EL Zitronensaft
60 g Zucker
125 g Schlagsahne

ENERGIE/NÄHRWERT

1421 kJ
44 g KH, 12 g F, 12 g E

VORBEREITUNG

1. Frische Beeren waschen und verlesen.
2. Sahne steif schlagen.

ZUBEREITUNG

1. Quark mit Joghurt, Zucker und Zitronensaft verrühren.
2. 300 g Beeren unterziehen.
3. Sahne vorsichtig unterheben.
4. In eine Schüssel oder Portionsschalen füllen.
5. Mit den restlichen Beeren garnieren.

ZUBEREITUNG OBSTSALAT

1. Zitronen auspressen, Saft mit Honig vermischen.

2. Orangen mit der weißen Haut dick abschälen.

3. Orangen filieren, dabei den Saft in der Schüssel auffangen.

4. Weintrauben halbieren und entkernen.

5. Äpfel entkernen, achteln und in Spalten schneiden.

6. Bananen schälen und in Scheiben schneiden, alles Obst mit der Soße vermischen.

QUARKSPEISE

Grundrezept

400 g Magerquark
ca. 70 ml Milch
ca. 100 ml Obstsaft oder
200 g Früchte
ca. 2 EL Zucker oder Honig
nach Geschmack
evtl. 1/8 l Schlagsahne
geschlagen

ENERGIE/NÄHRWERT

1069 kJ
18 g KH, 12 g F, 16 g E

ZUBEREITUNG

1. Alle Zutaten in beliebiger Reihenfolge miteinander verrühren.
2. Schlagsahne (evtl.) unterziehen.
3. In eine Schale oder Portionsschalen füllen, evtl. garnieren.

TIPP

- Das Grundrezept Quarkspeise kann mit Nüssen, Müslimischungen oder Getreideflocken abgewandelt werden.
- Quark mit Mineralwasser verrührt, schmeckt wie Sahnequark.
- Obst für Speisen kann auch mit dem Kugelausstecher, vgl. S. 28, geformt werden.

QUARKCREME "MIAMI"

1/8 l Sahne
1 Päckchen Vanillezucker
250 g Magerquark
80 g Pfirsichkonfitüre
25 g gemahlene Mandeln
8 Aprikosenhälften aus der
Dose (160 g)
ZUM GARNIEREN:
50 g Blockschokolade

ENERGIE/NÄHRWERT

1535 kJ
40 g KH, 23 g F, 11 g E

VORBEREITUNG

1. Sahne mit dem Vanillezucker halbsteif schlagen.
2. Aprikosenhälften abtropfen lassen.
3. Blockschokolade raspeln.

BUTTERMILCHSPEISE

1/2 l Buttermilch
80 ml Johannisbeersaft
6 Blatt rote Gelatine (6 g)
2 EL Zitronensaft
1/8 l Sahne
50 g Zucker

ENERGIE/NÄHRWERT

630 kJ
22 g KH, 5 g F, 8 g E

VORBEREITUNG

1. Gelatine einweichen.
2. Sahne steif schlagen.

ZUBEREITUNG

1. Buttermilch, Zitronensaft und Zucker verrühren.
2. Gelatine im Johannisbeersaft erhitzen.
3. Nach Temperaturausgleich beide Flüssigkeiten mischen.
4. Speise abkühlen lassen.
5. Nach ca. 15 Min. Sahne unterziehen, Speise in Schälchen ausfüllen.

ZUBEREITUNG QUARKCREME "MIAMI"

1. Geschlagene Sahne mit Quark, Pfirsichkonfitüre und Mandeln verrühren. Kalt stellen.

2. Aprikosenhälften mit der Schnittfläche nach oben auf 4 Glasteller verteilen.

3. Aprikosenhälften mit Quark, spiralförmig gespritzt, füllen. Mit Schokoladenraspeln garnieren.

MOUSSE AU CHOCOLAT

Grundrezept

für 10 Personen

300 g Kuvertüre, dunkel und hell
3 Eier
½ l süße Sahne

ENERGIE/NÄHRWERT

3425 kJ
46 g KH, 65 g F, 12 g E

VORBEREITUNG

1. Schale(n) kalt stellen.
2. Eier in eine Metallschüssel füllen.
3. Sahne steif schlagen.
4. Kuvertüre auflösen.

ENERGIEREDUZIERTE MOUSSE AU CHOCOLAT

300 g dunkle Kuvertüre
5 Eier
3 EL Instantkaffee (15 g)
¼ l Schlagsahne

ENERGIE/NÄHRWERT

2692 kJ
43 g KH, 48 g F, 12 g E

VORBEREITUNG

1. Vgl. Grundrezept, wobei das Eiklar und Eigelb getrennt werden.
4. Eiklar zu Schnee schlagen.

ZUBEREITUNG

1. Vgl. Grundrezept, Phasenfotos 1-2.
7. Eischnee unter die Masse heben.
8. Sahne unter die Masse heben.
9. Vgl. Phasenfoto 5.
10. Vgl. Phasenfoto 6.

WEISSE MOUSSE AU CHOCOLAT

Vgl. Grundrezept, jedoch 300 g weiße Schokolade und zusätzlich 4 Blatt weiße Gelatine.

VORBEREITUNG

1. Gelatine vorbereiten, vgl. S. 36.

ZUBEREITUNG

1. Vgl. Grundrezept, Zugabe von aufgelöster Gelatine bei Phase 2.

TIPP

● Mousse au chocolat muss aufgrund der Salmonellengefahr gut gekühlt und am selben Tag verzehrt werden.

ZUBEREITUNG MOUSSE AU CHOCOLAT

1. Schüssel mit Eiern ins Wasserbad stellen und aufschlagen.

2. Aufgelöste Kuvertüre, vgl. S. 277, in die dickliche Eierschaummasse gießen.

3. Alles gut miteinander zu einer geschmeidigen Masse verrühren.

4. Masse in die steif geschlagene Sahne gießen.

5. Miteinander vermischen, bis sich alles gut verbunden hat.

6. Fertige Mousse in vorgekühlte Dessertschalen füllen.

KOMPOTT

Grundrezept

500 g Früchte, z. B. Aprikosen
¼ l Wasser
60-100 g Zucker je nach Obstart
1 Zimtstange

ENERGIE/NÄHRWERT

598 kJ
34 g KH, 0 g F, 1 g E

VORBEREITUNG

Früchte waschen.

Garzeit: 6 Min.

BROMBEERKOMPOTT

500 g Brombeeren
¼ l Brombeersaft
60 g Zucker

ENERGIE/NÄHRWERT

608 kJ
31 g KH, 2 g F, 2 g E

ZUBEREITUNG

Vgl. Aprikosenkompott, Phasenfotos 4-6.

BIRNENKOMPOTT

500 g geschälte, geviertelte Birnen
¼ l Wasser
60 g Zucker
1 Zimtstange
1 TL Johannisbeergelee

ENERGIE/NÄHRWERT

503 kJ
28 g KH, 0 g F, 1 g E

ZUBEREITUNG

Vgl. Aprikosenkompott, Phasenfotos 4-6.

TIPP

- Geschälte Birnen und Äpfel mit Zitronensaft beträufeln, damit sie nicht braun werden.
- Für Kompotte können auch Trockenfrüchte verwendet werden, wenn sie vorher 2 Std. in Wasser eingeweicht worden sind (Einweichwasser zum Garen verwenden).
- Außer Zimt eignen sich Gewürze wie Nelken, Zitronen-oder Orangenschale und Ingwer.

BEI TISCH

Kompott kann mit Eis, Bayerischer Creme, Sahne, Crème fraîche, Joghurt oder pur serviert werden.

WENN ETWAS ÜBRIG BLEIBT

Kompotte halten sich 2 bis 3 Tage im Kühlschrank. Sie eignen sich auch zum Tiefgefrieren. Kleine Reste können mit Quark zu einer Quarkspeise verrührt werden.

ZUBEREITUNG APRIKOSENKOMPOTT

1. Aprikosen je nach Reife 1-2 Min. in kochendes Wasser geben.

2. Mit einem kleinen Messer die Haut abziehen.

3. Aprikosen halbieren und den Kern herausnehmen.

4. Aprikosen mit Wasser und Zimt in einen Topf geben.

5. Zucker hineinstreuen.

6. Bei mittlerer Hitze 2-3 Min. kochen. (Je nach Obst die Zeit verändern.)

FRUCHTPÜREE

Grundrezept

500 g Früchte wie: Erdbeeren, Brombeeren, Himbeeren, Heidelbeeren, Preiselbeeren, rote und schwarze Johannisbeeren, Mangos, Kiwis oder Aprikosen
etwas Puderzucker oder Süßstoff

ENERGIE/NÄHRWERT

261 kJ
26 g KH, 1 g F, 1 g E

VORBEREITUNG

Früchte waschen und verlesen.

FRUCHTGELEE

Grundrezept

½ l Fruchtsaft
6 Blatt oder 1 Tüte gemahlene Gelatine
1 Päckchen Vanillezucker
Zitronenschale, abgerieben
Zucker nach Geschmack

ENERGIE/NÄHRWERT

330 kJ
18 g KH, 0 g F, 1 g E

VORBEREITUNG

Gemahlene Gelatine in 6 EL kaltem Fruchtsaft, Blattgelatine in Wasser einweichen, vgl. S. 36.

ORANGEN-GRAPEFRUIT-GELEE

2 Grapefruits (à 350 g) oder
200 ml Grapefruitsaft
1 Blutorange (200 g) oder
70 ml Orangensaft
¼ l Orangensaft
6 Blatt weiße Gelatine
60 g Zucker
125 g Schlagsahne

ENERGIE/NÄHRWERT

907 kJ
22 g KH, 10 g F, 8 g E

VORBEREITUNG

1. Grapefruits und Orange auspressen.
2. Gelatine in Wasser einweichen.
3. Sahne schlagen.

ZUBEREITUNG

1. Saft mit Zucker abschmecken.
2. Gelatine auflösen und mit dem Fruchtsaft mischen, vgl. S. 36.
3. Gelee in eine kalt ausgespülte Form füllen.
4. Erstarren lassen.
5. Gelee stürzen und mit Schlagsahne verzieren.

BEI TISCH

Fruchtgelees eignen sich gut als leichtes Dessert nach einem energiereichen Hauptgericht.
Fruchtpürees lassen sich vielfältig als Dessertsoße verwenden und geben Flammeri als Beilage ein ansprechendes Aussehen.

ZUBEREITUNG FRUCHTPÜREE

1. Früchte klein schneiden.

2. Mit dem Pürierstab portionsweise pürieren.

3. Fruchtmus durch ein Haarsieb streichen. Mit Puderzucker abschmecken.

ZUBEREITUNG FRUCHTGELEE

1. Fruchtsaft mit Zucker und Vanillezucker oder Zitronenschale mischen, erwärmen.

2. Gelatine auflösen und mit dem Fruchtsaft mischen, vgl. S. 36.

3. Fruchtgelee zum Erstarren in Portionsgläser oder in eine Schüssel füllen.

ROTE GRÜTZE

400 g gemischte Beerenfrüchte (Himbeeren, Johannisbeeren, Brombeeren, Erdbeeren, Stachelbeeren, – geputzt)
1/8 l Orangensaft oder Wasser
ca. 60 g Zucker (nach Geschmack)
30 g Sago

ENERGIE/NÄHRWERT

1837 kJ
103 g KH, 1 g F, 3 g E

VORBEREITUNG

Obst waschen, putzen und abtropfen lassen.

Garzeit: 25 Min.

BEI TISCH

Rote Grütze schmeckt gut mit Milch, Vanillesoße, süßer Sahne oder Schlagsahne. Apfelmus kann mit Vanillesoße, pur oder als Beilage zu Lebergerichten serviert werden.

APFELMUS

1 kg gemischte Äpfel
ca. 100 g Zucker
Zitronenschale
100 ml Wasser

ENERGIE/NÄHRWERT

1207 kJ
69 g KH, 1 g F, 0 g E

VORBEREITUNG

Äpfel waschen und grob zerkleinern.

ZUBEREITUNG

1. Zerkleinerte Äpfel in einen Topf geben, Wasser zugeben.
2. Äpfel musig kochen lassen (ca. 15 Min.).
3. Äpfel auf ein Haarsieb geben.
4. Mit Kochlöffel oder Passierrolle durchrühren.
5. Mit Zucker und Zitronenschale abschmecken.
6. Abkühlen lassen, dabei ab und zu umrühren, um eine Hautbildung zu vermeiden.

SORBET

Grundrezept

1/2 l Fruchtsaft oder
1/2 l Fruchtpüree

ZUBEREITUNG

1. Fruchtsaft oder -püree mindestens 2 Std. im TK-Fach tiefgefrieren lassen, herausnehmen.
2. 2 Min. auftauen lassen und mit einem stumpfen Messer zerkleinern.
3. Mit dem Pürierstab eines Handrührgerätes zerkleinern, bis das Sorbet geschmeidig ist.

TIPP

- Statt Sago können auch 40 g Speisestärke oder Vanillepuddingpulver zum Binden von Roter Grütze verwendet werden.
- Apfelmus aus mürben Äpfeln schmeckt sehr gut, wenn die geschälten, gegarten Äpfel nicht durch ein Sieb gestrichen werden.

ZUBEREITUNG ROTE GRÜTZE

1. Obst mit Orangensaft aufkochen.

2. Alles auf ein Sieb geben und den Saft auffangen.

3. Die Flüssigkeit mit Sago in einen Topf geben und auf kleiner Stufe 15 Min. kochen lassen.

4. Obst und Zucker hinzufügen und noch einmal aufkochen lassen.

5. In eine Schüssel füllen und mit Zucker bestreuen, damit sich keine Haut bildet.

6. Mit flüssiger Sahne oder Vanillesoße servieren.

FRISCHKORNBREI MIT HAFER, WEIZEN UND BUCHWEIZEN

Grundrezept

20 g Buchweizen und
20 g Nackthafer über Nacht einweichen
20 g Weizen
150 g Weintrauben
3 Mandarinen
1 Birne
¼ l Joghurt
50 g Honig
40 g Sonnenblumenkerne

ENERGIE/NÄHRWERT

1044 kJ – 40 g KH, 7 g F, 8 g E

FRISCHKORNBREI AUS WEIZENKEIMEN (MÜSLI)

60 g Weizenkeime, frisch
20 g Mandeln
20 g Datteln
2 Birnen, ca. 200 g
1 Apfel, ca. 150 g
1 Banane, ca. 100 g
¼ Becher saure Sahne
½ Becher Joghurt

ENERGIE/NÄHRWERT

803 kJ
27 g KH, 6 g F, 7 g E

ZUBEREITUNG

1. Mandeln und Datteln hacken.
2. Apfel und Birnen schälen und fein würfeln.
3. Banane pürieren und mit dem Joghurt und der Sahne vermischen.
4. Alle anderen Zutaten unterziehen.

ZUBEREITUNG FRISCHKORNBREI

1. Weizen schroten.

2. Weintrauben halbieren, entkernen.

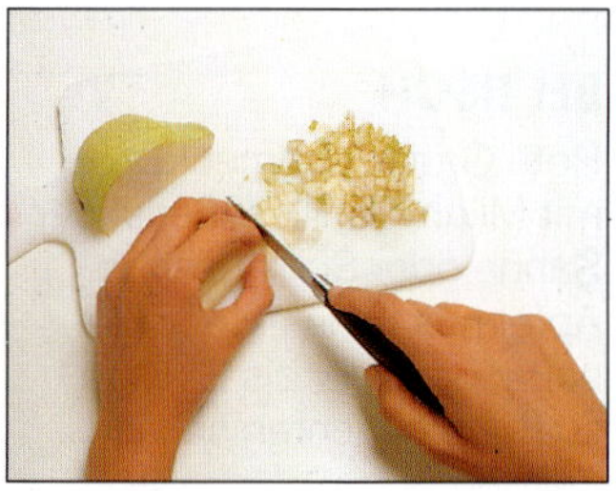

3. Birne waschen, entkernen und würfeln.

4. Joghurt mit Honig verrühren.

5. Buchweizen, Hafer, Obst und Weizen mit dem Joghurt vermischen.

6. Mit Sonnenblumenkernen bestreut servieren.

KEIMEN VON WEIZEN

1. Weizenkörner waschen und auf eine Platte geben.

2. Nach 1 Tag Weizen in ein Sieb geben, abspülen und wieder auf eine Platte geben.

3. Vorgang 3-4 mal wiederholen. Weizenkeime weiterverwenden.

FRISCHKORNBREI MIT GESCHROTETEM HAFER

50 g Hafer
½ l Milch
2 Bananen, ca. 200 g
2 Birnen, ca. 200 g
1 Pr. Ingwerpulver
2 EL Zitronensaft
50 g gehackte Haselnüsse

ENERGIE/NÄHRWERT

1302 kJ
33 g KH, 15 g F, 10 g E

ZUBEREITUNG

1. Hafer schroten.
2. Mit ¼ l Milch anrühren.
3. Bananen in Scheiben schneiden.
4. Birnen schälen, entkernen und würfeln.
5. Restliche Milch, Zitronensaft und Ingwerpulver zugeben.
6. Mit gehackten Nüssen bestreut servieren.

MÜSLI

Grundrezept

1 Portion

2 EL Flocken: Weizen-, Hafer-, Hirseflocken
2 EL Schrot: Weizen-, Hafer-, Hirse-, Buchweizenschrot
1 EL Samen geröstet: Leinsamen, Sesam
1 EL Nüsse, gehackt: Walnüsse, Haselnüsse
oder
1 EL Kerne: Sonnenblumen-, Kürbiskerne
2 EL Trockenobst: Aprikosen, Äpfel, Weinbeeren
VOR DEM VERZEHR UNTERRÜHREN:
½ Becher Joghurt oder
½ Becher Kefir oder
100 ml Milch oder Sauermilch
und
50–100 g Frischobst der Saison

ORANGENTOAST

4 Scheiben Toastbrot (Roggentoast)
40 g Butter
4 TL Orangenmarmelade
4 kleine Orangen
200 g Emmentaler in 4 Scheiben

ENERGIE/NÄHRWERT

1902 kJ
39 g KH, 24 g F, 17 g E

ZUBEREITUNG ORANGENTOAST

1. Brot toasten.

2. Mit der Butter bestreichen.

3. Mit Orangenmarmelade bestreichen.

4. Orangen pellen und in Scheiben schneiden. Auf die Toastscheiben legen.

5. Käsescheiben darüberlegen.

6. Unter dem Grill oder bei starker Oberhitze überbacken.

ERDÄPFELKÄS (Kartoffelaufstrich)

200 g Kartoffeln
1 Ei
1 Gewürzgurke, ca. 100 g
1 Sardellenfilet
50 g Butter
1 TL Senf
2 EL Crème fraîche
Salz, Paprika

ENERGIE/NÄHRWERT

708 kJ
8 g KH, 14 g F, 3 g E

VORBEREITUNG

1. Kartoffeln als Pellkartoffeln kochen.
2. Ei 10 Min. hart kochen und pellen.

SCHINKENBUTTER

80 g magerer Schinken
½ Zwiebel (30 g)
Salz nach Geschmack
100 g Butter
1 TL gemischte Kräuter

ENERGIE/NÄHRWERT

1086 kJ
1 g KH, 27 g F, 3 g E

ZUBEREITUNG

1. Schinken sehr fein hacken.
2. Zwiebel pellen und sehr fein hacken.
3. Butter mit dem Schinken, der Zwiebel und den Kräutern verrühren.
4. Mit Salz abschmecken.
5. In eine Schale füllen und servieren.

OBATZTER

250 g reifer Camembert
30 g Butter oder Margarine
3 EL Sahne
1 Eigelb
1 Zwiebel
etwas Schnittlauch
Salz, Pfeffer, Paprikapulver

ENERGIE/NÄHRWERT

1182 kJ
1 g KH, 24 g F, 15 g E

VORBEREITUNG

1. Zwiebel pellen und sehr fein würfeln.
2. Schnittlauch waschen und in Röllchen schneiden.

ZUBEREITUNG

1. Camembert mit der Gabel zerdrücken.
2. Butter, Eigelb und Camembert mischen.
3. Mit den Gewürzen abschmecken.
4. Mit Schnittlauch bestreut servieren.

ZUBEREITUNG ERDÄPFELKÄS

1. Kartoffeln pellen.

2. Kartoffeln reiben oder durchpressen.

3. Ei, Sardellenfilet und Gewürzgurke fein würfeln.

4. Butter und Senf verrühren.

5. Crème fraîche hinzufügen und die Zutaten gut vermengen.

6. Mit den Gewürzen abschmecken.

THUNFISCHCREME

1 Dose Thunfisch (150 g)
100 g weiche Butter
1 Zwiebel
½ Bd. Petersilie
etwas Schnittlauch
1 TL Zitronensaft
1 Knoblauchzehe
Salz, Pfeffer, Paprika

ENERGIE/NÄHRWERT

1270 kJ
2 g KH, 29 g F, 9 g E

VORBEREITUNG

1. Thunfisch abtropfen lassen.
2. Zwiebel pellen und sehr fein würfeln.
3. Knoblauchzehe pellen und zerdrücken.
4. Petersilie und Schnittlauch waschen und zerkleinern.

ZUBEREITUNG

1. Butter mit den Kräutern, Zwiebelwürfeln, dem Knoblauch und dem Thunfisch verrühren.
2. Zitronensaft zugeben und mit den Gewürzen abschmecken.

EIERHÄCKERLE

4 Eier
1 Zwiebel
2 EL Mayonnaise
1 Bd. gemischte Kräuter
Salz, Pfeffer

ENERGIE/NÄHRWERT

474 kJ
2 g KH, 9 g F, 6 g E

VORBEREITUNG

1. Eier 10 Min. hart kochen, abschrecken und pellen.
2. Eier fein hacken.
3. Zwiebel pellen und sehr fein würfeln.
4. Kräuter waschen und fein hacken.

ZUBEREITUNG

Alle Zutaten miteinander vermischen und mit Salz und Pfeffer abschmecken.

TOFUAUFSTRICH

200 g Tofu
1 Knoblauchzehe
1 EL Öl
1 EL Zitronensaft
1 TL Sojasoße
Meersalz
schwarzer Pfeffer
1 Bd. Schnittlauch

ENERGIE/NÄHRWERT

321 kJ
3 g KH, 4 g F, 7 g E

VORBEREITUNG

1. Schnittlauch waschen und in feine Röllchen schneiden.
2. Knoblauch pellen und zerdrücken.

TIPP

- Selbst hergestellte Brotaufstriche stellen eine sehr gute Abwechslung zu den oft eintönig werdenden Wurst- und Käsesorten dar.
- Fertig gekaufte Zutaten wie Frischkäse oder Quark können z. B. mit Kräutern oder Knoblauch abgewandelt werden.
- Gekaufte Leberwurst kann mit gehacktem Ei, Kräutern und gehackter Gewürzgurke als Lebercreme serviert werden. Sollte sie zu fest sein, so können 1-2 EL Sahne untergerührt werden.

ZUBEREITUNG TOFUAUFSTRICH

1. Tofu mit einer Gabel zerdrücken.

2. Tofu mit Knoblauch, Öl, Zitronensaft und Sojasoße vermischen.

3. Mit Salz und Pfeffer abschmecken und mit Schnittlauch bestreut servieren.

ORANGENMARMELADE

500 g Orangen, ungespritzt, mit Schale
¼ l Wasser
250 g Zucker
5 g kristallisierte Zitronensäure
250 ml flüssiges Geliermittel

TIPP

- Gelierprobe: Um sicherzugehen, dass die Marmelade auch fest wird, nach dem Kochen 1–2 Tropfen auf eine gekühlte Untertasse geben, für 1 Min. in den Kühlschrank stellen. Wenn der Tropfen fest geworden ist, wird auch die gesamte Konfitüre fest.
- Nur Marmelade, die aus Zitrusfrüchten hergestellt wurde, darf Marmelade heißen, alles andere sind Konfitüren, sofern der Zuckerfruchtgehalt 1:1 beträgt.
- Anstelle der Orangen können auch Zitronen, Limetten oder Grapefruits verwendet werden.
- Statt flüssigem Geliermittel können z. B. Gelierzucker oder andere Geliermittel wie z. B. Konfigel verwendet werden. Das Verhältnis von Früchten zu Zucker und zum Geliermittel muss der jeweiligen Packungsbeschreibung entnommen werden.

ZUBEREITUNG ORANGENMARMELADE

1. Orangen gründlich unter heißem Wasser abwaschen, abtrocknen.

2. Die Schale von 2 Orangen sehr dünn abschälen.

3. Schale in sehr feine Streifen schneiden.

4. Wasser, 125 g Zucker und Orangenschale 15 Min. kochen lassen.

5. Orangen abpellen, überall die weiße Haut entfernen.

6. Fruchtfleisch klein schneiden oder im Mixer pürieren.

7. Fruchtmus, Zitronensäure, restlichen Zucker zum Wasser und den Schalen geben, erhitzen.

8. Kurz vor dem Kochen das Geliermittel zugeben, aufwallen lassen und vom Herd nehmen.

9. Sofort in heiß ausgespülte Gläser füllen, verschließen.

BEERENKONFITÜRE

Grundrezept

1 kg Beeren, z. B.: Erdbeeren, Himbeeren, Stachelbeeren, Johannisbeeren u. a.
1 kg Zucker oder
1 kg Gelierzucker

ZUBEREITUNG

1. Früchte zerdrücken oder im Mixer zerkleinern.
2. In einen Topf geben und mit dem Zucker oder Gelierzucker verrühren.
3. Zum Kochen bringen.
4. Bei der Verwendung von Gelierzucker nach Anweisung kochen lassen (4 Min.).
Bei der Verwendung von Zuckerraffinade bis zur Gelierprobe (vgl. Tip) kochen lassen.
5. In Gläser füllen und verschließen, vgl. Phasenfoto 9, Orangenmarmelade.

KONFITÜRE MIT FLÜSSIGEM APFELPEKTIN

Grundrezept

1 kg Früchte
50 g Zitronensäure
1 kg Zucker
½ l Apfelpektin

VORBEREITUNG

Früchte verlesen, waschen und grob zerkleinern.

ZUBEREITUNG

1. Früchte und Zitronensäure mit dem Zucker zum Kochen bringen.
2. Alles 10 Sek. sprudelnd kochen lassen.
3. Flüssiges Apfelpektin einrühren.
4. Erneut zum Kochen bringen, einmal aufwallen lassen.
5. Heiß in Gläser füllen und mit Twist-off-Deckeln oder Einmachcellophan verschließen.

"ROH GERÜHRTE KONFITÜRE"

Grundrezept

400 g Früchte, z.B. entsteinte Kirschen
2 EL fester Honig

ZUBEREITUNG

1. Kirschen im Mixer zerkleinern.
2. Mit dem Honig verrühren.
3. In Gläser füllen, gut verschließen und im Kühlschrank aufbewahren.

KONFITÜRE MIT AGAR-AGAR

500 g frische oder tiefgefrorene Früchte
150 g Honig
Saft 1 Zitrone
2 gestr. TL Agar-Agar

ZUBEREITUNG

1. Früchte in einem Topf zerdrücken; evtl. mit Passierstab pürieren.
2. ½ Tasse des Fruchtpürees abnehmen und mit Agar-Agar und Zitronensaft verrühren.
3. Honig zur Fruchtmasse in den Topf geben und 5 Min. kochen lassen.
4. Agar-Agar-Mischung unterrühren und noch einmal kurz aufkochen lassen.
5. Kochend heiße Konfitüre bis zum Rand in Twist-off-Gläser füllen und sofort verschließen.

PFLAUMENMUS

2 kg Zwetschgen
3 Zimtstangen
400 g Zucker
etwas Rum

Garzeit: 2 Stunden

VORBEREITUNG

1. Zwetschgen waschen.
2. Zwetschgen entkernen und pürieren.

ZUBEREITUNG

1. Zwetschgenpüree langsam erhitzen und in einem Topf weichkochen.
2. In die Fettpfanne des Backofens füllen, mit 100 g Zucker und den Zimtstangen verrühren, in den Backofen schieben und bei 150° C 30 Min. eindicken lassen.
3. 100 g Zucker zufügen und erneut eindicken lassen.
4. Diesen Vorgang so lange wiederholen, bis der Zucker verbraucht ist.
5. Masse ausfüllen, wenn sie so fest ist, dass ein durchgezogener Löffel eine Straße hinterlässt.
6. Mus in einen Steintopf oder in Gläser füllen.
7. Aus Pergamentpapier eine Scheibe in Größe des Topfes schneiden.
8. Pergament durch Rum ziehen und auf das Mus legen.
9. Topf oder Gläser mit Einmachhaut verschließen.

TIPP

- Roh gerührte Konfitüren sind nicht so fest und nicht so lange haltbar wie die gekochten. Deshalb nur kleine Mengen zubereiten.
- Roh gerührten Konfitüren können fein zerkleinerte Trockenfrüchte oder gemahlene Nüsse zugefügt werden.
- Statt frischer Beeren können auch tiefgefrorene Beeren verwendet werden.
- Die Beeren können beliebig vermischt werden, so dass eine Vielfruchtkonfitüre entsteht.

SCHWARZER TEE

Grundrezept

8-16 g (2-4 TL) Tee
600 ml kochendes Wasser

FRÜCHTETEE

Grundrezept

4 EL Teemischung (Malve, Hagebutte, Pfefferminze oder Kamille)
600 ml kochendes Wasser

ZUBEREITUNG

1. Früchtetee in einen Topf geben.
2. Kochendes Wasser übergießen, 5 Min. ziehen lassen.
3. Durch ein Sieb in eine Teekanne gießen.

AUTOFAHRERPUNSCH

2-4 TL schwarzen Tee
600 ml kochendes Wasser
1 Messerspitze Zimt,
gemahlenen Piment
gemahlene Muskatblüte
1/4 l Orangensaft
2 EL Himbeersirup
3 EL Zitronensaft
Zucker nach Geschmack

ZUBEREITUNG

1. Schwarzen Tee herstellen.
2. Gewürze, Orangensaft, Himbeersirup, Zitronensaft und Zucker nach Geschmack hinzufügen, gut verrühren.
3. In der Mikrowelle bei 700 Watt, 2 Min. oder in einem Topf auf der Kochstelle erhitzen.

KAKAO

Grundrezept

20 g (2 EL) Kakaopulver
30 g (2EL) Zucker
100 ml Wasser
500 ml Milch

KAFFEE

Grundrezept

20-30 g (3-4 EL) Kaffeepulver
600 ml kochendes Wasser

ZUBEREITUNG

1. Kaffeepulver in einen Filter geben und das kochende Wasser nach und nach darübergießen.
2. Heiß mit Milch und/oder Zucker servieren.

TIPP

- Soll der Kaffee in der Kaffeemaschine zubereitet werden, sollte man gröber gemahlenes Kaffeepulver verwenden.
- Zum schwarzen Tee kann man Sahne und/oder Kandis reichen.
- Früchtetee kann genauso wie schwarzer Tee hergestellt werden.

ZUBEREITUNG SCHWARZER TEE

1. Teekanne mit sehr heißem Wasser ausspülen.

2. Teeblätter in einen Teefilter oder direkt in die Kanne geben.

3. Kochendes Wasser darübergießen und ca. 2 Min. ziehen lassen, servieren.

ZUBEREITUNG KAKAO

1. Kakaopulver und Zucker in einem Topf mischen.

2. Kochendes Wasser zugeben und einmal aufkochen lassen.

3. Mit warmer Milch auffüllen. Kakao kann mit einer Sahnehaube serviert werden.

FRUCHTMIX

Grundrezept

für 1 Person

- *½ reife Banane*
- *40 ml Orangensaft*
- *1 EL Honig*
- *1 Tropfen Bittermandelaroma*
- *1 Kugel Vanilleeis*
- *⅛ l Milch*

ENERGIE/NÄHRWERT

1137 kJ
37 g KH, 10 g F, 7 g E

ZUBEREITUNG

1. Alle Zutaten in einen Mixbecher geben und kräftig durchmixen.
2. Mit einem Strohhalm in Gläsern servieren.

FLIP

Grundrezept

für 1 Person

- *50 ml Fruchtsirup (z. B. Erdbeer)*
- *100 g frische Früchte*
- *40 ml Kondensmilch oder Sahne*
- *1 Kugel Fruchteis (100 g)*
- *1 Eigelb*

ENERGIE/NÄHRWERT

1898 kJ
48 g KH, 23 g F, 12 g E

VORBEREITUNG

Früchte waschen und pürieren.

ZUBEREITUNG

1. Alle Zutaten in einen Mixbecher geben und kräftig durchmixen.
2. In Gläsern mit einem Strohhalm sofort servieren.

JOGHURT-ZITRONENSHAKE

für 1 Person

- *1 B. Magermilchjoghurt*
- *1 Zitrone, unbehandelt*
- *2 EL Honig*
- *1 Zitronenscheibe*
- *1 Eigelb*

ENERGIE/NÄHRWERT

1310 kJ
38 g KH, 13 g F, 10 g E

VORBEREITUNG

1. Zitronenschale abreiben.
2. Zitronensaft auspressen.

ZUBEREITUNG

1. Glas mit Zitronenscheibe garnieren.
2. Alle Zutaten im Mixer kräftig durchmixen.
3. Shake sofort servieren.

GEMÜSEMIX

Grundrezept

für 1 Person

- *2 Möhren oder anderes Gemüse (z. B. rote Bete)*
- *¼ l Buttermilch*
- *1 Pr. Salz*
- *1 Pr. Zucker*

ENERGIE/NÄHRWERT

349 kJ
14 g KH, – g F, 5 g E

VORBEREITUNG

Gemüse putzen, waschen und grob zerkleinern.

ZUBEREITUNG

1. Alle Zutaten in einen Mixer geben und kräftig durchmixen.
2. In einem Glas servieren.

MILCHSHAKE

Grundrezept

für 2 Personen

- *½ EL Zitronensaft*
- *20 ml Orangensirup*
- *20 ml Schokoladensirup*
- *je 1 Kugel Vanille- und Schokoladeneis (je 100 g)*
- *½ l Milch*
- *2 Orangenscheiben (natur)*
- *1 EL Schokoladenstreusel*

ENERGIE/NÄHRWERT

1482 kJ
5 g KH, 10 g F, 6 g E

ZUBEREITUNG

1. Alle Zutaten bis auf die Orangenscheiben in einen Mixer geben.
2. Kräftig durchmixen.
3. Orangenscheibe einschneiden und an einen Glasrand stecken, Getränk einfüllen und sofort servieren.

TIPP

● Der Fruchtmix und der Flip lassen sich mit jedem anderen Obstsaft bzw. jeder anderen Fruchtsorte herstellen.

KIWI-COCKTAIL

für 2 Personen

- *2 reife Kiwis*
- *Saft einer Zitrone*
- *2 TL Puderzucker*
- *600 ml Tonic-Wasser*
- ZUM GARNIEREN: *Kiwischeiben, Zitronenmelisse*

ENERGIE/NÄHRWERT

960 kJ
36 g KH, – g F, 1 g E

ZUBEREITUNG

1. Alle Zutaten bis auf das Wasser im Mixer mixen.
2. In Gläser füllen, mit Tonic-Wasser auffüllen und garnieren.

RÜHRMASSE

Grundrezept

15 STÜCK

- *250 g Butter oder Margarine*
- *200 g Zucker*
- *4 Eier*
- *400 g Mehl, Type 405*
- *125 ml Milch*
- *1 Tüte Backpulver*
- *1 Pr. Salz*
- *1 Zitrone, natur*

FÜR DIE FORM:

- *20 g Fett*
- *20 g Grieß oder Semmelmehl*

ENERGIE/NÄHRWERT

1262 kJ
35 g KH, 15 g F, 5 g E

Backzeit: 50-70 Min.

VORBEREITUNG

1. Zutaten abwiegen.
2. Backform ausfetten und ausstreuen.
3. Butter oder Margarine auf zimmerwarme Temperatur bringen.
4. Zitrone waschen und Schale abreiben.
5. Backpulver mit dem Mehl und Salz mischen.

SANDMASSE

Grundrezept

Vgl. Grundrezept Rührmasse, anstelle von 400 g Mehl, 200 g Speisestärke und 200 g Mehl nehmen. Anstelle des Backpulvers werden 2 EL Rum verwendet.

ZUBEREITUNG

Masse als Sandkuchen in einer Kastenform oder in einer Kranzform backen und zum Frankfurter Kranz weiterverarbeiten.

ZUBEREITUNG RÜHRMASSE — GRUNDREZEPT

1. Butter, Eier und Zucker in eine Rührschüssel geben.

2. Mit dem Handrührgerät schaumig schlagen, bis der Zucker gelöst ist.

3. Backpulver-Mehl-Salz-Gemisch auf die Masse geben. Milch unter Rühren hinzugeben.

4. Geschmackszutaten (Zitrone) kurz unterrühren.

5. Masse in die Form geben. ⅓ der Form muss frei bleiben. Form in den Ofen schieben.

6. Bei 190° C ca. 50 Min. backen. Garprobe machen.

7. Fertig gegarten Kuchen herausnehmen und ca. 10 Min. ruhen lassen.

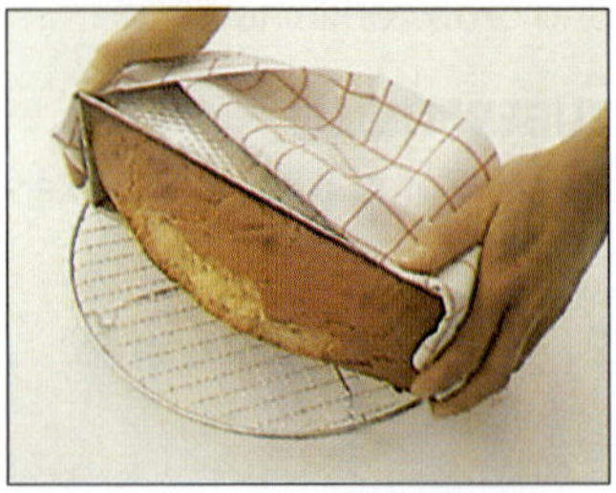

8. Kuchen auf ein Kuchenrost stürzen.

9. Frühestens nach ca. 60 Min. anschneiden.

SANDWAFFELN
6 STÜCK

60 g Butter oder Margarine
25 g Zucker
1 Vanillezucker
1 Pr. Salz
2 Eier
125 g Mehl
½ Backpulver
100 ccm Milch

ENERGIE/NÄHRWERT
859 kJ – 21 g KH, 10 g F, 5 g E

ZUBEREITUNG
Vgl. Grundrezept, im Waffeleisen backen.

FRANKFURTER KRANZ
20 STÜCK

1 Grundrezept Sandmasse
FÜLLUNG:
5 Eier
180 g Zucker
250 g Butter
1 Vanilleschote
GARNIERUNG:
100 g Krokant
20 Belegkirschen

ENERGIE/NÄHRWERT
1743 kJ – 37 g KH, 27 g F, 7 g E

Backzeit: 70 Min.

VOR- UND ZUBEREITUNG
Vgl. Rührmasse, Fotos 1-8.
9. Kranz durchschneiden.

ZUBEREITUNG DER FÜLLUNG
Vgl. Buttercreme S. 275.

RÜHRMASSE MIT VOLLKORNMEHL
15 STÜCK

200 g Butter
150 g flüssiger Honig oder
175 g Zucker
4 Eier
400 g Weizenvollkornmehl
175 ml Milch
1 Tüte Backpulver
1 Pr. Salz
1 Zitrone, natur
FÜR DIE FORM:
20 g Butter
20 g Vollkornbrösel

ENERGIE/NÄHRWERT
1378 kJ
37 g KH, 17 g F, 5 g E

Backzeit: 70 Min.

VOR- UND ZUBEREITUNG
Vgl. Rührmasse-Grundrezept. Masse muss etwas länger gerührt werden.

MARMORKUCHEN
15 STÜCK

1 Rezept Rührmasse, ausgenommen Zitronenschale
ZUSÄTZLICH:
50 g Kakao
30 ml Milch
20 g Zucker

ENERGIE/NÄHRWERT
1380 kJ
37 g KH, 12 g F, 6 g E

Backzeit: 60 Min.

VORBEREITUNG
Vgl. Rührmasse.

ZUBEREITUNG
Vgl. Rührmasse, Phasenfotos 1-3.
4. Masse halbieren, unter die eine Hälfte Kakao, zusätzlichen Zucker und Milch rühren.
5. Helle und dunkle masse abwechselnd in eine Form füllen und mit einer Gabel vermischen.
6.–9. Vgl. Phasenfotos Rührmasse.

TIPP
- Die Zuckermenge kann bis auf 150 g reduziert werden. Die Qualität der Beschaffenheit bleibt gleich. Geringerer Kohlenhydrat- und Energiegehalt!
- Bei Verwendung einer Küchenmaschine können alle Zutaten in der angegebenen Reihenfolge auf einmal in die Rührschüssel gefüllt werden (All-in-Methode) und auf mittlerer bis hoher Stufe ca. 2-3 Min. geschlagen werden.
- Rezept verdoppeln und einen Kuchen in Aluminiumfolie verpackt einfrieren. (Lagerdauer: ca. 3 Monate.)

ZUBEREITUNG FRANKFURTER KRANZ

10. Kranz füllen, 2. Kranzhälfte auflegen.

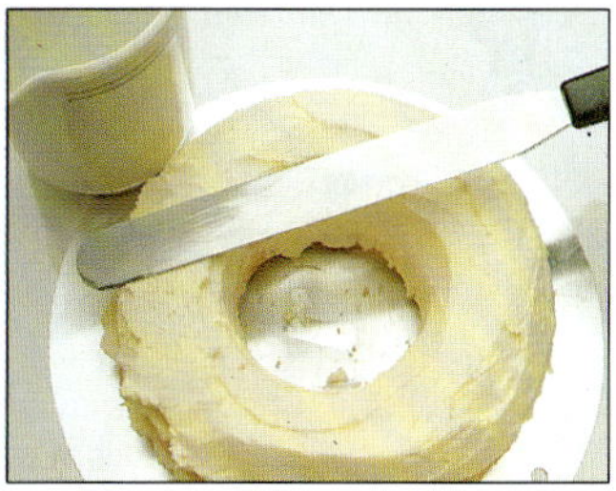

11. Kranz von außen bestreichen.

12. Kranz mit Krokant bestreuen, Rosetten aufspritzen und mit Belegkirschen garnieren.

APFELKUCHEN

16 STÜCK

125 g Butter oder Margarine, zimmerwarm
100 g Zucker
2 Eier
1 Pr. Salz
200 g Mehl, Type 405, Type 550 oder Type 1050
2 TL Backpulver
1 kg säuerliche Äpfel
50 g Puderzucker

FÜR DIE FORM:
20 g Fett
20 g Grieß

ENERGIE/NÄHRWERT

573 kJ
15 g KH, 7 g F, 2 g E

Backzeit: 60 Min.

VORBEREITUNG

1. Springform ausfetten und mit Grieß ausstreuen.
2. Backpulver mit Mehl und Salz mischen.
3. Äpfel vorbereiten, vgl. Phasenfotos.

ZUBEREITUNG

1. Zimmerwarme Butter oder Margarine, Zucker und Eier mit dem Handrührgerät schaumig schlagen.
2. Mehl-Salz-Backpulver-Gemisch kurz unterrühren.
3. Teig in die vorbereitete Form füllen.
4. Mit Apfelhälften belegen, vgl. Foto.
5. Kuchen in den Backofen schieben und bei 190° C etwa 60 Min. backen.
6. Nach dem Auskühlen mit Puderzucker bestäuben.

TIPP

- Da das Obst beim Backen Saft abgibt, muss die Rührmasse stabiler sein. Der Rührmasse wird daher keine Flüssigkeit hinzugefügt.
- Wenn größere Mengen Kuchen gebraucht werden, das Rezept doppelt herstellen und in der Fettpfanne backen. So lässt sich auch ein mit verschiedenen Obstsorten belegtes Blech herstellen. (Die Garzeit verändert sich nicht.)
- Obstkuchen kann vor dem Backen je nach Geschmack mit geh. Mandeln, geh. Pistazien, geh. Haselnusskernen, Sonnenblumenkernen oder Hagelzucker bestreut werden.

APFEL-QUARKTORTE

16 STÜCK

125 g Butter
150 g Zucker
1 Vanillezucker
3 Eier
1 Pr. Salz
1 kg Quark
100 g Grieß
1 TL Backpulver

FÜR DIE FÜLLUNG:
750 g Äpfel
50 g Sultaninen

FÜR DIE FORM:
20 g Fett

ENERGIE/NÄHRWERT

939 kJ
24 g KH, 9 g F, 10 g E

Backzeit: 60 Min.

VORBEREITUNG

Springform einfetten.

ZUBEREITUNG

1. Rosinen waschen.
2. Aus den Zutaten einen Rührteig herstellen.
3. Äpfel schälen, Kerngehäuse entfernen und in feine Spalten schneiden.
4. Apfelspalten und Rosinen unter den Teig geben.
5. Teig in die Form geben und bei 190° C ca. 60 Min. backen.

VORBEREITUNG DER ÄPFEL

1. Äpfel schälen, mit dem Apfelausstecher entkernen und halbieren.

2. Geschälte Apfelhälften sofort in Zitronenwasser legen. Apfelhälften einritzen.

3. Apfelhälften auf dem Teig verteilen, evtl. Hälften halbieren.

ZITRONENKUCHEN

20 STÜCK

200 g Butter oder Margarine
180 g Zucker
1 Prise Salz
5 Eier
150 g Stärkemehl
200 g Mehl, Type 405
2 TL Backpulver
2 abgeriebene Zitronenschalen

FÜR DIE FORM:

20 g Fett

FÜR DEN GUSS:

3 Zitronen
150 g Puderzucker

ENERGIE/NÄHRWERT

927 kJ
30 g KH, 10 g F, 2 g E

Backzeit: 60 Min.

VORBEREITUNG

1. Zitronenschale abreiben, vgl. S. 35.
2. Form ausfetten, vgl. S. 38.
3. Zitronen auspressen und mit dem Puderzucker glattrühren.

ZUBEREITUNG

vgl. Grundrezept Rührmasse, S. 242, Phasenfotos 1-8.
9. Kuchen mit einem Holzspieß mehrmals von oben nach unten einstechen.
10. Zitronensaft mit Puderzucker in die Löcher träufeln, dabei darauf achten, dass der Saft gleichmäßig verteilt wird.
11. Auf einem Gitter abkühlen lassen.

TIPP

- Der Zitronenkuchen lässt sich auch als Orangenkuchen (Orangenschale- und saft) oder als "Vitaminkuchen" (Zitrone, Orange, Grapefruit gemischt) backen.
- Die Teigmenge reicht auch für ein Haushaltsblech, wenn der Boden nicht so dick sein soll.

SAUERKIRSCHKUCHEN

24 STÜCK

250 g Butter oder Margarine, zimmerwarm
200 g Zucker
4 Eier
1 Pr. Salz
400 g Mehl, Type 405, Type 550 oder Type 1050
4 TL Backpulver
1½ kg Sauerkirschen, gewaschen und entsteint
40 g Zucker
1 TL Zimt

FÜR DAS BLECH:

20 g Fett

ENERGIE/NÄHRWERT

895 kJ
26 g KH, 10 g F, 3 g E

Backzeit: 40 Min.

VORBEREITUNG

Vgl. Apfelkuchen 1 u. 2.

ZUBEREITUNG

1. Rührmasse herstellen und auf das gefettete Backblech geben.
2. Dicht mit Sauerkirschen belegen.
3. Oberfläche mit Zucker und Zimt bestreuen.
4. Den Kuchen bei 190° C ca. 40 Min. backen.

TIPP

- Das halbe Rezept vom Aprikosen- und Sauerkirschkuchen reicht für eine Springform.

APRIKOSEN- ODER PFIRSICHKUCHEN

24 STÜCK

250 g Butter oder Margarine
200 g Zucker
1 Pr. Salz
4 Eier
400 g Mehl, Type 405 oder Type 550 oder Type 1050
4 TL Backpulver
1 kg frische oder tiefgefrorene Aprikosen, entsteint, halbiert, oder
1 kg Pfirsiche, entsteint und abgezogen, halbiert
6 EL Mandelblättchen
6 EL Aprikosenkonfitüre

FÜR DAS BLECH:

20 g Fett

ENERGIE/NÄHRWERT

1073 kJ
31 g KH, 12 g F, 3 g E

Backzeit: 40 Min.

VORBEREITUNG

Vgl. Apfelkuchen 1 u. 2.

ZUBEREITUNG

1. Rührmasse herstellen und auf das gefettete Backblech geben.
2. Aprikosen bzw. Pfirsiche auf dem Teig verteilen, mit Mandelblättchen bestreuen.
3. Den Kuchen bei 190° C ca. 40 Min. backen.
4. Aprikosenkonfitüre erhitzen, den noch warmen Kuchen damit bestreichen.

Zutaten	Englischer Kuchen Springform 16 Stück	Dundee Cake Springform 16 Stück	Königskuchen Kastenform 15 Stück	Früchtekuchen Kastenform 15 Stück
Butter	300 g	200 g	300 g	300 g
Zucker	180 g (braun)	180 g	180 g	180 g
Salz	1 Pr.	1 Pr.	1 Pr.	1 Pr.
Eier, getrennt	6	4	5	6
Mehl Type 405	300 g	300 g	300 g	300 g
Backpulver	1 TL	1 TL	1 TL	1 TL
Früchte	175 g Orangeat und Zitronat 175 g kandierte Kirschen 400 g Sultaninen und Korinthen 300 g Rosinen 125 g Mandeln	60 g Mandeln, gemahlen 100 g Korinthen 100 g Sultaninen 100 g Rosinen 60 g Orangeat, Zitronat	125 g Korinthen 125 g Rosinen 100 g Zitronat 50 g rote Belegkirschen 50 g gelbe Belegkirschen	200 g getrocknete und gehackte Feigen je 100 g getrocknete Aprikosen, Apfelringe, Rosinen, Zitronat 100 g Mandeln, gehackt
Gewürze	abgeriebene Schale einer Zitrone und Orange 1 EL Rübensaft je ½ TL Muskat, Kardamom, Anis, Koriander 6 EL Rum 1 Pr. Salz	1 Pr. Salz	1 Pr. Salz	½ TL Zimt ½ TL Nelken ½ TL Muskat 1 Pr. Salz
NÄHRWERT	**ENERGIE/ NÄHRWERT** 1919 kJ 50 g KH, 22 g F, 7 g E	**ENERGIE/ NÄHRWERT** 1259 kJ 40 g KH, 14 g F, 5 g E	**ENERGIE/ NÄHRWERT** 1450 kJ 40 g KH, 19 g F, 5 g E	**ENERGIE/ NÄHRWERT** 1842 kJ 52 g KH, 23 g F, 7 g E

ZUBEREITUNG

Vgl. Grundrezept Rührmasse S. 242. Zutaten wie Früchte und Gewürze zum Schluss mit dem Rührlöffel unterrühren. Das Rührgerät würde die Früchte leicht zerquetschen und damit die Massen verfärben.

TIPP

- Da die Kuchen zur Geschmacksverbesserung durchziehen müssen, eignen sie sich besonders gut zum Tiefgefrieren. Nach dem Auftauen sind sie jeweils genügend durchgezogen.
- Zur Verbesserung der Teiglockerung sollten die Eier bei diesen schweren Teigen getrennt verarbeitet werden. Eiklar zu Eischnee schlagen und zuletzt unterheben.

Englischer Kuchen

Königskuchen

Früchtekuchen

SACHERTORTE

16 STÜCK

300 g Butter
8 Eigelb
300 g Zucker
100 g Kuvertüre, aufgelöst
40 g Kakaopulver
300 g Mehl, Type 405
50 g Semmelmehl
8 Eiklar
FÜR DIE FORM:
20 g Fett
20 g Semmelmehl
FÜLLUNG UND BELAG:
150 g Aprikosenmarmelade
200 g dunkle Kuvertüre

ENERGIE/NÄHRWERT

1881 kJ
50 g KH, 24 g F, 7 g E

Backzeit: 70 Min.

VORBEREITUNG

Springform ausfetten und mit Semmelmehl ausstreuen.

ZUBEREITUNG

1. Butter, Eigelb und 200 g Zucker mit dem Handrührgerät schaumig schlagen.
2. Aufgelöste Kuvertüre (100 g), vgl. S. 277, darunterrühren.
3. Kakaopulver, Semmelmehl, Mehl mischen und auf die Masse geben.
4. Eiklar zu steifem Schnee schlagen, dabei die restlichen 100 g Zucker zufügen.
5. Ein Drittel des Eischnees unter die Masse rühren, um sie aufzulockern, dann den restlichen Eischnee unterheben.
6. Teig einfüllen und im vorgeheizten Ofen ca. 70 Min. bei 170° C backen. Garprobe machen.
7. Kuchen mit einem spitzen Messer vom Rand lösen, 1 Std. auskühlen lassen und dann auf ein Gitterrost stürzen, einmal durchschneiden.
8. Aprikosenkonfitüre erhitzen, glattrühren und die Torte damit füllen und gleichmäßig außen bestreichen.
9. Kuvertüre, wie in den Phasenfotos auf S. 277 beschrieben, schmelzen lassen.
10. Die Hälfte der Kuvertüre auf die Tortenoberfläche gießen und sofort mit einem Pfannenmesser gleichmäßig verteilen.
11. Mit der restlichen Kuvertüre den Rand überziehen.
12. Bevor der Schokoladenüberzug ganz fest ist, mit einem langen Messer eine Tortenstückeinteilung einkerben, damit beim Aufschneiden die Glasur nicht springt.

NUSSTORTE

16 STÜCK

225 g Zucker
10 Eigelb
250 g gemahlene Haselnüsse
3 EL Semmelmehl
10 Eiklar
150 g Zucker
FÜLLUNG:
3 Eiklar
50 g Zucker
1 EL geriebene Haselnüsse
½ l Milch
40 g Zucker
40 g Vanillepuddingpulver
3 Eigelb
200 g Marzipanrohmasse
300 g Puderzucker
4 EL Zitronensaft
16 Walnusskerne
FÜR DIE FORM
20 g Fett

ENERGIE/NÄHRWERT

1857 kJ
42 g KH, 25 g F, 11 g E

Backzeit: 80 Min.

VORBEREITUNG

1. Boden einer Springform ausfetten.
2. 10 Eiklar mit 150 g Zucker steif schlagen.

ZUBEREITUNG

1. 225 g Zucker, 10 Eigelb, 250 g Haselnüsse und Semmelmehl schaumig rühren.
2. 10 Eischnee unterziehen.
3. In die Springform füllen und 1 ¼ Std. bei 190° C backen.
4. Torte – am besten nach 24 Stunden – halbieren.
5. 3 Eiklar mit 50 g Zucker steif schlagen, 1 EL Haselnüsse unterziehen.
6. Aus Milch, 40 g Zucker, Vanillepuddingpulver einen Flammeri kochen, vgl. S. 224, mit 3 Eigelb legieren und Eischnee unterheben.
7. Abgekühlte Creme auf eine Tortenhälfte streichen und mit der zweiten Hälfte bedecken.
8. Marzipan mit 100 g Puderzucker verkneten, ausrollen und in Größe der Springform ausschneiden.
9. Marzipandecke auf die Torte legen.
10. Restlichen Puderzucker mit dem Zitronensaft glattrühren und über die ganze Torte streichen.
11. Mit Walnusskernen 16 Stücke markieren.

BISKUITMASSE

Grundrezept

Tortenboden

6 Eier
150 g Zucker
75 g Mehl, Type 405
75 g Speisestärke
4 EL warmes Wasser
1 Pr. Salz
FÜR DIE FORM:
20 g Fett

Backzeit: 35 Min.

VORBEREITUNG

1. Zutaten abwiegen.
2. Springform ausfetten, am Rand nicht fetten.
3. Springformboden mehlen.
4. Eier trennen.
5. Butter schmelzen lassen.
6. Ofen auf 180° C vorheizen.

TIPP

- Die Biskuitmasse ist eine eierreiche, luftgelockerte Masse.
Durch das lange Schlagen von Eigelb und Eiklar wird Luft als Lockerungsmittel aufgenommen.
- Biskuitvariationen, vgl. S. 249.
- Garprobe: Beim vorsichtigen Eindrücken mit der Handfläche auf die Masse federt diese zurück.
- Für die typische Wiener Masse werden 100 g flüssige Butter hinzugefügt.

ZUBEREITUNG BISKUITMASSE

1. Eigelb in eine Schüssel geben. Wasser und 2/3 des Zuckers zufügen.

2. Eigelb, Zucker und Wasser verrühren.

3. Schaumig schlagen.

4. Eiklar mit dem restlichen Drittel des Zuckers zu Eischnee schlagen.

5. Eischnee auf die Eigelbmasse geben.

6. Mehl und Speisestärke auf den Eischnee sieben.

7. Vorsichtig alles mischen, dabei behutsam unterheben.

8. Die Biskuitmasse in die vorbereitete Form füllen und glattstreichen.

9. Nach ca. 35 Min. mit einem Holzstäbchen auf Gare prüfen.

BISKUITVARIATIONEN

Zutaten	Nuss-biskuit	Schoko-biskuit	Orangen-biskuit	Wasser-biskuit	einfacher Biskuit	Vollkorn-biskuit
Eier	6	6	6	3-4	4	5
Zucker	150 g	150 g	150 g	150 g	150 g	125 g Honig
Mehl, Type 405	150 g	150 g	150 g	150 g	150 g	150 g Vollkornmehl
Butter, flüssig	100 g	100 g	100 g	–	–	–
Salz	1 Pr.	1 Pr.	1 Pr.	1 Pr.	1 Pr.	1 Pr.
Backpulver	–	–	–	1 TL	1 TL	1 TL
Nüsse, gehackt	100 g	–	–	–	–	–
Orangenschale, ger.	–	–	2	–	–	–
Kuvertüre, aufgelöst	–	140 g	–	–	–	–
Wasser	–	–	–	3 EL	–	2 EL

SCHOKOLADENTORTE

16 STÜCK

1 Schokobiskuit

1 Mürbeteigboden, vgl. S. 256

FÜR DIE FÜLLUNG:

4 EL Johannisbeergelee

3/4 l Canachecreme, vgl. Rezept S. 276

100 g Schokoladenraspel

ENERGIE/NÄHRWERT

1875 kJ
40 g KH, 30 g F, 6 g E

Backzeit: 20 Min.

ZUBEREITUNG

1. Mürbeteig und Biskuit, wie in den Grundrezepten beschrieben, herstellen.
2. Mürbeteigboden mit Gelee bestreichen.
3. Biskuit zweimal durchschneiden, mit 2/3 der Canachecreme füllen, auf den Mürbeteigboden setzen.
4. Mit der restlichen Canachecreme rundherum bestreichen.
5. Mit Schokoladenraspeln bestreuen.

TIPP

- Die Biskuit-Variationen werden genau wie im Grundrezept, vgl. S. 248, zubereitet. Die zusätzlichen Zutaten rührt man zusammen mit der ersten Eischneeportion in die Masse.
- Wasser- und einfacher Biskuit sind für den schnellen Verzehr gedacht, weil die Böden sehr viel leichter austrocknen, als wenn Butter zugesetzt wird.
- Um Tortenböden ohne Tortenmesser gleichmäßig durchzuschneiden, den Boden ringsherum einritzen; in diese Kerbe einen Zwirnsfaden legen, der, vorn über Kreuz zusammengezogen, den Boden glatt durchschneidet.
- Tortenboden am Vortag backen, da zu frischer Boden krümelt.
- Da sich jeder Boden beim Backen in der Mitte hochwölbt, Kuppel abschneiden und als Rest für Desserts (Tutti frutti) verwenden.
- Ein dünner Mürbeteigboden unter dem Biskuit verhindert das Durchfeuchten von Torten.
- Konfitüre zum Bestreichen des Mürbeteigbodens vorher glattrühren, evtl. mit Alkohol aromatisieren.
- Die Füllung muss schneidfähig und fest sein, sonst quillt sie beim Aufschneiden heraus, oder die Tortenstücke fallen auseinander.
- Die Sahnefüllung bekommt mehr Festigkeit durch Sahnesteif oder Gelatine, vgl. Seite 36.
- Die Füllung zwischen den einzelnen Böden gleichmäßig verstreichen. – Mit einem Messer oder einer Palette.
- Beim Zusammensetzen einer Torte ist ein sogenannter Tortenring sehr nützlich. Man schichtet die einzelnen Böden in diesen Reifen hinein. Er hält alles zusammen und verhindert, dass die Füllung herausquillt. Vor der endgültigen Fertigstellung hebt man den Reifen ab.
- Zum Schluss wird der Tortenrand verziert: mit Creme oder Sahne überzogen, glattgestrichen, mit gezacktem Spachtel geriffelt oder mit Krokant, gehackten Nüssen oder buntem Zucker bestreut.

BEERENTORTE

16 STÜCK

1 Biskuitboden, vgl. Rezept S. 248
3 EL Konfitüre
750 g Erdbeeren, Himbeeren, Brombeeren oder Heidelbeeren
3/4 l Sahne
2 Tüten Sahnesteif oder 2 Blatt aufgelöste Gelatine
2 Tüten Vanillezucker
20 g Pistazien

ENERGIE/NÄHRWERT

1239 kJ
27 g KH, 17 g F, 6 g E

Backzeit: 35 Min.

VORBEREITUNG

1. Zutaten abwiegen.
2. Biskuitboden nach Anweisung backen.
3. Konfitüre glattrühren.
4. Beeren waschen, putzen, verlesen.
5. Sahne mit 2 Tüten Sahnesteif und dem Vanillezucker steif schlagen.
6. Pistazien im elektrischen Zerkleinerer oder mit dem Wiegemesser fein hacken.

ZUBEREITUNG BEERENTORTE

1. Den Boden mit einem Messer lösen. Den Rand abnehmen.

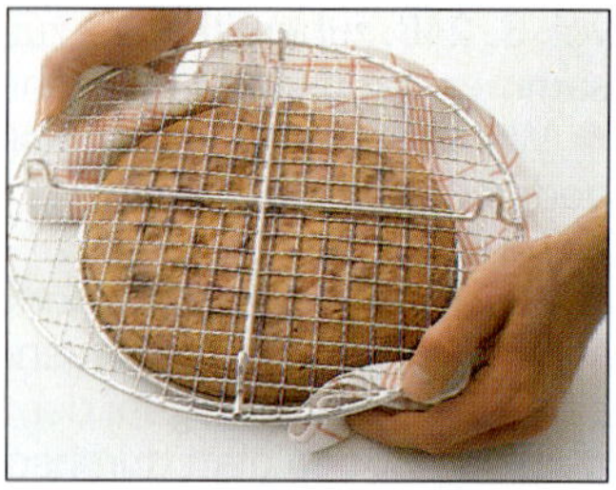

2. Den Kuchenrost auf den noch warmen Boden legen.

3. Den Biskuit stürzen. Den Formboden abheben – er löst sich leicht.

4. Den Biskuit quer in drei etwa gleich große Böden schneiden.

5. Den untersten Boden dünn mit Konfitüre einstreichen.

6. Den zweiten Boden aufsetzen, mit Obst belegen, Sahne kuppelförmig daraufstreichen.

7. Den letzten Boden einschneiden, auflegen, dabei eine Kuppel formen.

8. Torte rundum mit Sahne bestreichen und sie dabei wolkig aufhäufen.

9. Die Torte mit Erdbeeren verzieren und mit Pistazien bestreuen.

SCHWARZWÄLDER KIRSCHTORTE

16 STÜCK

1 Schokoladenbiskuit, vgl. 249

FÜR DIE FÜLLUNG:

500 g Kompottsauerkirschen
1/2 l Sauerkirschsaft
40 g Zucker
1/2 Zimtstange
2 gehäufte TL Speisestärke
6 EL Sauerkirschkonfitüre
1 EL Wasser oder
2 EL Kirschwasser

FÜR DIE GARNITUR:

3/4 l Schlagsahne
40 g Zucker
Schokoladenspäne
16 Sauerkirschen
zum Verzieren

ENERGIE/NÄHRWERT

1728 kJ
41 g KH, 25 g F, 5 g E

Backzeit: 30-35 Min.

VORBEREITUNG

1. Den Biskuit, wie im Grundrezept, vgl. S. 248, gezeigt, zubereiten.
2. Sauerkirschkonfitüre mit dem Wasser oder Kirschwasser glattrühren.
3. Schlagsahne mit dem Zucker steif schlagen.

ZUBEREITUNG SCHWARZWÄLDER KIRSCHTORTE

1. Sauerkirschsaft mit Zucker und Zimtstange aufkochen. Mit angerührter Speisestärke binden.

2. Die Kirschen dazugeben und durchrühren.

3. Biskuitboden zweimal durchschneiden.

4. Boden dünn mit der Konfitüre und der Sahne bestreichen, vier Sahneringe aufspritzen.

5. Die Zwischenräume mit Kirschen füllen, Sahne darübergeben und glattstreichen.

6. Den zweiten Boden darauflegen. Arbeitsschritt 4 + 5 wiederholen.

7. Dritten Boden auflegen. Rand mit Sahne einstreichen.

8. Mit Schokoraspeln und Sahnetupfen garnieren.

9. Die Sahnetupfen mit Kirschen garnieren.

APRIKOSEN-BISKUITROLLE
15 STÜCK

4 Eier
150 g Zucker
4 EL warmes Wasser
75 g Mehl, Type 405
75 g Speisestärke
FÜR DIE FÜLLUNG:
450 g Aprikosenkonfitüre
3/8 l Schlagsahne
AUSSERDEM:
Butter zum Bestreichen
Zucker zum Bestreuen

ENERGIE/NÄHRWERT
1040 kJ
35 g KH, 10 g F, 3 g E

Backzeit: 10-15 Min.

TIPP
- Für Biskuitrollen können alle anderen Cremes, vgl. S. 276, auch verwendet werden.

KONFITÜREN-BISKUITROLLE
15 STÜCK

Biskuitmasse, vgl. Aprikosenbiskuitrolle
FÜLLUNG:
300 g Konfitüre, z. B. Erdbeer-Johannisbeerkonfitüre oder
200 g frische, pürierte, gezuckerte Früchte

ENERGIE/NÄHRWERT
916 kJ
35 g KH, 7 g F, 3 g E

Backzeit: 20 Min.

ZUBEREITUNG
Vgl. Aprikosenbiskuitrolle.

VOR- UND ZUBEREITUNG DER APRIKOSENBISKUITROLLE

1. Ein Backblech mit Back- oder Pergamentpapier auslegen.

2. Die nach dem Grundrezept zubereitete Biskuitmasse darauf glattstreichen.

3. Im auf 180° C vorgeheizten Ofen 10-15 Min. hellbraun backen.

4. Die heiße Platte auf ein mit Zucker bestreutes Küchentuch stürzen.

5. Die gesamte Papierfläche mit kaltem Wasser einpinseln, damit nichts am Gebäck kleben bleibt.

6. Das Backpapier vorsichtig abziehen.

7. Biskuitplatte sofort aufrollen: Küchentuch hochziehen. Die Biskuitrolle auskühlen lassen.

8. Zum Füllen die Rolle wieder ausbreiten. Vorsichtig, damit sie dabei nicht zerbricht!

9. Biskuitplatte mit Konfitüre bestreichen, dick Sahne darüber verteilen, alles einrollen.

LÖFFELBISKUIT

35 STÜCK

5 Eigelb
200 g Zucker
5 Eiklar
125 g Mehl
Puderzucker zum Bestäuben

ENERGIE/NÄHRWERT

191 kJ
8 g KH, 1 g F, 1 g E

Backzeit: 10-15 Min.

ZUBEREITUNG

Vgl. Grundrezept, Phasenfotos 1-3, 5-7, S. 248.
8. Die Masse in einen Spritzbeutel mit großer Lochtülle füllen.
9. Löffelbiskuits auf das gebutterte Blech spritzen. Bei 180° C 10 bis 15 Min. backen.
10. Die Biskuits mit Puderzucker bestäuben.

SCHOKOLADEN-BISKUITROLLE

15 STÜCK

Biskuitmasse, vgl. Aprikosenbiskuitrolle
FÜLLUNG:
½ Rezept Canachecreme, vgl. S. 276
100 g Schokoladenraspel zum Bestreuen

ENERGIE/NÄHRWERT

1690 kJ
40 g KH, 25 g F, 4 g E

Backzeit: 10-15 Min.

ZUBEREITUNG

Vgl. Aprikosenbiskuitrolle.

HIMBEER-CHARLOTTE

16 STÜCK

10-15 Löffelbiskuits, je nach Größe
FÜR DIE CREME:
¼ l Milch
½ l Sahne
½ Vanilleschote
4 Eigelb
100 g Zucker
4 Blatt eingeweichte Gelatine
ZUR GARNIERUNG:
250 g Himbeeren
1 EL Puderzucker

ENERGIE/NÄHRWERT

941 kJ
22 g KH, 13 g F, 4 g E

ZUBEREITUNG

1. Die Milch mit der Hälfte der Sahne aufkochen, dabei die Vanilleschote mitziehen lassen.
2. Eigelb und Zucker dick rühren, die kochende Milch und das ausgekratzte Vanillemark zufügen.
3. Alles zurück in den Topf füllen. Auf kleiner Hitze unter ständigem Rühren langsam erwärmen, bis die Creme dicklich wird. Dabei nicht kochen, weil sie sonst gerinnt.
4. Die eingeweichte Gelatine ausdrücken und in der warmen Creme auflösen. Creme im kalten Wasserbad abkühlen.
5. Die restliche Sahne steif schlagen. Sobald die Vanillecreme fest zu werden beginnt, vorsichtig unterheben.
6. Den Rand einer Charlottenform oder Springform oder einer halbrunden Schüssel mit Löffelbiskuits dicht auslegen. Am Rand zurechtschneiden.
7. Die Creme abwechselnd mit den Himbeeren in die Form schichten.
8. Charlotte zum Festwerden kalt stellen. Nach rund drei Std. kann man sie stürzen, mit den restlichen Himbeeren belegen und mit Puderzucker bestäuben.

TIPP

● Für Tirami su, die italienische Supercreme, schichtet man Löffelbiskuits, auch Biskuitreste — vorher mit Espresso tränken! — abwechseln mit einer Creme aus Mascarpone in eine flache Form, oberste Schicht Creme, die kurz vor dem Servieren dick mit Kakaopulver bepudert wird.

BRANDMASSE

Grundrezept

¼ l Wasser
1 Pr. Salz
60 g Butter oder Margarine
150 g Mehl, Type 550
4 Eier
FÜR DAS BLECH:
20 g Fett
20 g Mehl
FÜLLUNG FÜR WINDBEUTEL:
½ l Schlagsahne oder
beliebige Cremes
vgl. S. 275.

Backzeit: 15-25 Min.
je nach Größe

VORBEREITUNG

1. Zutaten abmessen.
2. Blech fetten und bemehlen oder mit kaltem Wasser abspülen.

TIPP

- Brandmasse sollte möglichst sofort verarbeitet werden, weil sie sonst grau und zäh wird.
- Brandmasse lässt sich roh und abgebacken einfrieren.
- Brandmassengebäck sofort essen, es verliert schnell seine Knusprigkeit.
- Brandmasse eignet sich gut für Diabetiker, weil dafür kein Zucker notwendig ist.

ZUBEREITUNG BRANDMASSE-WINDBEUTEL

1. Wasser und Salz zum Kochen bringen, Butter zufügen, auflösen lassen.

2. Mehl auf einmal in das Wasser schütten, so lange rühren, bis sich ein Klumpen bildet.

3. Den Teigkloß noch 2 Min. auf allen Seiten "abbrennen".

4. Teigkloß in eine Rührschüssel umfüllen, nach und nach die Eier unterrühren.

5. Stets erst das nächste Ei unterrühren, wenn das vorige ganz verrührt ist.

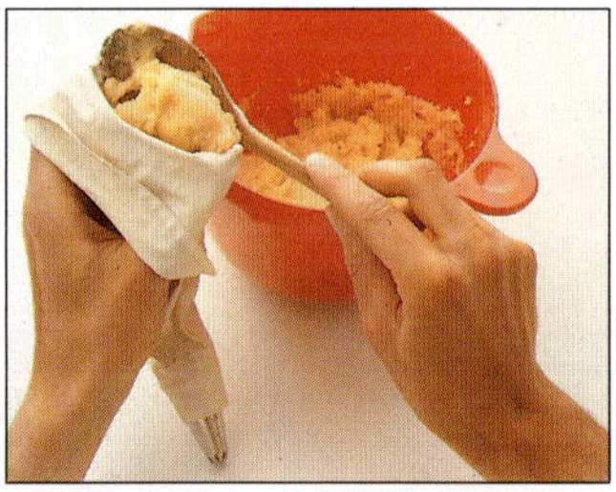

6. Teigmasse in einen Spritzbeutel füllen, weiterverarbeiten.

7. Den Teig in Form tennisballgroßer Rosetten auf das gefettete und bemehlte Blech spritzen.

8. Die Windbeutel im 200° C heißen Ofen je nach Größe 15-25 Min. backen.

9. Windbeutel heiß aufschneiden, auskühlen lassen.

HIMBEER-WINDBEUTEL
15 STÜCK

1 Grundrezept Brandmasse
AUSSERDEM:
500 g frische Himbeeren
½ l Sahne
2-3 EL Zucker
Puderzucker zum Bestäuben

ENERGIE/NÄHRWERT
900 kJ
8 g KH, 19 g F, 3 g E

Backzeit: 15-20 Min.

ZUBEREITUNG
1. Windbeutel nach dem Grundrezept backen, auskühlen lassen und aufschneiden.
2. 400 g Himbeeren auf die Böden der Windbeutel verteilen und zuckern.
3. Die restlichen Himbeeren pürieren und unter die gesüßte, steif geschlagene Sahne mischen.
4. Windbeutel füllen.
5. Deckel auflegen und mit Puderzucker bestäuben.

ECLAIRS ODER SCHWÄNE
15 STÜCK

1 Grundrezept Brandmasse
½ l Schlagsahne oder beliebige Creme
FÜR ECLAIRS:
4 EL Aprikosenkonfitüre erwärmen
FÜR SCHWÄNE:
Puderzucker zum Bestäuben

Backzeit: 15-20 Min.

ZUBEREITUNG
1. Brandmasse, wie beschrieben, herstellen.
2. Bleche fetten und bemehlen.
3. Eclairs oder für Schwäne Windbeutel und Schwanenhälse auf das Blech spritzen.
4. Backen, vgl. Grundrezept.
5. Füllen der Eclairs oder der Schwäne, vgl. Phasenfotos.

SPRITZKUCHEN
15 STÜCK

1 Grundrezept Brandmasse
ZUM FRITIEREN:
ca. 500 g reines Fett

Backzeit: 10 Min.

ZUBEREITUNG
1. Brandmasse herstellen, vgl. Grundrezept.
2. Masse in einen Spritzbeutel füllen.
3. Ringe auf gefettete Pergamentpapierquadrate spritzen.
4. In das heiße Fritierfett gleiten lassen und ca. 10 Min. bei 150° C goldbraun ausbacken.
5. Nach Bedarf glasieren, vgl. S. 276.

TIPP
● Profiteroles sind kleine Windbeutel. Man kann sie süß oder salzig füllen oder ungefüllt als Suppeneinlage nehmen.

ZUBEREITUNG ECLAIRS

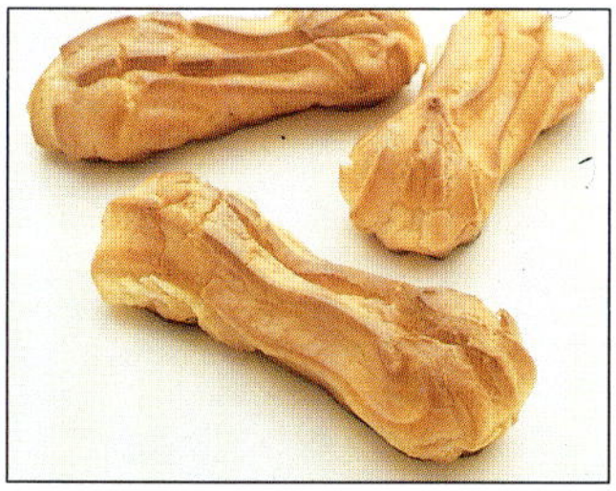

6. Eclairs quer halbieren.

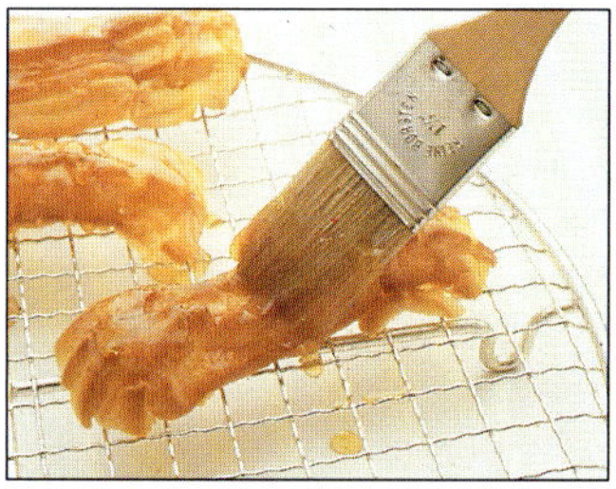

7. Den Deckel mit heißer Aprikosenkonfitüre bestreichen.

8. Untere Hälfte mit beliebiger Creme oder Sahne füllen, den Deckel darauflegen.

ZUBEREITUNG SCHWÄNE

6. Windbeutel noch warm aufschneiden, Deckel zusätzlich quer aufschneiden.

7. Untere Hälfte des Windbeutels mit einer beliebigen Creme oder Schlagsahne füllen.

8. Schwanenhals ansetzen, die Flügel auf die Sahne setzen, mit Puderzucker bestäuben.

MÜRBETEIG

Grundrezept

20 STÜCK

250 g Mehl, Type 405 oder Type 1050
60 g Zucker (4 EL)
1 Pr. Salz
1 Zitrone, natur
1 Ei
125 g Butter oder Margarine

TIPP

- Möglichst feinen Zucker verwenden, grober Zucker bildet im Gebäck braune Punkte. Besonders zart wird das Gebäck mit Puderzucker.

ENERGIE/NÄHRWERT

454 kJ
13 g KH, 7 g F, 2 g E

Backzeit: 20 Min.

Mürbeteiggebäck ist gar, wenn der Teig eine hellbraune Farbe hat.

VORBEREITUNG

1. Zutaten abmessen, kalt stellen.
2. Blech oder Form müssen nicht gefettet werden.
3. Schale von der Zitrone abreiben.

TIPP

- Ruhezeit im Kühlschrank unbedingt einhalten, damit das Fett härtet und der Teig sich besser ausrollen lässt.
- Teig kann auch mit dem Handrührgerät hergestellt werden; dabei müssen die Knethaken verwendet werden. Teig mit dem Handrührgerät bis zur Streuselstufe vermengen, dann wie oben verfahren.
- Mürbeteig hält sich ca. 1 Woche roh im Kühlschrank; außerdem ist er zum Tiefgefrieren geeignet und sollte dazu in Folie verpackt werden.

ZUBEREITUNG MÜRBETEIG

1. Mehl auf dem Backbrett häufen, Mulde drücken, Zucker, Zitronenschale und Salz in die Mitte geben.

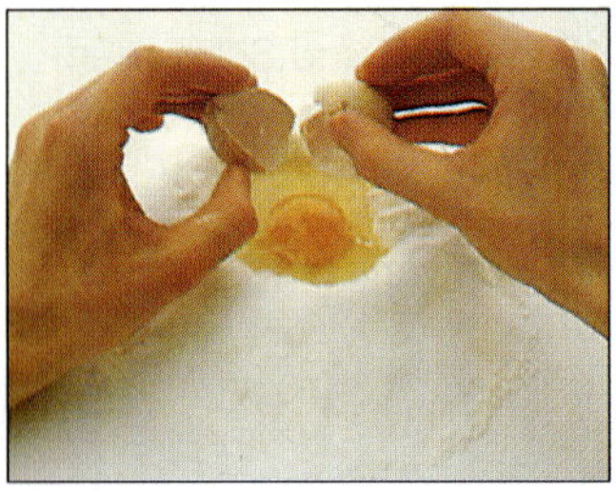

2. Ei aufschlagen und in die Mulde gleiten lassen.

3. Gut durchgekühlte Butter oder Margarine in kleine Stücke schneiden.

4. Butter oder Margarinestückchen auf dem Mehlrand verteilen.

5. Alle Zutaten mit einem Pfannenmesser gründlich durchhacken.

6. Die so entstandenen Streusel schnell mit kalten Händen durchkneten.

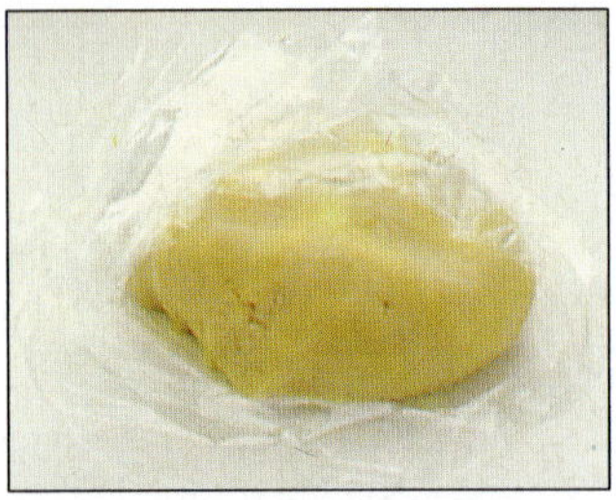

7. Teig flach formen, in Folie packen und für ca. 30 Min. kalt stellen.

8. Teigkugel mit wenig Mehl bestäuben, kurz durchkneten.

9. Auf einer bemehlten Fläche gleichmäßig dick (ca. 3 mm) ausrollen, bei 220° C backen.

MÜRBETEIG MIT VOLLKORNMEHL
20 STÜCK

- *250 g Vollkornmehl*
- *100 g Honig oder 60 g Zucker*
- *125 g Butter oder Margarine*
- *1 Pr. Salz*
- *1 Ei*
- *1 Zitrone, natur*

ENERGIE/NÄHRWERT
459 kJ
12 g KH, 8 g F, 2 g E

Backzeit: 20 Min.

VERWENDUNG VON MÜRBETEIG
Mürbeteigböden können mit fast jedem beliebigen Obst belegt werden. Man braucht dazu ca. 1 kg frisches Obst oder eine Konservendose mit Obst.
Unter das Obst kann Vanille- oder Zitronencreme gestrichen werden. Nach dem Belegen das Obst nach Herstellerhinweis mit Tortenguss überziehen.

KÄSETORTE
16 STÜCK

- *Teig, vgl. Grundrezept, S. 256*
- *Mürbeteig oder Mürbeteig mit Vollkornmehl*

BELAG:

- *500 g Magerquark*
- *150 g Zucker*
- *3 TL Vanillezucker*
- *1 Zitrone, natur*
- *1 EL Mehl*
- *1 EL Speisestärke*
- *6 Eigelb*
- *6 Eiklar*
- *50 g Zucker*
- *50 g Butter*

ENERGIE/NÄHRWERT
1162 kJ
32 g KH, 12 g F, 9 g E

Backzeit: 60 Min.

VORBEREITUNG
1. Zutaten abwiegen.
2. Zitronenschale abreiben.
3. Butter zerlassen.

ZUBEREITUNG
1. Teig, vgl. Grundrezept, S. 256, Phasenfotos 1-9.
10. Springform mit dem Teig auskleiden, vgl. S. 38.

TIPP
Der Käsekuchen kann beliebig verändert werden:
- Quark-Rosinen-Belag: Unter den Belag werden zusätzlich 100 g gewaschene Rosinen gemengt. Die Zuckermenge wird auf 100 g reduziert.
- Obst-Käsetorte: Auf dem vorgebackenen Boden werden 500 g beliebiges Obst verteilt, z. B. Sauerkirschen, Aprikosen, Ananas, Apfelscheiben.

ZUBEREITUNG KÄSETORTE

11. Den Boden ca. 15 Min. blindbacken, vgl. S. 39.

12. Quark, ⅔ des Zuckers, Vanillezucker, Zitronenschale, Mehl, Speisestärke, Eigelb verrühren.

13. Eiklar mit dem restlichen Zucker steif schlagen und mit der flüssigen Butter unterheben.

14. Auf den vorgebackenen Boden füllen, bei ca. 180° C backen.

15. Nach 20 Min. Torte aus dem Ofen nehmen und mit einem Messer rundherum entlangfahren.

16. Nach 5 Min. Ruhezeit weitere 20 Min. backen. Garprobe machen.

QUARKÖLTEIG

Grundrezept

200 g trockener Quark
⅛ l Öl
80 g Milch
80 g Zucker
1 Vanillezucker
1 Zitrone, natur
2 Pr. Salz
400 g Mehl, Type 550
1 Tüte Backpulver

Backzeit: 30 Min.

VORBEREITUNG

1. Zutaten abmessen.
2. Zitronen waschen, Schale abreiben.
3. Blech oder Form fetten.
4. Mehl und Backpulver mischen.

NUSSKRANZ

20 STÜCK

1 Grundrezept Quarkölteig
FÜR DIE FÜLLUNG:
200 g Marzipanrohmasse
⅛ l Milch
2 EL Rum
200 g Rosinen
100 g Korinthen
50 g gemahlene Mandeln
150 g gemahlene Haselnüsse
je 60 g Zitronat und Orangeat
2 EL Zucker
ZUM BESTREICHEN:
1 Eigelb
150 g Aprikosenkonfitüre
ZUM BESTREUEN:
50 g Mandelblättchen
FÜR DAS BLECH:
20 g Fett

ENERGIE/NÄHRWERT

1537 kJ
46 g KH, 17 g F, 7 g E

Backzeit: 45 Min.

ZUBEREITUNG

Teig wie im Grundrezept beschrieben, herstellen.
Weiterverarbeitung:
1. Marzipan, Milch und Rum cremig rühren.
2. Den Teig rechteckig ausrollen. Die Marzipancreme darauf verstreichen. Die übrigen Zutaten gleichmäßig darüberstreuen.
3. Die Teigplatte locker aufrollen. Zu einem Kranz geformt, auf ein gefettetes Blech legen. Die Oberseite schräg einschneiden, mit Eigelb bestreichen und mit Mandelblättchen bestreuen.
4. Bei 200° C ca. 45 Min. backen.
5. Den noch heißen Kuchen mit Aprikosenkonfitüre einpinseln.

TIPP

- Der Quarkölteig ist ideal, wenn wenig Zeit zur Verfügung steht und frisches Gebäck gebraucht wird.
- Er ist universell zu verwenden: statt Hefeteig für Obstkuchen, andere Blechkuchen, für Brötchen oder für süße und salzige Füllungen.

ZUBEREITUNG QUARKÖLTEIG

1. Quark, Öl, Milch, Zucker, Salz, Vanillezucker und Zitronenschale verkneten.

2. Mehl-Backpulver-Gemisch zugeben.

3. Alles zu einem geschmeidigen Teig verkneten.

QUARKÖLTEIG FÜR SALZIGES GEBÄCK

20 STÜCK

200 g trockener Quark
1/8 l Öl
80 g Milch
400 g Mehl, Type 550
1 Tüte Backpulver
1 TL Salz
1 Eiklar

ENERGIE/NÄHRWERT

577 kJ
15 g KH, 7 g F, 4 g E

Backzeit: 30 Min.

VORBEREITUNG

1. Vgl. Grundrezept.
2. Spezielle Füllungen herstellen.

ZUBEREITUNG

1. Teig, wie beim Grundrezept beschrieben, herstellen.
2. Teig auf bemehlter Fläche sehr dünn ausrollen.
3. Teig zu Quadraten (10 x 10 cm), Kreisen (Ø 8 cm) oder Rechtecken (8 x 6 cm) ausradeln.
4. Auf jedes Teigstück 2 EL Füllung auf die eine Hälfte setzen.
5. Freie Teigfläche mit Eiklar bepinseln.
6. Teighälfte überklappen, fest andrücken.
7. Bei 200 °C ca. 20 Min. backen, warm servieren.

BEI TISCH

Salzig gefüllter Quarkölteig kann, durch einen frischen Salat ergänzt, gut als leichtes Mittagessen oder Abendbrot serviert werden.

SPECKFÜLLUNG MIT FRÜHLINGSZWIEBELN

250 g durchwachsener Bauchspeck, fein gewürfelt
300 g Frühlingszwiebeln in schmalen Ringen
Salz
Pfeffer aus der Mühle

ENERGIE/NÄHRWERT

323 kJ
1 g KH, 7 g F, 1 g E

ZUBEREITUNG

1. Den Speck in einer trockenen Pfanne bei starker Hitze ausbraten. Abgetropft mit den Zwiebeln vermischen.
2. Füllung evtl. salzen.

GEFLÜGELFÜLLUNG

125 g Putenbrust, in kleine Würfel geschnitten
1 EL Butter
75 g Fleischwurst, fein gewürfelt
75 g roher Schinken, in feinen Streifen
1 Ei
100 g frisch geriebener Parmesankäse
geriebener Muskat
Salz
Pfeffer aus der Mühle

ENERGIE/NÄHRWERT

242 kJ
– g KH, 4 g F, 4 g E

ZUBEREITUNG

1. Das Fleisch in der heißen Butter unter stetem Wenden rundum kross anbraten.
2. Mit den übrigen Zutaten in einer Schüssel gut vermischen.

CHAMPIGNONFÜLLUNG

300 g Champignons
3 Zwiebeln
3 EL Olivenöl
3 Weißbrotscheiben
Salz
Pfeffer aus der Mühle

ENERGIE/NÄHRWERT

118 kJ
5 g KH, 2 g F, 1 g E

ZUBEREITUNG

1. Die Pilze putzen und fein hacken. Die Zwiebeln pellen und in sehr feine Würfel schneiden.
2. Im heißen Öl anbraten. Etwas abgekühlt mit dem entrindeten, zerkrümelten Weißbrot mischen. Salzen und pfeffern.

FLEISCHFÜLLUNG MIT ROSINEN

2 gehackte Zwiebeln
1 EL Olivenöl
250 g Hackfleisch
2 EL eingeweichte Rosinen
1 TL getrocknete, entkernte und zerkrümelte Chilischoten
1/4 TL gemahlener Kreuzkümmel
Salz
Pfeffer aus der Mühle

ENERGIE/NÄHRWERT

162 kJ
1 g KH, 3 g F, 3 g E

ZUBEREITUNG

Die Zwiebeln im heißen Öl andünsten. Abgekühlt unter die übrigen Zutaten mischen.

TIPP

- Alle Hackmischungen, vgl. S. 168, können für eine Füllung verwendet werden.

BLÄTTERTEIG

Grundrezept

450 g Mehl, Type 550
50 g Butter oder
Ziehmargarine
1 TL Salz
300 ml Wasser
450 g Butter, gekühlt, oder
Ziehmargarine

Backzeit: 20 Min.

TIPP

● Ein Paket (300 g) Fertigblätterteig entspricht einem 1/4 Grundrezept.

ZUBEREITUNG BLÄTTERTEIG

1. Mehl in eine Schüssel geben, 50 g Butter und Salz zufügen.

2. Das Wasser zugießen, langsam, nicht alles auf einmal.

3. Mit den Händen oder den Knethaken des Handrührgerätes gründlich verkneten.

4. Zu einer Kugel formen, in Folie packen und kalt stellen.

5. Gut gekühlte Butter zwischen Folienblätter legen und zu einem Rechteck ausrollen.

6. Den Teig rechteckig ausrollen. Das Butterstück aufsetzen.

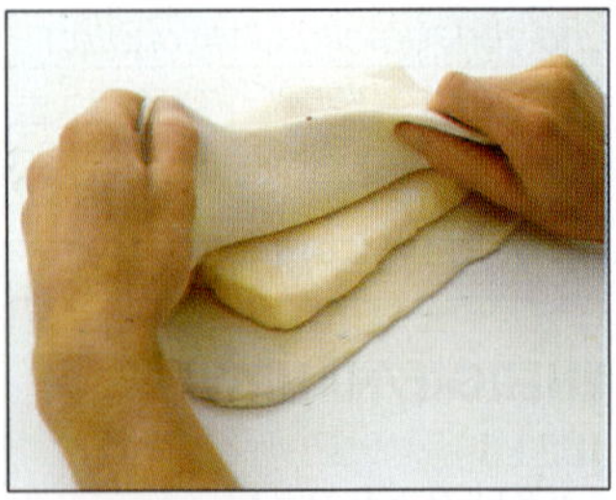

7. Den Teig über der Butter zusammenschlagen.

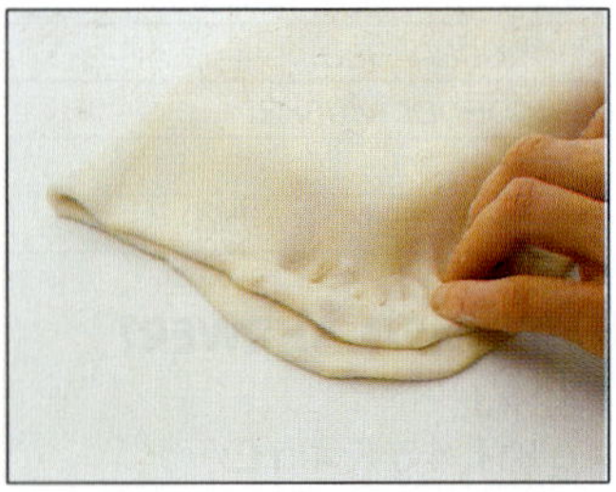

8. Rundherum die Teigränder gut zusammendrücken.

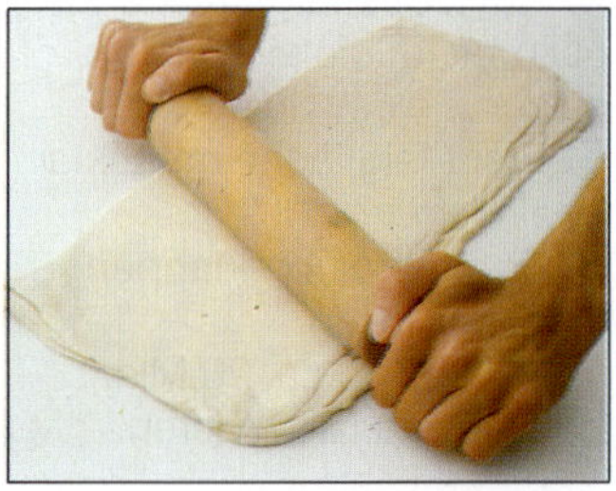

9. Teig mit Mehl bestäuben und zu einem schmalen Rechteck ausrollen.

10. Dritteln, dann 10 Min. ruhen lassen, Vorgang 9 und 10 zweimal wiederholen.

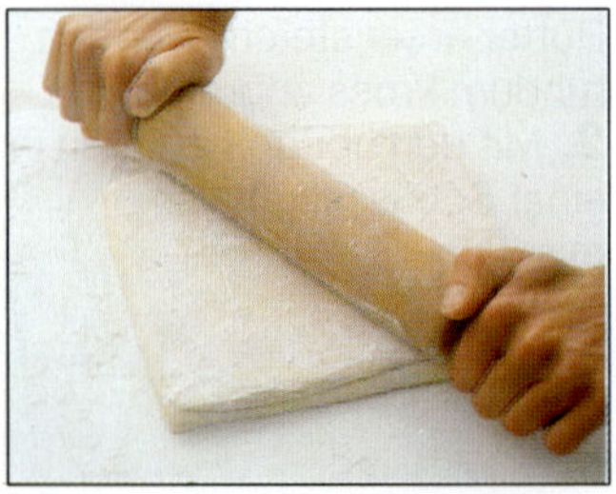

11. Für die Weiterverarbeitung den bemehlten Teig 2 bis 4 mm stark ausrollen.

12. Das Backblech großzügig mit Wasser einpinseln. Bei 220° C ca. 20 Min. goldbraun backen.

APRIKOSEN-WINDRÄDER
20 STÜCK

300 g Blätterteig herstellen
vgl. Grundrezept, S. 260
450 g halbierte Aprikosen
(aus der Dose)
5 EL Aprikosenkonfitüre

ENERGIE/NÄHRWERT
393 kJ
12 g KH, 5 g F, 1 g E

Backzeit: 20 Min.

VORBEREITUNG
Den Teig zu einem Quadrat von 30 x 30 cm ausrollen. Daraus neun Quadrate von 10 x 10 cm schneiden. Ecken schräg einschneiden.

KÄSESTANGEN
20 STÜCK

300 g Blätterteig herstellen
vgl. Grundrezept, S. 260
200 g frisch geriebener Käse
(z. B. Gruyère)
1 TL Delikatesspaprika

ENERGIE/NÄHRWERT
409 kJ
4 g KH, 7 g F, 3 g E

Backzeit: 20 Min.

VORBEREITUNG
Den Teig zu einem Rechteck von 20 x 25 cm etwa 2 mm dünn ausrollen. Die eine Hälfte der Teigfläche mit Käse und Paprika bestreuen.

TIPP
- Das Grundrezept ergibt ca. 1,2 kg Teig. Eine kleinere Menge herzustellen lohnt den Arbeitsaufwand nicht.
Teig, der nicht sofort verbraucht wird, zu gleichmäßigen Platten ausrollen, nebeneinander vorfrosten, dann in Folie verpacken und tiefgefrieren. Bei Bedarf entnehmen.
- Blätterteigreste nicht verkneten, sondern übereinanderlegen, dann erneut ausrollen. Wenn Blätterteigreste verknetet wurden, kann der Teig nur noch zum Einkleiden, z. B. von Kasseler, genommen werden, weil die Schichten zerstört sind.
- Alle Rezepte können ebenso mit fertig gekauftem tiefgefrorenen Blätterteig zubereitet werden.
- Zum Aprikotieren die Aprikosenkonfitüre aufkochen, durch ein Sieb streichen und mit einem Pinsel auftragen.

ZUBEREITUNG APRIKOSEN-WINDRÄDER

1. Je eine Ecke zur Mitte klappen.

2. Je eine Aprikosenhälfte in die Mitte setzen.

3. Backen, vgl. Grundrezept S. 260. Die Windräder aprikotieren.

ZUBEREITUNG KÄSESTANGEN

1. Leere Hälfte darüberklappen, mit der Nudelrolle leicht darüberfahren und festdrücken.

2. Streifen abschneiden, um ihre eigene Achse gedreht auf ein nasses Backblech legen.

3. Bei 225° C ca. 20 Min. backen.

HEFETEIG

Grundrezept

FÜR BLECHKUCHEN
500 g Mehl, Type 550
30 g Hefe
20 g Zucker
1 Ei
¼ l Milch
50 g Butter oder Margarine
2 Pr. Salz

Backzeit: 15 Min.

VOLLKORNHEFETEIG

Grundrezept

FÜR BLECHKUCHEN
500 g Vollkornmehl
40 g Hefe
20 g Zucker
1 Ei
300 ml Milch
50 g Butter oder Margarine
3 Pr. Salz

Backzeit: 20 Min.

TIPP

● Die Zutaten können auch alle zusammen in eine Schüssel gegeben werden und dann verknetet werden. Dabei muss darauf geachtet werden, dass das Fett und das Salz nicht direkt auf die Hefe kommen.

VORBEREITUNG

1. Zutaten abwiegen.
2. Blech oder Form einfetten.
3. Zitronenschale abreiben.
4. Butter oder Margarine in kleine Stücke teilen.
5. Ofen auf 180 °C vorheizen.

TIPP

● Die Ruhezeit (Gärzeit) für Hefeteig kann stark verringert werden, wenn der Teig (Grundmenge) 4 Min. bei Auftaustufe 90-180 Watt in der Mirkowelle gärt und die Zutaten handwarm verarbeitet werden.

ZUBEREITUNG HEFETEIG

1. Milch erwärmen, Hefe in die lauwarme Milch bröckeln.

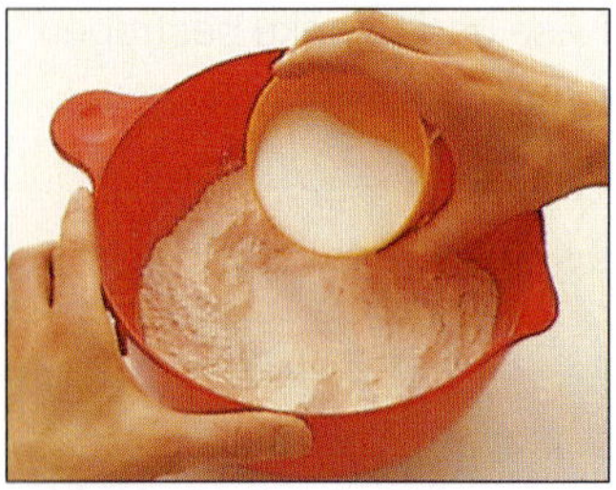

2. Mehl mit Zucker und Salz mischen, eine Mulde hineindrücken.

3. Eier aufschlagen und hineingleiten lassen.

4. Butter oder Margarine in Flöckchen schneiden und obenauf geben.

5. Milch und Hefe hineingießen.

6. Alles mit dem Handrührgerät auf höchster Stufe zu einem glatten Teig verarbeiten.

7. Teig mit einem Tuch abdecken, ruhen lassen, bis er sein Volumen verdoppelt hat.

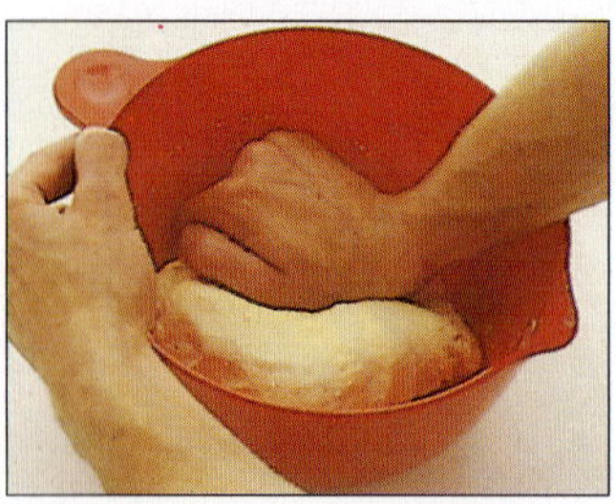

8. Den Teig danach nochmals kurz mit der Hand durchkneten.

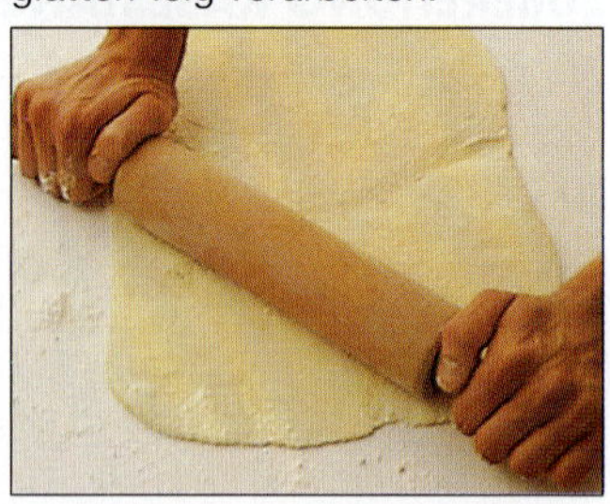

9. Teig ausrollen oder formen, Teig gehen lassen, ca. 15 Min., bei 180° C backen.

ZWETSCHGENKUCHEN

20 STÜCK

1 Grundrezept Hefeteig

AUSSERDEM:

4 EL Semmelbrösel

2 kg Zwetschgen

6 EL Zucker

2 TL Tortengusspulver, hell

½ TL Zimt

ENERGIE/NÄHRWERT

952 kJ

44 g KH, 3 g F, 5 g E

Backzeit: 25 Min.

ZUBEREITUNG

1. Hefeteig herstellen, ausrollen und auf ein gefettetes Backblech legen.

2. Die Fläche mit Semmelbröseln bestreuen. Den Teig erneut 10 Min. gehen lassen.

3. Zwetschgen aufschneiden, den Stein auslösen und, blaue Seite nach unten, dicht nebeneinander auf die Teigfläche setzen.

4. Den Kuchen bei 180° C ca. 20 Min. backen.

5. Zucker, Tortengusspulver und Zimt mischen und das Obst damit bestreuen, noch 5 Min. backen.

BUTTERKUCHEN

20 STÜCK

1 Grundrezept Hefeteig

AUSSERDEM:

250 g Butter, klein geschnitten

5 EL Zucker

3 EL Mandelblättchen

Backzeit: 20 Min.

ZUBEREITUNG

1. Hefeteig herstellen, ausrollen und auf ein gefettetes Backblech legen. 10 Min. gehen lassen.

2. Die Butter gleichmäßig auf der Teigfläche verteilen.

3. Zucker und Mandelblättchen darüberstreuen.

4. Im vorgeheizten Ofen bei 180° C ca. 20 Min. backen.

BIENENSTICH

20 STÜCK

1 Grundrezept Hefeteig

AUSSERDEM:

100 g Butter

100 g Zucker

⅛ l Sahne

150 g gestiftelte oder gehobelte Mandeln

ENERGIE/NÄHRWERT

1456 kJ

31 g KH, 22 g F, 7 g E

Backzeit: 20 Min.

ZUBEREITUNG

1. Nach dem Grundrezept den Teig herstellen, ausrollen und auf ein gefettetes Backblech legen.

2. Die Butter in einem Topf bei milder Hitze schmelzen.

3. Den Zucker darin auflösen, aber nicht bräunen.

4. Die Sahne angießen und aufkochen.

5. Die Mandeln zufügen. Alles abkühlen. Erst dann auf der Teigfläche verteilen.

6. Den Kuchen bei 180° C 20 Min. backen.

TIPP

- Besonders gut schmeckt der Bienenstich mit Buttercreme (vgl. S. 275) oder Vanillecreme (vgl. S. 276) gefüllt. Dafür schneidet man den Blechkuchen in Portionsstücke, diese wiederum quer in zwei Hälften. Die untere Hälfte mit Creme bestreichen, die obere wieder aufsetzen.
- Die Hefe muss frisch sein. Frische Hefe riecht angenehm säuerlich. Alte Hefe ist trocken und bröckelig.

APFELKUCHEN

20 STÜCK

1 Grundrezept Hefeteig

AUSSERDEM:

2,5 kg Äpfel, süß-säuerlich (Boskop oder Herbstreinetten)

Saft einer Zitrone

2 EL Zucker

½ TL Zimt

4 EL Rum nach Belieben

100 g Rosinen

50 g gestiftelte Mandeln

ENERGIE/NÄHRWERT

1003 kJ

43 g KH, 5 g F, 5 g E

Backzeit: 30 Min.

ZUBEREITUNG

1. Den Teig nach dem Grundrezept zubereiten, dünn ausrollen und auf ein gefettetes Backblech legen. 10 Min. gehen lassen.

2. Inzwischen die Äpfel schälen, vierteln, das Kerngehäuse herausschneiden. Die Apfelviertel in schmale Spalten schneiden. Damit sie sich nicht braun färben, in Zitronensaft wenden.

3. Die Spalten auf dem Teigboden verteilen, mit Zucker und Zimt bestreuen.

4. Zum Schluss in Rum eingeweichte Rosinen und Mandelstifte dazwischen verteilen.

5. Den Kuchen nochmals 30 Min. gehen lassen, erst dann bei 180° C im vorgeheizten Ofen 30 Min. backen.

HEFEZOPF

Grundrezept

20 STÜCK

500 g Mehl, Type 550
40 g Hefe
20 g Zucker
1 Ei
150 ml Milch
50 g Butter oder Margarine
2 Pr. Salz

ENERGIE/NÄHRWERT

506 kJ
22 g KH, 2 g F, 4 g E

Backzeit: 45 Min.

ZUBEREITUNG

1. Wie im Grundrezept, vgl. S. 262, den Hefeteig herstellen.
2. Den Teig in drei Portionen teilen und je 20 cm lange Stränge formen.
3. Aus den Strängen einen Zopf flechten. Auf dem gefetteten, bemehlten Backblech 90 Min. unter einem Tuch gehen lassen.
4. Die Oberfläche mit Eigelb einpinseln. Den Zopf bei 180 °C ca. 45 Min. backen.

NUSSROLLE

20 STÜCK

1 Rezept Hefeteig für Hefezopf

AUSSERDEM:

300 g grob gehackte Haselnüsse
50 g gehackte Walnüsse
50 g Semmelbrösel
100 g Zucker
2 EL Rum
100 ml Milch
100 g Puderzucker für die Glasur
2 EL Wasser

ENERGIE/NÄHRWERT

1171 kJ
36 g KH, 12 g F, 7 g E

Backzeit: 45 Min.

ZUBEREITUNG

1. Wie im Grundrezept einen Hefeteig herstellen.
2. Für die Füllung die übrigen Zutaten mischen.
3. Den Hefeteig 25 x 30 cm groß ausrollen.
4. Die Füllung darauf verteilen. Den Teig aufrollen und auf ein Blech setzen. Die Oberfläche mit einer Schere im Zickzack einschneiden.
5. Zugedeckt eine Stunde gehen lassen und bei 180 °C ca. 45 Min. backen.
6. Zucker mit Wasser glattrühren. Die Rolle damit einstreichen.

ROSINENBROT

15 SCHEIBEN

500 g Mehl
20 g Hefe
1 Pr. Zucker
300 ml lauwarme Milch
½ TL Salz

AUSSERDEM:

100 g Rosinen

ENERGIE/NÄHRWERT

567 kJ
29 g KH, 0 g F, 4 g E

Backzeit: 60 Min.

ZUBEREITUNG

1. Wie im Grundrezept, vgl. S. 262, einen Hefeteig zubereiten. Dann die Rosinen einarbeiten.
2. Den Teig zugedeckt 60 Min. gehen lassen, durchkneten und zu einem Laib formen.
3. In eine gefettete Kastenform legen. Unter einem Tuch weitere 60 Min. gehen lassen.
4. Mit Wasser bestreichen und bei 200 °C ca. 60 Min. backen.
5. Aus der Form kippen und auf einem Kuchenrost etwas auskühlen lassen, bevor man das Brot anschneidet.

Nussrolle

TIPP

- In den Hefezopfteig können 50 g Zitronat, 50 g Orangeat oder 100 g Rosinen eingearbeitet werden.
- Der Hefezopf kann geflochten auch als Kranz zusammengelegt werden.
- Nach dem Backen können zu Ostern bunt gefärbte Ostereier hineingelegt werden.
- Anstatt der Nussfüllung schmeckt die Heferolle auch sehr gut mit einer Mohnfüllung, vgl. Mohnstollen, S. 271.

PITTA-BROT
Fladenbrot aus Griechenland

10 STÜCK

500 g Mehl, Type 550
15 g Hefe
300 ml lauwarmes Wasser
1 TL Salz
3 EL Olivenöl

ENERGIE/NÄHRWERT
860 kJ
38 g KH, 6 g F, 7 g E

Backzeit: 10 Min.

ZUBEREITUNG
1. Die Hefe in dem Wasser auflösen. Dann die übrigen Zutaten zufügen und alles zu einem festen Teig verkneten. Unter einem Tuch eine Stunde gehen lassen.
2. Den Teig zu einer 2 cm dicken Rolle formen. Jeweils zentimeterschmale Scheiben abschneiden. Die Scheiben zu kleinen Kugeln rollen. Zugedeckt weitere 10 Min. gehen lassen.
3. Jede Kugel mit dem Nudelholz zu einer ovalen Scheibe ausrollen. Auf einem gefetteten, bemehlten Blech im 250° C heißen Ofen 8 bis 10 Min. backen, bis die Pitta-Brote sich aufblähen.

Pitta-Brot

HEFEBROT
Grundrezept

15 SCHEIBEN

500 g Mehl, Type 550 oder Type 1050
20 g Hefe
1 Pr. Zucker
300 ml lauwarmes Wasser
1 TL Salz

ENERGIE/NÄHRWERT
499 kJ
24 g KH, 0 g F, 4 g E

Backzeit: 20–30 Min.

ZWIEBELBROT
150 g fein gehackte, in Butter geröstete Zwiebeln (oder fertige Röstzwiebeln) unter den Grundteig kneten. Freigeschoben oder in einer Kastenform backen.

KRÄUTERBROT
Unter den Grundteig 4 EL fein gehackte frische Kräuter mischen, z. B. Petersilie, Schnittlauch, Dill, Basilikum, Thymian, Estragon.

MÖHRENBROT
100 g geschälte, geraspelte Möhren unter den Grundteig kneten.

HEFEBRÖTCHENKRANZ
7 STÜCK

1 Grundrezept Hefebrot

AUSSERDEM:

1 EL geraspelter Käse
1 EL Leinsamen
1 EL Weizenkleie
1 TL grobes Salz
1 TL Kümmel
1 TL Sesam
1 EL Mehl

ENERGIE/NÄHRWERT
1187 kJ
53 g KH, 3 g F, 10 g E

Backzeit: 35 Min.

ZUBEREITUNG
1. Hefeteig zubereiten, vgl. S. 262.
2. Kugeln formen, indem ihre Außenseite nach innen gedrückt wird, so dass die glatte Schnittfläche eine makellose Oberseite bildet.
3. Sechs Kugeln zu einem Kreis auf ein bemehltes Blech setzen. Eine Kugel in die Mitte geben.
4. Mit Wasser einpinseln und mit den verschiedenen Zutaten bestreuen.
5. 45 Min. gehen lassen.
6. Bei 220° C etwa 35 Min. backen. Sofort erneut mit Wasser einpinseln.

PIZZA

Grundrezept

aus Italien

4 STÜCK

500 g Mehl, Type 550 oder Type 1050
40 g Hefe
1 Pr. Zucker
¼ TL Salz
¼ l Wasser
4 EL Olivenöl (o. a.)
Fett für die Form

BELAG PIZZAIOLA:

100 g Zwiebeln
2 Knoblauchzehen
3 EL Olivenöl
1 Dose geschälte Tomaten
1 TL Oregano
1 Lorbeerblatt
Salz, Pfeffer
250 g Käse

ENERGIE/NÄHRWERT

3086 kJ
97 g KH, 29 g F, 18 g E

Backzeit: 15 Min.

VOR- UND ZUBEREITUNG

1. Aus den Zutaten für den Boden einen Hefeteig, wie im Grundrezept auf S. 262 beschrieben, herstellen.
2. Teig auf einem Blech oder in vier Pizzaformen verteilt ausrollen.
3. Teig mehrmals mit einer Gabel einstechen.
4. Für Pizzaiola Zwiebeln und Knoblauch pellen, sehr fein würfeln.
5. Zwiebeln und Knoblauch in Öl andünsten, Tomaten zufügen und ebenfalls die Gewürze.
6. So lange kochen lassen, bis es zu einer dicken Masse eingekocht ist.
7. Speziellen Belag (vgl. Rezeptangaben S. 267) zubereiten.
8. Käse fein schneiden oder raspeln.
9. Pizzaiola auf dem Teigboden verteilen, speziellen Belag darübergeben.
10. Käse gleichmäßig darüberstreuen.
11. Mit Oregano, Salz und Pfeffer würzen.
12. Bei 220° C ca. 10 bis 15 Min. backen.
13. Mit Petersilie oder Basilikum bestreut warm servieren.

TIPP

- Pizzen können sehr gut in größeren Mengen hergestellt und eingefroren werden.
- Besonders saftig bleibt der Pizzabelag, wenn man ihn vor dem Backen mit etwas Olivenöl beträufelt — das schützt obendrein die Zutaten davor, zu dunkel zu werden.
- Wähen können mit den verschiedensten Obstsorten belegt werden.
- Für Preiselbeerwähe: 400 g gewaschene, verlesene Preiselbeeren.
- Für Birnenwähe: 500 g geschälte, entkernte, halbierte Birnen.
- Für Heidelbeerwähe: 400 g gewaschene, verlesene Heidelbeeren.

WÄHEN

Grundrezept

aus der Schweiz

4 STÜCK

250 g Mehl, Type 550 oder Type 1050
20 g Hefe
10 g Zucker
1 Pr. Salz
1 Ei
⅛ l Milch
20 g Fett für die Form

FÜR KIRSCHWÄHE:

400 g Sauerkirschen, entsteint
4 Eier
¼ l Sahne
80 g Zucker
½ TL Zimt
50 g Puderzucker zum Bestäuben

ENERGIE/NÄHRWERT

3119 kJ
95 g KH, 30 g F, 20 g E

Backzeit: 40 Min.

VORBEREITUNG

1. Zutaten abwiegen.
2. Wähen-, Pizza- oder Pieform gut fetten.
3. Obst waschen, verlesen, ggf. entkernen und schälen.
4. Beerenobst gut mit Küchenpapier abtrocknen.

ZUBEREITUNG

1. Den Teig nach dem Grundrezept Hefeteig, vgl. S. 262, herstellen.
2. Teig ca. 1 cm stark ausrollen.
3. Wähenform oder andere Form mit Teig auskleiden (Boden und Rand).
4. Obst auf dem Teig gleichmäßig verteilen.
5. Eier, Sahne, Zucker und Zimt verquirlen und darübergießen.
6. Die Wähe bei 180° C ca. 40 Min. backen. Noch warm mit Puderzucker bestäuben und servieren.

PIZZA MARGHERITA

1 Grundrezept Boden
1 Rezept Pizzaiola, vgl. S. 266
ZUSÄTZLICH:
200 g Mozzarella oder
200 g milder Tilsiter
Oregano, Salz, Pfeffer

PIZZA FRUTTI DI MARE

Vgl. Pizza Margherita
ZUSÄTZLICH:
200 g Meeresfrüchte wie Tiefseekrabben, Miesmuscheln, Tintenfischringe in Weißwein gedünstet

PIZZA FUNGHI

Vgl. Pizza Margherita
ZUSÄTZLICH:
400 g frische, blättrig geschnittene Champignons

PIZZA SALAMI

Vgl. Pizza Margherita
ZUSÄTZLICH:
100 g sehr dünn geschnittene Salami

PIZZA QUATTRO STAGIONI

Vgl. Pizza Margherita
ZUSÄTZLICH:
100 g geschn. gek. Schinken
2 Eier, hartgekocht in Scheiben
100 g geviertelte Artischockenherzen
200 g geschnittene Champignons

PIZZA TONNO

Vgl. Pizza Margherita
ZUSÄTZLICH:
70 g gewässerte Anchovisfilets
100 g halbierte, schwarze Oliven
glattblättrige Petersilie
1 Dose Thunfisch in Öl, klein zerpflückt

ZWIEBELAPFELKUCHEN

1/2 Grundrezept Hefeteig, vgl. S. 262
1,5 kg Gemüsezwiebeln
3 EL Öl
1 kg säuerliche Äpfel
Salz, Pfeffer
Thymian, getrocknet
300 g Dickmilch
2 Eier
200 g Frühstücksspeck
30 g Sonnenblumenkerne
FÜR DAS BLECH:
20 g Fett

Backzeit: 30 Min.

VORBEREITUNG

1. Backblech fetten.
2. Zwiebeln pellen und in Scheiben schneiden.
3. Äpfel waschen, schälen und in Spalten schneiden; in Salzwasser liegen lassen, damit sie nicht braun werden.
4. Speck würfeln.
5. Dickmilch mit den Eiern, Thymian, Salz und Pfeffer verschlagen.

ZUBEREITUNG

1. Hefeteig wie im Grundrezept angegeben zubereiten.
2. Hefeteig auf dem Backblech ausrollen und gehen lassen.
3. Zwiebeln in Öl andünsten, Apfelstücke untermischen.
4. Zwiebelmischung auf den Teig geben, Speckwürfel darüberstreuen.
5. Sonnenblumenkerne darüberstreuen.
6. Eiermilch übergießen.
7. In den Backofen schieben und bei 170° C ca. 25-30 Min. backen, warm servieren.

VARIATION

Der Zwiebelkuchen kann sowohl ohne Äpfel als auch ohne Speck zubereitet werden. Statt Thymian kann auch Kümmel übergestreut werden.

SAUERTEIGANSATZ

Grundrezept

20 g Hefe
½ l lauwarmes Wasser
300 g Mehl, Type 550

ZUBEREITUNG

1. Die Hefe in eine Schüssel bröckeln.
2. Das Wasser hinzugießen und die Hefe darin mit dem Schneebesen auflösen.
3. Das Mehl hinzuschütten und alles gut miteinander verrühren.
4. Den Sauerteigansatz drei Tage bei Zimmertemperatur offen stehen lassen.

ROGGENBROT

Grundrezept

15 SCHEIBEN

300 g Roggenvollkornschrot, Type 1800
300 g Roggenmehl, Type 1370
300 g Weizenmehl, Type 405
2 TL Salz
300 g Sauerteigansatz (1 Grundrezept)
oder 1 Beutel Fertigsauerteig
3/8 l lauwarmes Wasser

ENERGIE/NÄHRWERT

1145 kJ
56 g KH, 1 g F, 8 g E

Backzeit: ca. 60 Min.

TIPP

- Sauerteig frisch verwenden. Sauerteig kann auch als Fertigprodukt im Vakuum oder als Trockenprodukt eingesetzt werden.
- Den fertig geformten Teig nie länger als drei Stunden stehen lassen, er fällt sonst wieder zusammen.
- Wenn man ein Glas Wasser auf dem Ofenboden verzischen lässt, bewahrt der aufsteigende Dampf das Brot vor dem Austrocknen.
- Ob das Brot gar ist, kann man hören. Es klingt dann dumpf und hohl, wenn man auf die Unterseite klopft.

ZUBEREITUNG ROGGENBROT

1. Mehlsorten mit dem Salz in einer Rührschüssel vermischen.

2. Sauerteigansatz sowie das warme Wasser zufügen.

3. Alles gründlich miteinander verkneten.

4. Teig unter einem Tuch bis zur Verdoppelung des Volumens gehen lassen.

5. Aufgegangenen Teig nochmals durchkneten, zu einem Laib formen.

6. Den Laib einkerben, nochmals ca. 60 Min. gehen lassen. Bei 230° C ca. 60 Min. backen.

BAUERNBROT

15 SCHEIBEN

600 g Weizenmehl, Type 405
300 g Roggenmehl, Type 1370
1 TL Salz
100 g Sauerteigansatz
40 g Hefe
½ l warmes Wasser

ENERGIE/NÄHRWERT

981 kJ
49 g KH, 1 g F, 7 g E

Backzeit: ca. 60 Min.

ZUBEREITUNG

1. Die beiden Mehlsorten mit dem Salz vermischen.
2. Sauerteig, Hefe und Wasser miteinander verrühren.
3. Alles, wie im Grundrezept gezeigt, zu einem festen Teig verarbeiten und gehen lassen.
4. Zu einem Laib formen, mit einem Messer schräg einkerben. Laut Grundrezept backen.

MISCHBROT

15 SCHEIBEN

40 g Hefe
½ l warmes Wasser
750 g Weizenmehl, Type 405
150 g Roggenmehl, Type 1370
1 TL Salz
100 g Sauerteigansatz

ENERGIE/NÄHRWERT

1559 kJ
77 g KH, 1 g F, 10 g E

Backzeit: ca. 60 Min.

ZUBEREITUNG

1. Die Hefe im Wasser auflösen, stehen lassen, bis sie zu schäumen beginnt.
2. Dann mit den übrigen Zutaten, wie im Grundrezept gezeigt, einen Brotteig zubereiten.
3. Einen runden Laib daraus formen, gehen lassen, und, wie angegeben, backen.

DREIKORNBROT

15 SCHEIBEN

300 g Weizenvollkornschrot, Type 1700
300 g Haferflocken
300 g Roggenmehl, Type 1370
1 TL Salz
300 g Sauerteigansatz
40 g Hefe
½ l warmes Wasser
Weizenvollkornschrot zum Bestreuen

ENERGIE/NÄHRWERT

1189 kJ
55 g KH, 2 g F, 9 g E

Backzeit: ca. 60 Min.

ZUBEREITUNG

1. Wie im Grundrezept gezeigt, einen Brotteig herstellen.
2. Den Teig in eine gefettete, mit Vollkornschrot ausgestreute Kastenform (2 l Inhalt) geben, auch die Oberfläche mit Schrot bestreuen.
3. Den Teig nochmals gehen lassen und wie im Grundrezept backen.

GERSTENVOLLKORNBROT

15 SCHEIBEN

40 g Hefe
½ l warmes Wasser
300 g Gerstengrütze
300 g Roggenvollkornschrot, Type 1800
300 g Roggenmehl, Type 1370
150 g Sauerteigansatz

ENERGIE/NÄHRWERT

990 kJ
49 g KH, 1 g F, 7 g E

Backzeit: ca. 60 Min.

ZUBEREITUNG

1. Die Hefe im Wasser auflösen, stehen lassen, bis sie zu schäumen beginnt.
2. Dann mit den übrigen Zutaten einen festen Brotteig kneten.
3. Einen Laib daraus formen, mit einem Messer einkerben. Nochmals gehen lassen und, wie im Grundrezept gezeigt, backen.

SCHWARZBROT

15 SCHEIBEN

300 g Roggenvollkornschrot, Type 1800
300 g Roggenmehl, Type 1370
300 g Weizenkleie
1 TL Salz
300 g Sauerteigansatz
40 g Hefe
½ l warmes Wasser
AUSSERDEM:
2 EL Weizenkleie zum Wälzen

ENERGIE/NÄHRWERT

1106 kJ
47 g KH, 2 g F, 10 g E

Backzeit: ca. 60 Min.

ZUBEREITUNG

1. Aus den Zutaten, wie im Grundrezept gezeigt, einen Brotteig kneten.
2. Den Teig zu einer Rolle formen, in Kleie wälzen.
3. Zu einem Laib formen oder in eine Kastenform füllen. Man kann auch eine einfache Blechdose als Backform benutzen.
4. Wie im Grundrezept erneut gehen lassen und backen.

CHRISTSTOLLEN

40 STÜCK

1000 g Mehl, Type 550
80 g Hefe (2 Würfel oder
2 Tütchen Trockenhefe)
100 g Zucker
1 Pr. Salz
2 Eier
3/8 l Milch
500 g Butter
AUSSERDEM:
½ TL Zimt
½ TL Kardamom
300 g Rosinen
4 EL Rum nach Belieben
200 g gehackte Mandeln
100 g Zitronat
100 g Orangeat
100 g Butter zum Bestreichen
100 g Puderzucker zum Bestäuben

ENERGIE/NÄHRWERT

1200 kJ
30 g KH, 16 g F, 5 g E

Backzeit: 75 Min.

VORBEREITUNG

1. Zutaten abwiegen.
2. Rosinen in Rum einweichen.
3. Mandeln abziehen und hacken.
4. 100 g Butter zum Bestreichen zerlassen.

ZUBEREITUNG

1. Nach dem Grundrezept, vgl. S. 262, einen Hefeteig herstellen, zugleich Zimt und Kardamom hineinkneten.
2. Den Teig 2 cm dick ausrollen. Abgetropfte Rosinen, Mandeln, Zitronat und Orangeat darauf verteilen. Aufrollen, den Teig nur kurz durchkneten, damit die Rosinen nicht abfärben, die Zutaten aber gleichmäßig verteilt werden. In zwei Hälften teilen. Jeweils einen Laib formen und zugedeckt 20 Min. ruhen lassen.
3. Stollen formen (vgl. Phasenfotos).
4. Die beiden Stollen auf ein Blech setzen und nochmals zugedeckt 3 bis 4 Std. gehen lassen.
5. Im 180° C heißen Ofen 75 Min. backen.
6. Die Stollen noch warm mit flüssiger Butter bepinseln. Dick mit Puderzucker bestäuben. In Alufolie dicht verpackt zwei bis vier Wochen durchziehen lassen.
7. Vor dem Anschneiden frisch mit Puderzucker bestäuben.

VOLLKORNSTOLLEN

40 Stück

1 kg Vollkornmehl
80 g Hefe
120 g Zucker
1 Vanillezucker
½ l lauwarme Milch
2 Eier
350 g Butter
½ TL Salz
250 g Mandeln
250 g Zitronat

ENERGIE/NÄHRWERT

1194 kJ
29 g KH, 32 g F, 5 g E

Backzeit: 75 Min.

VORBEREITUNG

1. Mandeln waschen und hacken.

ZUBEREITUNG

1. Hefeteig nach dem Grundrezept, vgl. S. 262, herstellen, gehen lassen.
2. Mandeln und Zitronat unterarbeiten, nochmals 60 Min. gehen lassen.
3. Stollen formen (vgl. Christstollen).
4. Bei 180° C ca. 75 Min. backen.
5. Mit Puderzucker bestäubt anrichten.

FORMEN DES STOLLENS

1. Mit einem Stab den Laib in der Mitte kräftig eindrücken.

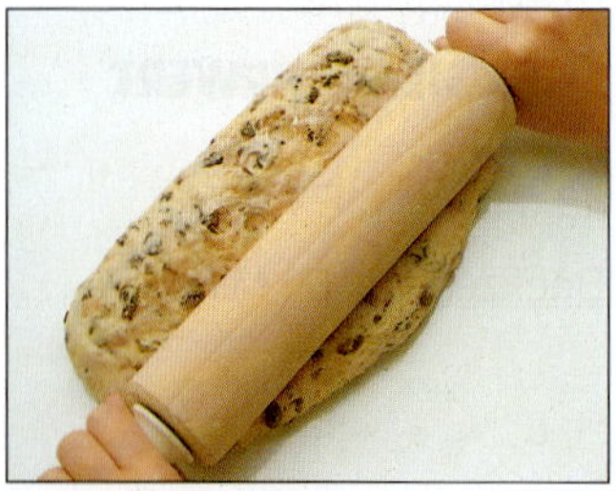

2. Nach einer Seite hin flach rollen.

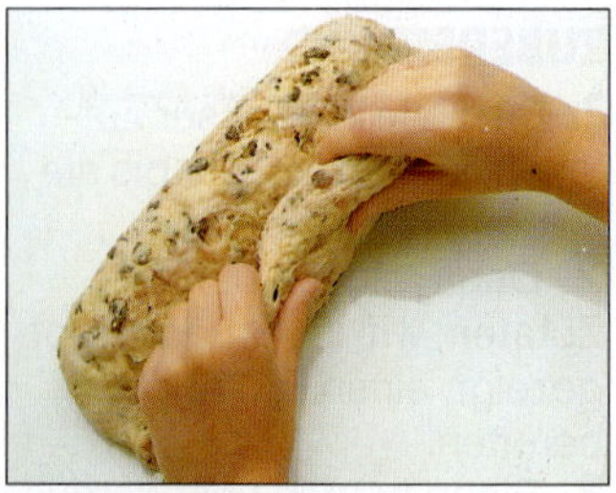

3. Das flach gerollte Teigstück nach oben klappen und festdrücken.

MOHNSTOLLEN

20 STÜCK

500 g Mehl, Type 550
40 g Hefe
1/8 l lauwarme Milch
2 Eier
100 g Zucker
150 g Butter
50 g gehackte Mandeln
1 Zitrone, natur
1 Pr. Salz

FÜLLUNG:

250 g gemahlener Mohn
1/2 l Milch
4 Eigelb
100 g Zucker

GUSS:

200 g Puderzucker
1 Eiklar, 1 Zitronensaft

ENERGIE/NÄHRWERT

1441 kJ – 42 g KH, 15 g F, 8 g E

Backzeit: 60 Min.

VORBEREITUNG

1. Zitronenschale abreiben.
2. Puderzucker mit Zitronensaft und Eiklar verrühren.
3. Kastenform fetten.

ZUBEREITUNG

1. Hefeteig, wie im Grundrezept S. 262, herstellen.
2. Mohn mit 3/8 l Milch aufkochen und 10 Min. quellen lassen.
3. Restlichen 1/8 l Milch mit dem Eigelb und dem Zucker verrühren.
4. Zur Mohnmasse geben und einmal unter Rühren aufkochen lassen.
5. Hefeteig ca. 1 cm stark zum Rechteck ausrollen.
6. Mohnmasse gleichmäßig darauf verteilen.
7. Beide Längsseiten zweimal von außen nach innen einschlagen und vorsichtig in eine Kastenform gleiten lassen.
8. 20 Min. gehen lassen.
9. Bei 190° C ca. 60 Min. backen.
10. Mit Guss bestreichen.

PANETTONE

Weihnachtsbrot aus Italien

16 STÜCK

Souffléform von 16 cm Ø:

1/4 l lauwarme Milch
30 g Hefe
1 Ei
2 Eigelb
500 g Mehl, Type 550
100 g Zucker
1 Pr. Salz
100 g zimmerwarme Butter
40 g gewürfelte Sukkade (Orangeat und Zitronat)
80 g Rosinen
3 EL Butter zum Ausstreichen der Form und zum Bestreichen des Brotes

ENERGIE/NÄHRWERT

1004 kJ
33 g KH, 9 g F, 5 g E

Backzeit: 40 Min.

ZUBEREITUNG

1. Milch und Hefe verrühren, Ei und Eigelb zufügen.
2. Mehl, Zucker und Salz vermischen. Mit der angerührten Hefe sowie den übrigen Zutaten zu einem geschmeidigen Teig kneten. Eine Stunde gehen lassen.
3. Inzwischen die Souffléform ausbuttern. Den Rand mit Pergament- oder Backpapier so auslegen, dass das Papier gut vier Zentimeter über den Formrand hinausragt.
4. Den Teig nochmals durchkneten, zu einer Kugel formen und in die vorbereitete Form legen. Die Oberfläche mit einem Messer kreuzweise einkerben.
5. Vor dem Backen noch einmal eine Stunde gehen lassen.
6. Mit zerlassener, abgekühlter Butter einpinseln. Bei 190° C im vorgeheizten Ofen 40 Min. backen.

FRÜCHTEBROT

20 STÜCK

200 g getrocknete Pflaumen ohne Stein
300 g getrocknete Birnen
200 g getrocknete Feigen
1 l Wasser
je 100 g Haselnüsse, Walnüsse, Rosinen, Korinthen,
je 1 50 g gewürfeltes Zitronat und Orangeat
125 g Zucker
1/2 TL gemahlener Zimt
je 1 Pr. Nelken, Anis, Salz,
2 EL Rum
2 EL Zitronensaft
100 g Schwarzbrotteig vom Bäcker
200 g Mehl

ZUM VERZIEREN:

50 g halbe Mandeln
60 g kandierte Früchte

ENERGIE/NÄHRWERT

1354 kJ
54 g KH, 10 g F, 6 g E

Backzeit: 70 Min.

VORBEREITUNG

1. Dörrobst über Nacht einweichen, abtropfen lassen und würfeln.
2. Nüsse hacken.

ZUBEREITUNG

1. Früchte, Nüsse, Rum, Gewürze und Zitronensaft vermischen, 30 Min. ziehen lassen.
2. Fruchtmasse mit dem Schwarzbrotteig vermengen.
3. Mehl unterkneten.
4. Zwei Brotlaibe formen.
5. Mit den Mandeln und Früchten verzieren.
6. Bei 180° C ca. 70 bis 80 Min. backen.

MANDELPLÄTZCHEN

300 g Mehl
100 g Zucker
200 g Butter
1 Ei
AUSSERDEM:
100 g Zucker
2 EL Butter
1/8 l Sahne
100 g gestiftelte Mandeln
2 EL gehackte Belegkirschen

Backzeit: 15 Min.

ZUBEREITUNG

1. Wie im Grundrezept, vgl. S. 256, Mürbeteig zubereiten.
2. Den Teig dünn (2 mm) ausrollen, auf ein Backblech breiten und mit einer Gabel einstechen.
3. Für den Belag den Zucker in einem Topf langsam bräunen, vom Herd nehmen, Butter und Sahne unterrühren.
4. Mandeln und Kirschen zufügen. Auf dem Mürbeteigboden verteilen.
5. Bei 200° C ca. 15 Min. backen.
6. Noch warm in Rauten schneiden.

VANILLEKIPFERL

250 g Mehl
200 g gemahlene Mandeln
100 g Zucker
30 g Vanillezucker
200 g Butter
2 Eigelb
AUSSERDEM:
ausgekratztes Mark einer Vanilleschote (oder 1 Tütchen echter Vanillezucker)
3 EL Puderzucker

Backzeit: 10 Min.

ZUBEREITUNG

1. Wie im Grundrezept, vgl. S. 256, Mürbeteig zubereiten.
2. Rollen von etwa 4 cm Durchmesser formen, davon knapp 1,5 cm schmale Scheiben schneiden.
3. Aus den Scheiben kleine Kipferl (Hörnchen) formen. Im 220° C heißen Ofen 10 Min. sehr blass backen.
4. Das ausgekratzte Vanillemark mit dem Puderzucker gut vermischen und auf einen Teller geben.
5. Die Kipferl noch lauwarm im Vanillezucker wälzen.

Mandelplätzchen

Vanillekipferl

Schoko-/Zuckerbrezeln

Rosa Herzen

ZUCKER- UND SCHOKOBREZELN

1 Grundrezept Mürbeteig
AUSSERDEM:
1 Eigelb
100 g Hagelzucker
100 g Schokoladenglasur

Backzeit: 10 Min.

ZUBEREITUNG

1. Den nach Grundrezept zubereiteten Teig dünn (2 mm) ausrollen und Brezeln ausstechen.
2. Die Hälfte davon mit Eigelb bepinseln und mit Hagelzucker bestreuen.
3. Beide Sorten im 220° C heißen Ofen 10 Min. backen.
4. Die ungezuckerten Brezeln mit aufgelöster Schokoladenglasur bestreichen.

ROSA HERZEN

1 Grundrezept Mürbeteig
AUSSERDEM:
250 g Puderzucker
1/16 l Kirsch- oder Rote-Bete-Saft

Backzeit: 10 Min.

ZUBEREITUNG

1. Den nach dem Grundrezept zubereiteten Teig dünn (2 mm) ausrollen. Herzen beliebiger, auch unterschiedlicher Größe, ausstechen.
2. Die Herzen im 220° C heißen Ofen etwa 10 Min. backen.
3. Für die Glasur den Saft (keine Angst, der Rote-Bete-Saft schmeckt nicht vor!) auf 3 bis 4 EL einkochen, damit die Farbe kräftiger wird.
4. Puderzucker damit anrühren. Die Herzen damit bestreichen.

STREUSELPLÄTZCHEN

1 Grundrezept Mürbeteig, vgl. S. 256
FÜR DIE STREUSEL:
100 g Mehl
50 g Zucker
50 g Butter
AUSSERDEM:
1 Eigelb

Backzeit: 10 Min.

ZUBEREITUNG

1. Teig und Streusel nach dem Grundrezept zubereiten.
2. Teig sehr dünn (2 mm) ausrollen, Kreise mit gezacktem Rand ausstechen.
3. Plätzchen auf ein Blech setzen, mit Eigelb bepinseln und mit Streuseln bestreuen.
4. Bei 220° C ca. 10 Min. backen.

TIPP

- Mürbeteig kann in beliebiger Form ausgestochen werden.
- Die verschiedensten Zutaten können unter den Teig gemengt oder auf die Plätzchen vor dem Backen gegeben werden, z. B. Nüsse, Krokant, Sonnenblumenkerne, Sesamsamen, kandierte Früchte.

SCHWARZ-WEISS-GEBÄCK

300 g Mehl
150 g Zucker
150 g Butter
1 Ei
AUSSERDEM:
1 TL Kakao
1 Eiweiß

Backzeit: 10 Min.

ZUBEREITUNG

1. Nach dem Grundrezept einen Mürbeteig herstellen. Ein Viertel der Teigmenge beiseite stellen.
2. Die Hälfte des restlichen Teigs mit Kakao verkneten.
3. Den hellen wie den dunklen Teig zu einem Rechteck dünn (0,5 cm) ausrollen.
4. Das helle Rechteck mit Eiklar einpinseln, das dunkle auflegen.
5. Exakte Streifen (0,5 bis 1 cm) abschneiden.
6. Das zu Beginn zurückgelegte Teigstück dünn ausrollen. Die braun-hellen Teigstreifen darauf so zusammensetzen, dass ein Schachbrettmuster entsteht – immer mit Eiklar festkleben.
7. Den Teigblock in den hellen Teigmantel einwickeln; nochmals kalt stellen.
8. Scheiben (0,5 cm) schneiden. Bei 200° C ca. 10 Min. backen.

HAFERFLOCKEN-PLÄTZCHEN

250 g Butter
200 g Zucker
1 P. Vanillezucker
2 Eier
300 g Haferflocken
100 g Weizenmehl
½ Päckchen Backpulver
100 g Rosinen

Backzeit: 15 Min.

1. Alle Zutaten zu einem weichen Teig verkneten.
2. Mit einem Teelöffel kleine Portionen abstechen und als Häufchen auf ein gebuttertes Backblech setzen.
3. Im vorgeheizten Backofen bei 200° C 15 Min. backen.

MANDELRAUTEN

1 Grundrezept Mürbeteig
AUSSERDEM:
2 Eigelb
200 g geschälte und halbierte Mandeln

Backzeit: 10 Min.

ZUBEREITUNG

1. Den nach Grundrezept zubereiteten Teig dünn (2 mm) ausrollen, mit dem Teigrädchen schmale Rauten ausschneiden (2 x 5 cm).
2. Mit verquirltem Eigelb einpinseln, je eine Mandelhälfte in die Mitte setzen.
3. Bei 220° C ca. 10 Min. backen.

AUSSTECHEN VON KLEINGEBÄCK

1. Ausstechformen in Mehl tauchen, damit der Teig nicht festklebt.

2. Teig platzsparend ausstechen.

3. Plätzchen nebeneinander auf das Blech legen und backen. Gebäck laufend kontrollieren.

LEBKUCHEN

Grundrezept

- 350 g Honig
- 100 g Zucker
- 100 g Butter
- 1 Ei
- abgeriebene Schale einer ungespritzten Zitrone
- 1 EL Kakaopulver
- je ½ TL Zimt, Nelken, Kardamom, Muskat, Piment, Koriander, Ingwer, Pottasche und Hirschhornsalz
- 1 EL Wasser
- 500 g Mehl, Type 1050

Backzeit: 20 Min.

ZUBEREITUNG

1. Honig, Zucker und Butter auf mittlerer Hitze unter stetem Rühren erwärmen, bis sich der Zucker aufgelöst hat, abkühlen lassen.
2. Ei, Zitronenschale, Kakao und sämtliche Gewürze zufügen. Pottasche und Hirschhornsalz im Wasser auflösen, mit dem Mehl unter die Honigmasse geben, verkneten.
3. Den Teig, in Folie gepackt, einen Tag bei Zimmertemperatur ruhen lassen.
4. Den Teig erneut durchkneten. Auf der bemehlten Arbeitsfläche 1 bis 2 mm dick ausrollen.
5. Rechtecke oder Formen nach Belieben ausstechen. Auf ein gefettetes und bemehltes Blech legen. Bei 180° C ca. 20 Min. backen.
6. Noch warm vom Blech nehmen. Auf Kuchengittern auskühlen lassen. In gut schließende Blechdosen packen.
7. Nach drei bis fünf Tagen sind die Lebkuchen durchgezogen und weich. Jetzt erst mit Zucker- oder Schokoladenglasur überziehen und verzieren.

HONIGKUCHEN

- 500 g Honig
- ¼ l Öl
- 500 g brauner Zucker
- 160 g Schokolade (Zartbitter)
- 200 g geriebene Mandeln
- 1 Pr. Salz
- 1 TL gemahlener Zimt
- 1 TL gemahlene Nelken
- 4 Eier
- ⅛ l Rum
- 500 g Mehl, Type 405 oder Type 1050
- 1 Päckchen Backpulver

FÜR DEN BELAG:

- 100 g Mandelstifte
- 160 g Rosinen
- 100 g Zitronat
- 100 g Orangeat
- 100 g rote Belegkirschen
- 100 g Walnusskerne
- 200 g ganze, geschälte Mandeln
- 100 g Hagelzucker

Backzeit: 45 Min.

ZUBEREITUNG

1. Honig, Öl und Zucker in einem Topf auf mittlerer Hitze unter ständigem Rühren erhitzen, bis sich der Zucker völlig aufgelöst hat.
2. Die Masse auf Handwärme abkühlen lassen. Die Schokolade darin auflösen. Die geriebenen Mandeln, Salz, Zimt, Nelken, Eier und Rum unterrühren.
3. Mehl und Backpulver mischen, auf die Masse sieben und unterrühren.
4. Den Teig auf ein gefettetes tiefes Backblech streichen. Die restlichen Zutaten gleichmäßig darauf verteilen.
5. Im vorgeheizten Ofen bei 180° C ca. 45 Min. backen.
6. Den Kuchen in rechteckige Schnitten teilen.

LIEGNITZER BOMBE

- 1 Grundrezept Lebkuchenteig

FÜR DIE FÜLLUNG:

- 100 g Marzipanrohmasse
- ⅛ l Kirschwasser
- 125 g Rosinen
- 100 g gehackte Mandeln
- 50 g gehackte Haselnüsse
- 4 EL Aprikosenkonfitüre

Backzeit: 40 Min.

ZUBEREITUNG

1. Den Teig nach dem Grundrezept zubereiten. Zu einem Rechteck von 2 mm Stärke ausrollen.
2. Die Zutaten für die Füllung mischen und auf der Teigfläche verstreichen.
3. Den Teig von der Längsseite her aufrollen. Davon Scheiben (ca. 1 cm stark) abschneiden und mit der Schnittfläche nach oben auf ein gefettetes Blech setzen. Bei 180° C 35 bis 40 Min. backen.

TIPP

- Den Honigkuchenteig ohne Belag backen. Dann mit Zuckerglasur oder Kuvertüre überziehen.
- Weihnachtsgebäck – vor allem aus Lebkuchen- und Honigkuchenteig – gut durchziehen lassen.
- Einzelne Sorten getrennt lagern.
- Kleingebäck in gut schließenden Dosen lagern.
- Wenn Weihnachtsgebäck zu hart geworden ist, in die Dose ein Stück Apfel mit hineingeben.
- Hart gewordener Lebkuchen kann als Geschmackszutat für Soßen verwendet werden.

BUTTERCREME, französische Art

5 Eier
180 g Zucker
250 g Butter, zimmerwarm
1 Vanilleschote

VARIATIONEN

Nougatbuttercreme:
200 g Nougat pro Rezept.

Schokoladenbuttercreme:
100 g Zartbitterschokolade pro Rezept.

Krokantbuttercreme:
150 g feinster Krokant und 2 EL Rum pro Rezept.

TIPP

- Bei der Auswahl der Butter darauf achten, dass die Butter frisch ist. Süßrahmbutter sollte bevorzugt werden, weil Sauerrahmbutter ausflockt.
- Die Butter muss Zimmertemperatur haben, darf aber auch nicht zu warm sein, weil sie sonst zerfließt.
- Die schaumige Butter muss wie Sahne wirken, das erfordert beim Rühren Zeit und ein Handrührgerät – besser noch eine Küchenmaschine – mit kräftigem Motor.
- Alle Geschmackszutaten, die vorher erwärmt werden mussten, wie aufgelöste Schokolade oder Nougat, wieder auf Zimmertemperatur abkühlen lassen, bevor sie mit der Creme vermischt werden.
- Flüssige Zusätze wie Alkohol nur tropfenweise unter Rühren zugeben. Generell: Alle Zutaten brauchen die gleiche Temperatur.
- Für die Buttercreme nur frische Eier verwenden. Speisen mit Buttercreme aufgrund der Salmonellengefahr unbedingt im Kühlschrank aufbewahren, höchstens 2 Tage.

ZUBEREITUNG BUTTERCREME

1. Eier mit dem Handrührgerät ca. 2 Min. aufschlagen.

2. Langsam den Zucker einrieseln lassen, ständig schlagen.

3. Masse in ein ca. 60° C heißes Wasserbad stellen und weitere 4 bis 5 Min. schlagen.

4. Schüssel aus dem Wasserbad nehmen, kalt stellen.

5. Zimmerwarme Butter in eine zweite Schüssel geben.

6. So lange schlagen, bis sie weiß und sahnig ist (ca. 10-15 Min.).

7. Vanilleschote längs aufritzen, Vanillemark herauskratzen.

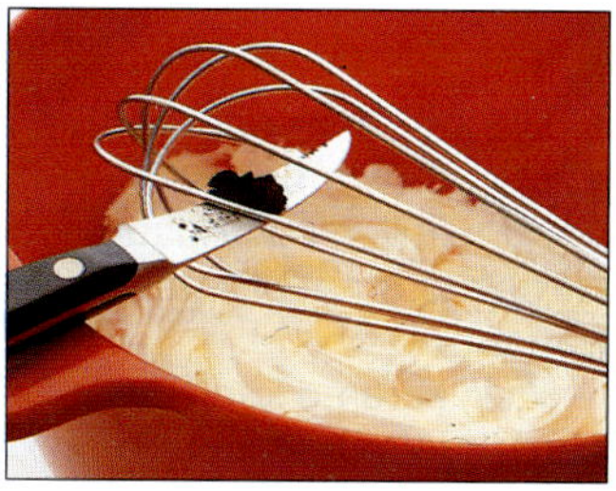

8. Das Mark am Schneebesen abstreifen und unter die Butter rühren.

9. Die auf Zimmertemperatur abgekühlte Eiercreme langsam unterrühren.

Füllungen und Überzüge

ZITRONENCREME

Saft von 3 Zitronen
¼ l Wasser
80 g Zucker
2 Eigelb
30 g Speisestärke
2 Eiklar

ZUBEREITUNG

1. Zitronensaft, Wasser und Zucker aufkochen.
2. Eigelb mit dem Stärkemehl und 2 EL Wasser glattrühren und in das kochende Zitronenwasser geben. Einmal aufkochen lassen, dabei mit dem Schneebesen ständig rühren.
3. Eiklar zu festem Schnee schlagen und unter die noch heiße Masse geben. Abgekühlt verwenden.

VANILLECREME

½ l Milch
1 Vanilleschote
5 Eigelb
100 g Zucker
30 g Stärkemehl
1 Pr. Salz

ZUBEREITUNG

1. Milch mit der aufgeschlitzten Vanilleschote aufkochen.
2. Eigelb mit Zucker in einer Schüssel cremig aufschlagen, dabei das Mehl untermischen.
3. Eigelbcreme mit etwas kochender Milch verschlagen (Temperaturausgleich) und dann unter die restliche Milch rühren.
4. Unter ständigem Schlagen mit dem Handrührgerät einmal aufwallen lassen.
5. Vanillecreme dünn mit Zucker bestreuen, damit sich keine Haut bildet; abkühlen lassen.

CANACHECREME

½ l Sahne
400 g gehackte Zartbitterschokolade

ZUBEREITUNG

1. Die Sahne in einem Topf vorsichtig erhitzen. Bevor sie zum Kochen kommt, die Schokolade zufügen.
2. Den Topf vom Herd nehmen und so lange rühren, bis die Schokolade gelöst ist.
3. Für ca. 2 Std. kalt stellen.
4. Die Masse mit dem Handrührgerät 10 bis 15 Min. dick und schaumig schlagen.

SAHNEFÜLLUNGEN MIT OBST

4 Bl. Gelatine, weiß
¾ l Sahne
500 g Beerenobst wie Erdbeeren, Himbeeren, Brombeeren
80-100 g Puderzucker

ZUBEREITUNG

1. Gelatine in Wasser einweichen, gut ausdrücken, im Wasserbad auflösen; unter die Sahne rühren, kalt stellen.
2. Obst pürieren.
3. Sobald die Sahne zu gelieren beginnt, mit dem Handrührgerät aufschlagen.
4. Zucker erst zum Ende zufügen.
5. Püriertes Obst unter die Sahne ziehen, abschmecken.

ZUCKERGLASUR

250 g Puderzucker
1 Eiklar

ZUBEREITUNG

Puderzucker mit dem Eiklar verrühren und mit Hilfe eines Pinsels auf den Kuchen auftragen.

ZITRONENGLASUR

250 g Puderzucker
4 EL Zitronensaft

ZUBEREITUNG

Puderzucker mit dem Zitronensaft glattrühren. Mit Hilfe eines Pinsels auf den Kuchen auftragen.

APRIKOSENGLASUR

450 g Aprikosenkonfitüre
3 EL Wasser

ZUBEREITUNG

Konfitüre mit dem Wasser aufkochen. Den Kuchen damit einpinseln und fest werden lassen. Anschließend mit Zuckerglasur überziehen. Den Vorgang nennt man aprikotieren.

KUVERTÜRE

300 g Vollmilch- oder Bitterkuvertüre

ZUBEREITUNG

Vgl. S. 277.

TIPP

- Die Zitronen- oder Vanillecreme kann als Unterlage für Obstkuchen verwendet werden.
- Zum Füllen von Kuchen oder Torten müssen unter die heiße Zitronencreme 3 eingeweichte Gelatineblätter (weiß) gezogen werden.
- Vanillecreme kann als Füllung für Vanilleschnitten verwendet werden. Als Bestandteil von Buttercreme wird sie auf Zimmertemperatur gebracht und mit 250 g schaumig geschlagener Butter vermischt.

TIPP

- Wenn Gebäck mit Kuvertüre überzogen werden soll, vorher aprikotieren, vgl. S. 276.

- Um das schwierige Auflösen der Kuvertüre zu umgehen, können zwei Tüten fertiger Schokoladenguss nach Herstellerhinweis erwärmt werden.

- Kuvertüre, die durch falsche Behandlung im Wasserbad fest wurde, kann mit Kokos- oder Erdnussfett wieder verflüssigt werden.

ZUBEREITUNG KUVERTÜRE

1. Die Kuvertüre mit einem großen Messer grob zerkleinern.

2. Zwei Drittel der gehackten Kuvertüre in die Schüssel füllen und ins Wasserbad stellen.

3. Die Kuvertüre unter Rühren mit dem Gummischaber auflösen.

4. Die Schüssel aus dem heißen Wasserbad heben.

5. Die restliche Kuvertüre zufügen. Rühren, bis sie aufgelöst ist.

6. Zur Probe einen Löffel hineintauchen. Die Kuvertüre muss in kurzer Zeit fest werden.

ZUBEREITUNG TÜTENGARNITUR

1. Aus Backpapier ein gleichschenkliges Dreieck schneiden.

2. Die Längsseite vom Körper weghalten, die rechte Ecke einrollen.

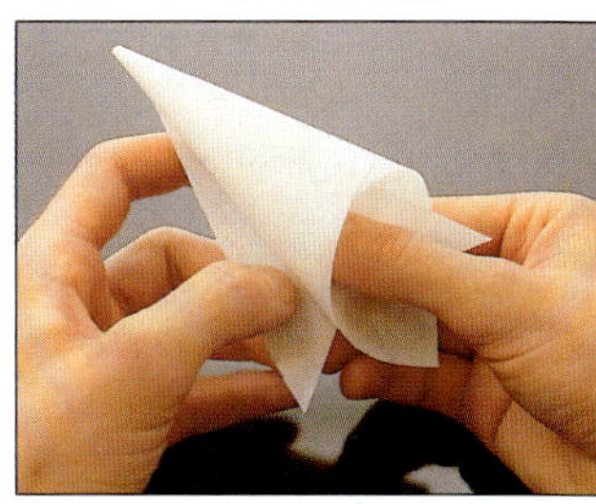

3. Die linke Seite um die Tüte schlagen, dabei die Spitze zuziehen.

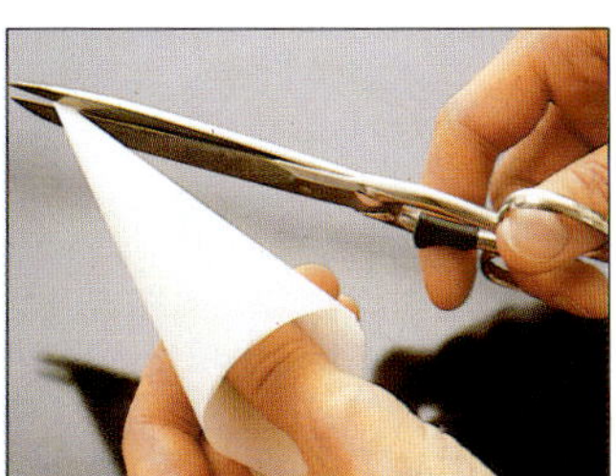

4. Mit einer Schere ein winziges Stück der Spitze abschneiden.

5. Den oberen Rand umkniffen. Die Tüte für feinste Spritzmuster verwenden.

6. Cremes oder Gebäck beliebig verzieren.

Garnierungen

TIPP

- Für die Garnierung werden nur die Lebensmittel verwendet, die entweder selbst in der Speise vorkommen oder geschmacklich zu der Speise passen. Ein Eiersalat, der aus Eiern, Schinken und Champignons besteht, darf nicht mit Gewürzgurken, die den zarten Geschmack der anderen Zutaten überdecken, verziert werden, sondern z.B. mit Eiachteln oder Schinkenstreifen.
- Die Garnierung darf die Speise nie übertönen, d.h. Art, Menge und Schnittform der Garnierung muss die Speise noch gut erkennen lassen.

GARNIERUNGEN FÜR SÜSSE SPEISEN

Mandeln, ganz, geblättert oder gehackt für Flammeris oder Obstsalat.

Limonenscheiben für Zitronencremes oder Obstsalate.

Krokant für Schokoladenflammeri oder Vanilleflammeri.

Kokosraspel für Obstsalate.

Zitronenmelisseblätter für Kaltschalen, Cremes, Quarkspeisen.

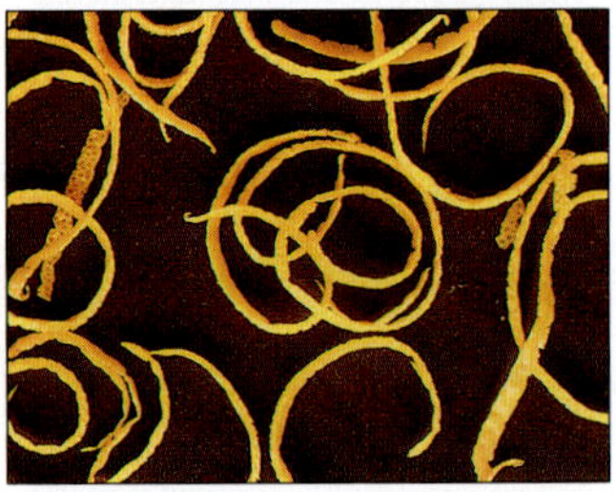
Schalenstreifen von Orangen oder Zitronen (Julienne), für Schokoladenspeisen, vgl. S. 28.

ZUBEREITUNG SCHOKOLADENBLÄTTER

1. Temperierte Kuvertüre und gewaschene Blätter bereitlegen.

2. Die Blätter mit ihrer Oberseite flach in die Kuvertüre tauchen.

3. Überschüssige Schokolade am Schüsselrand abstreifen.

4. Schokoladenblätter über einen Löffelstiel biegen.

5. Die fest gewordenen Schokoladenblätter vorsichtig lösen.

6. Schokoladenflammeri garnieren.

GARNIERUNGEN FÜR SALZIGE SPEISEN

❶ geraspelte Möhren
❷ Kräuterbuttertuff auf Zitronenscheibe
❸ Butter- oder Frischkäsekugeln in Paprika oder Kräutern gewälzt
❹ Melonenkugeln, vgl. S. 28, in halber ausgehöhlter Melone
❺ Gemusterte Gurkenscheiben – fächerförmig
❻ In Muster geschnittene Möhren
❼ Gespritzter Kartoffelbrei
❽ Tournierte Champignons
❾ Zwiebelringe
❿ Zitronensegmente

Zusammenstellung von Speisen

FRÜHLINGSMENÜ

Rindfleischbrühe S. 49
Gemischter Salat S. 98
Orientalischer Reis-Gemüsetopf mit Kräuterrahm S. 146
Curryhuhn S. 184
Stachelbeercreme S. 227

SOMMERMENÜ

Gazpacho S. 53
Nizzasalat S. 99
Folienkartoffeln S. 118
Rahmpilze S. 78
Kräuteromeletts S. 207
Beerenquarkspeise S. 228

HERBSTMENÜ

Klare Fisch-Gemüsesuppe S. 49
Feldsalat mit Geflügelleber S. 113
Kartoffelpüree mit Kräutern S. 119
Gefüllte Paprika S. 88
Gefüllter Blumenkohl S. 89
Gemischter Fruchtsalat mit Nüssen S. 228

WINTERMENÜ

Vichyssoise S. 51
Hasenrücken S. 180
Bohnen im Speckmantel S. 77
Kartoffelplätzchen S. 120
Cumberlandsauce S. 66
Flammeri mit Sahne S. 224
Weinschaumsoße S. 65

WEIHNACHTSMENÜ

Klare Fisch-Gemüsesuppe S. 49
Gemischter Sprossensalat S. 102
Truthahn oder gebratene Gans S. 189
Grüne Bohnen S. 76
Rosenkohl S. 81
Rotkohl S. 83
Kroketten S. 120
Himbeerpüree S. 232
Bayerisch Creme S. 226
Kaffee S. 240
Vanillekipferl S. 272
Rosa Herzen S. 272

FESTLICHES MENÜ

Spargelcremesuppe S. 51
Salat mit Geflügelbrust S. 112
Erbsen-Möhren-Gemüse S. 74
Brokkoli S. 80
Sauce hollandaise S. 64
Röstis S. 117
Filetsteaks S. 163
Zürcher Geschnetzeltes S. 179
Orangen-Grapefruit-Gelee mit geschlagener Sahne S. 232
Kaffee S. 240
Schwarz-Weiß-Gebäck S. 273

ITALIENISCHES MENÜ

Italienische Tomatensuppe S. 52
Marinierte Auberginen S. 90
Weißbrot
Lammrückenfilet S. 181
Reis S. 142
oder Spaghetti S. 132
Tomaten-Basilikum-Salat S. 103
Italienischer Käse
Obst der Jahreszeit

VEGETARISCHES MENÜ

Gemischter Sprossensalat S. 102
Möhrenpuffer S. 122
Käsesahnesoße S. 61
Rote Grütze mit Sahne S. 233

SCHNELLES MENÜ

Gemüsepüreesuppe S. 50
Bandnudeln mit Erbsen und Schinken S. 134
Apfelmus S. 233

RUSTIKALES BÜFETT
50 Personen*

Überbackene Zwiebelsuppe [10x] 56
Obatzter [6x] 236
Thunfischcreme [6x] 237

Griechischer Bauernsalat [8x] 103
Hack, indisch, als Ring [6x] 168
Blätterteigtaschen [6x] 168
Hähnchenschenkel [1 pro Person] 186
Schweinebraten [10x] 164

Wiener Apfelkren [8x] 66

Saure Sahne mit Kräutern [8x] 69

Nudelsalat mit Schinken [4x] 107
Kartoffelsalat mit Gemüse [4x] 109
Heringssalat [4x] 115

Reis Trauttmansdorff [8x] 155
Quarkcreme Miami [8x] 229
Käsetorte [3x] 257

Bauernbrot [3x] 269
Hefebrötchenkranz [5x] 265

Butter 1 kg

FESTLICHES BÜFETT
20 Personen*

Gemüsecremesuppe mit Blätterteighaube [4x] 50/59

Marinierte Auberginen [3x] 90
Rührei, versch. [10 Eier] 203

Tomaten-Basilikum-Salat [4x] 103
Tornedos [100 g pro Person] 163
Hähnchenfilet [1 pro Person] 187
Frikadellen mit Aprikosen [3x] 166
Knoblauchmayonnaise mit Walnüssen [4x] 71
Remoulade [4x] 71
Hasenrücken 180
Cumberlandsoße [5x] 66

Mousse au chocolat hell und dunkel [3x] 230
Rote Grütze [5x] 233
Sachertorte [2x] 247

Hefebrötchenkranz [4x] 265
Gerstenvollkornbrot [1x] 269
Butter 500 g

KLASSENFEST
35-40 Personen*

Tomatensuppe [7x] 52
Tofuaufstrich [4x] 237
Eierhäckerle [5x] 237
Gemischter Salat [2x] 98
Nizzasalat [2x] 99
Krautsalat [5x] 104

Frikadellen [6x] 166
Spareribs [4x] 174
Teufelssoße [7x] 66
Thousand-Islands-Dressing [7x] 69
Nudelsalat mit Käse [3x] 106
Schneller Kartoffelsalat [3x] 108
Heringssalat [3x] 115

Beerenquarkspeise [6x] 228
Sandwaffeln [3x] 243

Pitta-Brot [3x] 265
Hefebrot [2x] 265
Butter 500 g

* Beispiel: [10x] 54 = 10 Rezepte, Seite 54

ABLAUFSCHEMA

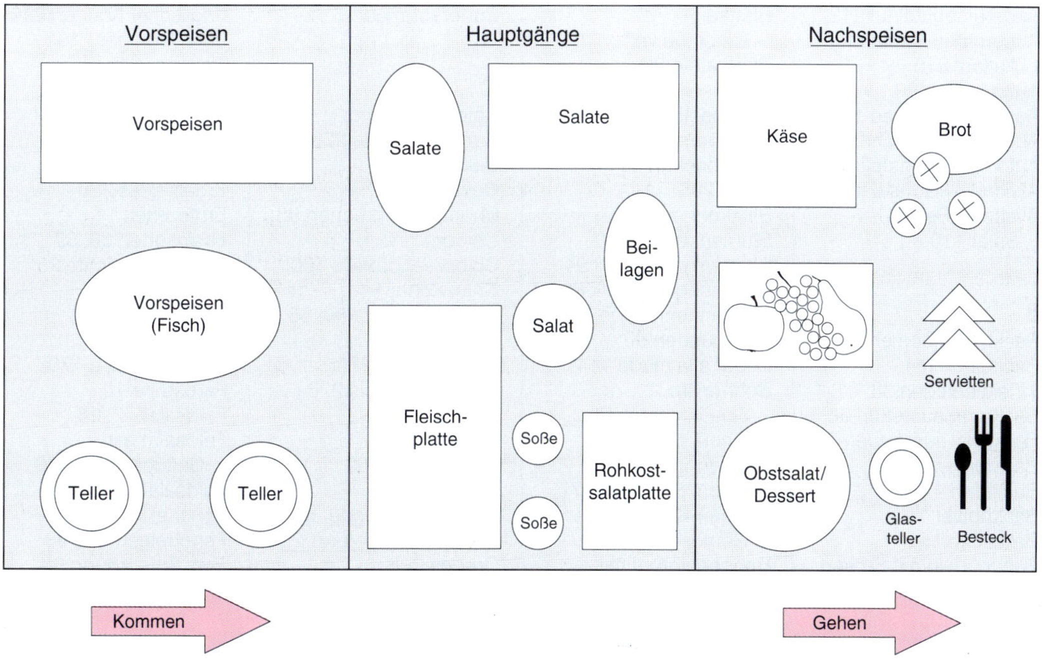

Register

Stichwortverzeichnis und Rezeptverzeichnis

A
Alfalfasprossen 102
Aminosäuren 7
Antioxidationsmittel 10
Äpfel vorbereiten 244
Apfelentkerner 28
Apfelkuchen 263
Apfelkuchen, versunkener 244
Apfelmus 233
Apfelquarktorte 244
Apfelsinensoße 63
Aprikosen-bisquitrolle 252
Aprikosenbrot-auflauf 217
Aprikosenglasur 276
Aprikosenknödel 129
Aprikosenkuchen 245
Aprikosen-Windräder 261
Arabische Reispfanne 146
Arbeitsplatzgestaltung 24
Artischocken 72
Artischocken, gekocht 75
Auberginen, mariniert 90
Auberginen mit Quinoa 160
Auberginenauflauf 212
Auberginen-Tomaten-Auflauf 215
Auftauzeiten 29
Ausmahlungsgrad 14
Autofahrerpunsch 240
Automatikkochstelle 40
Avocado-Fischsalat 115
Avocado-Reis-Salat 110

B
Backblech bemehlen 38
Backblech mit Teig belegen 38
Backform ausfetten 38
Backform ausstreuen 38
Backformen 26, 41
Backofen 41
Backpulver 15
Ballaststoff 6
Bandnudeln mit Erbsen und Schinken 134
Bandnudeln mit Pilzen 135
Bandnudeln mit Putengulasch 135
Basilikum 23
Bauernbrot 269
Bauernfrühstück 125
Bauernsalat, griech. 103
Bayerische Creme 226
Bedarf, Eiweiß- 7
Bedarf, Energie- 6
Bedarf, Fett- 7
Bedarf, Kohlenhydrate 6
Bedarf, Vitamine 8
Bedarf, Wasser 8
Beerenkonfitüre 239
Beerenquarkspeise 228
Beerentorte 250
Bernaise, Sauce 64
Bienenstich 263
Bindemittel, feine 37
Bindemittelverarbeitung 37
Bioghurt 21
Birnenkompott 231
Biskuitmasse 248
Biskuitvariationen 249
Blanchieren 32, 42
Blätterteig 260
Blätterteigtaschen 168
Blattsalat, gemischt 98
Blattsalat, sunshine valley 101
Blattsalate 98
Bleichsellerie 93
Bleichsellerie, vorbereiten 106
blind backen 39
Blinis 205
Blitzkochstelle 40
Blumenkohl 50, 80
Blumenkohl, fritiert 94
Blumenkohl, gefüllt 89
Blumenkohlsuppe, gebunden 50
Boeuf à la mode 164
Bohnen im Speckmantel 77
Bohnen, dicke 76
Bohnen, grüne 76
Bohnen, Schneide- 77
Bohnen-Kichererbsen-Gemüse 78
Bohneneintopf mit Backpflaumen 223
Bohnenkeimgemüse 77
Bohnenkraut 23
Bohnensuppe mit Tomaten 220
Bologneser Soße 62
Borschtsch 222
Brandmasse 254
Braten im Bratschlauch 45
Braten im Ofen 45
Braten in der Pfanne 44
Bratensoße 63
Bratkartoffeln 117
Bratschlauch 33
Brokkoli 31
Brokkoli, gekocht 80
Brombeerkompott 231
Bröselbutter 80
Brot 13
Brot, Lagerung 13
Brotomelett 208
Brotschimmel 13
Brühe, Einlagen 58f.
Brühe, Entfetten 49
Brühe, Garnierung 58
Buchweizen 12
Buchweizen, gekocht 159
Buntmesser 28
Butter 16
Buttercreme, franz. 275
Buttercreme, Variationen 275
Butterkuchen 263
Buttermilchspeise 229
Butterreis 142
Butterreis, Variationen 143
Butterschmalz 16

C
Calcium 8
Canachecreme 276
Cellulose 6
Cevapcici 167
Champignonkuchen 95
Chicorée 72
Chicorée, duxelle 100
Chinakohl 81
Chinakohlrouladen 86
Cholesterin 7
Christstollen 270
Crème bavarois 226
Crème fraîche 21
Crème fraîche mit Kresse 69
Cremes, abgeschlagene 226
Cremes, kaltgerührt 227
Crêpes 206
Crêpes, pikant 206
Crêpes, süß 206
Cumberlandsoße 66
Curry 22
Curryhuhn 184
Currypuffer 123
Currysoße 60

D
Dampfdrucktopf 27, 43, 48
Dämpfen 42, 73
Demiglace 62
Dickmilch 21
Dill 23
Dreikornbrot 269
Dundee cake 246
Dünsten 43, 73

E
Eclairs 255
Eichblattsalat 72, 98
Ei-Einlauf 59
Eier, gefüllt 203
Eier, Kennzeichnung 15
Eier, kochen 202
Eier, pochieren 202
Eier, trennen 35
Eierhäckerle 237
Eierstich 58
Eierstich, verfeinert 58
Eisbergsalat mit Walnüssen 101
Eisen 8
Emulgatoren 10
Energie sparen 40
Energieformen 40
Englischer Kuchen 246
Ente, Orangen- 191
Enzyme 7, 8
Erbsen-Kartoffelpüree 119
Erbsen-Möhren-Gemüse 74
Erdäpfelkäs 236
Erntezeiten 11
Essigsorten 68, 69
Esslöffelgewichte 25

F
Falscher Hase 170
Farbstoffe 10
Feldsalat 72, 98
Feldsalat mit Geflügelleber 113
Feldsalat, pikant 99
Fenchel 72
Fenchelgemüse 93
Fett, Entsorgung 63
Fett, Pflanzenöl 16

Fettsäuren 7
Filetsteak 163
Fisch im Gemüsebett 192
Fisch in Folie 198
Fisch in Petersiliensoße 196
Fisch, dämpfen 193
Fisch, einkaufen 17
Fisch, filieren 34
Fisch, pochieren 193
Fisch, provenzalisch 196
Fisch vorbereiten 34
Fisch-Gemüsesuppe 49
Fisch-Zucchini-Kebab 195
Fische, Süßwasser- 17
Fischfilet braten 192
Fischklößchen 131
Flammeri 224
Flammeri mit Eischnee 224
Flammeri mit Sahne 224
Flammeri stürzen 224
Fleisch, BSE- 17
Fleisch, DFD- 17
Fleisch einkaufen 18, 19
Fleisch klopfen 33
Fleisch marinieren 33
Fleisch parieren 33
Fleisch plattieren 33
Fleisch PSE- 17
Fleisch schmoren 165
Fleisch vorbereiten 33
Fleischklößchen 54, 59
Flip 241
Flusskrebse 201
Folienschweißgerät 29
Forelle in Folie 198
Forelle, Variationen 198
Frankfurter grüne Soße 67
Frankfurter Kranz 243
Fried rice 147
Frikadellen 166
Frischkornbrei 234f.
Friséesalat 72, 98
Fritieren 44, 118
Fritierfette 16
Früchtebrot 271
Früchtekuchen 246
Früchtetee 240
Fruchtgelee 232
Fruchtmix 241
Fruchtpüree 232
Fruchtsalat, gemischt, mit Nüssen 228
Fructose 6
Füllungen für Quarköl-, Hefeteig 259

G

Gans, gefüllt 189
Garnierung, salzig 279
Garnierung, süß 278
gar ziehen 42
Gazpacho 53
Gebäck, Garprobe 39
Gebäck, Lagerung 274
Geflügel dressieren 182
Geflügel garen 183
Geflügel, Garzeiten 183
Geflügel, warenkundliche Informationen 183
Geflügel zerlegen 182
Geflügelfüllungen 191
Geflügelpfanne, exotisch 189
Geflügelspieße 185
Gelatine 36
Gemüse, Güteklassen 11
Gemüse kochen 73
Gemüsecremesuppe 51
Gemüsecurry, süßsauer 223
Gemüsefleckerln 137
Gemüse-Hirse-Salat mit Tofu 111
Gemüsegratin 92
Gemüsehirseauflauf 161
Gemüsekuchen 95
Gemüsemix 241
Gemüsepie 96
Gemüsepüreesuppe 50
Gemüserisotto 145
Gemüsesorten 72
Gemüsestreifen 59
Gerste 12
Gerste, gekocht 159
Gerste, indonesisch 160
Gersteneierauflauf 211
Gerstenvollkornbrot 269
Geschmacksverstärker 10
Geschnetzeltes 179
Getreidearten 12
Getreidebratling 159
Getreidemühle 26
Gewürze 22
Glucose 6
Gratinieren 45
Grießflammeri 225
Grillen 45
Grundmengen 25
Grundsoße, dunkel 60
Grundsoße, hell 60
Grünkern 159
Grünkern mit Tomaten und Pilzen 161
Grünkern, gekocht 159
Grünkern-Gemüseeintopf 223
Grünkernfüllung 87
Grünkernklößchen 59
Grünkernknödel 128
Grünkohl 82
Grünkohl mit Pinkel 82
Gulasch, ungarisch 173
Gurkensalat 99
Gurkenschäler 28
GV Mengen 25

H

Hackbraten 170
Hackfleisch, Wissenswertes 167
Hackfleischpie mit Preiselbeersahne 213
Hackfleischrolle, gefüllt 169
Hackfleischtorte 169
Hackfüllungen 168
Hackpfanne, pikant 169
Hafer 12
Haferflockenplätzchen 273
Hafer, gekocht 159
Hähnchenfilet 187
Hähnchenfilet, verschiedene Garnituren 187
Hähnchenfleischpie 213
Hähnchenschenkel 186
Hähnchenschenkel, mariniert 187
Hasenrücken 180
Hefe 15
Hefe, Instant- 15
Hefebrot 265
Hefebrötchenkranz 265
Hefeteig 262
Hefeteig mit Vollkornmehl 262
Hefezopf 264
Hering filieren 34
Heringe, gebraten 195
Heringssalat 115
Heringstopf, Hausfrauenart 197
Himbeer-Charlotte 253
Himbeer-Hirse-Auflauf 216
Himbeer-Windbeutel 255
Himmel und Erde 125
Hirschhornsalz 15
Hirse 12
Hirse, gekocht 153
Hirse-Pilzauflauf 214
Hollandaise, Sauce 64
Holzkochlöffel 24
Homogenisieren 20
Honigkuchen 274
Hoppelpoppel 125
Huhn dressieren 182
Huhn, marokkanisch 191
Huhn portionieren 182
Hühnerfrikassee 185
Hühnersuppe mit Nudeleinlage 48
Hygiene, Geräte- 24
Hygiene, Lebensmittel- 24
Hygiene, persönliche 24

I

Ingwer 22
Irish Stew 220
Italienische Soße 63

J

Jod 8
Joghurt 21
Joghurt-Zitronenshake 241
Julienne-Reißer 28

K

Kaffee 240
Kaffeesahne 20
Kaiserschmarrn 205
Kakao 240
Kalbfleischklößchen 59
Karamellflammeri 225
Karpfen im Sud 199
Kartoffelgratin 121
Kartoffelklöße halb und halb 126
Kartoffelklöße, bayerisch 126
Kartoffelklöße, holsteinisch 127
Kartoffelklöße, pfälzisch 127
Kartoffelkroketten 120
Kartoffeln 13
Kartoffeln, Brat- 117
Kartoffeln, Herzogin 121
Kartoffeln, in Folie 118
Kartoffeln, Kocheigenschaften 13

Kartoffeln, Pell- 116
Kartoffeln, pommes frites 118
Kartoffeln, Röstis 117
Kartoffeln, Pellkartoffeln 116
Kartoffeln, Salzkartoffeln 116
Kartoffelplätzchen 120
Kartoffelpuffer 122
Kartoffelpüree 119
Kartoffelpüree, Variationen 119
Kartoffelsalat mit Fleisch 109
Kartoffelsalat mit Gemüse 109
Kartoffelsalat mit Gurke 108
Kartoffelsalat mit Sojasprossen 109
Kartoffelsalat, schnell 108
Kartoffelsalat, schwäbisch 108
Kartoffelsuppe, einfach 55
Kartoffelsuppe mit Tomaten 55
Kartoffelsuppe mit Fleischklößchen 54
Käse, Sorten 21
Käse, Verordnung 21
Käsereis 150
Käsesahnesoße 61, 133
Käsespätzle, pikant 136
Käsestangen 261
Käsetorte 257
Kerbel 23
Kichererbsengemüse 78
Kirschsoße 154
Kiwi-Cocktail 241
Kleingebäck ausstechen 273
Knoblauch 30
Knoblauchpuffer mit Thunfischsoße 123
Kochen 42, 73
Kochstellen 40
Kochtöpfe 40
Kohl vorbereiten 104
Kohlenhydrate 6
Kohlrabi 81
Kohlrabi, gefüllt 89
Kohlrouladen 86
Kohlrouladen mit Reisfüllung 87
Kohlsalat 105
Kohlsalat, kalifornisch 105
Kollath 9
Kompott 231
Kofigel 238
Konfitüren mit Agar-Agar 239
Konfitüre, roh gerührt 239
Konfitürenbiskuitrolle 252
Königsberger Klopse 171
Königskuchen 246
Konservierung, chemisch 10
Kotelett 162
Kottopitta 213
Krabben pulen 34
Krabben, Verwendung 201
Kräuter 23
Kräuter – Ei – Butter 66
Kräuterkartoffelpüree 119
Kräuterrahm 146
Kräutersoße 67
Krautsalat 104
Krautwickel mit Grünkern 87
Krustentiere 201
Küchengeräte 26f.
Küchenmaschine 26
Kugelausstecher 28
Kümmel 22
Kuvertüre 276f.

L
Labskaus 124
Lachssalat mit Champignons 114
Lammfleisch 19
Lammrückenfilet 181
Lasagne al forno 211
Lauch vorbereiten 75
Lauchgemüse 75
Lebensmittelgesetz 10
Lebensmittelkennzeichnung 10
Leber 178
Leber mit Apfelspalten 178
Leber, geschnetzelt 178
Lebkuchen 274
Legieren 37, 50
Letscho 221
Liebstöckel 23
Liegnitzer Bombe 274
Linseneintopf 218
Linsensprossen 102
Lockerungsmittel 15
Löffelbiskuit 253
Lollo rosso 72, 98
Lorbeer 22

M
Magnesium 8
Mais 74
Maisauflauf 211
Majoran 23
Makkaroni mit Tintenfischringen 135
Makkaroniauflauf 210
Mandelplätzchen 272
Mandelrauten 273
Mangocreme 226
Mangold 72
Margarine 16
Marmelade mit flüssigem Apfelpektin 239
Marmorkuchen 243
Maultaschen 139
Maßangaben 25
Mayonnaise 70
Mayonnaise, Variationen 71
Mehltypen 14
Mikrowelle 46, 47
Milch, entrahmt 20
Milch, fettarm 20
Milch, Lagerung 21
Milch, Sauermilch 21
Milch, Sorten 20
Milcherzeugnisse, Lagerung 21
Milchreis 154
Milchshake 241
Mindesthaltbarkeitsdatum 10
Mineralstoffe 8
Minestrone 221
Mischbrot 269
Mixer, Handhabung 70
Mohnstollen 271
Möhrenpuffer 122
Möhrensalat 103
Moussaka 212
Mousse au chocolat 230
Mungobohnensprossen 96
Mürbeteig 256f.
Mürbeteig mit Vollkornmehl 257
Muscheln 200
Muschelragout 201
Muskat 22
Müsli 235

N
Nasi goreng 150
Nelken 22
Nizzasalat 99
Nudeln, Kochen von 132
Nudeln, Sorten 140
Nudelsalat mit Bleichsellerie und Geflügel 107
Nudelsalat mit Käse 106
Nudelsalat mit Schinken und Bohnen 107
Nudelsalat, bunter 107
Nudelarten, Verwendung 140
Nudelteig 138
Nussbiskuit 249
Nusskranz 258
Nussrolle 264
Nusstorte 247

O
Obatzter 236
Obst, Güteklassen 11
Obst, Sorten 11
Obst, Tortenguss 39
Obstsalat mit Honig 228
Omelett 207
Omeletts, pikant 207
Omeletts, süß 207
Orangenbiskuit 249
Orangen-Grapefruitgelee 232
Orangenmarmelade 238
Orangensoufflé 208
Orangentoast 235
Oregano 23

P
Paella 153
Palatschinken 205
Panettone 271
Paprika (Gewürz) 22
Paprikaschoten, gefüllt 88
Paprikaschoten, mariniert 90
Pasteurisieren 20
Pellkartoffeln 116
Pesto 123
Petersilie 32
Petersilienklößchen 131
Petersiliensoße 196
Pfannkuchen 204
Pfannkuchen, süß 204
Pfeffer 22
Pfirsichkuchen 245
Pflaumenmus 239
Pie 96
Pie mit Gemüse 96
Pie mit Hackfleisch und Preiselbeersahne 213

Pie mit Hähnchenfleisch 213
Pilaw 144
Pilze vorbereiten 30
Pilzsuppe 57
Pitta-Brot 265
Pizza 266
Pizza, Frutti di mare 267
Pizza, Funghi 267
Pizza, Margherita 267
Pizza, Quattro stagioni 267
Pizza, Salami 267
Pizza, Tonno 267
Pochieren 42
Polenta 161
Polenta mit Mandelkruste 216f.
Pommes frites 118
Porree vorbereiten 75
Portionieren von Hackteig 166
Pot au feu 219
Pottasche 15
Poularde, gefüllt 190
Preiselbeersahne 213
Preiselbeersoße 63
Proteine 7
Putenbraten mit Apfelkruste 188
Putenbrustfilet mit Mandeln 188
Putengulasch 185

Q

Quark 21
Quarkcreme Miami 229
Quarkölteig 258
Quarkölteig, salzig 259
Quarkspeise 229
Quellreis 142
Quellreis, Variationen 143
Quiche 97
Quinoa 160

R

Radicchio 72, 98
Radicchio, suprême 100
Rahmpilze 78
Ratatouille 91
Ravioli, selbst hergestellt 139
Reis mit Erdnüssen 145
Reis mit Pinienkernen und Pfefferminze 157
Reis Trauttmansdorff 155
Reis, Sorten 141
Reis-, Garnierungen 142, 143
Reisauflauf, chinesisch 151
Reisfleisch, serbisch 149
Reisfrikadellen 148
Reisgemüsetopf, orientalisch 146
Reishaselnussauflauf 156
Reispfanne, arabisch 146
Reispfanne, chinesisch 151
Reispfannkuchen 155
Reispudding mit Kirschsoße 154
Reissalat, bunter 111
Reisschrot-frikadellen 148
Reissorten, Verwendung 141
Reiswaffeln mit Quark 157
Remoulade 71
Rinderrouladen 176
Rinderschmorbraten 164
Rindfleisch, Fleischteile 19
Rindfleisch, gekocht in grüner Sauce 177
Rindfleischbrühe 49
Risi e bisi 149
Risotto 144
Roggen 12
Roggen, gekocht 160
Roggenbrot 268
Romanesco 72
Römertopf, Garen im 43
Rosa Herzen 272
Rosenkohl 81
Rosinenbrot 264
Rosmarin 23
Rossosalat 72
Röstis 117
Rotbarschfilets, gebraten 192
Rote Grütze 233
Rotkohl 83
Rotkohl vorbereiten 83
Rotkohlsalat 105
Rühreier 203
Rühreier, Abwandlungen 203
Rührmasse 242
Rührmasse mit Vollkornmehl 243

S

Saccharose 6
Sachertorte 247
Sahne, saure 21
Sahne, süß 20
Sahnedressing 69
Sahnefüllungen mit Obst 276
Sahnekartoffeln 121
Sahnemilchreis mit Kompott 155
Sahnereis mit Honig-Zimtbutter 157
Salat duxelle 100
Salat, gemischter 98
Salat, gemischter, mit Fischfiletstreifen 114
Salat mit Geflügelbrust 112
Salat Sunshine Valley 101
Salbei 23
Salzburger Nockerln 208
Salzkartoffeln 116
Sandmasse 242
Sandwaffeln 243
Sauerampfer 72
Sauerbraten 177
Sauerkirschkuchen 245
Sauerkraut 84
Sauerkraut, Abwandlungen 84
Sauerkrautauflauf 85
Sauerkrautgulasch 84
Sauerteig 15
Sauerteigansatz 268
Saure Sahne mit Kräutern 69
Saure Sahne mit Senf 69
Scampis 201
Schaschlik 172
Schellfisch mit Curry 196
Schinkenbutter 236
Schinkenfleckerln 137
Schinkenpuffer mit Petersilienpesto 123
Schleie vom Grill 199
Schmand 21
Schmoren 44
Schmoren auf dem Herd 165
Schmoren im Backofen 165
Schneeklößchen 130
Schnippelbohnensuppe 57
Schokobiskuit 249
Schokobrezeln 272
Schokoladenbiskuitrolle 253
Schokoladenreis 156
Schokoladentorte 249
Scholle mit Mandeln 194
Scholle mit Speck 194
Scholle, Müllerin Art 194
Schwäne aus Brandmasse 255
Schwarzbrot 269
Schwarzwälder Kirschtorte 251
Schwarz-Weiß-Gebäck 273
Schwarzwurzeln 72, 93
Schweinebraten 164
Schweinefleisch, Fleischteile 18
Schweinefleisch, Qualität 17
Schweinefleisch, süß-sauer 175
Schweineschmalz 16
Sellerie vorbereiten 31
Selleriegratin 92
Semmelknödel 128
Senfsoße 61
Shireen polo 152
Sojabohnensprossen 102
Sorbets 233
Soßenzubereitung 165
Sour Cream 118
Spareribs 174
Spargel 74
Spargel kochen 74
Spargel-Zuckerschotenauflauf 215
Spargelschäler 28
Spargelcremesuppe 51
Sparschäler 28
Spätzle mit Schafskäse 137
Spätzle, hausgemacht 136
Spätzlepresse 27
Spinat, gedünstet 79
Spinat, Rahm- 79
Spinat, überbacken 79
Springform auskleiden 38
Spritzbeutel, Handhabung 39
Spritzglasurtüten 277
Spritzkuchen 255
Sprossensalat, gemischt 102
Stachelbeercreme 227
Stärke 6
Sterilisieren von Milch 20
Stoffwechsel 8
Streuselplätzchen 273
Suppen, Blätterteighaube für 59
Suppen überbacken 59
Suppentopf 219
Süßstoffe 6

Register

T
Tee, schwarz 240
Teigwaren 13
Teufelssoße 66
Thousand islands 69
Thunfischcreme 237
Thunfischsoße 123
Thymian 23
Tiefgefrieren, Verpacken zum 29
Tiefkühlkost 10
Tintenfisch 134f.
Tiramisu 253
Tofu 111
Tofuaufstrich 237
Tomaten-Basilikum-Salat 103
Tomaten abziehen 53
Tomaten entkernen 53
Tomatencremesuppe 51
Tomatenfisch 195
Tomatenkartoffelpüree 119
Tomatensoße 61
Tomatensuppe 52
Tomatensuppe, italienisch 52
Tornedos 163
Törtchenformen auskleiden 38
Tortellini in Käsesahnesoße 133
Tortenguss verarbeiten 39
Tortilla 209
Tortilla, Variationen 209
Tranchierbesteck 27

U
Ultrahocherhitzung 20
Umluftherde 41
Umrechnung kcal/kJ 6
Unfallverhütung 24

V
Vanillecreme 276
Vanillekipferl 272
Vanillestange 35
Vichyssoise 51
Vinaigrette 68
Vinaigrette, Variationen 68
Vitamine 8
Vollkornstollen 270
Vollkornbiskuit 249
Vollwerternährung 9
Vorheizen 41

W
Wähen 266
Waldorfsalat 103
Wasser, Aufgaben im Körper 8
Wasserbad, Garen im 43
Wasserbiskuit 249
Weihnachtsbrot 271
Weinschaumsoße 65
Weißkohl 85
Weizen 12
Weizen-Lauchgratin 214
Weizen mit Käse 158
Weizen, gekocht 158
Weizen keimen lassen 234
Weizen zubereiten 158
Weizenflocken 14
Weizen-Linsen-Salat 111
Weizenschrot 14
Wiener Apfelkren 66
Wiener Schnitzel 162
Wildfrüchte, Verwendung 11
Windbeutel 254
Wirsing, gefüllt 85
Wirsingkohl 85

Z
Zabaione 65
Zimt 22
Zitronencreme 276
Zitronenglasur 276
Zitronenkuchen 245
Zitronenreis 145
Zitronenschale abreiben 35
Zuckeraustauschstoffe 6
Zuckerbrezeln 272
Zuckerglasur 276
Zuckerschoten 215
Zürcher Geschnetzeltes 179
Zusatzstoffe 10
Zwetschgenkuchen 263
Zwiebeln vorbereiten 30
Zwiebelapfelkuchen 267
Zwiebelsuppe überbacken 56

Rezeptverzeichnis nach Gruppen

AUFLÄUFE
Aprikosen-Brot-Auflauf 217
Auberginenauflauf 212
Auberginen-Tomaten-Auflauf 215
Gemüsegratin 92
Gersteneierauflauf 211
Himbeer-Hirse-Auflauf 216
Hirse-Pilzauflauf 214
Lasagne al forno 211
Maisauflauf 211
Makkaroniauflauf 210
Pie 96, 213
Polenta mit Mandelkruste 216f.
Selleriegratin 92
Sauerkrautauflauf 85
Spargel-Zuckerschoten-auflauf 215
Weizen-Lauchgratin 214

BROTAUFSTRICHE
Beerenkonfitüre 239
Eierhäckerle 237
Erdäpfelkäs 236
Konfitüren mit Agar-Agar 239
Konfitüre, roh gerührt 239
Marmelade mit flüssigem Apfelpektin 239
Obatzter 236
Orangenmarmelade 238
Pflaumenmus 239
Schinkenbutter 236
Thunfischcreme 237
Tofuaufstrich 237

DESSERTS
Apfelmus 233
Bayerische Creme 226
Beerenquarkspeise 228
Buttermilchspeise 229
Cremes, abgeschlagene 226
Cremes, kaltgerührt 227
Flammeri 224f.
Fruchtgelee 232
Fruchtpüree 232
Fruchtsalat, gemischt mit Nüssen 228
Grießflammeri 225
Karamellflammeri 225
Kompott 231
Mangocreme 226
Mousse au chocolat 230
Obstsalat mit Honig 228
Orangen-Grapefruit-gelee 232
Quarkcreme Miami 229
Quarkspeise 229
Reis Trauttmansdorff 155
Rote Grütze 233
Schneeklößchen 130
Sorbets 233
Stachelbeercreme 227
Tiramisu 253

EIERSPEISEN
Blinis 205
Brotomelett 208
Crêpes, pikant 206
Crêpes, süß 206
Eierstich 58
Kaiserschmarrn 205
Omelett 207
Orangensouffle 208
Palatschinken 205
Pfannkuchen 204
Rühreier 203
Salzburger Nockeln 208
Tortilla 209
Tortilla, Variationen 209

EINTÖPFE
Bohneneintopf mit Backpflaumen 223
Bohnensuppe mit Tomaten 220
Borschtsch 222
Gemüsecurry süßsauer 223
Grünkerngemüse-eintopf 223
Irish stew 220
Letscho 221
Linseneintopf 218
Minestrone 221
Suppentopf 219

FISCHGERICHTE
Fisch im Gemüsebett 192
Fisch in Petersiliensoße 196
Fisch, provenzalisch 196
Fisch-Gemüsesuppe 49
Fisch-Zucchini-Kebab 195

Fischfilet braten 192
Flusskrebse 201
Forelle in Folie 198
Forelle, Variationen 199
Heringe, gebraten 195
Heringstopf, Hausfrauenart 197
Karpfen im Sud 199
Muscheln 200
Muschelragout 201
Rotbarschfilet, gebraten 192
Scampis 201
Schellfisch mit Curry 196
Schleie vom Grill 199
Scholle 194
Tomatenfisch 195

FLEISCHGERICHTE

Blätterteigtaschen 168
Cevapcici 167
Curryhuhn 184
Ente, Orangen- 191
Filetsteak 163
Frikadellen 166
Gans, gefüllt 189
Geflügelfüllungen 191
Geflügelpfanne, exotisch 189
Geflügelspieße 185
Gulasch, ungarisch 173
Hackbraten 170
Hackfleischrolle, gefüllt 169
Hackfleischtorte 169
Hackfüllungen 168
Hackpfanne, pikant 169
Hähnchenfilet 187
Hähnchenschenkel 186f.
Hasenrücken 180
Huhn, marokkanisch 191
Hühnerfrikassee 185
Königsberger Klopse 171
Kotelett 162
Lammrückenfilet 181
Leber mit Apfelspalten 178
Leber, geschnetzelt 178
Poularde, gefüllt 190
Putenbraten mit Apfelkruste 188
Putenbrustfilet mit Mandeln 188
Putengulasch 185
Rinderrouladen 176
Rinderschmorbraten 164
Rindfleisch, gekocht in grüner Soße 177
Sauerbraten 177
Schaschlik 172
Schweinebraten 164
Schweinefleisch, süß-sauer 175
Spareribs 174
Tornedos 163
Wiener Schnitzel 162
Zürcher Geschnetzeltes 179

GEBÄCKE

Apfelkuchen 244, 263
Apfelquarktorte 244
Aprikosen-Windräder 261
Aprikosenbiskuitrolle 252
Aprikosenkuchen 245
Bauernbrot 269
Beerentorte 250
Bienenstich 263
Biskuitmasse 248
Biskuitvariationen 249
Blätterteig 260
Blätterteigtaschen 168
Brandmasse 254
Butterkuchen 263
Christstollen 270
Dreikornbrot 269
Dundee cake 246
Eclairs 255
Englischer Kuchen 246
Frankfurter Kranz 243
Früchtebrot 271
Früchtekuchen 246
Gerstenvollkornbrot 269
Haferflockenplätzchen 273
Hefebrot 265
Hefebrötchenkranz 265
Hefeteig 262
Hefezopf 264
Himbeer-Charlotte 253
Himbeer-Windbeutel 255
Honigkuchen 274
Käsestangen 261
Käsetorte 257
Konfitürenbiskuitrolle 252
Königskuchen 246
Lebkuchen 274
Liegnitzer Bombe 274
Löffelbiskuit 253
Mandelplätzchen 272
Mandelrauten 273
Marmorkuchen 243
Mischbrot 269
Mohnstollen 271
Mürbeteig 256f.
Nussbiskuit 249
Nusskranz 258
Nussrolle 264
Nusstorte 247
Orangenbiskuit 249
Panettone 271
Pfirsichkuchen 245
Pitta-Brot 265
Pizza 266, 267
Quarkölteig 258
Quarkölteig, salzig 259
Roggenbrot 268
Rosa Herzen 272
Rosinenbrot 264
Rührmasse 242f.
Sachertorte 247
Sandmasse 242
Sandwaffeln 243
Sauerkirschkuchen 245
Sauerteigansatz 268
Schokobiskuit 249
Schokobrezeln 272
Schokoladenbiskuitrolle 253
Schokoladentorte 249
Schwäne aus Brandmasse 255
Schwarz-Weiß-Gebäck 273
Schwarzbrot 269
Schwarzwälder Kirschtorte 251
Spritzkuchen 255
Streuselplätzchen 273
Vanillekipferl 272
Vollkornstollen 270
Vollkornbiskuit 249
Wähen 266
Wasserbiskuit 249
Weihnachtsbrot 271
Windbeutel 254
Zitronenkuchen 245
Zuckerbrezeln 272
Zwetschgenkuchen 263
Zwiebelapfelkuchen 267

GEMÜSEGERICHTE

Artischocken 75
Auberginen, mariniert 90
Auberginen-Tomaten-Auflauf 215
Bleichsellerie 93
Blumenkohl 80
Blumenkohl, fritiert 94
Blumenkohl, gefüllt 89
Bohnen im Speckmantel 77
Bohnen 76
Bohnen, Schneide- 77
Bohnen-Kichererbsen-Gemüse 78
Bohnenkeimgemüse 77
Brokkoli 80
Champignonkuchen 95
Chinakohl 81
Chinakohlrouladen 86
Erbsen-Kartoffelpüree 119
Erbsen-Möhren-Gemüse 74
Fenchelgemüse 93
Gemüsecremesuppe 51
Gemüsegratin 92
Gemüsekuchen 95
Gemüsepie 96
Gemüsepüreesuppe 50
Grünkohl mit Pinkel 82
Kartoffel-Möhren-Gratin 92
Kichererbsengemüse 78
Kohlrabi 81
Kohlrabi, gefüllt 89
Kohlrouladen 86
Kohlrouladen mit Reisfüllung 87
Krautwickel mit Grünkern 87
Lauchgemüse 75
Mais 74
Paprikaschoten, gefüllt 88
Paprikaschoten, mariniert 90
Rahmpilze 78
Ratatouille 91
Rosenkohl 81
Rotkohl 83
Sauerkraut 84
Sauerkraut, Abwandlungen 84
Sauerkrautauflauf 85
Sauerkrautgulasch 84
Schwarzwurzeln 93
Selleriegratin 97
Spargel 74
Spargel-Zuckerschotenauflauf 215
Spinat 79
Weißkohl 85
Wirsing, gefüllt 85
Wirsingkohl 85

GETRÄNKE

Autofahrerpunsch 240
Flip 241
Früchtetee 240
Fruchtmix 241
Gemüsemix 241
Joghurt-Zitronenshake 241
Kaffee 240
Kakao 240
Kiwi-Cocktail 241
Milchshake 241
Tee, schwarz 240

Register

GETREIDE-GERICHTE

Auberginen mit Quinoa 160
Buchweizen, gekocht 159
Gerste, gekocht 159
Gerste, indonesisch 160
Gersteneierauflauf 210
Getreidebratling 159
Grünkern, gekocht 159
Grünkern-Gemüse-eintopf 223
Grünkernfüllung 87
Hafer, gekocht 159
Himbeer-Hirse-Auflauf 216
Hirse-Pilz-Auflauf 214
Maisauflauf 211
Polenta 161
Roggen, gekocht 158
Weizen-Lauchgratin 214
Weizen mit Käse 158
Weizen, gekocht 158

KARTOFFEL-GERICHTE

Bauernfrühstück 125
Bratkartoffeln 117
Currypuffer 123
Himmel und Erde 125
Hoppelpoppel 125
Kartoffelgratin 121
Kartoffelkroketten 120
Kartoffeln, Herzogin 121
Kartoffeln, in Folie 118
Kartoffelplätzchen 120
Kartoffelpuffer 122
Kartoffelpüree 119
Knoblauchpuffer mit Thunfischsoße 123
Labskaus 124
Möhrenpuffer 122
Pellkartoffeln 116
Pommes frites 118
Röstis 117
Sahnekartoffeln 121
Salzkartoffeln 116
Schinkenpuffer mit Petersilienpesto 123
Tomatenkartoffelpüree 119

KLÖSSE

Aprikosenknödel 129
Fischklößchen 131
Fleischklößchen 54
Grünkernknödel 128
Kalbfleischklößchen 59
Kartoffelklöße, halb und halb 126
Kartoffelklöße, bayerisch 126
Kartoffelklöße, holsteinisch 127
Kartoffelklöße, pfälzisch 127
Petersilienklößchen 131
Schneeklößchen 130
Semmelknödel 128
Thüringer Kartoffelklöße 127

NUDELGERICHTE

Bandnudeln mit Erbsen und Schinken 134
Bandnudeln mit Pilzen 135
Bandnudeln mit Putengulasch 135
Gemüsefleckerl 137
Käsespätzle, pikant 136
Lasagne al forno 211
Makkaroniauflauf 210
Makkaroni mit Tintenfischringen 135
Maultaschen 139
Nudeln, Kochen von 132
Nudelteig 138
Ravioli, selbst hergestellt 139
Schinkenfleckerln 137
Spätzle mit Schafskäse 137
Spätzle, hausgemacht 136
Tortellini in Käsesahnesoße 133

REISGERICHTE, SALZIG

Arabische Reispfanne 146
Butterreis 142
Butterreis, Variationen 143
Fried rice 147
Gemüserisotto 145
Käsereis 150
Nasi goreng 150
Paella 153
Pilaw 144
Quellreis 142
Quellreis, Variationen 143
Reis mit Erdnüssen 145
Reisauflauf, chinesisch 151
Reisfleisch, serbisch 149
Reisfrikadellen 148
Reisgemüsetopf, orientalisch 146
Reispfanne, chinesisch 151
Reisschrot-frikadellen 148
Risi e bisi 149
Risotto 144
Shireen polo 152
Zitronenreis 145

REISGERICHTE, SÜSS

Milchreis 154
Reis mit Pinienkernen und Pfefferminze 157
Reis Trauttmansdorff 155
Reishaselnuss-Auflauf 156
Reispfannkuchen 155
Reispudding mit Kirschsoße 154
Reiswaffeln mit Quark 157
Sahnemilchreis mit Kompott 155
Sahnereis mit Honig-Zimt-Butter 157
Schokoladenreis 156

SALATE

Avocado-Fischsalat 115
Avocado-Reis-Salat 110
Feldsalat mit Geflügelleber 113
Gemüse-Hirse-Salat mit Tofu 111
Heringssalat 115
Kartoffelsalat 108f.
Lachssalat mit Champignons 114
Nudelsalat 106f.
Reissalat, bunter 111
Salat mit Geflügelbrust 112
Salat, gemischter, mit Fischfiletstreifen 114
Tofu 111
Weizen-Linsen-Salat 111

SALAT, ROH

Bauernsalat, griech. 103
Blattsalat, gemischt 98
Blattsalat, sunshine valley 101
Chicorée, duxelle 100
Eisbergsalat mit Walnüssen 101
Feldsalat, pikant 99
Friséesalat 92
Gurkensalat 99
Kohlsalat 105
Kohlsalat, kalifornisch 105
Krautsalat 104
Möhrensalat 103
Nizzasalat 99
Radicchio, suprème 100
Rotkohlsalat 105
Sprossensalat, gemischt 102
Tomaten-Basilikum-Salat 103
Waldorfsalat 103

SOSSEN

Apfelsinensoße 63
Bernaise, Sauce 64
Bologneser Soße 62
Bratensoße 63
Bröselbutter 80
Cumberlandsoße 66
Currysoße 60
Demiglace 62
Frankfurter grüne Soße 67
Helle Grundsoße 60
Hollandaise Joghurt 64
Hollandaise, Sauce 64
Italienische Soße 63
Käsesahnesoße 61
Kirschsoße 154
Kräuter-Ei-Butter 66
Kräuterrahm 146
Kräutersoße 67
Mayonnaise 70f.
Pesto 123
Petersiliensoße 196
Preiselbeersahne 213
Preiselbeersoße 63
Remoulade 71
Salatsoßen 68f.
Senfsoße 61
Teufelssoße 66
Thunfischsoße 123
Tomatensoße 61
Weinschaumsoße 65
Wiener Apfelkren 66
Zabaione 65

SUPPEN

Blumenkohlsuppe, gebunden 50
Gemüsecremesuppe 51
Gemüsepüreesuppe 50
Gazpacho 53
Hühnersuppe mit Nudeleinlage 48
Kartoffelsuppe, einfach 55
Kartoffelsuppe mit Fleischklößen 54
Kartoffelsuppe mit Tomaten 55
Pilzsuppe 57
Rindfleischbrühe 49
Schnippelbohnensuppe 57
Spargelcremesuppe 51
Suppen, überbacken 59
Tomatencremesuppe 51
Tomatensuppe 52
Vichyssoise 51
Zwiebelsuppe, überbacken 56